주요 현장의 지도

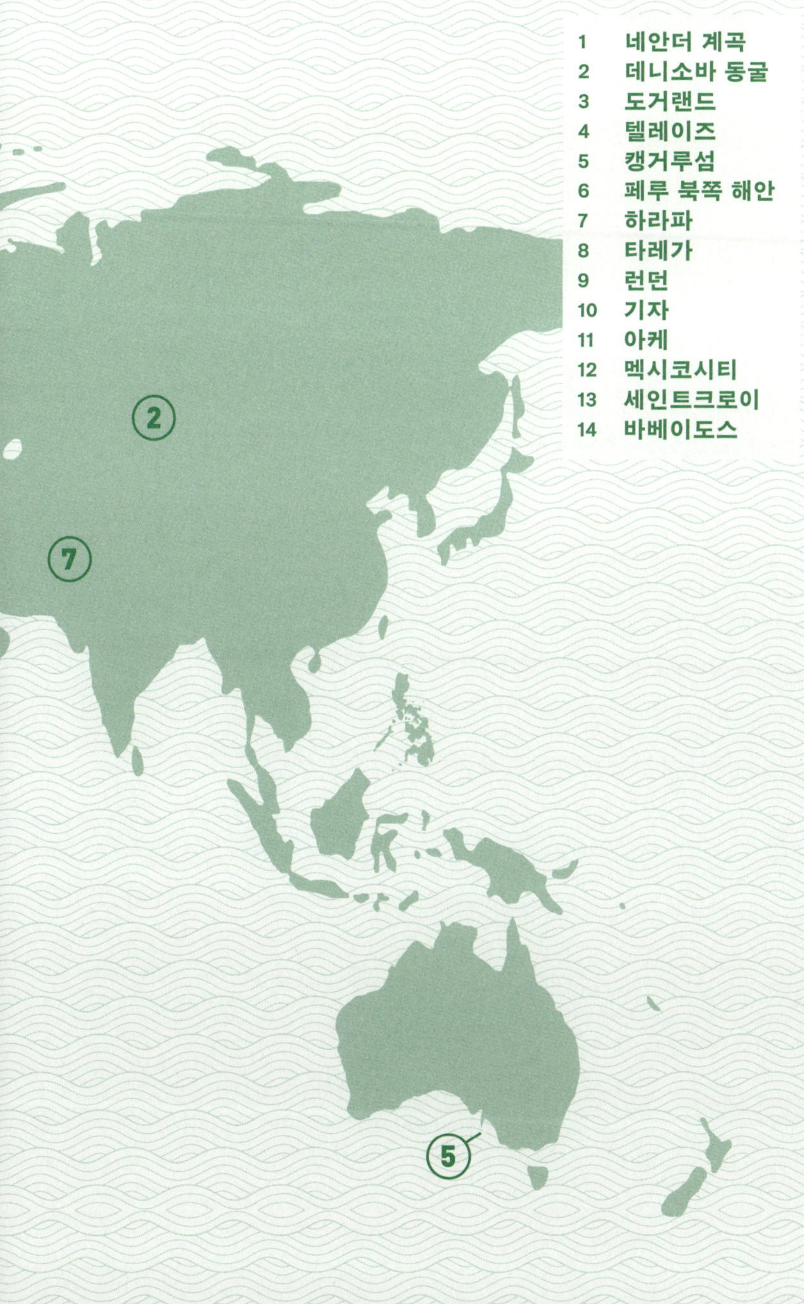

1 네안더 계곡
2 데니소바 동굴
3 도거랜드
4 텔레이즈
5 캥거루섬
6 페루 북쪽 해안
7 하라파
8 타레가
9 런던
10 기자
11 아케
12 멕시코시티
13 세인트크로이
14 바베이도스

아포칼립스

아포칼립스

1판 1쇄 인쇄 2026. 3. 20.
1판 2쇄 발행 2026. 4. 8.

지은이 리지 웨이드
옮긴이 김승욱

발행인 박강휘
편집 박보람 디자인 윤석진 마케팅 이유리 홍보 이아연
발행처 김영사
등록 1979년 5월 17일 (제406-2003-036호)
주소 경기도 파주시 문발로 197(문발동) 우편번호 10881
전화 마케팅부 031)955-3100, 편집부 031)955-3200 팩스 031)955-3111

이 책은 저작권법에 의해 보호를 받는 저작물이므로 저자와 출판사의 허락 없이 내용의 일부를 인용하거나 발췌하는 것을 금합니다.

값은 뒤표지에 있습니다.
ISBN 979-11-7332-584-7 03900

홈페이지 www.gimmyoung.com   블로그 blog.naver.com/gybook
인스타그램 instagram.com/gimmyoung 이메일 bestbook@gimmyoung.com

좋은 독자가 좋은 책을 만듭니다.
김영사는 독자 여러분의 의견에 항상 귀 기울이고 있습니다.

아포칼립스

리지 웨이드

김승욱 옮김

APOCALYPSE

문명의 종말은 어떻게
새로운 시작이 되는가

김영사

러키즈에게

차례

아포칼립스,
종말이 아닌
새로운 삶의 시작

역사의 페이지를 넘길 때마다 우리는 수많은 문명의 탄생과 멸망을 마주한다. 우리는 보통 문명의 찬란한 탄생과 발전에만 주목하고, 멸망은 간단하게 마무리하곤 한다. 리지 웨이드는 《아포칼립스》에서 이런 통념을 유쾌하게 무너뜨린다. 인류에게 문명의 멸망은 피할 수 없는 예언처럼 다가오지만, 그것은 결코 최종 종착지가 아니다. 낡고 경직된 시스템이 무너지는 순간, 그 폐허 위에서 새로운 역사가 싹트는 거대한 전환점일 뿐이다.

이 책의 가장 큰 장점은 고고학에 기반한 최신 자료일 것이다. 승리자들에 의해 쓰인 역사책에서 '멸망했다'라는 간단한 단어에 감추어진 수많은 이야기를 고고학자가 발굴한 뼈와 유물, 그리고 그 분석을 통해서 다른 이야기를 들려준다. 네안데르탈인의 멸망과 호모사피엔스가 유일한 인류로 남은 순간에서 시작해서, 북해의 '아틀란티스대륙'과 같은 도거랜드의 이야기, 하라파와 이집트 고왕국의 붕괴, 흑사병의 공포, 여기에 더하여 최근 멕시코의 지진과 코로나 창궐에 이르기까지 멸망의 흔적 속에서 끈질긴 생존의 맥박을 찾아낸다.

이 책의 가장 강력한 메시지는, 아포칼립스가 단순한 파괴가 아니라 변화의 통로라는 점이다. 물론 고통과 희생은 피할 수 없다. 누군가는 멸망의 희생자가 되지만, 살아남은 사람들은 새로운 사회적 기술과 회복탄력성을 얻는다. 특히 주목할 점은, 거대한 제국과 억압적 체제가 무너질 때 주변부의 평범한 사람들이 자발적 협력과 연대로 더 유연하고 평등한 공동체를 재건했다는 고고학적 증거다. 멸망은 지배 체제의 종말일 뿐, 인류의 멸종이 아니었다.

지금 우리는 다시 아포칼립스의 입구에 서 있다. 이러한 공포를 이겨내는 유일한 길은 종말을 회피하려 애쓰는 것이 아니라, 그것을 역사의 필연적인 과정으로 인정하는 것이다.

고고학이란 "과거라는 거울을 통해 가장 확실한 미래를 보는 학문"이다. 멸망이 우리 인생의 끝이 아니며, 그 과정에서 인간은 오히려 모순된 상황을 해결하고 새로운 세계를 열었음을 수만 년의 역사가 증명하고 있다. 아포칼립스에 우울해할 필요는 없다. 우리는 수많은 멸망을 이겨낸 자들의 후손이기 때문이다. 아포칼립스의 시대에 공포 대신에 과거에서 길어 올린 새로운 변화의 가능성을 본다는 점에서 이 책을 여러분께 널리 추천하고 싶다.

강인욱(경희대학교 사학과 교수)

저자의 말

이 책은 과학적 증거와 언론인의 엄정함을 기초로 삼았다. 나는 헤아릴 수 없이 많은 연구 논문을 읽고 수십 명의 과학자를 인터뷰했다. 원격으로 인터뷰한 사람도 있고, 직접 만나서 인터뷰한 사람도 있다. 이 책에서 다룬 사회들과 사건들에 대한 최신 고고학 증거를 확보하려고 최선을 다했으며, 지금의 고고학자들이 과거 시대와 그 당시 사람들을 대할 때 보여주는 너그러움, 연민, 공감을 글에 반영하려고 애썼다. 고고학자들은 내게 역사를 놀라운 일과 가능성이 가득한 장소로 봐야 한다고 가르쳤다. 내가 관점만 조금 바꾸면, 지금껏 잘 안다고 생각했던 이야기가 완전히 달라질 수 있었다. 따라서 이 책은 상상력의 소산이기도 하다. 여러분은 이 책에서 처음부터 끝까지 과거를 배경으로 한 이야기를 읽게 될 것이다. 과거의 아포칼립스를 처음부터 끝까지 온전히 더듬어 본 이야기도 있고, 특정 인물의 시선으로 어느 한 순간을 바라보려고 시도한 이야기도 있다. 이 중에서 유명한 역사적 인물은 이름을 밝혀두었다. 그 밖의 인물들은 내가 특정한 장소와 시대를 깊이 연구하면서 상상해 본, 지금 우리가 살아가듯이 앞으로 무슨 일이 벌어질지 전혀 모른 채 하루하루를 살아갔을 상상 속의 사람들이다. 내가 참고한 자료의 상세한 목록, 그 자료를 이용한 방식에 대한 설명, 흥미로운 대안적 관점을 보고 싶다면 이 책의 맨 끝에 있는 '참고문헌과 더 읽어볼 책'을 참조하기 바란다.

들어가는 말　　　종말

7000년 전 세상이 끝났다. 바다가 사냥감에게 다가가는 포식자처럼 착실하게 해안선을 타고 기어 올라와 육지를 먹어치웠다. 바다가 가장 먼저 집어삼킨 것은 해변이었다. 그다음에는 민물이 바다로 흘러드는 강어귀로 독한 소금물이 급류처럼 밀려들어 상류로 올라갔다. 사람들이 채집하는 식물, 사냥과 낚시로 잡아먹던 동물의 숨통을 그 물이 끊어놓았다. 처음에는 사람들이 새로운 식물을 채집하고 예전과는 다른 동물을 사냥하는 법을 터득했지만, 그 방법이 효과가 있었던 것은 한때였다. 결국 바다는 고향 땅을 뒤덮었고, 사람들은 새로운 보금자리를 찾아 나서야 했다. 그러나 그들이 새로운 장소에서 그곳의 리듬에 적응해 어떤 동물을 어떻게 사냥해야 하는지, 영양분이 있는 식물과 목숨을 앗아가는 식물을 어떻게 구분하는지 알아내자마자 바다가 또 그들을 덮쳤다.

물은 그들이 어디로 가든 무자비하게 따라다녔다. 한때 광대한 대륙에 살던 사람들이 섬에 고립되었다. 아이들이 노를 젓는 물속에는 옛날 그들의 할아버지 할머니가 어린 시절을 보낸 마을이 잠겨 있었다. 마침내 바다가 추적을 포기했지만, 피해를 돌이킬 수는 없었다. 사람들이 살고 있는 땅은 예전에 조상들이 살던 땅의 자투리에 불과했다.

† † †

4000년 전 세상이 끝났다. 도시는 거의 기적처럼 경이로운 곳이었다. 멀고 먼 곳에서 사람들이 찾아와 교역을 하고, 그들 중 많은 사람이 도시에 남아 재산과 미래를 일궜다. 생각, 문화, 종교, 물건이 서로 어우러지고, 그것들을 도시로 가져온 사람들도 서로 어우러졌다. 인생은 짜릿했다. 정말 짜릿했다. 동시에 편안하기도 했다. 정부가 점점 늘어나는 시민들을 위해 분주히 집과 도로를 건설한 덕분이었다. 그런데 매년 도시의 저수지를 가득 채워주던 비가 언제부턴가 내리지 않았다. 사람들은 지도자에 대한 믿음을 잃고 지도자를 내쫓았으나, 그 자리를 대신할 사람이 없었다. 깨끗하던 거리가 쓰레기장으로 변하고, 사람들은 몇 세대를 견뎌낸 튼튼한 주택의 자재를 멋대로 떼어내 임시 판잣집을 지었다. 이렇게 도시가 무너지면서, 사람들의 시민의식과 소속감도 무너졌다. 그들은 가족과 부족 집단으로 퇴화해서, 외부인으로 보이는 사람을 모두 공격했다. 주린 배를 안고 잠드는 데 익숙해진 사람들은 언제 올지 모를 공격을 항상 경계하며 몇 번이나 화들짝 놀라 깨어났다. 달리 갈 곳이 있는 사람들은 행운아였고, 그런 곳이 없는데도 도시를 떠난 사람들은 똑똑했다. 분주하던 도시는 텅 빈 폐허가 되어, 잘 닦인 도로에는 유령만 돌아다녔다.

† † †

700년 전 세상이 끝났다. 역병이 세상을 휩쓸고 있다는 소문이 들려오자, 사람들은 그 병이 자기 땅에 도달하는 것이 시간문제임을 깨달았다. 그들의 땅에 실제로 나타난 역병은 상상을 초월했다. 단 한 해 만에 도시 인구의 절반이 죽은 곳도 있었다. 역병으로 일가족이 모두 목숨을 잃으면, 그들을 기억하거나 애도할 사람이 없었다. 거리에는 시체가 쌓이고, 무덤 파는 인부들은 밤낮을 가리지 않고 일하다가 역시 병에 걸려 쓰러졌다. 여유가 있는 사람들은 시골로 도망쳤지만, 정말로 안전한 곳은 어디에도 없었다. 시골에 점점이 자리한 마을에는 죽음만이 가득했다. 몇 명 안 되는 생존자들이 더 이상 집을 유지할 수 없고 그곳에 사는 것을 견딜 수도 없어서 휘청휘청 떠나버린 탓이었다. 역병 이전의 삶은 아련한 기억 같았다. 역병 이후의 삶은 누구도 상상할 수 없었다.

† † †

500년 전 세상이 끝났다. 패배한 나라의 수도로 진군한 점령군은 그 도시를 자기들 방식으로 다시 만들 생각이었다. 정복자들은 가장 화려한 궁전에 자리 잡고, 다른 곳은 모두 초토화했다. 옛 종교의 신전을 무너뜨린 다음, 그 신전의 석재로 새 종교의 교회를 지었다. 과거에 거지나 무법자에 가까웠던 사람들이 옛 도시의 지도자를 죽이고 그의 아내와 결혼해 귀족의 권리를 주장했다. 전쟁에서 살아남은 주민들은 자신에게 친숙한 풍경을 지우고 그 자리에 새로운 건물을 세우는 노동에 끌려 나갔다. 그렇지 않아도 황폐해진 도시를 새로운 질병이 찢어발겼고, 위안을 얻으려면 새로운 종교에 의지하는 수밖에 없었다. 그동안 정복자들은 야만인들을 상대로 영웅적인 승리를 거뒀다고 온 세상에 구석구석 알렸다. 사람들은 이 새로운 제국의 중심지로 몰려들어 이 제국이 훔친 부의 한 조각이라도 손에 쥐려 했다. 그래서 곧 끔찍한 일들이 필연처럼 보이기 시작했다.

† † †

세상은 끝나가고 있다. 이미 시작된 기후변화를 막기에는 너무 늦었다. 전 세계의 광대한 농경지들이 사막으로 변해 흉년이 든다. 폭풍과 산불은 점점 더 강력해져서, 마을을 집어삼키고 도시를 위협한다. 섬나라는 물론이고 해안 마을도 점점 높아지는 바닷물 속에 잠긴다. 민물이 점점 더 희귀해져 그나마 남은 도시들도 불안정해진다. 어쩔 수 없이 고향을 등진 수많은 사람들은 길에서 폭력과 맞닥뜨린다. 동물이 살던 곳을 인간이 침범하고 있기 때문에 동물에만 있던 병원균이 인간에게 옮겨오면서, 불안정하지만 여전히 서로 연결되어 있는 세상에 무시무시한 병이 빛의 속도로 퍼진다. 부자와 권력자는 스스로 남들과 격리되고, 각국 정부는 권위주의 쪽으로 방향을 틀어 사람들을 통제하기만 할 뿐 누구도 보호하지 못한다. 국경이 사라지면서 함께 사라지는 국가도 있고, 폭력적인 군사국가로 변하는 곳도 있다. 처음에는 이런 변화들이 너무 느려서 눈에 보이지 않겠지만, 어느 순간 너무 빨라져서 도저히 막을 수 없게 될 것이다.

† † †

2020년대의 삶은 겁쟁이들이 감당할 수 있는 것이 아니다. 10년이 조금 안 되는 과거에 우리는 기후변화, 새로운 팬데믹, 국가 붕괴, 뜻밖의 침략, 잔인한 전쟁 등이 가까워진다고 확신했지만, 아포칼립스apocalypse는 멀었다고 생각하는 사람이 많았다. 우리는 아포칼립스를 두려워하고, 언젠가 반드시 올 것이라고 예상하기도 했지만, 실감하지는 못했다. 하지만 이제는 확실히 실감하고 있다. 역사의 속도가 갑자기 빨라지는 바람에, 우리가 경험하지 못할 줄 알았으나 이미 현실이 되어버린 미래에서 발붙일 곳을 찾으려 허둥거리고 있는 듯하다.

그래도 여러분이 좋은 소식으로 받아들여 줬으면 하는 사실이 하나 있다. 인류는 전에도 이런 일을 겪은 적이 있다는 것이다. 모든 세대 또는 모든 세기에 있었던 것은 아니다. 그러나 긴역사 속에서 인류는 극심한 가뭄에서 역병에 이르기까지, 제국의 종말에서 인류 전체의 멸종에 이르기까지, 오늘날 우리가 직면한 아포칼립스를 거의 모두 겪었다. 과거의 현상들을 하나로 묶어주는 공통점은 고통과 죽음이 아니다. 그 두 가지가 실제로 존재하기는 했지만. 사회질서의 완전한 붕괴도, 대규모 폭력 사태도, 외부인에 대한 냉혹함도, 희망의 완전한 상실도 공통점이 아니다. 그들을 하나로 묶어주는 것은 생존이다.

인류는 이미 세상에 존재할 수 있는 아포칼립스를 거의 모두 겪어보았을 뿐만 아니라, 항상 이기고 살아남았다. 생존이 쉽지만은 않았다. 확실히 보기 좋은 것도 아니었다. 어떤 때에는 적어도 일시적으로나마 삶의 질이 확연히 떨어졌다. 특정한 종류의 사람들이 유독 심하게 고생할 때도 많았다. 그러나 시기마다 항상 같은 종류의 사람들이 이런 불운을 겪는 것은 아니었다. 어쨌든 많은 사람이 살아남았다.

물론 아포칼립스 이전의 삶이 고스란히 이어졌다는 뜻은 아니다. 그런데 그것이 오히려 좋은 일이었다. 아포칼립스는 사람과 사회를 변화시켰다. 모든 사람이 개인적으로도 집단적으로

도 새로운 결정을 내려야 하는 전환점이 되었다. 앞으로도 변화 없이 계속 나아갈 것인가, 아니면 변해야 하는가?

그래서 사람과 사회는 변화했다. 그럴 수밖에 없었다. 우리 조상들이 자기도 모르게 만들고 있던 새로운 세상은 처음에는 혼란스럽고 어지러웠다. 내일 무슨 일이 일어날지 결코 확신할 수 없었다. 미래는 말할 것도 없고 변화가 일어나는 바로 그 순간에도 그 변화가 좋은 결과를 낳을 것이라는 보장은 어디에도 없었다. 과거의 아포칼립스에서 생겨난 변화 중 일부는 사실 지금도 우리에게 고통이 되고 있다. 그러나 그런 현상 덕분에 사회가 더 평등해진 적도 있었다. 사람들의 창의력이 더 많이 발휘된 적도 있었다. 사회가 더 강해진 적도 있었다.

우리가 누구이고 어디서 왔는지를 이해하려면, 과거의 아포칼립스를 이해해야 한다. 그때의 현상들이 이후 세상에 좋은 쪽으로든 나쁜 쪽으로든 어떤 영향을 미쳤는지 알아야 한다. 우리가 별로 상상하고 싶지 않은 상황이 펼쳐졌을 때 생존, 회복력, 변화가 무엇을 의미하는지, 어떤 대가를 요구하는지 알아야 한다. 우리 시대의 아포칼립스가 곧 다가올 것이다. 아니, 어쩌면 이미 우리 옆에 와 있을 수도 있다. 과거의 아포칼립스에 대해 아는 것이 많아질수록 우리는 불확실한 미래를 향해 더 많이 준비하고 나아갈 수 있을 것이다. 인류 역사에 대한 우리의 생각을 바꿔야 한다. 역사를 필연적인 진보의 행진이 아니라, 위기 및 격변과 종말의 이야기로 보아야 한다. 그래야만 지금의 세상이

다양한 선택지 중에서 이미 아포칼립스를 겪은 불완전한 선택지에 불과하다는 사실을 알 수 있을 것이다. 또한 앞으로 다가올 모든 종말을 새로운 시작의 기회로 여길 수 있을 것이다.

† † †

나는 '아포칼립스'라는 말을 정확히 무슨 뜻으로 쓰고 있는가? 수천 년의 세월을 거치면서 이 단어의 의미는 여러 번 바뀌었다. 종교적인 심판의 날에서 도시를 파괴하는 자연재해로, 좀비 떼의 습격으로 현대사회가 무너지는 상상 속의 현상으로. 이런 다층적인 의미가 이 단어에 오히려 힘을 실어준다. 우리는 특정한 재난이나 재앙, 비교적 국지적이고 일시적인 영향, 폼페이의 재 속에 굳은 시신에서부터 허리케인 카트리나Katrina가 지나간 뒤 지붕 위에 고립된 사람들의 영상에 이르기까지, 여러 상징적인 장면 등을 뛰어넘어 인류와 사회에 실존적인 위협이 되는 현상들을 생각하고 말할 수 있어야 한다. 재난이 아포칼립스의 일부일 수는 있지만, 아포칼립스는 개별적인 위기나 재난보다 더 멀리, 더 깊숙하게 사회에 촉수를 뻗고 있다.

이 책에서 나는 아포칼립스를 한 사회의 생활 방식과 정체감을 근본적으로 바꿔놓는, 급속하고 집단적인 상실로 정의한다. 먼저 아포칼립스는 사회 전체가 경험하는 상실이다. 개인적인 비극이 아니라 집단적인 경험이라는 뜻이다. 해수면이 상승해서 해안에 점점이 늘어선 마을들이 물에 잠기거나 안정적이던 기후가 갑자기 예측할 수 없게 변하는 경우, 상실의 대상은 환경이다. 정부가 무너지거나 나라가 조각조각 쪼개지는 경우는 정치적 상실이다. 유럽의 식민주의자들이 아메리카 대륙에 퍼뜨린 질병이나 흑사병 같은 유행병으로 상상도 할 수 없을 만큼 많은 사람이 죽는 경우, 상실의 대상은 인간이다. 보통 아포칼립스가 어느 한 범주에만 딱 들어맞는 경우는 많지 않다. 예를 들어 환경 상실이 불러온 파괴가 정치적 상실을 촉진하는 경우가 있다. 정복자 등 외부인이 아포칼립스를 유발할 수도 있고, 사회가 스스로 아포칼립스를 불러올 수도 있다. 또한 순전히 임의적으로, 아무 이유 없이 예측할 수 없고 막을 수도 없는 아포칼립스가 다가올 때도 있다.

　다음으로, 상실이 집단적인 경험이 되려면 반드시 비교적 신속하게 발생해야 한다. 모든 사회는 아포칼립스와 상관없는 점진적인 변화를 경험하며, 시간을 들여 이것을 흡수하고 적응할 수 있다. 따라서 아포칼립스를 구분하는 특징 중 하나는 바로 속도다. 해당 집단의 구성원들이 모두 기억할 수 있는 시간적 범위, 즉 몇 년 또는 몇 세대 안에 반드시 눈에 확 띄는 파괴적인 상실이 있어야 한다. 사람의 일생이 다 끝나기도 전에 아포칼립스가 벌어질 때도 있고, 아포칼립스로 인해 할아버지와 손주가 각각 근본적으로 다른 세상에서 유년기를 보내게 될 때도 있다. 그러나 사람들이 어떤 변화를 아포칼립스로 인식하려면, 아포칼립스 '이후'에 아포칼립스 '이전'을 반드시 기억할 수 있어야 한다. 변화의 속도가 빠를수록, '이전'의 기억이 남아 있을 가능성이 높아진다.

마지막으로, 반드시 사회석인 변화를 유발해야 한다. 단발성 가뭄으로 흉년이 들면 몇 년 동안 삶이 힘들어질 수 있지만, 그렇다고 해서 사회가 농업을 완전히 포기하지는 않을 것이다. 그러나 가뭄이 수십 년 동안 지속된다면 결론은 달라진다. 게다가 이런 위기에 제대로 대비하지 못한 정부의 전복이나 해체로까지 이어질 수도 있다. 아포칼립스가 발생하면 제국이 무너지고 도시가 텅 빈다. 사람들은 목숨을 이어가기 위해 새로운 방식을 터득해야 한다. 완전히 새로운 종교나 정부 형태의 씨앗이 뿌려질 수도 있다. 그러면 이 종교와 정부가 그 뒤로 수많은 세대의 삶에 영향을 미칠 것이다. 아포칼립스는 사회를 새로운 길에 올려놓는다. 아포칼립스 '이전'에는 상상도 하지 못하던 길일 때가 많다.

아포칼립스에 대한 나의 정의에 필수적인 요소가 빠진 것처럼 보일지도 모르겠다. 그 요소란 반드시 비극이어야 한다는 점이다. 아포칼립스에는 대규모의 죽음, 상상을 초월하는 폭력, 협력과 공감의 갑작스러운 상실이 수반될 수 있다. 이때 잃어버린 것들을 사람들이 수백 년 동안 슬퍼할 수도 있고 오히려 그 상실을 환영할 수도 있다. 같은 사회에 사는 사람들이 아포칼립스에 대해 완전히 정반대의 반응을 보일 때도 있다. 어떤 상실이 아포칼립스로 정의되려면 해당 사회 전체가 그 상실을 느껴야 하지만 반드시 같은 반응을 보여야 하는 것은 아니다. 사실 개개인이 저마다 다른 반응을 보일 때가 대부분이다.

간단히 말해서 아포칼립스는 끝이 아니다. 변화다.

† † †

아포칼립스를 실제로 겪는 동안에는 그것이 아포칼립스임을 이해하기가, 아니 애당초 그것을 아포칼립스로 인식하는 일조차 때로 놀라울 정도로 어렵다. 그러나 이미 일어난 아포칼립스를 연구하는 사람들이 있다. 고고학자들은 과거에 살았던 사람들이 남기고 간 유물, 건물, 뼈를 이용해서 그들의 문화를 재구성하고 그들의 삶을 이해하려 한다.

나는 고고학자가 아니지만, 그들과 많은 시간을 보내며 그들의 눈으로 과거를 보려고 애쓴다. 우리가 현재와 미래를 헤쳐 나가는 데 그들의 지식이 어떤 도움이 될지도 알아보려 한다. 나는 과학 전문 기자로 일하면서 굴을 기어서 통과한 적도 있고, 피라미드 안으로 파고 들어간 적도 있고, 사라진 유적을 찾아 전인미답의 정글에서 수풀과 나뭇가지를 베어가며 나아간 적도 있고, 먼 옛날 인간이 어느 무인도에 처음으로 도달한 흔적을 찾아 헤맨 적도 있고, 전 세계에서 수집된 고대 게놈들의 이야기가 밝혀지는 연구소를 방문한 적도 있다. 재미있고 매혹적인 경험이었다. 인간으로 살아가는 방법, 사회를 건설하는 방법은 아주 많다. 소수의 사례만 자세히 살펴보아도, 복잡한 과거를 들여다볼 수 있는 창이 열린다. 인류가 어떻게 지금에 이르렀는지, 과거 역사의 방향이 조금만 틀어졌다면 우리가 어떤 모습이 되었을지가 어지럽게 펼쳐진다.

고고학에서 전부는 아닐지언정 대부분을 차지하는 일은 과거에 나타났다 사라진 문화를 재구성하고 이해하는 것이다. 이런 연구에 처음부터 따라다니는 의문이 있다. 그들에게 무슨 일이 있었는가? 이집트 파라오들이 피라미드를 건설하는 시대가 지금까지 이어지지 못한 이유가 무엇인가? 티칼이나 치첸이트사 같은 마야의 도시들이 지금도 번창하는 수도로 남지 못한 이유가 무엇인가? 또한 역사상 인류는 엄청나게 오랫동안 수렵-채집 생활을 했는데, 지금 우리는 그런 생활을 하지 않게 된 이유가 무엇인가? 사람과 사회가 수백 년, 수천 년 동안 고수하던 생활 방식을 버리고 근본적으로 변화하는 이유가 무엇인가?

이런 의문의 답 중 하나가 바로 아포칼립스다. 그러나 고고학자들은 그들만의 독특한 시각으로 아포칼립스를 바라본다. 우리는 수십 년 혹은 수백 년 동안 지속되는 가뭄, 도시를 찢어발기는 질병 같은 종말론적 현상을 통제하는 것이 완전히 우리 능력 밖이라고 생각하는 경향이 있다. 하지만 고고학자들은 유물과 건물에 드러나 있는 전체적인 역사를 볼 수 있다. 때로는 과거의 뼈도 같은 역할을 한다. 고고학자들은 세상을 무너뜨린 현상 이전에 무슨 일이 있었는지, 그리고 그 이후에는 또 무슨 일이 있었는지를 본다. 사회를 취약하게 만든 추세를 보기도 하고, 생존자들이 다시 모여 변화하는 과정을 보기도 한다. 고고학자들이 보기에 역사에서 가장 중요한 조각은 아포칼립스 그 자체가 아니라 그 현상에 대한 사람들의 반응이다. 그들이 아포칼립스에서 도망치려고 옮겨간 곳, 의식儀式의 변화, 살아남기 위해 다른 사회와 손을 잡은 방식 등에서 고고학자들은 회복력과 창의성의 이야기는 물론 심지어 희망의 이야기까지도 수없이 찾아낸다.

그러나 아포칼립스의 역사에서 생존과 부활의 순간이 생략될 때가 많다는 사실에 고고학자들은 좌절한다. 과거에 아포칼립스를 맞은 도시, 제국, 문화는 실패한 것으로 간주된다. 그들의 이야기가 아주 쉽게 우화로 변해버리기도 한다. 우리가 그들의 잘못을 찾으려는 이유는 두려움을 달래는 동시에 어떤 기대를 확인하기 위해서다. 봐라, 그들이 나무를 베고 토양을 망가뜨린 것이 원인이다. 봐라, 그들은 가뭄을 이겨내지 못했다. 봐라, 그들은 외부인에 맞서서 자신을 보호하는 법을 몰랐다. 그들을 가르침의 소재로 쓰고, 어쩌면 경각심을 불러일으키는 도구로도 이용하기는 아주 쉽다.

하지만 과거의 문명은 우화가 아니고, 과거의 주민들 역시 부주의한 멍청이나 수동적인 피해자가 아니다. 그들은 우리와 똑같이 복잡하고, 감정적이고, 유능하고, 이상하고, 상상력이 있는 사람들이었다. 한때 인류의 가계도에서 원시적인 야만인으로 여겨졌던 네안데르탈인조차 마침내 감수성이 있고, 예술적이고, 인간적인 존재로 인정받는 중이다. 과거의 사람들과 그들의 문화가 어떻게 생명을 이어갔는지 답을 찾아내기가 쉽지 않다는 뜻이다. 그들이 사라진 이유를 알아내는 것은 그보다도 훨씬 더 어렵다. 아포칼립스가 그들의 세계를 어떻게, 왜 영원히 바꿔놓았는지 알고 싶다면, 더 나은 질문들을 생각해내야 한다.

일단 아포칼립스가 시작되면 돌이킬 수 없다. 그러나 그런 현상 중에 불가피한 것 또한 없다. 우리가 그 현상들을 아포칼립스로 인식하는 것은, 나중에 새로운 세상에 단단히 자리를 잡고 나서 과거를 돌이켜볼 때다. 아포칼립스로 이어지는 길과 아포칼립스를 통과하는 길에는 이 현상이 어떻게 끝날지 전혀 모르는 상태에서 사람들이 내린 결정과 선택, 그들의 성공과 실패가 가득하다. 기존의 세상에서 자신이 아는 한 최선의 결정을 내리더라도, 고작 몇 달 또는 몇 년 만에 세상은 완전히 변해버린다. 대부분의 사람은 자신의 선택이 수백 년 뒤 후대에 어떻게 기억되고 어떤 이해와 오해를 받을지보다 당장 살아남는 데에 더 관심이 많다.

이 책은 가장 최근에 발견된 고고학적 증거를 바탕으로 과거에 발생한 아포칼립스의 실제 모습, 그 복잡한 내막을 보여줄 예정이다. 이 말을 오해하면 안 된다. 아포칼립스는 대부분 절대적으로 끔찍한 일이었다. 해수면 상승으로 고향을 잃는 일, 불치병으로 주변의 아는 사람이 모두 죽어버리는 상황, 위대했던 도시가 전쟁의 무게로 무너지는 과정 등을 직접 겪는 기분이 어떨지 앞으로 보게 될 것이다. 그러나 최악의 상황에도 사람들에게는 선택지가 있었다는 사실 또한 알게 될 것이다. 사람들은 이동하고, 적응하고, 변화했다. 그렇게 살아남았다.

† † †

고고학이 오늘날만큼 강력하거나 짜릿한 적은 없었다. 허세 가득한 탐험가들이 남의 나라의 고대 무덤, 궁전, 신전에 침입해 놀랍고 굉장한 유물들을 고국으로 가져가는 것이 곧 고고학으로 인식되던 시절이 약 100년 동안 지속되었으나, 오늘날의 고고학은 완전히 학문적이다. 이제 고고학자들의 목적은 박물관 유리 장식장 안에 꼼짝 없이 전시될 유물들을 확보하는 것이 아니다. 그런 유물을 만들어낸 문화의 전체 맥락을 이해하고 싶어 할 뿐이다. 여기에는 그 시기가 정확히 언제인지, 당시 사람들이 무엇을 먹었는지, 어떤 질병에 시달렸는지, 어떤 직업이 있었는지, 종교나 정부나 지도자 같은 중대한 주제에 관해 어떤 생각을 갖고 있었는지 등에 관한 지식이 포함된다. 고고학자는 지금도 탐험가지만, 오래전에 죽은 왕의 보물을 찾으려고 고대 유적을 약탈하지는 않는다. 레이저가 탑재된 비행기를 타고 빽빽한 정글 상공을 날면서 그 아래에 숨은 유적을 찾으려 한다. 고대인의

DNA 배열을 조사해서 그들의 이동과 문화적 교류가 오늘날 우리의 정체성에 어떤 영향을 미쳤는지 알아보려고 한다. 그러다가 가끔 완전히 새로운 종의 인류를 발견하기도 한다. 고고학자들은 난파선을 조사하려고, 정체를 알 수 없는 봉헌물이 가득한 동굴을 조사하려고 다이빙을 한다. 오래전에 죽은 사람들의 치아와 뼈에 보존된 동위원소를 분석해서 그들의 식단을 재구성하고 그들의 고향을 알아낸다. 이런 연구 덕분에 인류의 과거에 대한 지식이 완전히 폭발적으로 늘어나고 있다. 심지어 전혀 뜻밖의 방식으로 새로운 지식이 발견될 때도 많다.

　고고학자들은 세계 구석구석에서 수집한 데이터 덕분에 과거에는 상상도 할 수 없었던 의문들을 품게 되었다. 동위원소와 DNA 분석이 아니었다면 결코 찾아내지 못했을 이주 기록을 발견하기도 하고, 각 지역과 전 세계의 기후 패턴이 어떻게 변화해서 당시 사람들에게 어떤 영향을 미쳤는지를 재구성하기도 한다. 기후변화를 1년 단위로 상세히 추적할 수 있는 경우도 있다. 고고학자들이 이렇게 새로운 의문에 대한 답을 찾음으로써 수많은 사람이 어렸을 때부터 배운 케케묵은 역사가 바뀔 때도 많다. 과거 사람들이 수행한 다양한 실험과 막다른 길, 그들이 세운 대안적인 세계가 현재 우리가 선호하는 진보의 역사와 잘 맞지 않는다는 것을 고고학 연구로 밝혀낼 수 있기 때문이다. 인류 역사는 경제성장, 기술 향상, 문화 발전이 일직선으로 쭉 이어져 필연적으로 지금의 모습이 된 것이 아니다. 고고학 연구에 따르면 과거의 세계는 오늘날 우리가 학교에서 배우는 것보다 훨씬 더 엉망이고, 확신도 덜하고, 우연이 더 많은 곳이었다. 고고학자들은 또한 현대의 편견과 위계구조로 인해 진실이 가려지고, 인류의 과거, 현재, 미래에 대한 우리의 상상력이 제한된다는 사실도 알고 있다.

현대의 많은 고고학자가 무엇보다 원하는 일은, 과거 사람들의 온전한 이야기를 들려주는 것이다. '승리자'가 정리해서 대중에게 널리 알린 문서 기록 속의 공식적인 역사를 찾으려는 것이 아니다. 고고학자들은 왕과 영주의 삶뿐만 아니라 노동자와 평민, 여자와 아이, 외부인 등의 삶에 대해서도 정보를 찾아내려고 애쓴다. 역사 기록에서 배제된 목소리가 아주 많기 때문에, 마치 한 사회의 외부인들이 중요한 역할을 하지 않았거나 아예 존재하지도 않았던 것처럼 보일 때가 있다. 그러나 고고학에서는 어떤 유형의 인간도 투명인간 취급을 받지 않는다.

이렇게 개방적인 시각 덕분에 고고학은 아포칼립스를 연구하는 데 특히 훌륭한 도구가 된다. 아포칼립스는 원래 사회의 모든 계층에 영향을 미치지만, 계층마다 똑같은 영향을 받는 경우는 드물다. 고고학은 대량 학살이나 대규모 사망의 증거가 보존된 집단 매장 무덤군을 조사할 수 있고, 지금 폐허로 변한 도시들이 언제 버림받았는지를 알아낼 수 있다. 또한 무역로를 따라 이동한 공예품, 새로 나타난 건축양식, 도자기에 남은 화학물질, 고대의 뼈에 보존된 DNA를 통해서도 사람들의 이주, 새로운 식량

시험, 완전히 새로운 종교와 정부의 형성 등을 조사할 수 있다. 아포칼립스가 불러온 파괴뿐만 아니라 그 뒤의 재생에 대해서도 연구할 수 있다는 뜻이다.

† † †

우리는 먼저 먼 과거로 거슬러 올라갈 것이다. 지구상에 존재하는 많은 인류 종 중 하나에 불과하던 호모사피엔스Homo sapiens가 유일한 인류 종이 된 시기로. 이런 변화를 불러온 대규모 멸종은 어떤 의미에서 모든 것의 시초가 된 아포칼립스였다. 전 세계의 해수면이 파괴적인 속도로 상승해서 고작 몇 세대 만에 헤아릴 수 없이 많은 정착지가 물에 잠겼지만, 그 이후 새로운 정착지들이 생겨나게 된 과정을 살펴볼 것이다. 어떤 곳에서는 자연재해가 때마다 발생했기 때문에, 그 재해에 대비하는 과정에서 지금과 비슷한 사회가 만들어지기도 했다.

그다음에 일어난 아포칼립스 중 일부는 여러분도 들어본 적이 있을 것이다. 이집트 고왕국의 멸망, 고전기 마야의 멸망, 흑사병. 다른 사건들은 아마 덜 친숙할 듯하다. 예를 들면 현재의 파키스탄에 있었던 하라파Harappa의 멸망 같은 것. 우리는 몇몇 사회가 이런 아포칼립스를 자초해서 고통을 배가시킨 과정을 살펴볼 것이다. 조상의 실수에서 교훈을 얻은 사람들과 그렇지 못한 사람들도 살펴볼 것이다. 아포칼립스에 잔인한 폭력으로 반응한 사람, 창의력과 연대와 해방으로 반응한 사람 또한 살펴볼 것이다. 그리고 현대 세계가 기술과 문화의 발전이 낳은 성공 사례가 아니라, 우리 주위의 훤히 보이는 곳에 숨겨진 아포칼립스의 폐허에서 태어난 아이임을 알게 될 것이다.

나는 이 책에서 인류 공통의 역사에서 친숙한 아포칼립스는 많이 제외했다. 내가 포함시킨 사건 중에 독자 여러분이 미처 기대하지 않았던 것이 있으면 좋겠다. (아마도) 인류 역사의 출발점이라고 해도 좋을 시기부터 현재에 이르기까지 긴 세월에 걸쳐 다양한 장소에서 사례를 선택하려고 애썼다. 세상에 완전히 똑같은 문화나 사회가 존재하지 않는 것처럼, 완전히 똑같은 아포칼립스도 없다. 그 어떤 사례도 다른 사례에 눌려 시라지면 안 된다. 각각의 구체적인 특징을 보아야만, 포괄적인 진실의 윤곽을 파악할 수 있다.

이다음 아포칼립스가 점점 힘을 모으고 있는 상황인 만큼, 우리를 지금의 자리로 이끌어준 과거의 아포칼립스를 고통과 파괴의 사례가 아니라(그런 사례만이 아니라) 변화, 불안, 회복, 생존, 재생, 기회의 시기로 새로이 이해할 필요가 있다. 이 책에는 그런 역사가 담겨 있다. 아포칼립스가 무엇인지, 사람들이 그것을 어떻게 이기고 살아남았는지, 그것이 우리에게 남긴 유산이 무엇인지 살펴볼 것이다. 나는 과거의 아포칼립스에 대해 공부할수록, 우리가 우리 시대의 아포칼립스를 이겨낼 수 있다는 희망이 더욱 강해졌다. 단지 그 과정이 즐겁지는 않을 것이다. 공정하지도 않을 것이다. 아포칼립스 이후의 세상은 완전히 다른 모습이 될 것이며, 우리 문화와 사회는 물론 어쩌면 인류라는 종까지도 달라질 것이다. 우리는 저주받았다. 우리는 운이 좋다. 새로운 시작을 볼 수 있는 이 시기에 살아 있어서.

HOW CATASTROPHE
TRANSFORMED OUR WORLD
AND CAN FORGE NEW FUTURES

APOCALYPSE

1부

Part 1:
Foundations

기초

1장 인류의 멸종이라는 아포칼립스에 대한 오해

- 사라진 네안데르탈인

독일 서부의 어느 계곡을 구불구불 흐르는 뒤셀강은 서쪽의 라인강과 대도시 뒤셀도르프로 향한다. 이 강을 따라 이어진 길은 독일 최대의 도시 지역인 라인-루르 지방 한복판에서 휴식을 취할 수 있는 곳이다. 그러나 이곳의 현재 풍경에는 빠진 것이 있다. 이 강의 이름이 뒤셀이 되기 전부터, 독일이라는 개념(아니, 나라라는 개념)이 아주 희미하던 시절부터 사람들이 대대로 보고 경험했던 것. 나중에 네안더Neander 계곡이라고 불리게 된 이곳에는 수천 년 동안 석회암 절벽이 뒤셀 강변 위로 파수병처럼 우뚝 서 있었다. 그리고 그 절벽에는 헤아릴 수 없이 많은 동굴이 있었다.

1856년 8월, 아직 낮의 길이가 길던 늦여름에 일꾼 무리가 그 계곡의 절벽을 서둘러 내려가 강 위로 약 18미터 높이의 바위 턱에 도달했다. 어느 동굴 앞에 툭 튀어나온 바위 턱이었다. 산업화의 첨병인 그 일꾼들의 임무는 석회암 절벽을 조각조각 쪼개서 수레로 실어 갈 수 있게 만드는 것이었다. 건설 붐이 일어 뒤 셀도르프와 라인-루르 지방이 급속히 변화하던 시기였다. 그러나 새로이 귀한 물건이 된 동굴 주위의 석회암과 달리, 동굴 바닥에 1.5미터 두께로 깔려 있는 진흙에는 가치가 없었다. 일꾼들은 절벽을 쪼개는 작업을 위해 먼저 진흙을 계속 퍼내서 바위 턱 너머 계곡 바닥으로 떨어뜨렸다.

바로 이렇게 버려진 진흙 속에서 누군가가 처음 두개골을 발견했다. 아니, 두개골의 일부였다. 이마 아래는 모두 사라진 상태였으니까. 채석장 주인은 이 지역 자연사협회 회원이었으므로, 일꾼들에게 뼈가 더 나오는지 잘 살펴보라고 말했다. 동굴곰처럼 멸종한 동물의 뼈일 수도 있기 때문이었다. 동굴곰의 뼈는 북유럽 전역에서 발견되고 있었다. 동굴곰뿐만 아니라 매머드나 공룡처럼 멸종한 생물들의 화석은 점점 더 과학자들의 관심을 끄는 중이었다. 지구의 나이가 성경에서 말하는 것보다 훨씬 더 많고, 먼 과거가 생각보다 훨씬 더 낯선 모습이었음을 얼마 전에 깨달은 덕분이었다. 일꾼들은 동굴 안에서 다른 뼈를 15점 더 발견했다. 길고 튼튼한 팔다리뼈와 휘어진 갈비뼈도 포함되어 있었다.

지역 자연사협회의 설립자이자 교사인 요한 카를 풀로트Johann Carl Fuhlrott가 감정을 위해 불려왔다. 그는 뼈의 전체적인 해부학적 특성을 바탕으로, 그것이 동굴곰의 뼈가 아님을 즉시 알아보았다. 인간의 뼈로 짐작되었으나, 몹시 이례적인 형태였다. 또한 아주 오래전의 것일 가능성이 높았다. 풀로트는 뼈의 정체를 알아내는 데 도움을 받고자 일부만 남은 두개골의 본을 뜬 뒤 편지와 함께 헤르만 샤프하우젠Hermann Schaaffhausen에게 보냈다. 그는 본 대학교의 해부학 교수로 존경받는 인물이었다. 그러고 얼마 되지 않아 풀로트는 아예 뼈 원본을 들고 샤프하우젠을 직접 찾아가 보여주었다.

샤프하우젠은 이것이 인간의 뼈라는 풀로트의 의견에 동의했다. 하지만 어떤 종류의 인간인가? 샤프하우젠은 전 세계에서 발견된 고대인의 유골뿐만 아니라 현대인의 골격과도 비교하기 위해 동굴에서 발견된 뼈를 측정하기 시작했다. 그 결과 곧바로 알게 된 사실은 네안더 계곡(당시 독일어로는 네안데르탈Neander Thal)에서 발견된 뼈들이 그때까지 알려진 모든 인류의 뼈와 크게 다르다는 점이었다. 팔다리뼈와 갈비뼈는 유난히 굵고, 두개골의 모양은 독특했다. 인간의 두개골이 일반적으로 둥근 모양인 반면, 네안데르탈의 두개골은 더 납작하고 길었다. 또한 눈구멍 위의 눈썹뼈가 유난히 불쑥 튀어나와 있었다. 샤프하우젠은 유럽의 박물관을 뒤져보았지만, 이 뼈들과 비슷한 것을 찾을 수 없었다. 그는 이 "독특한 형태"는 "그때까지 알려지지 않은 것"[1]이라고 썼다.

어떤 인류인지 알 수 없다는 문제 외에, 네안데르탈 뼈의 수수께끼가 하나 더 있었다. 바로 이 뼈의 연대가 불확실하다는 것. 풀로트와 샤프하우젠은 진흙과 흙 속 1.2~1.5미터 깊이에 두개골이 묻혀 있었던 만큼 아주 오래전 것일 거라고 짐작했다. 두개골이 묻혀 있던 곳의 깊이는 풀로트가 이 뼈의 특별함을 깨달은 즉시 일꾼들에게 단단히 확인한 사실이었다. 그러나 유럽을 포함한 전 세계의 다른 지역에서 발견된 일부 인간 뼈와 달리 네안데르탈의 뼈는 단독으로 발견되었다. 매머드, 동굴곰 등 멸종한 동물들의 뼈가 함께 발견되지 않았다는 뜻이다. 19세기에는 이런 동물 뼈가 있어야만 문제의 뼈가 아주 오래전의 것임을 확신할 수 있었다.

따라서 이 뼈가 정말로 선사시대의 것인지 확인할 수 없던 샤프하우젠은 뼈가 화석화되었는지 시험해보기로 했다. 만약 화석화되지 않았다면, 이 뼈는 선사시대가 아닌 역사시대의 것으로 보아야 하므로, 인류의 먼 과거와는 별로 상관이 없었다. 그러나 화석화되었다면, 뼈가 아주 오래전부터 동굴에 있었다고 봐도 될 것이다. 어쩌면 그때까지 알려진 유럽인이나 유럽 문화가 존재하기 훨씬 전의 뼈일 수도 있었다. 그래서 샤프하우젠은 19세기에 황금률처럼 사용되던 연대측정 기법을 적용했다. 뼈를 혀로 핥았다는 뜻이다. 화석화된 뼈라면 혀에 달라붙을 것이고, 최근의 뼈라면 그냥 떨어져 나갈 것이다. 네안데르탈 뼈는 혀에 달라붙었다. 아주 오래된 뼈였다. 샤프하우젠은 그때까지 거의 알려져 있지 않던 지질시대, 즉 마지막 빙하기, 또는 그 이전의 것이라고 믿었다. 그와 풀로트는 이런 연구결과를 1857년 본에서 열린 학회에 제출했다. 그리고 1858년에는 샤프하우젠이 화석화된 뼈를 연구한 내용을 발표했다.

샤프하우젠의 논문을 본 유럽 과학자들은 엄청난 관심을 보이며 열띤 논쟁을 벌였다. 이 논문이 1861년에 영어로 번역된 뒤에는 열기가 한층 더 높아졌다. 어떤 사람은 이 뼈들이 호모사피엔스 중 '야만적인' 종류의 것이라는 샤프하우젠의 이론에 동의한 반면, 잘 모르겠다는 사람도 있었다. 영국 지질학자 윌리엄 킹William King은 가장 먼저 발상을 전환해서, 네안데르탈이 새로운 종일지도 모른다는 의견을 내놓았다. 두개골의 모양이 "현저히 유인원을 닮아"[2]서 호모사피엔스보다는 침팬지나 고릴라의 두개골과 더 비슷하다는 사실을 발견한 그는 이 새로운 종을 호모네안데르탈렌시스Homo neanderthalensis라고 명명했다.

† † †

이렇게 해서 과학계는 항상 호모사피엔스만 존재한 것은 아니었음을 깨달았다. 한때 세상에는 다른 인류가 있었다. 동굴의 진흙 속에서 발견된 네안데르탈인은 먼 과거가 얼마나 낯선 모습이었는지를 보여주었으며, 그때까지 미처 짐작도 하지 못했던 아포칼립스, 즉 인류의 멸종이 거기에 잠복해 있었음을 암시했다. 당시 무슨 일이 있었든, 네안데르탈인과 아직도 알려지지 않은 다른 인류가 어떻게, 왜 무릎을 꿇었든, 이제는 호모사피엔스만이 유일한 생존자였다.

의문을 해결할 단서가 거의 없었으므로, 추측과 편견이 과학적 지식의 커다란 빈틈을 스멀스멀 메우기 시작했다. 샤프하우젠과 킹을 포함한 초창기 고인류학자들은 네안데르탈인의 뼈 단 한 벌을 보았을 뿐인데도 그들이 원시적이고 야만적인 종이었다고 자신 있게 묘사했다. 네안데르탈인이 살던 시대나 그들의 문화에 대한 정보가 전혀 없는 상태에서 호모사피엔스와는 다른 그들의 두개골 형태, 즉 길고 납작한 형태와 튀어나온 눈썹뼈는 곧바로 그들의 열등성을 보여주는 특징이자 열등성의 원인으로 간주되었다.

이런 결론을 내린 학자들은 전 세계에서 발견된 호모사피엔스 두개골을 연구하는 데 이미 수십 년을 바친 사람들이었다. 특히 종족에 따라 두개골을 분류하고 서열을 매기는 것이 주요 연구 분야였다. 샤프하우젠이 보기에 네안데르탈인은 인류의 종별 서열 중 가장 아래 칸에 완벽하게 들어맞았다. 그들의 두개골 형태가 "살아 있는 야만인들"의 두개골 형태와 연장선상에 존재한다고 봤기 때문이다. 반면 킹은 네안데르탈인의 두개골 형태가 호모사피엔스 중 "가장 퇴화한 종족"보다 유인원의 것과 더 비슷하다고 믿었다. 여기서 그가 말한 "가장 퇴화한 종족"은 인도양의 안다만제도 사람들이다. 킹은 이 섬의 주민들이 "동물과 별로 다를 것이 없다"고 생각했으므로, 네안데르탈인은 아예 인간의 범주에서 제외되어야 마땅했다. "한때 [이 두개골] 안에 존재했을 생각과 욕망이 짐승의 수준을 결코 넘지 못했을 것이라고 믿을 수밖에 없다." 그는 1864년에 이렇게 썼다.

세월이 흐르면서 지브롤터와 벨기에(사실 독일보다 먼저 네안데르탈인의 뼈가 발견되었으나 정체가 밝혀지지 않아서 묻혀 있었다)부터 프랑스와 크로아티아에 이르기까지 유럽 여러 지역에서 더 많은 네안데르탈인의 뼈가 확인되었다. 당시의 고인류학자들은 네안데르탈인의 뼈를 많이 보면 볼수록, 현생인류(호모사피엔스)와 더 먼 종인 것 같다고 생각했다. 20세기 초에 고인류학자 마르셀린 불Marcellin Boule은 프랑스의 라샤펠오생La Chapelle-aux-Saints 동굴에서 처음으로 거의 완전한 형태로 발견된 네안데르탈인의 해골을 분석했다. 뒤틀린 척추와 망가진 관절을 근거로 그는 네안데르탈인의 자세가 구부정하게 웅크린 모양이었을 것이라는 결론을 내렸다. 그리고 이 자세에 그들의 서투름과 어리석음이 반영되어 있다고 주장했다. "지구 주변부의 원시인들도 그들보다 상당히 더 앞서 있다."[3] 불은 1908년에 이렇게 썼다. 1950년대에 이르러서야 비로소 다른 과학자들이 라샤펠오생의 해골을 다시 조사해보고 그 뼈의 주인이 관절염을 앓던 네안데르탈인 남성 노인이었음을 밝혀냈다.

네안데르탈인은 원시적인 야만인이었다는 인상을 점점 굳혀가던 인류학자들은 그들의 멸종에 대해서도 생각하기 시작했다. 유럽 여러 지역의 층서層序를 바탕으로 분석한 결과, 네안데르탈인의 뼈 및 그들과 관련된 유물이 수천 년까지는 아닐망정 수백 년 동안 꾸준히 존재하다가 해당 지역에 호모사피엔스가 처음 나타난 무렵 갑자기 사라진 것으로 보였다. 고고학적 유물의 연대를 직접적으로 측정하는 방법은 수십 년 뒤에나 나왔기 때문에, 당시에는 네안데르탈인이 호모사피엔스로 대체된 시기가 정확히 언제인지 아무도 몰랐다. 그러나 대다수의 인류학자들은 이런 변화의 의미를 상당히 확신하고 있었다. "아메리카와 오스트레일리아 토착민의 운명을 지켜본 사람이라면, 호모네안데르탈렌시스가 사라진 현상을 어렵지 않게 설명할 수 있을 것이다. 더 힘찬 종족이 그들을 멸종시켰다."[4] 인류학자 아서 키스 Arthur Keith가 1915년에 쓴 글이다.

초창기 인류학자들은 인류의 진화과정 중 먼 과거에서 폭력, 지배, 대체를 보았다. 그들이 보기에 호모사피엔스는 가까운 친척을 싹 쓸어가 버린 아포칼립스의 생존자에 불과한 존재가 아니었다. 우리 호모사피엔스는 아포칼립스를 일으킨 범인이자 승리자였다. 특히 승리자였다는 점이 더 중요하다. 우리는 우리보다 열등하고 덜 진화한 친척들을 무대에서 싹 치워버린 아포칼립스 그 자체였다. 그래야 비로소 우리가 지구상에서 가장 발전되고 가장 널리 퍼진 종이라는 역할을 맡을 수 있기 때문이었다. 그것은 우리가 마땅히 맡아야 하는 역할이기도 했다. 초창기 고인류학자들은 네안데르탈인의 멸종을 상실로 보고 탄식할 이유가 전혀 없다고 생각했다. 그들이 아주 신속하고 완전하게 멸종했을 것이라는 가정을 의심할 이유도 없었다. 그들은 열등한 형태의 인류였으므로, 그들의 멸종은 진화과정에서 맞닥뜨린 운명에 지나지 않았다.

† † †

요하네스 크라우제Johannes Krause는 독일 라이프치히의 막스 플랑크Max Planck 진화인류학 연구소에 출근할 때마다 절대 누구와도 접촉하지 않으려고 주의를 기울여야 했다. 그는 지하에 늘어선 여러 방으로 곧장 이어진 특별 출입구를 이용했고, 위층의 다른 연구실에서 일하는 동료들과 잡담도 나눌 수 없었다. 아니, 아예 그들과 한 공간에 있는 것이 금지되었다. 오염되는 위험을, 적어도 지금보다 조금이라도 더 오염되는 위험을 감수할 수 없기 때문이었다.

그래서 크라우제는 곧장 지하로 가서 옷을 갈아입었다. 얼굴에 마스크를 쓰고, 신발에 종이 발싸개를 씌우고, 금발 곱슬머리에 풍성한 샤워캡을 썼다. 그리고 수술장갑을 한 켤레가 아니라 여러 켤레나 손에 꼈다. 자신이 실험실에 들어선 뒤 머리카락을 단 1개만 흘려도, 어떤 표면에 지문을 1개만 남겨도, 연구팀 전체의 노력이 몇 년 전으로 되돌아간다는 사실을 알기 때문이었다.

당시 고유전학자 스반테 파보Svante Pääbo의 연구팀에 소속돼 있던 크라우제는 어쩌면 공상일 수도 있는 대상, 즉 뼛속에 수만 년 동안 보존되어 있던 네안데르탈인의 DNA를 좇고 있었다. 호모사피엔스의 게놈 시퀀스가 해독된 지 10년이 채 되지 않은 때였다. 시퀀스 해독에는 티끌 하나 없는 환경에서 살아 있는 사람에게서 채취한 혈액 샘플이 이용되었다. 크라우제의 지도교수인 파보는 마지막 빙하기 때 지상을 돌아다닌 매머드와 땅나무늘보 등 이미 멸종한 동물의 뼈에서 DNA를 추출해 연구하는 작업에서 이미 어느 정도 성과를 거두고 있었다. 그런 동물의 뼈와 비슷한 환경에 보존되어 있다가 지금은 같은 박물관에 소장된 네안데르탈인의 뼈에서도 DNA를 채취할 수 있을 것 같았다.

아주 엄청난 가정이지만 만약 네안데르탈인의 DNA가 아직 남아 있어서 추출하는 데 성공하는 경우, 연구팀은 그 DNA가 나중에 그 뼈를 만진 사람의 것이 아니라 진짜 네안데르탈인의 것임을 반드시 확신할 수 있어야 했다. 만약 DNA가 오염된다면 어떤 연구 결과도 인정받지 못할 것이다. 그래서 그들은 네안데르탈인의 유해에 자신의 DNA가 묻지 않게 모든 조치를 취했다. 크라우제(공교롭게도 요한 카를 풀로트가 태어난 마을 출신)가 지하 연구실에서 고립된 생활을 하고, 살균된 옷을 입고, 샤워캡을 쓰고, 장갑을 여러 켤레 낀 뒤에야 네안데르탈인의 뼈를 만진 이유가 바로 이것이었다. 실험실에서 그가 마시는 공기도 먼지, 사람 피부, 꽃가루, 박테리아 등 모든 실내 공간에 떠다니는 온갖 입자들을 99.99퍼센트 걸러낸 것이었고, 작업 중에 환히 켜놓은 파란색 자외선은 미처 거르지 못한 공기 중의 불필요한 DNA를 분해해버렸다. 이렇게 세심하게 청정 환경을 만든 뒤에야 크라우제는 비로소 유럽 전역에서 발굴돼 연구소로 보내진 네안데르탈인의 뼈를 만질 수 있었다. 그는 치과에서 쓰는 드릴을 꺼내 작동시킨 뒤, 그 섬세한 끝부분을 조심스럽게 뼈에 갖다 댔다.

이미 수십 년 전에 발굴되어 박물관에서 줄곧 현대의 DNA 폭풍에 노출된 뼈가 아주 많았다. 게다가 그동안 이 뼈를 만진 과학자도 헤아릴 수 없이 많았다. 심지어 뼈를 핥아본 과학자도 있었다. 그리고 그들 모두가 현생인류인 자신의 몸에서 떨어져 나간 미세한 조각들을 남겼다. 크라우제는 드릴로 뼈의 표면을 아주 미세하게 갈아내면서, 거기에 붙어 있던 현대의 DNA도 함께 제거되기를 바랐다. 그다음에는 치과의사처럼 정밀하게 뼈에 작은 구멍을 뚫었다. 아니, 어쩌면 치과의사보다도 더 조심스러웠는지도 모르겠다. 드릴의 마찰력 때문에 뼈의 온도가 너무 높아지면, 그렇지 않아도 연약한 상태인 옛날 옛적의 DNA가 파괴될 수 있기 때문에 그는 몇 초마다 한 번씩 작업을 멈춰야 했다.

크라우제는 드릴로 갈아낸 극소량의 뼛가루를 꼼꼼히 모았다. 거기에 필요한 정보가 들어 있다면 좋을 텐데. 그는 뼛속에 존재하는 여러 무기물과 아직 살아 있는 DNA를 분리해주는 용액에 뼛가루를 넣었다. 그러고는 그렇게 추출된 분자의 양쪽 끝에 인공적으로 만든 짤막한 DNA 시퀀스를 효소로 덧붙였다. 그러면 새로 개발된 DNA 염기서열 분석기가 이 인공적인 DNA 시퀀스 사이의 옛날 유전물질을 읽어내서 증폭할 수 있었다. 이 유전물질을 현대인과 영장류의 게놈과 비교하면, 이 유전물질의 독특한 특징을 알아낼 수 있을 터였다.

크라우제의 조심스러운 작업은 성과를 거뒀다. 네안데르탈인의 뼈에 들어 있는 DNA가 결코 과학자나 박물관 직원의 것일 수 없다는 결과가 나온 것이다. 파보의 연구팀은 2010년에 처음으로 네안데르탈인의 게놈을 발표했다.[5] 그 뒤에도 다른 게놈들이 밝혀진 덕분에, 세월의 흐름에 따라 다양하게 존재한 네안데르탈인 집단들의 유전적 특징에 대해 많은 것을 알 수 있었다. 여기에는 그들의 집단 크기에 대한 추측(작은 편), 언어 사용 가능성(아주 높음) 등이 포함되었다. 그러나 파보와 크라우제, 그리고 다른 과학자들이 무엇보다도 놀라운 결과를 얻은 것은 네안데르탈인의 게놈을 호모사피엔스의 게놈과 비교했을 때였다. 아프리카 이외의 지역에서 살고 있는 사람들에게서 채취한 모든 게놈에서 네안데르탈인의 게놈 조각이 발견된 것이다. 유럽인, 동아시아인, 아메리카 원주민 등 조상이 아프리카 이외의 지역에서 살았던 모든 사람이 네안데르탈인의 조각을 약 2퍼센트 갖고 있었다. 이제 인류학자들은 현생인류가 네안데르탈인과 짝짓기를 했고, 그들의 후손이 살아남아 자손을 낳았다는 확고한 과학적 증거를 손에 넣은 셈이었다.

20세기에 일부 인류학자는 네안데르탈인이 현생인류의 직계 조상일 수 있다고 처음부터 생각했지만, 그들조차 주로 네안데르탈인을 현대적인 해부학적 구조와 발전된 행동을 지닌 호모사피엔스가 등장할 때까지 있다가 사라진 고인류 중의 한 진화 '단계'[6]로 보았다. 그들은 네안데르탈인이 호모사피엔스 때문에 밀려나서 멸종한 것이 아니라, 자연선택을 통해 진화해서 우리와 통합되었다고 보았다. 어쩌면 다른 고인류와의 짝짓기도 이 진화과정에 작용했을 가능성이 있었다. 그러나 파보의 연구팀이 네안데르탈인의 게놈 염기서열을 분석해낸 무렵에는 네안데르탈인의 진화 및 멸종과 관련해서 한 세기 전에 대세를 차지했던 이론, 즉 그들이 새로운 종으로 대체되었다는 이론과 크게 다르지 않은 견해를 지닌 사람이 대다수였다. 2010년에 대부분의 고인류학자는 호모사피엔스와 네안데르탈인이 뚜렷이 다른 종이며, 호모사피엔스는 아프리카에서 진화하고 네안데르탈인은 유럽과 서아시아에서 진화했다고 보았다. 그들의 혈통이 지리적으로 분리되어 있다고 본 것이다. 그러다 현생인류인 호모사피엔스가 네안데르탈인의 영역까지 세력을 확장하면서 네안데르탈인을 신속하게 대체했고, 이 두 종 사이에는 유전적 흔적이나 문화적 흔적을 남길 만한 어떤 상호작용도 없었다는 것이 그들의 가설이었다. 그러나 이 두 종 사이에 어쩌면 상당한 폭력 사태가 발생했을 가능성은 있었다.

현생인류가 진화를 통해 네안데르탈인을 대체했다고 생각하든 아니면 경쟁을 통해 대체했다고 생각하든 상관없이 대부분의 인류학자는 네안데르탈인을 더 훌륭하고, 더 똑똑하고, 더 적응력이 좋은 인류, 즉 처음부터 지구를 상속받을 운명이었던 호모사피엔스로 이어지는 디딤돌로 보았다. 그러나 현재 살아 있는 사람들이 모두 네안데르탈인의 DNA를 소량 지니고 있다는 사실이 밝혀지면서 이 가설이 뒤집혔다. 이 유전자 증거는 네안데르탈인이 현생인류로 대체된 것이 아니라, 아프리카 밖으로 뻗어나간 현생인류를 만나 섞여 살았음을 보여주었다. 네안데르탈인이 호모사피엔스보다 덜 진화된 종이 아니며, 현생인류가 그들을 즉시 멸종으로 몰고 간 것도 아니라는 뜻이었다. 인류의 가계도에서 이 두 종은 한쪽은 오래전에 시들고 다른 한쪽은 계속 번성하는 식으로 분리되어 있지 않았다. 그들은 한데 섞여서 함께하는 미래를 향해 가지를 뻗었다. 파보의 연구팀이 찾아낸 유전자 증거는 어쩌면 네안데르탈인이 결코 멸종하지 않았음을 시사하는 것 같기도 했다. 그들이 우리가 되고, 우리 또한 그들이 된 것 아닐까.

† † †

네안데르탈인의 흔적이 현생인류 사이에 널리 퍼져 있다는 사실이 발견되고, 먼 옛날 이 친척들이 우리와 만나기 전 수십만 년 동안 어떻게 살았는지를 고고학자들이 열심히 들여다보게 되면서, 네안데르탈인을 바라보는 과학자들의 시각과 그들이 인류 역사에서 차지하는 위치는 15년 전에 비해 크게 달라졌다. 현재까지 알려진 네안데르탈인의 뼈 중 가장 오래된 것은 스페인에서 발견된 것으로, 연대는 40만 년 전으로 측정되었다. 지금까지 발견된 호모사피엔스 화석 중 가장 오래된 모로코 화석보다 연대가 10만 년 앞선다. 네안데르탈인의 뼈는 포르투갈에서 웨일스까지, 크로아티아에서 이라크까지, 우즈베키스탄에서 시베리아까지 다양한 곳에서 발견되었는데, 때로는 누군가가 의도적으로 동굴에 매장한 것처럼 보인다. 그들이 옛날에 먹은 음식의 잔해를 보면, 중동에서는 거대한 낙타를 사냥하고,[7] 대서양 연안에서는 조개를 채집하고,[8] 이동하는 선사시대 말 떼를 기습해 수십 마리를 포획했던[9] 것 같다. 직접적인 기법으로 연대를 측정한 결과, 동굴에 그려진 기하학적 무늬와 희미한 손 윤곽은 유럽에 호모사피엔스가 나타나기 2만 년 전의 것이었다.[10] 즉 그 그림을 그린 사람은 네안데르탈인일 수밖에 없다는 뜻이다. 네안데르탈인에게서만 발견되는 단백질[11]로 확인된 그들의 뼛조각은 동물 이빨, 조개껍데기, 상아 등으로 조각한 장신구와 같은 층에서도 발견되었다. 종합적으로 말하자면, 네안데르탈인은 35만여 년 동안 유럽과 서아시아에 살다가 약 4만 년 전에 사라졌다. 그들의 유전자와 호모사피엔스의 유전자가 섞이는 일은 여러 시대에 걸쳐 많은 곳에서 발생했으며, 수천 년 동안 이런 식의 교류가 이어지면서 그중에서도 약 4만 7000년 전 가장 폭발적으로 영향을 미쳤을 가능성이 있다.[12]

네안데르탈인의 문화 능력과 인지능력, 그들과 호모사피엔스의 유사성 또는 차이점에 대한 논쟁은 지금도 맹렬히 벌어지고 있다. 그러나 지금도 네안데르탈인의 흔적이 널리 퍼져 있다는 사실에서 알 수 있듯이, 이 두 종 사이에 생식능력이 있는 자식이 태어나 생존했다는 사실을 바탕으로 일부 과학자들은 아예 둘이 정말로 별도의 종이었는지에 관해 의문을 제기하기도 했다.[13] 네안데르탈인을 처음 확인하고 연구한 학자들이 확립한 구분, 즉 우리와 그들, 우월한 종과 열등한 종, 승자와 패자, 멸종한 종과 살아 있는 종이라는 구분은 이제 확실히 희미해졌다. 네안데르탈인의 능력 및 현생인류와의 관계가 아직 선명하게 밝혀지지 않았는데도.

원시시대의 DNA와 더불어, 직접적인 연대측정 기법 또한 네안데르탈인의 역사를 다시 쓰는 데 중대한 역할을 했다. 샤프하우젠이나 풀로트 같은 초창기 고인류학자들은 방사성탄소연대측정법을 상상도 하지 못했을 것이다. 그들은 멸종된 동물의 뼈와 함께 발견되는 화석에 의존해서 연대를 짐작했다. 적어도 혀에 달라붙는 뼈는 아주 오래된 것으로 판명했다. 한편 초창기 고고학자들은 자신들이 해독할 수 있는 문자 기록을 남긴 소수의 고대 문화, 특히 고대 이집트에 의존했다. 고대의 달력을 이용하면 특정한 양식의 토기, 장신구, 도구 등이 만들어지고 사용된 시기를 정확히 알아낼 수 있었다. 고대 이집트는 지중해 동부 전역의 다른 사회들과 교역했으므로, 만약 이집트의 그릇, 무기, 장신구 중 특정한 종류가 아테네, 로마, 다마스쿠스, 튀니스의 발굴 현장에서 발견되면 거기서부터 그 물건들의 기원을 추적해 이미 알려진 이집트의 연대표와 연결하는 방법이었다. 방사성탄소연대측정 전문가인 톰 히검Tom Higham은 이집트를 비롯해서 연대가 알려진 여러 문화권과 이어진 각종 유물의 연대가 "마치 연못 위의 잔물결처럼 퍼져 있다"[14]고 말한다. 그러나 지리적으로나 시간적으로나 이런 기준 문화권에서 멀어질수록 잔물결도 희미해졌다. 영국, 시베리아, 중국, 아메리카대륙에서 이 방법을 이용해 고대의 연대를 측정하는 것은 거의 불가능했다. 또한 네안데르탈인이 살던 선사시대처럼 멀고 먼 과거에는 더욱더 손이 닿지 않았다.

이런 상황을 완전히 바꿔놓은 것이 1940년대에 발명된 방사성탄소연대측정법이었다. 물리화학자 윌러드 리비Willard Libby는 모든 살아 있는 유기체가 대기 중에서 방사성동위원소인 탄소-14를 소량 흡수한다는 사실을 알아냈다. 유기체가 살아서 탄소-14를 흡수하는 한, 체내의 다른 탄소 동위원소인 탄소-12와 탄소-14의 비율은 고정되어 있다. 그러다 유기체가 죽으면 체내의 탄소-14가 꾸준히 붕괴하기 시작한다. 약 5700년 이내에 탄소-14 중 절반이 사라질 것이다. 그러나 탄소-12의 양은 계속 같은 수준을 유지한다. 따라서 뼈, 나무 창대, 씨앗, 불에 탄 음식 조각, 먼 옛날의 화덕에서 나온 숯 등에 함유된 탄소 동위원소의 비율을 측정하면 그 유기체가 언제 죽었는지 알아낼 수 있다.

리비는 이 방사성탄소연대측정법으로 1960년에 노벨 화학상을 수상했다. 그리고 그의 연구 성과는 과거에 대한 연구를 완전히 바꿔놓았다. 고고학자들은 사상 처음으로 옛 유물과 뼈에 들어 있는 정보만으로도 그들의 정확한 연대를 알아낼 수 있게 되었다. 과학적으로 시험할 수 있는 가설을 제시하고, 세계의 어느 학자라도 복제하거나 의문을 제기할 수 있는 데이터로 그 가설을 확인하거나 반박하는 일도 가능해졌다. 다시 말해서, 고고학이 과학이 되었다.

방사성탄소연대측정법에도 한계는 있다. 약 5만 년 이상 된 뼈나 씨앗이나 숯에는 측정할 수 있는 방사성탄소가 남아 있지 않다. 그러나 히검은 아주 극소량의 탄소라도 분리해낼 수 있는 샘플링 기법을 개발하고 있었다. 이 방법을 이용하면 자연이 정한 방사성탄소연대측정법의 한계에 더욱더 근접하는 연대를 측정할 수 있을 것이다. 히검은 네안데르탈인이 사라진 시기와 호모사피엔스가 유럽에 나타난 시기를 정확히 파악하는 데 이 기법을 사용하고 싶어 했다. 그것이 방사성탄소연대측정법의 한계와 근접한 시기에 일어난 일이었기 때문이다. 이 프로젝트에 착수하면서 히검은 이렇게 말했다. "나는 현생인류가 문화, 기술 등등 여러 면에서 우월하다는 생각에 고집스럽게 매달렸다. 또한 현생인류가 유럽으로 몰려 들어온 뒤 네안데르탈인이 순식간에 멸종했다는 견해를 갖고 있었다."[15]

히검의 연구팀이 네안데르탈인의 뼈 연대를 측정하려면 그 뼈를 아주 조금이라도 파괴해야 했다. 뼈 안쪽에서 몇백 그램을 가루로 갈아 채취해서 여러 화학 용액으로 콜라겐을 분리해 정제해야 가장 믿을 만한 연대를 얻을 수 있었다. 정제한 콜라겐 분자를 입자가속기에 넣어 탄소-14의 양을 측정하면 연대가 나온다. 네안데르탈인의 게놈이 처음으로 발표되고 겨우 몇 년 뒤인 2014년에 히검의 방사성탄소연대측정법으로 유럽 전역에서 발견된 말기 네안데르탈인 뼈와 초기 호모사피엔스 뼈를 조사한 결과, 이 두 종이 함께 존재한 기간이 최대 5400년인 것으로 밝혀졌다.[16] 그 뒤로도 이 기간의 시작점이 점점 더 과거로 확장되는 중이다. 네안데르탈인은 호모사피엔스가 자신의 영역에 나타난 뒤로도 수천 년 동안 살아남았다. 그들이 아주 빠르게, 어쩌면 폭력적인 방법으로 밀려나 호모사피엔스로 대체되었을 것이라는 이전의 가설에 문제가 생긴 것이다. 어린 호모사피엔스의 것으로 짐작되는 젖니 하나가 프랑스의 어느 동굴에서 네안데르탈인의 뼈와 도구가 묻힌 여러 층 사이에서 발견된 사실에서 보듯이,[17] 이 두 종이 서로 다른 시기에 똑같은 동굴에 살았을 가능성도 있다.

서로에 대해 알 수 있는 시간이 이렇게 길었고, 그들이 긴밀하게 접촉했을 것이라는 증거가 고고학과 유전학에서 모두 나왔기 때문에, 이제 히검은 두 종이 함께 존재한 시기에 교류와 실험이 있었을 가능성이 높다고 본다. "이런 상상을 해볼 수 있다. 새로운 사람들 한 무리가 나타나 나와는 아주 조금 다른 행동을 한다. 내가 지금까지 한 번도 보지 못한 어떤 재료, 또는 어떤 아이디어가 그들에게 있을 수도 있다. 그러면 나는 어떻게 할까? 음, 인간답게 그들을 따라한다. 그들을 흉내 낸다는 뜻이다."[18] 네안데르탈인의 능력에 대해 더 많은 것을 알게 될수록, 지식과 아이디어가 쌍방향으로 흘렀을 가능성이 더 높아 보인다. 히검은 그들의 만남이 "비옥한 토양"[19]이었으며, 두 종을 모두 바꿔놓았을 가능성이 있다고 말한다. 두 종 중 한 종이 필연적으로 즉시 다른 종을 대체하는 관계였다기보다는, 각자 물 흐르듯이 돌아다니다가 가끔 서로 어울리기도 하는 관계에 더 가까웠던 것 같다.

그래도 이 역사의 한복판에 여전히 아포칼립스가 도사리고 있다. 네안데르탈인이 지금은 우리와 나란히 지상에 존재하지 않기 때문이다. 그들은 인류의 조상일 뿐, 동시대인은 아니다. 현생인류의 유전자에 그들의 유전자가 미친 영향이 광범위하고 중요하긴 해도, 우리 게놈의 아주 작은 일부에 불과하다. 여러 종의 인류가 지상에 함께 살았던 수백만 년의 세월 끝에 남은 것은 호모사피엔스뿐이다.

19세기와 20세기 초의 인류학자들에 비하면, 오늘날의 인류학자들은 호모사피엔스만 살아남은 이유를 잘 모른다고 인정하는 데 훨씬 더 거리낌이 없다. 그들 중에는 네안데르탈인이 우리와의 경쟁에서 패배했고, 호모사피엔스에게는 우리를 정말로 유능하고, 적응력이 뛰어나고, 회복력이 좋은 종으로 만들어준 요소가 있다고 믿는 사람이 아직 있기는 하다. 그러나 사냥꾼, 공예품 제작자, 예술가, 인간으로서 네안데르탈인의 능력을 마땅히 인정하는 인류학자도 있다. 한 세기가 넘도록 그들을 '열등한 종' 또는 '퇴화한 종'으로 본 탓에 그들에 대한 학자들의 시각과 대중적인 인식이 모두 왜곡되었는데도 일어난 변화다. 네안데르탈인과 그들의 멸종에 관해 인류학자들은 자신이 모든 것을 아우르는 단 하나의 정답을 알고 있다거나 지금 자신이 확신하는 가설이 내일 새로운 증거로 뒤집어질 가능성은 전혀 없다는 식의 사고방식을 이미 멀리하고 있다. 우리가 믿고 있던 역사가 무너지면서, 역사를 조리 있게 알고 있다는 확신이 반신반의하는 마음으로 변했기 때문에 사람들 사이에 어쩌면 불만이 생길지도 모르겠다. 심지어 배신감을 느끼는 사람도 있을 수 있다. 그러나 이런 변화는 거의 항상 과학이 예측할 수 없고 명확하지 않은 진실에 더욱 가까이 다가가고 있다는 징후다.

네안데르탈인에 관한 새로운 사실과 가능성에서 힘을 얻어, 그들의 멸종이라는 아포칼립스를 다른 식으로 상상하는 선물을 우리 자신과 조상들에게 주어도 될 것 같다. 우리가 지닌 최악의 본성이 아니라 최선의 본성을 중심에 두고, 종을 막론하고 과거에 존재했던 모든 인류에게 나름의 욕망, 두려움, 상상력이 있었을 것이라고 가정하는 방식이다. 이런 상상은 우리가 당연하다고 생각하는 역사의 필연성을 고집하기보다는 역사의 우발성을 인정한다. 이런 새로운 상상이 틀릴 수도 있겠지만, 지금까지 나왔던 다른 가설들보다는 덜 틀릴 가능성도 존재한다.

† † †

네안데르탈인의 마지막이 포함된 좀 더 완전한 이야기를 상상하려면, 먼저 그들의 능력과 적응력을 인정해야 한다. 40만 년이 넘게 지상에 존재한 네안데르탈인은 산, 숲, 해안 등 다양한 생태계와 기후 환경에서 성공적으로 거주했다. 서늘한 산속 동굴에서 살던 네안데르탈인도 있고, 지중해의 온화한 해안에서 살던 네안데르탈인도 있다. 지구가 주기적으로 자연스럽게 빙하기에 들어갔다가 빠져나오기를 반복하는 동안 기후가 서서히 변해도 그들은 살아남았다. 기후변화, 특히 기온이 심하게 내려가는 변화에 적응하기는 힘들었을 것이다. 그러나 네안데르탈인은 일단 한곳에 정착한 뒤 일반적으로 꾸준히 예측할 수 있는 행보를 보였다. 네안데르탈인 무리는 순록처럼 추운 곳을 좋아하는 동물을 사냥하는 데 집중하는 방식으로 새로운 환경에 적응할 수 있었다.[20] 그들이 긴 겨울을 대비해, 고기를 훈제해서 저장했을 가능성도 높다.

그러나 네안데르탈인이 지상에 존재한 기간이 끝에 가까워질수록 기후가 점점 불안정해져서 급격히 변하곤 했다.[21] 특히 북유럽 기후가 그러했다. 날씨가 추워졌다가 더워졌다가 다시 추워지는 속도가 상대적으로 빨라졌다. 네안데르탈인을 포함한 여러 고인류를 50여 년 동안 연구한 고인류학자 크리스 스트링어Chris Stringer는 이 시기에 네안데르탈인이 추울 때는 비교적 따뜻한 곳으로 물러나 작은 집단으로 버텨내면서 점점 인구가 줄어들다가, 조상들이 살던 땅의 얼음이 녹으면 다시 영토를 넓혔을 것이라고 상상한다. "약 2000년 동안 상황이 좋아지면, 인구가 회복되었다."[22] 그러다 추위가 미처 예측할 수 없을 만큼 급속하게 되돌아오면, "이주했던 사람들이 대부분 쓸려나갔다." 따뜻한 곳에 그냥 남아 있던 사람들만 살아남아 다시 같은 과정을 되풀이했다. 스트링어는 "지속적으로 가지치기가 일어난 것과 같다"고 말한다. "그들은 다양성을 구축하지도 못하고, 인구를 일관되게 유지하지도 못했다." 그들이 사라지기까지 약 1만 년이 남았을 때 "이미 문제가 많았다"고 스트링어는 말한다. 그러다가 새로운 종의 인류가 나타나 네안데르탈인과 같은 동물을 사냥하고, 같은 식물을 채집하고, 같은 동굴에 거주했다. 현생인류의 등장이었다.

새로 나타난 인류가 네안데르탈인에 비해 지적인 면이나 행동 면에서 전혀 우월하지 않았을 가능성이 있다. 그러나 유전자 데이터를 보면, 당시 대부분의 네안데르탈인 무리는 소규모였고, 점점 규모가 줄어들고 있었다. 반면 새로 나타난 호모사피엔스는 유전자 풀이 더 다양했으며, 더 먼 곳까지 나아가 교역을 했다. 그들이 이룬 무리의 규모가 좀 더 컸거나, 그들이 근처는 물론 먼 곳에서 사는 다른 현생인류 무리와도 사회적으로 더 강력한 관계를 맺고 있었을 것이라는 뜻이다. "여러 계곡을 건너가야 만날 수 있는 친구의 화덕에서 환영받는 것이 차이를 만들어냈을 가능성이 있다. 아기에게 뿌연 앙금을 먹여 키울 것인가, 아니면 차가운 바위 틈새에 굶주린 아기를 눕힐 것인가의 문제였다."[23] 고고학자 레베카 래그 사이크스Rebecca Wragg Sykes의 글이다. 스트링어는 새로 나타난 인류가 동물의 가죽을 꿰매서 아기에게 더 따뜻한 옷을 만들어줄 수 있는 바늘 또한 갖고 있었는지 모른다고 말한다. 그 밖에 아주 하찮게 보이지만 기후변화를 이기고 살아남는 데에 무엇보다 중요한 역할을 한 다른 기술이 있었을 가능성도 있다.

점점 줄어드는 인구, 예측할 수 없는 기후, 사회적 변화와 환경 변화를 이겨내는 솜씨가 확연히 좋아 보이는 다른 인류의 등장 앞에서 네안데르탈인은 그냥 침체되거나 자신에게 주어진 시간이 끝날 때까지 무심히 기다리지 않았다. 소규모 무리들이 고통을 겪는 것을 보고 일부 네안데르탈인이 새로 나타난 인류 집단과 합류하는 모험을 했을지도 모른다. 고립과 죽음 대신 공동체와 삶을 택한 것이다. 아포칼립스가 점점 다가오던 시기에 그들은 궁극의 모험을 감행해, 문화와 언어와 전통의 장벽을 넘어 인류라는 모자이크 속에서 완전히 새로운 존재가 되려 했는지도 모른다. 이것은 그들 자신은 물론 그들의 후손을 위해 더 중요한 결정이었다. 지금 우리 눈에는 멸종처럼 보이는 과정이, 그 과정을 시작한 사람들의 눈에는 생존을 향한 가장 확실한 길로 보였을 수 있다.

✝ ✝ ✝

네안데르탈인은 '멸종한' 인류 중 최초로 발견된 종이었다. 그러나 그들이 마지막은 아니었다. 이제 과학자들은 호모사피엔스와 같은 시기에 존재했던 인류를 여러 종 알고 있다. 그들 중 호모에렉투스Homo erectus는 아프리카에서 진화했으며, 아프리카의 경계선을 넘어선 최초의 인류였을 가능성이 있다. 왜소한 종인 호모플로레시엔시스Homo floresiensis는 인도네시아 플로레스섬에 수천 년 동안 고립되어 살면서 몸이 작아진 듯하다. 호모날레디Homo naledi는 남아프리카의 어느 동굴 깊숙한 곳에서 유해가 집단적으로 발견되어 죽음, 장례, 내세 등을 그들이 어떻게 생각했는지에 대해 논쟁적인 의문을 제기한다. 호모루조넨시스Homo luzonensis는 섬에 거주하는 또 다른 종류의 왜소한 인류로 필리핀에서 발견되었으며, 손가락과 발가락 뼈가 휘어진 모양인 것으로 모아 나무에서 나무로 그네 타듯 이동했을 가능성이 있다.

이런 인류들의 뼈는 대부분 덥고 습한 열대처럼 오래된 DNA가 잘 보존되지 않는 환경에서 발견되었다. 그들의 게놈을 볼 수 없으므로, 그들이 실제로 호모사피엔스와 만난 적이 있는지는 확실히 알 수 없다. 그러나 현생인류와 공존했던 인류가 DNA 연구만으로 다섯 번째로 발견되었다. 그들의 뼈에 남은 DNA와 현생인류의 게놈을 비교한 결과였다. 데니소바인이라고 불리는 그들의 역사는 인류의 과거와 아포칼립스에 대해 우리가 얼마나 모르고 있는지를 더욱 많이 알려준다.

데니소바인의 흔적을 처음으로 우연히 발견한 사람은, 수술실 외과의사 같은 복장으로 라이프치히의 지하 연구실에서 작업하던 요하네스 크라우제였다. 크라우제는 본인의 표현처럼 "치과의사 놀이"[24]에 푹 빠져서 먼 옛날의 뼈에 아주 작은 구멍을 뚫어 거기에 들어 있는 DNA를 분리해서 염기서열을 알아낼 최신 방법을 개발하고 있었다. 그와 스반테 파보가 다루던 뼈 중에는 아주 작은 새끼손가락 뼛조각이 하나 있었는데, 파보는 나중에 "쌀알 2개를 합친 크기"[25]였다고 묘사했다. 러시아, 카자흐스탄, 몽골이 만나는 곳 근처, 시베리아의 알타이산맥에 있는 데니소바Denisova 동굴에서 나온 그 뼈는 너무 작고 이렇다 할 특징이 없어서 어떤 종의 것인지 알 수 없었지만 네안데르탈인의 것일 가능성이 있었다. 당시 최초의 네안데르탈인 게놈을 분석 중이던 크라우제 팀은 네안데르탈인의 DNA라면 무조건 환영이었다.

그 뼈에서 DNA를 추출해 분석하던 크라우제는 그것의 게놈이 네안데르탈인의 게놈과 일치하지 않는다는 사실을 금방 깨달았다. 그렇다고 호모사피엔스의 게놈과 일치하는 것도 아니었다. 그 뼈는 뭔가 다른 것, 그때까지 누구도 찾아볼 생각은커녕 존재한다고 상상도 하지 못했던 사라진 인류의 것이었다. 연구팀은 최초의 네안데르탈인 게놈을 발표한 해인 2010년에 이 뼈의 연구 결과도 발표했다. 그러면서 이 뼈가 발견된 동굴의 이름을 따서 데니소바인이라고 명명했다.[26] 크라우제의 연구팀은 데니소바인이 어떻게 생겼는지, 어디에 살았는지, 그들의 신체와 문화가 네안데르탈인이나 호모사피엔스와는 어떻게 다른지 알 수 없었다. 데니소바인과 호모사피엔스 사이의 유전적 차이가 네안데르탈인과 호모사피엔스 사이의 유전적 차이와 대략 비슷하다는 사실만 뚜렷이 밝혀냈을 뿐이다.

그로부터 10여 년의 세월이 흐른 지금까지 추가로 발견된 데니소바인의 뼈는 거의 없다. 이 글을 쓰고 있는 현재, 데니소바인의 완전한 골격은 물론 심지어 완전한 두개골조차 과학적으로 확인된 적이 없다. 네안데르탈인은 거의 처음 발견된 순간부터 '야만적'이고 유인원 같다는 이미지에서 친절하고 인간에 가깝다는 이미지까지 헤아릴 수 없이 다양한 모습으로 그려졌다. 반면 데니소바인은 신체적인 형태를 본 적이 없어 상상조차 할 수 없는 유령 같은 존재로 계속 남아 있다. 물론 언젠가는 이런 상황이 변하는 날이 올 것이다. 어쩌면 그런 날이 곧 올지도 모른다. 사실 그들의 뼈가 이미 어딘가의 박물관에 있는데, 지난 세대의 과학자들이 어떤 뼈를 찾아봐야 하는지 몰라서, 또는 자신이 알지 못하는 종의 인류가 존재한다는 사실 자체를 몰라서 아직 발견하지 못한 것일 수도 있다.

그래도 데니소바인에 관심이 있는 학자들은 그동안 동굴을 발굴하는 대신(아니, 적어도 동굴만 발굴한 것은 아니라고 해야 할 것 같다) 살아 숨 쉬는 호모사피엔스의 게놈을 들여다보기 시작했다. 그 게놈 안에 데니소바인의 DNA가 놀라울 정도로 많이 살아 있기 때문이다.[27] 데니소바인은 시베리아, 중국, 동남아시아 등지에서 현생인류와 결합하여 자손을 낳은 것으로 보인다. 또한 네안데르탈인과도 짝짓기를 했다. 과학자들이 데니소바 동굴에서 데니소바인 아버지와 네안데르탈인 어머니가 낳은 딸[28]의 뼛조각을 발견한 것은 엄청난 행운이었다. 오늘날 발견되는 뼈와 유전자를 바탕으로 추측해보면, 데니소바인 집단은 열대우림, 얼어붙은 툰드라는 물론 심지어 생물이 살 수 있는 곳 중 전 세계에서 가장 고도가 높은 티베트의 일부 지역[29]에서도 살았을 가능성이 높다. 과거 일부 인류학자들은 이처럼 엄청나게 다양한 생태계에 성공적으로 적응하는 일은 호모사피엔스에게만 가능하다고 생각한 적이 있다. 그러나 데니소바인을 연구할 수 있는 수단은 여전히 DNA뿐이다. 그들의 유적, 도구, 전신 해골이 없기 때문에 고고학자들은 네안데르탈인을 연구할 때처럼 그들의 삶과 문화를 연구할 수 없다.

네안데르탈인의 멸종이 우리가 결코 확실한 정답을 알아낼 수 없을 것 같은 수수께끼라면, 데니소바인이 사라진 경위는 훨씬 더 오리무중이다. 네안데르탈인의 경우에는 게놈을 통해 그들이 사라질 무렵에 수가 점점 줄어들었음을 알 수 있지만, 데니소바인은 감탄스러울 만큼 적응력이 좋아서 번창했던 것 같다. 스트링어는 "그들이 네안데르탈인처럼 곤경에 처했던 것 같지는 않다"면서 "그런데도 그들 역시 사라졌다"[30]고 말한다. 호모에렉투스, 호모날레디, 호모루조넨시스, 호모플로렌시엔시스 등 이미 멸종한 또 다른 인류에 대해서는 아는 것이 훨씬 더 적다. 그들이 사라진 것 역시 현생인류가 그들의 고향에 나타났기 때문일 수도 있고, 현생인류와는 아무런 상관이 없을 수도 있다.

단서가 너무 적어서 아직 수수께끼의 해답을 종잡을 수 없는데도, 아니 어쩌면 바로 그 때문에, 우리는 초창기 고인류학자들이 네안데르탈인을 상상할 때와 달리 데니소바인 등 여러 종의 인류를 좋은 모습으로 상상해볼 수 있다. 아주 오래전에 살았지만 또한 새롭기도 한 이 인류의 조상들 앞에서 우리는 네안데르탈인에 대한 과학자들의 사고가 진화한 과정을 참고해, 그들이 우리보다 열등해서 밀려났다고 처음부터 가정하는 식의 구식 사고방식을 피할 수 있다. 아니면 최소한 그보다 더 흥미롭고 관대한 가정이 사실일 가능성도 똑같이 존재한다고 전제할 수도 있다. 고인류의 멸종이라는 아포칼립스를 폭력과 경쟁이라는 렌즈 대신 공동체, 창의력, 생존이라는 렌즈로 바라본다면 과연 무엇을 배울 수 있을까? 만약 우리가 모든 조상을 승자와 패자가 아니라 동반자와 협력자로 본다면 어떻게 될까? 네안데르탈인, 데니소바인 등 많은 인류가 우리 사회에 합류할 수 있는 능력을 갖고 있었을 뿐만 아니라 우리도 그들을 환영할 수 있는 사람들이었다고 믿는다면 어떨까?

† † †

사람들은 항상 이동했다. 계곡과 강을 따라 걷고 산을 넘었다.

그들이 주로 걸어다닌 곳은 이미 가본 곳이었다. 조상 때부터 피운 불의 재와 얼룩이 아직 남아 있는 곳. 먼 과거로부터 이어져 있는 지식과 경험 덕분에 그들은 하룻밤을 보내기에, 한 달을 지내기에, 한 계절을 나기에 가장 좋은 동굴이 어디에 있는지 알고 있었다. 말 떼가 따뜻한 곳으로 이동하는 시기, 겨울을 날 식량을 구하기 위해 말을 사냥하기에 가장 좋은 장소도 알고 있었다. 사냥한 짐승을 해체하는 법, 가죽을 다듬는 법, 고기를 훈제해서 보관하는 법도 과거의 지식과 경험이 알려주었다. 가장 좋은 돌을 구할 수 있는 곳, 그것을 생활에 필요한 도구로 다듬는 법도 마찬가지였다.

약 4만 7000년 전의 어느 날, 파악해둔 동굴에 도착한 사람들은 다른 누군가가 다녀갔음을 즉시 알아차렸다. 불을 피우는 둥근 자리에 새로운 재가 있었다. 바닥에 버려진 동물 뼈는 바로 얼마 전에 익혀 먹은 것이었다. 하이에나가 이 뼈를 발견하고 남은 고기 조각과 골수를 먹어치운 흔적이 아직 없다는 점이 증거였다. 앞으로 또 누가 이 동굴에 올지 모르는 일이었다. 이곳은 그들의 영역 중심부에 있는 동굴인데. 지금까지 그들이 다른 무리와 마주친 곳은 항상 영역 외곽이었다. 그나마도 아주 드물게 있는 일이었다. 어떤 세대는 아예 평생 동안 이방인을 만나지 못하기도 했다. 곰이 이 동굴을 가끔 사용하는 것은 그들도 아는 사실이었지만, 곰은 불을 피우지 않는다.

사람들은 당연히 불안해졌으나 벌써 밤이 다가오고 있었다.

그리고 이 동굴은 그들이 아는 곳이었다. 그래서 계획대로 며칠 동안 이곳에 머물다가 여행을 계속했다. 항상 같은 계절에 이동하는 말 떼와 만날 수 있게 시간을 공들여 조정한 여행이었다. 다른 누군가를 찾느라 허비할 시간이 없었다. 그래도 이 무리에서 추적을 가장 잘하는 사람들은 그 다른 누군가가 누구이고 어디로 갔는지 알아내려고 열심히 흔적을 살폈다. 부러진 잔가지와 휘저어진 땅이 동굴에 들렀다 간 누군가의 경로를 알려주었다. 들소, 사슴, 곰, 늑대의 자취를 추적할 때와 똑같았다. 사람들은 특정한 동물을 피하고 싶을 때처럼 그 누군가와 다른 방향으로 움직였다. 그래서 곧 누군가의 흔적이 전혀 보이지 않게 되었다. 사람들은 그 누군가를 오랫동안 잊어버리고 지냈다.

그들의 흔적과 조우했던 것을 기억하는 아이들이 자라서 어른이 된 어느 날, 추적자들이 독특한 흔적을 발견했다. 자신들이 지나는 길에 남는 흔적과 비슷해 보였다. 하지만 그들은 아주 오랫동안 이 길을 걸은 적이 없었다. 생긴 지 얼마 안 된 흔적은 그들과 같은 방향을 향하고 있었다.

그들의 목적지는 강이 흐르는 계곡의 석회암 동굴이었다. 그런데 그 동굴이 눈에 보이는 지점에 도착했을 때, 다른 누군가가 이미 그 동굴을 차지하고 있었다. 그들은 안전한 거리를 지켰지만, 사냥꾼들은 창을 들어 상대를 경계했다. 그들이 이제 어떻게 해야 할지 의논하는 동안, 그 누군가가 그들의 존재를 알아차리고 동굴 앞에 모여 그들을 바라보았다. 새로운 무리는 사람들보다 키가 크고 호리호리했다. 눈썹과 코는 얼굴의 다른 부위에 비해 너무 작은 것 같았다. 저걸로 냄새를 맡을 수는 있나? 사람들은 자기들끼리 속닥거렸다. 냄새를 못 맡으면 어떻게 사냥을 하지? 폭풍이 지나간 뒤 어지럽게 흔들리는 강물에 비쳐 뒤틀린 자신의 얼굴을 보는 것 같았다. 그만큼 비슷하지만 달랐다.

새로운 무리의 소년 하나는 동물 이빨을 엮어 목에 걸고 있었다. 사람들 무리의 아이들이 그것을 손가락으로 가리키며 열띤 대화를 나눴다. 목걸이를 건 그 소년도 저들이 자기 얘기를 한다는 것을 알아차렸다. 그의 어머니로 짐작되는 여자가 그를 말리려고 했지만, 그는 무리에게서 방문자들을 향해 몇 걸음 걸어 나왔다. 방문자들은 뒤로 조금 물러났다. 하지만 그들 무리의 최고 사냥꾼들이 창을 들고 경계하고 있는데, 소년 하나가 무슨 짓을 할 수 있겠는가? 소년은 이빨 목걸이를 벗어 두 무리 사이의 땅바닥에 놓고, 재빨리 제 어머니에게 돌아갔다.

누가 말리기도 전에, 사람들 무리의 소녀 하나가 아이들 사이에서 뛰어나와 이빨 목걸이를 들고 친구들에게 급히 돌아갔다. 그리고 그것을 저쪽 젊은이처럼 목에 걸었다. 아이들은 법석을 떨었다. 지금까지 그렇게 특별한 물건은 본 적이 없었다. 자기가 그 목걸이를 가져올 걸 그랬다고 부러워하던 다른 소녀가 용기를 얻어 머리에 꽂고 있던 깃털 하나를 빼들고 다른 무리 쪽으로 걸어갔다. 아까 소년이 걸어 나왔던 것만큼 가까이 다가가지는 못했지만, 그래도 꽤 가까웠다. 소녀는 깃털을 땅바닥에 놓았다.

아까 목걸이를 하고 있던 소년이 내일이면 그 깃털을 머리에 꽂고 있을 것이다.

계속 이동하기에는 너무 늦은 시기였다. 예측할 수 없는 날씨가 얼마나 위험한지 잘 알기 때문에 사람들은 모험을 할 수 없었다. 새로운 무리도 마찬가지인 것 같았다. 이 계곡이 겨울을 나기에 가장 좋은 장소라는 사실을 두 무리 모두 알았다. 반드시 이곳에 머물겠다고 결심한 것도 똑같았다. 새로운 무리가 가장 좋은 동굴을 차지했기 때문에, 사람들은 다른 동굴을 찾아야 했다. 오래전에 그들은 원래 겨울을 나던 동굴에서 곰 1마리에게 쫓겨난 적이 있었다. 그 동굴이면 될 것 같았다.

두 무리의 사냥꾼들이 가끔 숲에서 마주쳤다. 어른들이 아이를 찾아 돌아다니다가, 아이가 새로운 무리의 아이들과 노는 것을 발견하고 억지로 데려올 때도 있었다. 어느 날, 사람들은 풍성하게 사냥한 반면 새로운 무리는 그러지 못했을 때, 사람들이 저쪽 동굴에서 볼 수 있는 곳에 순록의 엉덩이살을 조심스레 놓아두었다. 그리고 하이에나가 냄새를 맡기 전에 새로운 무리의 주의를 끌려고 휘파람을 한 번 분 뒤, 저쪽 무리가 나오기 전에 자리를 떴다. 최고의 고기는 아니었지만, 거의 무엇이라도 먹어치울 수 있을 만큼 굶주린 경험은 그들에게도 있었다. 자신들이 잔치를 벌이는 동안 새로운 무리가 굶게 둘 수는 없었다. 굶주림이 그들을 어떻게 내몰지 누가 알겠는가?

눈이 녹고 강물의 얼음도 풀리기 시작한 직후, 추적자 1명이 새로운 무리의 동굴에 가까이 다가가 보았다. 그들이 어떻게 지내는지 보기 위해서였다. 그러나 그들은 동이 틀 때 이미 동굴을 비우고 떠난 뒤였다. 추적자가 돌아와 보니, 사람들이 시끌벅적했다. 젊은 여자 하나가 보이지 않는다는 것이었다. 그녀는 그동안 무리에서 떨어져 보내는 시간이 유난히 많았는데, 한 번은 숲에서 새로운 무리의 젊은이와 함께 있는 모습이 어느 추적자의 눈에 띄기도 했다. 그들은 서로 이야기를 나눌 수 없었다. 새로운 무리의 언어를 알아들을 수 없어서였다. 그런데도 그 둘은 함께 웃음을 터뜨렸고, 그들의 몸은 추위 때문에 점점 가까이 붙었다. 겨울이 깊어지는 동안 나이가 많은 여자들이 보니 그 젊은 여자가 첫아이를 임신한 것 같았다. 하지만 그 젊은 여자 본인은 아무 말도 하지 않았다. 무리 중에 그녀와 함께 시간을 보낸 젊은 남자도 없었다. 새로운 무리도 사라졌다는 소식을 추적자가 전한 뒤에야, 사람들은 어떻게 된 일인지 알 것 같았다.

다른 무리에 합류한 사람들이 있다는 전설이 있었다. 언제인지 확실히 알 수 없는 먼 과거에 모험심 강한 사람들이 원래 무리를 떠나 다른 무리로 가서 살았다는 이야기였다. 그런 이야기 속에서 새로 합류한 사람들은 곤경에 처한 새로운 동료들을 새로운 지식과 아이디어로 구해주었다. 반면 그런 선택을 하면 안 된다고 경고하는 이야기도 있었다. 처음에 느꼈던 흥분과 매력이 사라지고 나면 고향을 그리는 마음과 불행이 스멀스멀 생겨난다는 이야기였다. 그들이 새로 합류한 무리에서 폭행을 당했다는 이야기도 있었다. 가족과 무리를 두고 떠난 그 젊은 여자의 삶도 이런 이야기 속의 경로 중 하나를 따를 테지만, 무리에 남은 사람들은 그녀가 어떤 경로를 걸을지 끝내 알지 못할 것이다. 그녀도, 그 새로운 무리의 사람들도 두 번 다시 만나지 못할 테니까.

2장   해수면 상승이 자극한 독창성

- 도거랜드의 수몰

도거랜드Doggerland는 파멸이 예정되어 있었지만, 그 사실을 아직 아무도 몰랐다. 그곳에 사는 수천 명의 사람들에게 그곳은 여전히 낙원 같았다. 그곳은 물의 땅이고, 그들은 물의 사람들이었다. 많은 사람이 바다라고 해도 될 만큼 넓은 호수 바로 옆에서 살았다. 수평선 너머까지 멀리 뻗은 이 호수로 거의 모든 강이 흘러들었다. 사람들은 대대로 이 호수와 강 주변에서 살았기 때문에 이곳의 환경을 아주 자세히 알고 있었다. 그들은 그물과 갈퀴로 물고기를 잡고, 덫으로 새를 잡고, 새알을 주웠다. 여울로 걸어 들어가 바위에 달라붙은 조개를 떼어냈다. 물가에 자라는 갈대를 베어 바구니, 깔개, 오두막 지붕을 만들었다. 인근 숲에서는 사슴과 들소를 사냥하고, 덤불에 열린 달콤한 열매를 따고, 쓴 약초를 채취했다. 노를 저어 호수를 돌아다니면서 이웃을 만나 먹을 것과 공예품을 교환했다. 연어가 알을 낳는 계절이 되면 이동하는 연어를 따라가고, 다른 계절에는 철새를 추적했다.

호수와 그 일대가 모두 그들의 고향이었다. 그들은 이 풍요로운 시대에 맞춰 움직이면서 주기적으로 한 자리에 모여 여러 날 동안 축제를 벌였다. 도거랜드의 물에는 1년 내내 아주 많은 생물이 살았기 때문에 사람들이 굶주리는 경우는 거의 없었다. 도거랜드는 그들에게 필요한 것을 모두 주었으므로, 그들도 그 땅을 사랑했다.

그 사랑으로 그들은 주위 풍경에 아주 심오하게 주의를 기울여 아무리 작은 것이라도 놓치지 않았다. 따라서 그들은 변화를 곧바로 알아차렸다. 바다가 점점 가까워지고 있다는 것을. 있을 수 없는 일 같지만, 틀림없었다. 노인들은 젊었을 때 호수 북쪽의 산을 오르면 저 멀리서 반짝이는 바다와 이곳 호수 사이에 숲과 강이 뻗어 있는 것이 보였다고 말했다. 하지만 지금 젊은이들이 같은 산을 오르면 보이는 것은 해안뿐이었다.

젊은이들이 점점 나이를 먹어 노인이 되는 동안 바닷물이 산들을 끼고 구불구불 흘러와서 사람들에게 친숙한 강으로 들어왔다. 마침내 바닷물이 호수에 이르렀다. 호수물이 짠물로 변하더니, 밀물과 썰물이 생겼다. 물이 밀려갔다 밀려오면서 실어 온 모래가 점점 둑처럼 쌓여 호수를 계속 작게 조각냈다. 호수는 습지가 되었다. 땅과 바다를 연결해주는 그 좁은 공간은 땅도 바다도 아니었다.

호수의 사람들이 이제는 해안의 사람이 되었다. 도거랜드는 조상들이 기억하던 그 모습이 아니었지만, 그래도 아직 사람이 살 수는 있었다. 옛날부터 그들은 물의 사람이었고, 바다도 물이었다. 종류가 다를 뿐이었다. 바다는 호수처럼 점잖지 않았다. 물의 범람과 폭풍이 옛날보다 더 위험해졌다. 또한 새로운 물살에 배가 쉽게 밀려날 수 있었다. 거친 물과 변화를 예측할 수 없는 모래 둑에 에워싸인 사람들은 과거 잔잔한 호수에서 노를 저어 만나러 가던 이웃들과 더 이상 연락할 수 없었다. 그래도 아직 물고기는 잘 잡히고, 갈대도 습지에 무성하게 자라고, 잡아먹을 새도 아주 많았다. 사람들은 들소 대신 물개를 사냥했다. 옛날 숲에서 자라던 약초와 허브에 대해 잘 알았던 것처럼, 습지의 식물과 해초에 대해 잘 알게 되었다.

사람들은 가끔 노를 저어 옛날에 살던 땅, 즉 물에 잠긴 계곡, 협곡, 강을 찾아갔다. 벌써 몇 세대 전부터 누구도 본 적이 없는 그 땅의 지명 일부를 그들은 아직도 알고 있었다. 썰물 때는 그루터기만 남아 유령처럼 변해버린 숲속을 걸을 수 있었다. 오래 전에 죽어버린 나무뿌리가 지금도 모래 위에 뱀처럼 구불구불 뻗어 있었다. 조상들은 이 숲에 생명이 가득하던 때를 알고 있었다. 이곳의 나무들은 이미 저세상으로 가버렸지만, 사람들의 애정과 관심은 사라지지 않았다. 누가 죽으면 사람들은 조개껍데기로 덮어 물가에 묻기도 하고, 공동묘지로 쓰이는 작은 섬까지 배에 시신을 실어 운반하기도 했다. 그렇게 망자를 조상들의 고향으로 돌려보냈다.

호숫가에 솟아 있던 산들이 결국 섬이 되었다. 사람들은 점점 좁아지는 섬에 북적북적 모여 살면서 공간을 확보하려고 서로 싸웠다. 거기서 어떻게든 살아남은 사람들은 새로 바다가 된 곳을 돌아다니는 여행자 겸 상인이 되었다. 옛날 호숫가에 살던 조상들처럼, 한 공동체의 사람과 물건을 다른 공동체로 전하는 역할을 했다. 그들은 물의 범람에 용감히 맞섰다. 한 번은 9미터 높이의 파도가 얼마 남지 않은 땅을 덮친 적도 있었다. 그러던 어느 날 그 작은 섬조차 사라졌다. 도거랜드는 기억으로만 남았다가 곧 그 기억조차 남지 않았다.

† † †

도거랜드가 사라지기 약 1만 2000년 전, 아직 도거랜드가 아니었던 그 땅은 지구상의 다른 지역 대부분과 마찬가지로 먼 미래와는 완전히 다른 모습이었다. 약 2만 년 전 마지막 빙하기가 한창일 때, 거대한 대륙빙이 극지방에서부터 내려와 오늘날 우리가 아는 육지를 대부분 덮어버렸다. 캐나다, 노르웨이, 스코틀랜드 대부분이 빙하에 덮였고, 잉글랜드 북부의 상당 부분도 같은 형편이었다. 남극에서 뻗어온 빙하는 칠레의 절반을 차지했다. 워낙 많은 바닷물이 붙잡혀 빙하가 되는 바람에 지구의 지리가 바뀌었다. 대륙은 모두 지금보다 상당히 더 넓었고, 해안선은 지금 위치에서 몇 킬로미터나 더 나아간 곳에 뻗어 있었다. 오늘날에는 섬인 곳이 대부분 육지와 연결되어 있거나 섬끼리 연결되어 있었다. 베링해협도 아시아와 북아메리카를 잇는 육지였다. 동남아시아의 군도 여러 곳도 당시에는 하나로 합쳐져서 거의 인도와 맞먹는 크기의 대륙을 이뤘다. 도거랜드는 지금의 북해에서 남쪽 일부를 차지했다. 잉글랜드, 네덜란드, 독일, 덴마크 사이에 자리한 대서양의 막다른 골목이었다.

북쪽 외곽에 거대한 빙하가 나타난 이 시기에 도거랜드는 생명체에게 가혹한 툰드라였다. 매머드와 털코뿔소가 그 얼어붙은 땅을 돌아다니며 북극의 억센 풀과 덤불을 뜯어먹었다. 인간 사냥꾼들이 작은 무리를 지어 그들을 추적했을 가능성이 있지만, 설사 그런 무리가 있었다 해도 수가 많지는 않았을 것이다. 대부분의 사람은 빙하가 밀려오기 시작한 뒤 비교적 따뜻하고 온화한 남유럽으로 물러났을 가능성이 높다.

그러다가 아포칼립스가 닥쳤다. 처음에는 속도가 워낙 느려서 사람들이 잘 알아차리지 못했다. 빙하기 동안 긴 타원형을 유지하던 지구 궤도가 원에 가까운 모양으로 변하면서, 지구가 태양 근처에 1년 중 더 오래, 조금 더 가까이 다가가게 되었다. 지축의 기울기도 변해서, 지표면에 닿는 햇볕이 더 강렬해졌다. 전세계의 수많은 지역과 마찬가지로 도거랜드에서도 얼음이 녹기 시작했다. 빙하가 물러난 곳에는 거대한 호수가 남았고, 넓은 평원에 종횡으로 강이 흘렀다. 매머드는 사라지고 사슴과 들소가 나타났다. 나무가 자라나 온대림을 이뤘다. 약 1만 5000년 전에서 1만 년 전 사이에 따뜻해진 기후와 해수면 상승 덕분에 도거랜드는 유럽 대륙에서 가장 살기 좋은 땅이 되었다.

하지만 바다는 거기서 멈춰 서지 않았다. 대륙빙이 녹아 도거랜드를 포함한 여러 곳이 그 차가운 손아귀에서 해방되었을 때, 얼음에 붙들려 있던 물이 한꺼번에 바다로 돌아왔다. 바닷물의 수온도 올라가, 밑에서부터 얼음을 녹였다. 대륙빙은 꾸준히 녹다가 갑자기 무너졌다. 그래서 바닷물이 도거랜드처럼 낮은 지역으로 철썩철썩 밀려왔다. 9000년 전에는 바닷물에 침범당한 호수와 강 계곡이 염습지로 변해, 밀물 때마다 범람했다. 낮은 곳이 점점 더 빠른 속도로 물에 잠기면서, 높은 곳은 섬이 되었다. 7000년 전, 도거랜드의 마지막 흔적이 파도 속으로 사라졌다.[31] 온 세상의 해수면은 예전에 비해 120미터 이상 높아졌다. 이때의 아포칼립스를 대범람Great Drowning이라고 불러도 될 것 같다.

과학자와 지도제작자의 지도에서, 그리고 북유럽 사람들이 서로에게 들려주던 역사 이야기에서 도거랜드는 이렇게 사라졌다. 그러나 그 뒤 수백 년, 수천 년 동안 사라진 땅 일부가 종종 다시 모습을 드러냈다. 마치 우리가 얼마나 많은 것을 잃어버렸는지, 얼마나 많은 것을 잊어버렸는지, 과거에 대해 알지 못하는 것이 얼마나 많은지 보여주려고 애쓰는 것 같았다.

무엇보다 확실히 모습을 드러낸 것은 물에 잠긴 숲이었다. 과거 도거랜드 주민들도 해수면 상승으로 물에 잠긴 숲의 잔해 속을 걸었는지 모르지만, 현재 잉글랜드 동해안에서도 썰물 때면

수면 아래에 깊이 잠겨 석화된 그루터기와 구불구불한 뿌리의 음산한 모습이 드러난다. 학자들이 이 풍경에 대해 과학적인 설명을 내놓기 훨씬 전부터 이곳 주민들은 그곳을 '노아의 숲'[32]이라고 불렀다. 물에 잠긴 이 숲이 대홍수 이전의 것임을 옳게 짐작해낸 것이다. 하지만 도거랜드가 사라진 것은 사실 성경에 나오는 대홍수의 연대 중 가장 이른 것보다도 수천 년 전에 벌어진 일이었다. 그 옛날 잉글랜드에 살던 사람들이 도거랜드를 잊어버렸는지는 몰라도, 그들 중 일부는 도거랜드의 유령들 사이를 걸은 적이 있었다.

학자들 역시 자기도 모르는 사이에 도거랜드의 증거를 수집하고 있었다. 19세기 중반, 북해의 수심이 얕은 곳(중세 네덜란드의 어선 중 한 종류의 이름을 따서 도거뱅크Dogger Bank라고 불리던 곳. 도거랜드라는 이름의 기원이기도 하다)을 돌아다니던 저인망 어선의 그물에 토탄 덩어리와 함께 뼈가 걸려 올라오기 시작했다.[33] 개중에는 아주 커다란 뼈도 있었다. 어부들은 이 이례적인 물건들 중 일부를 그대로 배에 실은 채 항구로 돌아왔고, 이 물건들은 학자들의 손에 들어갔다가 나중에는 박물관 소장품이 되었다. 늑대, 야생마, 매머드, 털코뿔소 등 오래전에 영국에서 사라진 생물들의 뼈가 많았다. 토탄에는 민물 연못에서 자라는 야생화 씨앗, 자작나무 조각, 양치류 포자, 꽃을 피우는 튼튼한 잡초의 꽃가루가 들어 있었다. 이 생태학적인 타임캡슐은 도거뱅크가 예전에는 마른 땅이었음을 알려주었다.

도거랜드가 물에 잠긴 지 약 7000년 뒤인 1931년에 특히 놀라운 발견이 있었다. 저인망 어선 콜린다Colinda호가 영국 해안에서 약 40킬로미터 떨어진 곳에서 탁한 물속에 그물을 내렸다. 배가 수면을 미끄러지는 동안, 그물은 약 30미터 아래의 바닥을 훑으며 수십 마리의 물고기를 가뒀다. 그 와중에 떨어져 나온 토탄 덩어리 하나도 덩달아 그물에 걸려 갑판으로 끌어올려졌다. 그 토탄 안에 과거 물고기를 잡던 갈퀴의 날 하나가 들어 있었다.[34] 붉은사슴의 뿔을 깎아서 만든 것으로, 길이는 약 21.6센티미터였다. 한쪽 끝이 유난히 날카롭고, 긴 양날의 한쪽 면은 섬세한 톱니 모양이었다. 사람 손으로 만들어진 도구가 분명했다. 사실 이것은 옛날에 도거랜드의 호수, 습지, 강 계곡에 사람이 살았음을 직접 보여주는 최초의 증거였다. 고고학자들은 과거 사람들이 이 날을 나무 자루에 끈으로 묶어 물고기를 잡을 때 작살로 사용했을 것이라고 추측했다. 학자들이 이 날을 처음 연구한 지 50년이 흘렀을 때, 방사성탄소연대측정법으로 사슴뿔을 조사했더니 1만 3000여 년 전의 것이라는 결과가 나왔다.[35]

고고학자 빈스 개프니Vince Gaffney는 콜린다호가 이 날을 발견한 지 거의 100년이 흐르는 동안 이런 증거들이 "사실상 북해 한복판에 그냥 서서 사람들을 향해 소리를 질러대는 형국"[36]이었다고 말한다. 파도 아래에 사라진 땅이 있고, 그 땅의 잔해가 발견되기를 기다리고 있었다. 그런데도 고고학자들은 "우리가 할 수 있는 일이 전혀 없다"고 말했다는 것이 개프니의 주장이다.

학자들은 우연히 손에 들어온 도거랜드의 일부 증거만을 연구할 수 있었다. 주로 어선의 그물에 걸려 올라온 물건들이었다. 수중 고고학이 희미하게나마 싹을 틔운 것은 그로부터 수십 년 뒤의 일이므로, 당시 순전히 땅에 새겨진 역사를 읽는 법만 배운 대부분의 고고학자는 설사 물속에 잠긴 땅을 발견하더라도 사람들이 살 수 있는 땅을 연결해서 서로 오갈 수 있게 해주었던 고대의 육교 외에는 알아낼 것이 별로 없을 거라고 믿었다.

도거랜드가 존재한 시기 또한 인류 역사의 기초 역할을 한 시대라기보다 더 흥미로운 시대 사이의 다리 정도로 취급되었다. 도거랜드가 사람이 살기에 가장 좋은 환경이던 시기부터 비교적 짧은 시간 안에 사라진 시기는 중석기시대로 불린다. 동굴에 움직이는 모습의 동물들을 묘사한 놀라운 벽화가 그려진 구석기시대 다음이고, 사람들이 농경을 시작해 인류의 삶이 영원히 바뀐 신석기시대 이전이다. 중석기시대 동안 유럽의 기후와 지리는 급격한 변화를 겪었기 때문에 생물들의 삶도 육지도 불안정할 수밖에 없었다. 대부분의 고고학자는 이런 불안정을 근거로, 이 시기를 인류 역사의 과도기로 취급했다. 사람들이 머물렀던 정류장이라기보다 디딤돌 같은 시기로 본 것이다. "고고학 교과서를 읽다 보면 중석기시대는, 저자들에게 더 친숙하고 편안한 시대가 올 때까지 그냥 지나가는 시대에 불과한 것 같은 느낌을 가끔 받는다."[37] 개프니와 그의 두 동료는 이렇게 썼다.

그러나 20세기 말의 고고학자들은 도거랜드가 이동하는 수렵

채집민을 위한 변방의 육교가 아니라 그 유목민 세계에서 문화적·지리적 중심지였던 것 같다는 생각을 점점 굳히게 되었다. 덴마크 해안의 수심이 얕은 곳을 발굴한 결과, 엄청난 수의 중석기 유물이 발견되었다. 돌도끼와 돌칼, 물고기를 잡으려고 설치해 둔 나무 기둥,[38] 통나무의 속을 파서 만든 카누와 노[39] 등 다양했다. 일부 카누는 기하학적 무늬로 장식되어 있었다. 육지의 유적이라면 나무, 뼈, 사슴뿔 등 유기물로 만든 물건들이 이미 오래전에 썩어서 사라졌겠지만, 높아진 바닷물과 거기에 실려 온 퇴적물이 유적을 신속하게 덮어버린 까닭에 이런 유물이 보존될 수 있는 이상적인 환경이 만들어졌다. 과거 이 땅에 살던 사람들은 사슴을 사냥하고, 개암을 채집했다. 그러나 대량의 생선 뼈, 생선을 잡는 도구(낚싯줄 하나가 아직도 붙어 있는 사슴뿔 갈고리도 포함), 배 등은 이들이 물과 밀접한 관계였음을 보여주었다.

고고학자 브라이어니 콜스Bryony Coles는 북해에 잠겨 있는 유적이 단순한 육교가 아니었음을 보여주는 이런 발견을 근거로, 아직은 추측과 짐작만 할 수 있는 이 땅을 도거랜드로 부르자고 주장했다.[40] 그녀와 개프니를 포함한 여러 학자는 이 사라진 땅이 오랫동안 극단적인 기후변화가 이어지던 시기에 살았던 사람들의 가장 최근 정보를 갖고 있을 뿐만 아니라, 그들의 삶과 환경을 보여주는 증거를 조금이라도 이곳에서 찾을 수 있을 것이라고 점점 확신했다.

개프니는 이제 도거랜드의 증거가 저절로 손에 들어올 때까지 기다리기만 할 수 없었다. 직접 증거를 찾아다녀야 할 것 같았다. 하지만 어떻게?

† † †

처음 고고학자들과 현장에 나갈 때 나는 그들이 발굴만 할 것이라고 확신했다. 땅속에는 옛날 사람들의 집, 소지품, 화덕, 무덤 등이 보존된 채 발굴을 기다리고 있을 테지만, 지상에서는 그들의 존재를 알려주는 흔적이 이미 오래전에 사라져버렸을 것이라고 생각했다. 물론 발굴이 고고학자가 하는 일 중에서 가장 널리 알려진 부분이긴 하다. 그러나 발굴은 사실 탐구의 긴 과정에서 중간 단계다. 첫 단계와는 아주 거리가 멀다. 고고학자는 때로 오래전의 어떤 장소에 대해 몇 년 동안 조사를 한 뒤에야 삽을 들고 땅을 파기 시작한다. 조사 기간 동안 그는 그 장소를 샅샅이 돌아다니며 GPS 좌표부터 산이나 강과의 상대적인 위치, 그곳에서 발견되는 유물 등 모든 것을 꼼꼼히 살펴본다.

이런 조사과정을 통해 고고학자는 궁극적으로 어디를 발굴해야 할지 파악할 수 있다. 그러나 이 조사만으로도 과거 사람들이 정확히 어디서 살았는지 어떻게든 알아내기 위한 광범위한 연구가 된다. 예를 들어 고고학자는 조사과정에서 수백 년 또는 수천 년 동안 사람들에게 매력적으로 보였을 자연환경에 집중한다. 비옥한 강 계곡이나 민물 샘 등이 그런 곳이다. 고고학자는 또한 인간과 관계가 있을 가능성이 높은 대규모 풍경 변화에도 특별히 주의를 기울인다. 유난히 커다란 조개무지, 기념비적인 건물의 잔해가 묻혀 있는 흙 둔덕, 오랫동안 사용되지 않은 관개 수로의 잔해 등이 그런 곳이다. 고고학자들이 이런 조사를 할 때의 가장 기본적인 형태는 어깨를 웅크린 채 일대를 걸어다니며 땅바닥을 엄청나게 집중해서 바라보는 것이다. 무엇이든 인간의 손길이 역력히 드러난 물건이 그들이 찾는 대상이다. 도거랜드와 같은 시대의 유적이라면, 주로 석기가 발견될 것이다. 창촉 같은 물건은 워낙 의도적으로 다듬어져서 결코 자연 상태로는 존재할 수 없는 형태를 하고 있다. 하지만 이보다 좀 더 미묘해서, 그 옛날 장인들이 돌을 깨서 석기를 만들 때 남은 분명한 흔적을 봐야만 식별할 수 있는 유물도 있다. 잘 모르는 사람의 눈에는 그냥 흔한 돌처럼 보이지만, 고고학자들은 날카롭게 휘어진 각도와 의도적으로 돌을 깬 흔적에서 인간의 독창성과 솜씨를 식별할 수 있다.

훈련을 통해 안목을 얻은 고고학자가 집중해서 이런 유물을 살피면 그 옛날의 거주지와 주위 풍경에 대해 엄청난 정보를 얻을 수 있다. 황량한 곳에 도구가 모여 있다면, 옛날에 그곳에 어느 부족의 야영지나 마을이 있었다는 뜻일 수 있다. 또한 도구를 제작한 양식에는 그것을 제작한 사람들의 문화에 관한 정보가 있다. 예를 들어 창촉이나 화살촉이 많이 발견된다면 그 사람들이 사냥을 우선시했다는 뜻일 것이고, 초승달 모양의 긁개와 가락바퀴를 통해서는 그 사람들이 식물섬유와 동물 가죽을 다듬어서 천으로 만든 방법을 알 수 있다. 전 세계 많은 곳에서 석기 다음에는 결국 토기가 함께 출토된다. 토기의 형태와 장식이 시기에 따라 다르기 때문에, 그 토기를 만든 사람들이 살았던 시기에 대한 일차적인 단서를 제공한다. 고고학자는 이런 조사를 하면서 과거의 지도를 그리고, 그곳에 살았던 사람들과 시기에 대한 학문적인 추측을 한다. 모든 초안이 그렇듯이, 이런 추측도 몇 년에 걸친 발굴 과정, 연대측정, 실험실 작업을 통해서 수정될 수밖에 없다. 그러나 사전조사로 이런 출발점을 마련하지 않는다면, 그 뒤에 이어질 모든 작업이 불가능해질 것이다.

도거랜드는 완전히 발굴이 불가능한 곳이 아니었다. 덴마크에서 실시된 조사 결과가 이 점을 확인해주었다. 그러나 이 땅의 대부분은 현대의 해안선과 먼 곳에 있었다. 그리고 그 잔해는 북해의 물과 퇴적물 속에 묻혀 있었다. 물에 잠긴 땅에 모래가 몇 겹이나 쌓이고, 7000년 동안 그곳을 지나간 조수와 해류와 폭풍은 퇴적물을 독특한 지형으로 깎아 놓았다. 원래 그 땅의 지형을 퇴적물만 봐서는 확실히 알 수 없다는 뜻이다.

문자 그대로 눈에 보이지 않는 이 땅을 미리 조사하는 것은 불가능한 일 같았다. 그러나 조사는 필수적이었다. 도거랜드에 살았던 사람들의 눈으로 그곳의 환경을 볼 수 있는 최고의 기회이기 때문이었다. 그 옛날 도거랜드 사람들은 수렵-어로-채집을 했으므로, 자원이 원래 풍부한 곳에 끌렸을 것이다. 그런 장소는 석기를 만들 돌이 풍부한 산일 수도 있고, 조개를 주울 수 있는 개펄일 수도 있고, 사슴을 사냥할 수 있는 숲일 수도 있다. 숲에서는 활, 배, 오두막을 만들 나무도 구할 수 있었다. 도거랜드 사람 일부 또는 전부가 이 풍부한 세상에서 계절에 따라, 또는 그보다 더 자주 이주하는 유목 생활을 했을 가능성도 있다. 아니면 그들 중 일부가 스스로 선택한 장소에 아예 뿌리를 내리고 살면서 영구적인 정착지를 만들어 다른 무리와 경계선을 두고 협상을 벌였을 가능성도 있다. 그들이 어떤 생활을 했든 북해 한복판에서 그런 흔적을 발견하려면, 고고학자들이 먼저 도거랜드의 풍경과 그곳이 사람들에게 지닌 매력을 아주 상세히 이해할 필요가 있었다. 바다가 점점 육지를 침범하면서 그곳의 환경이 어떻게 변했는지도 알아보아야 했다. 도거랜드의 사람들을 찾아보고 싶다면(개프니는 정말로 그러고 싶었다), 그곳의 풍경을 조사하는 방법뿐만 아니라 재구성하는 방법도 생각해내야 했다.

개프니와 동료들은 이 문제를 고민하다가, 고고학자들만 북해의 바닥을 들여다보고 싶어 하는 것이 아니라는 사실을 깨달았다. 도거랜드의 흔적이 얼마나 남아 있는지는 몰라도, 하여튼 그 밑에는 석유와 천연가스가 아주 많이 매장되어 있었다. 그래서 에너지 업체들이 이미 수십 년 전부터 그 자원을 개발해 이용하는 중이었다. 그들은 시추할 위치를 파악하기 위해 바다 밑바닥보다 한참 더 아래의 지질학 정보를 기록한 지도를 그려야 했다. 돈이 많이 드는 작업이지만 불가능하지는 않았다. 바다 밑바

닥의 지도를 작성하기 위해서는 음파(탄성파)를 발산하는 장치
와 수신기를 배에 매달고 나가야 했다. 바다 밑바닥을 겨냥하고
음파를 쏘면 수신기는 그 음파가 퇴적물에 부딪혀 되돌아오는
데 걸리는 시간을 측정했다.[41] 고주파는 바다 밑바닥의 표면 또
는 그 바로 아래에서 반사되지만, 저주파는 그보다 훨씬 아래까
지 들어가 지질학적 정보를 담고 수신기로 되돌아온다. 학자들
은 이 데이터를 이용해서 바다 밑바닥보다 더 아래의 지형을 지
도로 그릴 수 있었다.

　이 기법이 도거랜드의 지도를 그리는 데 도움이 될지 확신은
없었다. 석유와 가스 매장지는 1만 년 전부터 물에 잠긴 땅의 잔
해보다 훨씬 더 아래에 있을 것이다. 1만 년이라면 지질학적으
로는 눈 깜짝할 사이에 불과하다. 따라서 에너지 업체의 전형적
인 지도 작성 기법으로는 도거랜드의 흔적을 전혀 잡아내지 못
할 수도 있었다. 그래도 개프니와 동료들은 한번 시도해볼 가치
가 있다는 결론을 내렸다. 그래서 그의 연구팀 소속 지질학자가
페트롤륨 지오서비스Petroleum Geo-Services라는 회사의 연구원과
접촉해, 그 지역에서 이미 수집한 정보를 일부 공유해줄 수 있는
지 물었다. 그 연구원은 도거랜드라는 말을 처음 듣는다면서 다
소 당황스럽다는 반응을 보였다. 물에 잠긴 땅이라고요? 제 데
이터에 그게 있어요? 그러나 북해에서 약 6000제곱킬로미터에
해당하는 지역의 데이터를 고고학자들에게 공유해주기로 했다.
도거뱅크와 가까운 그곳은, 과거 도거랜드의 북단이었던 곳과

도 가까웠다.

개프니와 동료들은 음파 데이터를 한데 모아서 거기에 수록된 혼란스러운 음파를 우리가 이해할 수 있는 이미지와 지도로 변환하는 힘든 작업을 시작했다. 그들이 특히 초점을 맞춘 곳은 물에 잠긴 풍경에서 우묵한 지점이었다. 이것이 비교적 포착하기 쉬운 지질학적 변화였기 때문이다. 이렇게 우묵하게 꺼진 지점을 추적하던 학자들은 그 지점들이 컴퓨터 화면에 구불구불 이어져 있는 먼 옛날의 강 계곡과 퍼즐 조각처럼 꼭 들어맞는다는 사실을 깨달았다. 이것은 결코 작은 개울이 아니었다. 계곡의 폭과 깊이를 보니 거의 라인강과 맞먹는 큰 강인 것 같았다. 학자들은 강의 경로를 40킬로미터 추적한 끝에, 과거 이 강으로 물을 흘려보내던 지류들의 가느다란 흔적을 발견했다.

마침내 도거랜드가 발견되었다. 실제로 뭍에 있다가 물에 잠긴 땅을 일찍이 상상도 할 수 없었던 만큼 자세히 볼 수 있었다. 개프니와 동료들은 대략 1만 년 만에 이 강을 처음으로 '본' 사람들이었다. 과거 이곳의 강둑을 걷거나 강에서 물고기를 잡던 사람들이 이 강을 뭐라고 불렀는지는 알 수 없었다. 그래서 그들은 강에 새 이름을 지어주었다. 저명한 영국인 지질학자의 이름을 딴 쇼턴Shotton이라는 이름이었다.

페트롤룸 지오서비시스는 북해의 데이터 중 웨일스보다 더 큰 면적의 데이터를 계속 공유해주었다. 모든 데이터에서 쇼턴강을 발견할 때처럼 명확한 결과가 나오지는 않았지만, 전체적으로 거의 1600킬로미터에 이르는 여러 강의 지도를 작성하고,[42] 24개의 호수와 습지를 찾아낼 수 있었다. 물이 육지보다 중요하지는 않을망정 육지 못지않게 중요했던 도거랜드의 이미지가 이렇게 굳어졌다. 그들이 찾아낸 도거랜드의 특징 중 가장 의미 있는 것을 하나 꼽는다면, 도거뱅크 바로 남쪽에 있던 거대한 호수다. 참고로 도거뱅크는 도거힐스Dogger Hills라고도 불리는데, 현재 바다 밑바닥에서 수심이 비교적 얕은 이 지점이 과거 물이 많은 평지였던 도거랜드에서 보기 드문 고지대였기 때문이다. 호수의 넓이는 약 1683제곱킬로미터가 넘는다. 지금은 해저 분지의 형태를 하고 있는데, 바다 밑바닥이 수심 80미터까지 갑자기 뚝 떨어지기 때문에 오늘날의 어부들도 이 지형을 잘 알고 있다. 쇼턴강과 마찬가지로 이 호수의 원래 이름도 세월 속으로 사라졌지만, 현재 이 호수의 이름은 아우터실버핏Outer Silver Pit이다. 도거랜드가 존재하던 시절, 이 호수의 풍부한 천연자원은 자석처럼 사람들을 끌어들였을 것이다. 어쩌면 그 덕분에 그들 세계의 중심이 되었을지도 모른다.

개프니의 연구팀은 또한 바다가 점점 높아지고 가까워지면서 도거랜드의 이 지역이 어떻게 변했는지도 조금씩 알 수 있었다. 땅이 완전히 물에 잠기기 한참 전에, 모래톱이 호수를 침범했다. 모래톱은 바다의 조수가 퇴적물을 이리저리 밀어대면서 생기는데, 바다 밑바닥의 모래톱에 잔물결 모양이 여전히 보존되어 있었다.[43] 세월이 흐르면서 바닷물이 민물을 밀어내자 호수는 습지가 되었다. 개프니 연구팀의 컴퓨터 화면에 가느다란 검은 선으로 표시된 개울들이 이 습지에 종횡으로 뻗어 있었다. 개프니와 동료들은 고고학자들처럼 바닷속 도거랜드의 풍경을 단순히 기록하기만 하지 않았다. 사실상 그 풍경을 재창조했다.

호수가 습지로, 그다음에는 바다로 변하는 모습을 그린 그들의 지도는 점점 물에 잠겨가는 도거랜드의 환경이 크게 달라졌을지라도 그로 인해 반드시 더 살기 힘든 곳이 되었다고 단언할 수는 없음을 보여주었다. 더구나 도거랜드 사람들은 원래 물을 중심으로 살아가고 있었다. 그들의 고향이 호수에서 습지로, 강변에서 해안으로, 산에서 섬으로 점차 변해가도 그들은 그것을 상실로 받아들이지 않았을지도 모른다. 아니, 적어도 오로지 상실로만 보지는 않았을 것이다. 해수면 상승으로 기존의 장소들은 파괴된 반면, 새로 생겨난 장소들도 있었기 때문이다.

고향의 변화와 더불어 사람들도 변했다. 개프니의 연구로부터 약 10년 뒤 네덜란드 학자들이 도거랜드 퇴적층에서 50점이 넘는 인간 뼈를 수집해 방사성탄소로 연대를 측정했다. 이 사람들이 먹던 음식의 화학적 특성을 밝혀줄, 질소와 탄소 동위원소의 비율도 측정했다. 2016년에 발표된 이 연구 결과를 보면, 도거랜드 사람들의 식단이 육지의 음식에서 민물에서 나는 먹거리로 점점 변해간 것을 알 수 있다.[44] 질소 수치의 상승이 그 증거였다. 숲이었던 곳이 습지로 변하자, 사람들이 새로운 식량을 수확하는 방법을 찾아냈다는 뜻이었다.

　모든 조사가 그렇듯이, 도거랜드의 풍경을 재구성하려는 개프니 연구팀의 노력은 첫 단계에 불과했다. 그 뒤로 15년 동안 수십 명의 고고학자가 개프니 연구팀이 열어준 문 안으로 걸어 들어왔다. 그들이 북해 탐험에 가져온 음파 데이터 장비는 연구 대상인 최상층 퇴적층 조사에 더 섬세하게 맞춰져 있었다. 그들은 진동 시추기를 바다 밑바닥으로 집어넣어,[45] 나무와 돌조각 등 사라진 도거랜드의 자그마한 흔적이 가득한 긴 코어 시료를 채취했다. 당시의 생태계를 더 자세히 연구하기 위해서였다. 영국 앞바다에 풍력발전기가 늘어나면서[46] 연안 지역 지도가 광범위하게 작성된 덕분에, 페트롤륨 지오서비시스가 제공한 것과 비슷한 바닷속 풍경 데이터가 만들어졌다. 또한 고고학자들은 바닷속 물건들을 인양해서 어쩌면 유적일 가능성이 있는 곳을 찾아내, 파괴되지 않게 보호할 수 있었다. 2019년 고고학자들은 심지어 석기로 가공된 흔적이 있는 유물을 인양했다.[47] 도거랜드 앞바다에서 실시된 발굴 결과 사람의 손이 닿은 유물이 발견된 것은 그때가 처음이었다. 해안과 더 가까운 곳에서도 학자들이 한때 사람이 살았던 바닷속 장소들을 몇 군데 찾아내서 발굴을 시작했다. 네덜란드에서는 고고학자들이 바닷속에서 끌어올린 도거랜드 퇴적층에서 유물을 찾기 위해 자원자들과 함께 해변을 샅샅이 뒤지고 있다.[48] 이 퇴적층은 다시 쪼그라들고 있는 해안선을 확장하기 위한 준설 작업의 결과물이었다.

† † †

이스라엘 북부에 겨울 폭풍이 왔다 갈 때마다 고고학자 에후드 갈릴리Ehud Galili는 집에서 하이파 남쪽의 지중해 해변으로 달려간다. 예전에는 지프에 타고 해안선을 따라 달렸지만, 지금은 모래사장에서 차를 모는 것이 금지되었다. 그래서 두 발로 걸으면서, 파도가 치는 곳 바로 너머의 얕은 물에서 눈을 떼지 않는다. 해변에는 보통 갈릴리 혼자일 때가 많다. 해수욕 시즌이 아니라서 날씨가 쌀쌀하고 자동차 운전이 금지된 탓에 사람이 많이 찾아오지 않기 때문이다. 갈릴리에게는 좋은 일이다. 폭풍이 몰고 와서 부려놓은 것들을 다른 사람이 흐트러뜨리면 안 되기 때문이다.

물속에는 고대 마을들의 잔해가 잠겨 있다. 대부분 약 9000년에서 7000년 전 사이 대범람 중에 버려진 곳이다. 이 마을들은 보통 물속에서 모래층에 덮여 있다. 모래는 유물, 주택, 화덕, 무덤의 이동과 침식을 막아 수천 년 동안 이 폐허를 보호해주었으나, 유적 발견이 거의 불가능해진 것 또한 모래 때문이었다. 그러나 이 지역의 사납기 그지없는 겨울 폭풍은 그 모래를 깨끗이 쓸어버릴 수 있다. 한 번에 며칠 동안. 그래서 갈릴리는 바람, 비, 파도가 잦아들자마자 이곳을 살필 수 있게 미리 준비를 갖춰야 한다.

북해의 물속에서 도거랜드를 찾는 고고학자들과 달리 갈릴리는 물에 잠긴 땅 전체를 재구성하려고 하지 않는다. 현재의 해안선에 비교적 가까운 개별 마을들을 찾고 싶을 뿐이다. 사실 이 마을들이 해안에 워낙 가까워서, 가끔 갈릴리는 해변을 걷다가 고대 토기 조각을 발 앞에서 발견하곤 한다. 바다가 그에게 동물이나 인간의 뼛조각을 실어다 줄 때도 있다. 바다와 모래에 두들겨 맞아 형태를 알아보기가 몹시 어렵지만 말이다. 폭풍이 지나간 뒤 썰물 때를 잘 맞추면, 화덕이나 주택 같은 돌 구조물의 잔해 속을 실제로 걷게 될 때도 있다. 이미 오래전에 사라진 곳을 탐험하는 그의 발 아래에서 파도가 철썩거린다. 해안에서 이런 유물과 구조물이 발견된다는 것은 곧 물속에 더 많은 것이 있다는 뜻이다.

그러나 물속 세계의 확실한 증거가 하나도 나오지 않을 때도 있다. 그럴 때면 갈릴리는 해변에 서서 얕은 물속을 들여다보며, 조금이라도 이상한 것이 있는지 신경을 곤두세운다. 지중해의 밝은색 모래 덕분에 고대의 어두운 색 흙과 노출된 돌이 부조처럼 모습을 드러낸다. 물속에서도 또렷하게 보일 정도다. 주택, 우물, 담장, 돌로 만든 원의 잔해를 덮고 있던 모래가 잠깐이나마 쓸려나갈 때면, 해안을 향해 매끈하게 달려가던 파도의 움직임도 달라진다. 그래서 갈릴리는 물속에 검은 얼룩이 보이거나 파도의 패턴이 이상해질 때 걷기, 스노클, 스쿠버다이빙, 배 등을 이용해서 그 원인을 살피러 간다. 폭풍에 휘말려 수면으로 올라온 해초가 원인일 때도 있지만, 적어도 7000년 동안 아무도 보지 못한 마을의 흔적일 때도 있다. 갈릴리는 "마치 마법 같다"[49]고 말한다.

2012년에 그는 바로 이런 식으로 스쿠버다이빙을 하다가, 지금은 텔레이즈Tel Hreiz라고 불리는 물속 마을의 잔해[50]를 발견했다. 도거랜드 사람들은 주위의 나무를 이용해 집을 지었을 가능성이 높지만, 이 지중해 마을 사람들은 집을 포함한 대부분의 구조물을 돌로 지었다. 그래서 직사각형의 튼튼한 건물 기초가 지금도 원래 자리에 그대로 있다. 갈릴리는 1980년대부터 완벽하게 갈고닦은 수중 조사 방법을 이용해서, 쉽사리 식별할 수 있는 구조물들을 그림으로 그리고, 사진으로 찍고, 지도로 작성했다. 그는 또한 다른 물속 마을에서 보았던 특징들, 예를 들어 화덕, 석기나 동물 뼈의 흔적, 갈대로 짠 깔개나 바구니 조각, 무덤 또는 우물 입구일 수 있는 돌 둔덕 등을 찾아보았다. 갈릴리의 연구팀은 이처럼 신속한 조사 외에도, 나무와 뼈의 표본을 채취해서 자세한 분석과 방사성탄소 연대측정을 맡겼다. 연대측정 결과, 텔레이즈 사람들은 대범람 말기와 가까운 7500년 전에서 7000년 전 사이에 살았던 것으로 드러났다. 이 기간 중에서 마을이 실제로 존재했던 시간은 200~300년일 가능성이 높았다.

여러 면에서 텔레이즈는 그 시대와 이 지역의 전형적인 해안 마을이었다. 주민들은 어업, 농업, 목축업, 사냥을 하며 살았다. 당시 세상의 수많은 부족은 아직 계절에 따라 이동하는 생활을 했지만, 이 마을 사람들은 1년 내내 거주할 수 있는 곳에 영구적인 집을 지었다. 밭에는 밀, 보리, 렌즈콩을 심고, 염소와 소를 돌보고(어쩌면 개가 목축을 도왔는지도 모른다), 바다에 그물을 던져 물고기를 잡고, 가끔 사슴을 사냥했다. 모래와 바다 덕분에 물속에서 보존된 수백 개의 올리브 씨에서 알 수 있듯이, 그들은 세계 최초로 올리브유를 짜낸 집단 중 하나다.

그러나 갈릴리는 다른 물속 마을에서 본 적이 없는 어떤 것을 텔레이즈에서 보았다. 마을의 주택들과 다른 잔해를 대부분 지난 곳에서, 90미터 이상 똑바르게 뻗어 있는 돌덩이들을 발견한 것이다. 돌 하나의 무게는 수백 킬로그램이고, 크기는 주택을 짓는 데 사용한 석재보다 훨씬 더 컸다. 사람들이 돌을 쌓아 만든 담이었다.

갈릴리의 연구팀은 방수 수첩과 수중 카메라를 이용해서 부분적으로 노출된 담장의 돌덩이들을 고작 이틀 만에 그림으로 그리고 사진으로 찍었다. 되돌아올 모래와 경주를 벌이며, 꼼꼼하게 고고학적 조사를 한 것이다. 고고학자들은 3년 뒤인 2015년에 폭풍이 지나간 뒤에야 이 담장을 다시 볼 수 있었다. 이번에도 그들은 서둘러 물속으로 들어가, 처음에 기록한 데이터를 확인하고 더 많은 자료를 얻었다. 갈릴리의 연구팀은 이 두 번의 짧은 조사에서 얻은 정보를 바탕으로 텔레이즈와 담장의 상대적 위치를 지도로 작성했다. 먼 옛날 그 담장은 마을과 바다 사이 해변에 서 있었다. 지금은 담장을 구성하던 돌덩이들이 바다 밑바닥에 흩어져 있기 때문에 담의 높이를 정확히 알아낼 수 없지만, 돌덩이들의 크기로 짐작하건대 아주 튼튼하고 단단한 담이었을 것 같았다. 이런 크기의 돌을 구할 수 있는 가장 가까운 장소는 마을에서 최소한 1.5킬로미터는 떨어진 강바닥이었다. 아마 모든 마을 사람이 합심해서 해변까지 돌을 끌어와 하나씩 차례로 쌓았을 것이다.

텔레이즈 사람들이 이렇게 담을 쌓고 있던 시기에 해변은 지중해에 야금야금 먹히고 있었다. 바다가 항상 꾸준한 속도로 확장된 것은 아니었다. 느릿느릿 기어오는 속도로 다가올 때도 있고, 해수면 상승이 이제 완전히 멈췄나 싶을 만큼 오랫동안 바다의 수위에 변화가 없을 때도 있었다. 그러다 갑자기 격렬한 겨울 폭풍이 불어와 거대한 파도가 해변을 덮치고, 바다가 다시 텔레이즈를 향해 불쑥 다가왔다. 도거랜드의 경우와 마찬가지로 이곳에서도 아포칼립스는 단 하나의 재앙이 아니라, 작은 재앙이 축적되는 형태로 나타났다. 바다가 자주 범람하면서 아마 소금물이 밭에 떨어져 농작물을 망가뜨렸을 것이다. 그동안 내내 해변은 파도에 끊임없이 두들겨 맞아 침식되었다. 그래서 바다가 한층 더 가까워지고, 다음에 몰려올 폭풍이 더욱더 위험해졌다.

대범람 시기의 텔레이즈에서 바다는 매년 4~7밀리미터씩 높아졌다. 한 세기 동안, 즉 아마도 서너 세대 동안, 해수면은 60센티미터 넘게 높아졌다. 오늘날 전 세계에 세워진 안벽岸壁과 마찬가지로, 텔레이즈의 담 역시 범람하는 물과 높은 파도를 저지해서 최대한 오랫동안 마을을 보호해주었을 것이다. 텔레이즈 사람들은 아포칼립스에 맞서 독창성과 협동심을 발휘해서, 일부러 시간을 짜내 고향을 보호할 거대한 담을 세웠다. 오랜 세월 동안 같은 종류의 아포칼립스에 직면했던 수많은 사회의 상속자가 바로 자신들이라는 지식이 어쩌면 그들에게 의욕을 불어넣었는지도 모르겠다. 텔레이즈와 인근의 마을 사람들은 어부였으므로 해안 근처의 바다를 손바닥처럼 잘 알고 있었을 것이다. 그 바다에 폭풍이 왔다가 물러난 다음이나 썰물 때에는 돌로 지은 주택들의 윤곽 또한 흐릿하게 보였을 것이다. 먼 옛날 사람들이 사용하던 도구와 뼈의 낡은 잔해를 주울 때도 있고, 아주 오래전 물에 잠긴 거주지의 폐허 속을 헤엄칠 때도 있었을 것이다. 그렇게 해서 자신의 조상들 역시 바다에 고향을 잃었다는 사실을 알았을 것이다.

갈릴리는 이스라엘 북부 앞바다까지 더 멀리 나아간 덕분에, 훨씬 더 오래전 물에 잠겨 텔레이즈 시절에 이미 유령으로 취급되던 마을들을 발견할 수 있었다. 그리고 그 덕분에 해수면 상승에 대처한 사람들의 이야기를 더 먼 과거까지 거슬러 올라갈 수 있었다. 텔레이즈에서 남쪽으로 약 5킬로미터 떨어진 곳에 사람들이 사는 정착지가 있었다. 지금은 아틀리트얌Atlit-Yam이라고 불리는 이곳[51]은 약 9300년 전부터 8400년 전 사이, 즉 대범람 초창기에 존재했다. 현재 이곳은 해안에서 195미터 이상 떨어진 바닷물 속, 수심이 7.5미터가 넘는 곳에 잠겨 있지만 7000년 전에는 이 마을의 폐허가 오늘날의 텔레이즈만큼 해안과 가까웠다. 이 두 마을이 존재한 시간 사이에 많은 변화가 있었다. 아틀리트얌 시절에는 아직 도자기가 발명되지 않았고, 농업보다 어업의 비중이 훨씬 더 컸다. 텔레이즈 등 그들의 후손 격인 마을에서 사람들은 과거의 어업 전통을 일부 그대로 보존하면서도, 육상 식물과 동물을 과거보다 더 많이 이용했다. 창의적인 기술과 발명으로 적어도 한동안은 해수면 상승으로부터 마을을 보호할 수 있다는 지식 또한 직간접적으로 그들에게 상속되었을 가능성이 있다. 갈릴리는 아틀리트얌의 우물을 발굴하던 도중, 우물 바닥에서 약 2미터 높이에 커다란 돌이 쌓여 있는 것을 발견했다. 마을 사람들이 이 우물을 부분적으로 메우려고 시도했다는 증거였다. 당시에는 해수면 상승으로 인해 바닷물이 이 일대의 민물 지하수에 스며들고 있었을 것이다. 돌을 쌓아 우물의 수위를 높이면, 대수층에서 아직 오염되지 않은 높은 곳의 물을 끌어올 수 있어서, 우물의 수명은 물론 어쩌면 아틀리트얌 자체의 수명까지도 늘리는 데 도움이 되었을 것이다.

아마 사람들은 이런 창의적인 혁신의 이야기를 서로에게 들려주었을 것이다. 감탄하는 어조나 믿을 수 없다는 어조로. 아니면 감탄하면서 동시에 믿을 수 없다는 어조로. 세월이 흐르면서 이런 이야기들이 우화나 신화로 변형되어, 사람들이 수완을 발휘해서 아포칼립스를 간신히 모면하거나 궁지에 몰린 마을에 아주 조금 시간을 벌어줄 수 있었던 생존의 모범 사례가 되었을 것이다. 그래서 다시 같은 일이 발생했을 때 사람들은 이 이야기, 소문, 신화를 기억해내고 자신들도 해낼 수 있다는 확신을 얻었을 것이다. 그런 창의적인 노력으로도 고향을 영원히 지킬 수 없다는 사실은 그들도 알았을 것이다. 사람과 마찬가지로 마을도 언젠가는 내세로 넘어가게 되어 있다. 그러나 그것이 곧 고향을 포기해야 한다는 뜻은 아니었다. 아직 고향을 지킬 힘이 있는 한, 최대한 오랫동안 마을이 존재하게 하는 데 힘을 보태야 했다. 우물과 담장의 이야기는 아포칼립스에 대응하는 한 가지 방법에 관한 기억을 미래까지 전달해주었다. 먼 옛날 사람들이 상상력과 끈기로 어떻게 시간을 벌었는지 속삭여주었다.

† † †

　응구룬데리Ngurunderi의 아내들이 도망쳤다.[52] 멀리서 그들의 소리가 들리고 모습이 보여서 그는 그들을 뒤쫓았다. 그러나 그들을 본 장소에 그가 도착할 때마다 그들은 이미 사라진 뒤였다. 응구룬데리는 아내들을 뒤쫓아 강을 내려가고 해안을 따라갔다. 그러다 보니 해협 맞은편 저 멀리 다른 해안으로 얇게 이어진 땅이 나왔다. 응구룬데리는 반드시 아내들을 벌 줄 생각으로 바짝 뒤를 쫓았다. 그가 해협에 도착했을 무렵, 아내들은 맞은편 해안까지 절반쯤 가 있었다.

　응구룬데리는 천둥 같은 목소리로 포효했다. "프렌쿨룬 프라쿨둔!"[53] 물이여 일어나라, 물이여 떨어져라. 엄청난 파도가 해협으로 밀려와 아내들을 바다로 휩쓸어 갔다. 그들은 물속에 빠져 바위가 되었다. 여정 중간에 영원히 발목이 붙잡힌 채 작은 섬이 되었다. 무시무시한 파도가 결코 물러가지 않았기 때문에, 얕은 해협의 수심이 점점 깊어졌다. 응구룬데리는 아내들이 향하던 육지까지 헤엄쳤다. 그가 불러온 물 때문에 그 땅은 이제 본토와 단절된 섬이 되어 있었다. 그는 커다란 나무 사이로 부는 바람 소리에 귀를 기울였다. 울음소리 같아서 그는 아내들을 떠올렸다.

응구룬데리는 이제 자신이 이 세상을 떠날 때가 되었음을 깨달았다. 그는 섬의 서쪽 끝으로 가서 바다에 창을 던지고 뒤이어 몸을 던졌다. 그리고 바다에서 하늘로 올라가 은하수에서 가장 밝은 별이 되었다. 인근 육지 사람들에게 그 섬은 망자의 땅으로 알려졌다. 떠난 자들의 영혼이 응구룬데리의 발자취를 따라 이 섬에 와서 하늘로 올라갔다.[54]

응구룬데리와 캥거루섬 생성에 관한 이 전설은 오스트레일리아 남부의 응가린제리족Ngarrindjeri Nation을 비롯한 여러 토착민 부족 사이에 전해지는 것으로, 내세에 관한 신화인 동시에 대범람에 관한 구전 역사[55]일 가능성이 있다. 토착 부족들이 카르타핀팅가Karta Pintingga라고 부르는 캥거루섬은 오스트레일리아 남해안에서 약 17.6킬로미터 떨어진 곳에 있으며, 해수면이 상승하면서 생긴 좁은 해협이 그 사이에 있다. 범람, 죽음, 과거의 장소와 새로운 장소가 등장하는 비슷한 이야기 수십 개가 오스트레일리아 해안 전역의 토착민들 사이에 전해지고 있다.

물이 범람해서 물속에 잠긴 장소에 관한 신화는 전 세계에 아주 많다. 이 신화들을 대범람에 관한 조상들의 기억과 연관 짓고 싶다는 유혹이 든다. 그러나 9000~7000년 전의 해수면 상승과 특정한 이야기 사이의 연관성은 설사 있다 하더라도 상징적인 수준일 때가 대부분이다. 서양인들에게 가장 친숙한 범람 신화는 기껏해야 기원전 2000년 무렵의 것이다. 텔레이즈가 물에 잠기고 도거랜드의 마지막 흔적이 사라진 때로부터 약 3000년 뒤다. 초자연적인 홍수로부터 지상의 생물을 구하기 위해 배를 만들라는 신의 명령을 받은 남자의 이야기가 그 무렵 처음으로 시에 등장했고, 이 시들은 나중에 길가메시 서사시Epic of Gilgamesh가 되었다. 그 뒤로 이 이야기의 영향을 받은 이야기가 많이 생겨났는데, 노아의 방주 이야기도 그중 하나다. 이보다 더 먼 옛날에 사람들이 모닥불 가에 둘러앉아서 말로 전하거나 의식 때 공연한 이야기들, 즉 궁극적으로 지금 우리가 알고 있는 문헌 속 이야기가 된 그 이야기들을 우리가 모두 들을 수 있다면, 그것들이 대범람의 파괴와 재생이 남긴 메아리라는 사실을 정말로 알게 될지도 모른다. 그러나 지금 우리에게 있는 정보만으로 알 수 있는 것은, 길가메시 서사시와 성경 속 홍수 이야기가 캥거루섬 신화와는 달리 어느 특정한 장소의 발생 역사와는 관련되어 있지 않다는 사실뿐이다. 게다가 서양 이야기들은 물이 물러나는 것으로 끝난다. 대범람 이후 물은 물러난 적이 없다.

오스트레일리아 토착민 부족들의 이야기에서 범람은 끝나지 않는다.[56] 한 번 몰려온 바다는 결코 물러나지 않고, 사람들에게 익숙한 풍경이 되돌아오는 일도 없다. 그 무엇도 옛날로 돌아가지 않는다. 땅과 거기에 속한 사람들은 이 아포칼립스로 인해 영원히 달라져서 새로 태어났다. 만약 이 이야기들이 정말로 대범람의 기록이라면, 과거의 풍경과 그 풍경을 파괴한 아포칼립스에 관한 기억이 적어도 7000년 동안 전해져 내려왔다는 뜻이다. 그 무렵 오스트레일리아 주위의 해수면 상승이 멈췄다. 그렇다면 이 이야기들은 세계에서 가장 오래된 문화적 기억 중 하나다.

토착민 부족의 이야기 중 일부는 대범람 시기에 생존이 얼마나 어렵고 불확실한 일이었는지를 고스란히 들려주는 듯하다. 나룽가Narungga 부족의 이야기에서, 습지가 물에 잠겨 캥거루섬 바로 북쪽의 만이 되는 광경을 에뮤 1마리와 부채꼬리딱새속에 속하는 윌리할미새willie wagtail 1마리가 악몽 속에서 예견한다. 윌리할미새는 꿈에 사방에서 파도가 들이치는 섬에 발이 묶여 있다. 에뮤가 꿈에 본 광경에서는, 친숙한 개펄이 "건조하게 바짝 말라 흙먼지가 이는 땅"[57]으로 변하고 "사방이 황량했다. 동물, 새, 파충류가 죽어서 사방에 쓰러져 있었다." 바로 그날 그들의 동료인 캥거루가 자기도 모르는 사이에 땅을 열어 바다를 불러들인다. 마법적인 존재의 뼈를 땅 위로 끌고 다닌 것이 화근이었다.

다른 이야기들은 무섭게 몰려오는 바다와 그 바다가 영영 멈추지 않을 것 같아서 겁을 먹은 사람들의 이야기를 더 직접적으로 들려준다. 오스트레일리아 북동부의 이딘지Yidinjdji 부족은 땅이 지금의 해안선 너머로 약 40킬로미터까지 뻗어 있던 때를 기억한다.[58] 지금 그레이트배리어리프Great Barrier Reef(세계에서 가장 풍요로운 바다 생태계 중 하나)라고 불리는 곳은 당시 건조하고 잡목이 우거진 땅이었다. 그들의 이야기에 나오는 남자는 같은 부족 사람들 중 일부를 데리고 큰물을 피해 산을 오른다. 거기서 불을 피워 바위를 데운 다음, 바다로 밀어 떨어뜨려서 해수면 상승을 막으려 한다. 그 덕분에 바다의 전진이 간신히 멈추기는 했으나, 바다는 결코 원래 있던 자리로 물러나지 않았다. 한편 오스트레일리아 남부의 안딩가리Andingari, 위랑구Wirangu, 와티 니이니이Wati Nyiinyii 족은 모두 친숙한 풍경을 바다가 전부 뒤덮어버릴까 봐 조상들이 걱정했다고 이야기한다. 조상들은 물에 맞서 방벽을 지었다. 나무뿌리로 지었다는 이야기도 있고,[59] 창으로 지었다는 이야기도 있는데,[60] 이 방벽은 바다가 더 많이 범람하는 것을 막았다. 담장을 쌓은 텔레이즈 사람들처럼, 이 토착민 부족 사람들의 조상도 자신들이 사랑하는 친숙한 곳에서 계속 살아가기 위해 많은 노력을 기울인 것으로 보인다.

실제로도 그들은 그곳에서 계속 살았다. 비록 그들이 살던 땅과 삶은 변했지만. 건조한 오스트레일리아 서부의 앞바다에 있는 무루주가Murujuga군도, 즉 댐피어Dampier군도에서 고고학자들은 먼 옛날의 바위 예술품 수천 점을 발견했다. 약 1만 8000년 전

이전에는 캥거루 같은 육상동물과 인간만이 바위에 새겨졌다. 그러다 해수면이 상승하면서 육지 풍경이 연달아 늘어선 섬으로 서서히 변해가자, 무루주가의 예술가들은 거북이, 물고기, 바다 새, 바다 포유류 등을 바위에 새기기 시작했다.[61] 과거에는 사막 부족이었던 그들은 바다가 당도한 뒤 섬 생활에 적응했다. 살아가는 방식을 조금만 바꾸면, 아직 땅은 충분했다.

조상들의 고향에 대한 기억은 신화, 전설, 생태학 지식은 물론 심지어 언어를 통해서도 헤아릴 수 없이 많은 세대를 거치며 전해졌다. 조상들이 뜨거운 돌로 바위의 전진을 멈췄다는 이야기를 갖고 있는 이딘지 부족은 물에 잠긴 땅의 지도와 비슷한 것을 언어 속에 보존하고 있다. 이딘지어에서 '다루웨이daruway'는 '낮은 언덕'과 '섬'을 모두 의미한다. 바다가 야금야금 다가오면서 풍경이 어떻게 변했는지가 이 단어에 포착되어 있다. 현재 오스트레일리아 북동 해안에서 5킬로미터쯤 떨어져 있는 피츠로이섬의 이딘지어 이름은 팔꿈치 아래쪽의 팔을 뜻하는 '가바르gabar'이다. "그 섬이 강 계곡을 둘러싼 곳이던 시절을 가리킨다."[62] 이딘지 부족은 심지어 이미 오래전에 물에 잠긴 섬의 이름까지도 여전히 알고 있다. 이 섬의 이름 무다가는 예전에 그곳에서 자라던 나무의 이름을 딴 것이다. 북해 일대에서는 학자들이 도거힐스(도거섬이 되었다가, 다시 도거뱅크가 되었다)나 쇼턴강처럼 물에 잠기거나 잊힌 땅을 찾아내야 하지만 오스트레일리아에서는 토착민 부족들이 그런 장소를 생생히 기억하고 있다. 그들의 언어로 '바다 나라'라고 불리는 그런 곳에 그들은 기억할 수도 없을 만큼 오래전부터 의존해 살아가며 애정을 기울였다.

대범람과 직접적으로 연결된 신화나 기억이 현재의 이스라엘이나 도거랜드 인근 나라들에 남아 있지는 않지만, 먼 옛날 사람들의 생활, 정체감, 영적인 활동에 오스트레일리아 토착민 부족의 바다 나라만큼이나 핵심적인 역할을 했을 것으로 짐작된다. 네덜란드, 덴마크, 노르웨이의 중석기시대 유적에서 고고학자들은 공물로 바쳐진 석기를 발견했다. 지금은 물에 잠긴 그 옛날의 해안선을 따라 땅에 묻혀 있는 이 유물들 중에는 때로 동물 뼈도 섞여 있다. 유럽과 그 너머의 땅에서도 사람들은 또한 망자들 중 적어도 일부를 물가에 묻었다.[63] 점점 수위가 높아지는 바다와 위험할 만큼 가까운 곳에 무덤을 만든 것은 의도적인 행동이었다.

예를 들어 물에 잠긴 유적 중 1990년대에 일찌감치 발굴된 덴마크의 유적에서 고고학자들은 거의 7000년 전 배로 장례를 치른 흔적을 발견했다.[64] 스물다섯 살쯤 된 남자의 시신이 나무의 속을 파서 만든 카누에 놓여 있었다. 카누는 일부가 불에 탔고, 시신은 나무껍질로 만든 수의에 감싸인 상태였다. 노 한 짝, 활 한 개, 사슴뿔 조각 여러 개가 시신 주위에 있었다. 배는 해안과 가까운 진흙 속에 움직이지 않게 말뚝으로 고정되어 있었으므로, 결국은 물에 잠길 운명이었다. 커다란 바위들이 해안에서 배까지 일렬로 놓여 있었던 것으로 보이는데, 어쩌면 그곳이 물에 잠긴 뒤에도 사람들이 가볼 수 있게 길을 만든 것인지도 모른다. 이스라엘 해안선에서 남동쪽으로 3200킬로미터 떨어진 곳에 마을이 하나 있다. 텔레이즈와 이웃한 네베얌Neve-Yam이라는 마을인데, 갈릴리의 연구팀은 여기서 이 지역 최초의 공동묘지를 발견했다. 지금의 바닷가 마을과 바로 인접한 곳이었다. 연구팀은 또한 작은 섬에 묻힌 한두 살짜리 아이의 유골을 발견했다.[65] 비록 지금은 섬이지만, 과거에는 마을과 바다 사이에서 텔레이즈의 담장과 비슷한 역할을 하던 야산이었다.

해안 근처의 얕은 물, 이스라엘에서는 폐허가 점점이 흩어져 있고 도거랜드에서는 물에 잠긴 숲이 유령처럼 보이는 그런 곳은 망자의 땅, 불길한 예감과 금기의 땅을 의미했는지도 모른다. 물이 넘치는 바닷가에 공물을 묻고, 사랑하는 사람들의 시신을 묻는 일(어쩌면 희생제를 올렸을 가능성도 있다)은 해수면 상승에 대응하는 필사적이고 영적인 노력이었을 것이다. 고고학자 짐 리어리Jim Leary는 "바다를 멈춰달라고 신들에게 외치는 소리"[66]라고 썼다. 아니면, 이미 사라졌거나 사라지는 중인 장소들을 아직 기억 속에 남아 있는 조상들의 고향, 그 그립고 그리운 곳으로 보았는지도 모른다. 따라서 공물은 과거 그곳에 살았던 조상들에게 바친 것일 수 있다. 해안이나 섬에 시신을 묻은 것 역시, 고향으로 돌아가 조상들과 합류하려는 노력이었을 가능성이 있다.

이런 기억과 전통이 아마 수천 년 동안 살아남았을 것이다. 북해에서 끌어올린 많은 유물 중에는 도거랜드가 물에 잠기고 몇

천 년 뒤에야 발명된 양식의 돌도끼가 여러 점 포함되어 있다. 이 돌도끼가 사용되던 시절에는 영국에서 이미 농경이 이루어지고 있었고, 도거랜드에서 크게 번성하던 수렵-어로-채집 생활은 땅과 함께 사라진 지 오래였다. 돌도끼의 존재를 일반적으로 설명한다면, 그것을 싣고 가던 무역선이 약 6000년 전에 침몰했다고 말할 수 있을 것이다. 그러나 리어리와 개프니를 포함한 일부 고고학자는 해안에 묻혀 있던 중석기시대 도구들과 마찬가지로 이 돌도끼도 공물이었을 가능성이 있다고 본다.[67]

돌도끼가 있던 곳은 도거뱅크 등 고도가 높은 지역이었으므로, 도거랜드의 다른 지역이 물에 잠겨 사라지는 와중에도 섬으로 살아남았을 가능성이 있다. 따라서 눈에 금방 들어오는 지표이자 피난처로 새로운 의미를 얻었을 것이다. 이런 지역은 도거랜드에서 가장 늦게 물속으로 사라진 만큼, 기억에서 잊히는 것도 가장 늦었을 것이다. 어쩌면 도거랜드의 수상 부족 후손들이 기억 속에 남아 있는 이런 장소까지 배를 저어 가서, 조상들과 똑같은 공물을 바쳤는지도 모른다. 이제는 가볼 수 없지만 아직 잊어버리지는 않은 그 물속 세계에 가장 귀한 물건을 떨어뜨리는 방식으로.

 3장 아포칼립스로 하나가 된 사람들

- 엘니뇨라는 재앙

수도 리마에서부터 에콰도르와의 국경선까지 960킬로미터나 뻗어 있는 페루의 북쪽 해안은 지상에서 가장 건조한 사막 중 하나다. 일부 지점에서는 폭이 32킬로미터도 채 안 되는 이 지역은 서쪽에 있는 태평양의 서늘한 바닷물과 동쪽에 있는 안데스산맥의 바위산 사이에 끼어 있다. 안데스산맥은 아마존 우림의 습한 공기가 바람에 실려 해안으로 오는 것을 막는 역할을 한다. 사막의 한쪽 면을 막고 있는 서늘한 바다에는 생명체가 가득하다. 특히 안초비나 정어리 같은 작은 물고기가 많다. 그러나 민물은 희귀하다. 육지의 삶은 유일하게 민물을 구할 수 있는 곳, 안데스산맥에서 흘러내리는 강줄기들을 중심으로 돌아간다. 산꼭대기의 빙하와 고지대에 내리는 비가 이 강줄기들의 수원이다. 하지만 이 강들은 그냥 물이 졸졸 흐르는 개울일 때가 많다. 그래도 이곳 생태계는 강을 이용할 준비를 갖추고 있으며, 계곡에서는 황갈색 흙먼지가 날리는 주위 사막을 배경으로 초록색 식물들이 폭발적으로 번성하는 충격적인 광경을 볼 수 있다.

수천 년 전부터 이 북쪽 해안 경제의 중심은 농업과 어업이었다. 언뜻 보기에는 생물이 간신히 살아갈 수 있는 가혹한 환경처럼 보이는 이곳에서 이 두 가지 활동은 놀라운 생산성을 보인다. 이 지역에는 수천 년 전에도 이미 관개수로를 만드는 기술이 있었다. 이 수로들이 강에서 밭으로 물을 끌어와, 사탕수수와 쌀 등 물을 엄청나게 많이 먹는 작물을 키운다. 덕분에 그들은 사막 한가운데에서 말도 안 되게 잘 자란다. 바다에서는 엄청난 규모로 물고기잡이에 나선 어부들이 안초비, 정어리, 오징어, 만새기(마히마히mahi mahi)를 태평양에서 톤 단위로 잡아 올린다. 영양분이 풍부하고 차가운 바닷물이 꾸준히 올라오는 덕분에 정신이 멍해질 만큼 다양한 물고기가 살고 있어서, 그들을 쉽게 잡아 전세계로 수출하고 있다.

섬세하게 균형이 맞춰진 이 시스템은 대부분 잘 작동한다. 그러나 3~7년마다 한 번씩 북쪽 해안의 환경이 문자 그대로 완전히 뒤집어지면서, 이 시스템에 의존해 살아가는 모든 생명체도 영향을 받는다. 변화가 시작되는 시기는 보통 크리스마스 직후다. 원래 서늘한 온도가 유지되는 태평양에 따뜻한 해류가 갑자기 나타나는 것이 시작이다. 페루 북쪽 해안의 어부들은 19세기 말부터 이 해류를 엘니뇨El Niño라고 불렀다. 같은 시기에 사람들이 탄생을 축하하는 아기 그리스도를 가리키는 이름이다. 이 난류가 나타나면, 페루 해안의 차가운 물에 적응해 살아가던 물고

페루 북쪽 해안의 주요 강 계곡

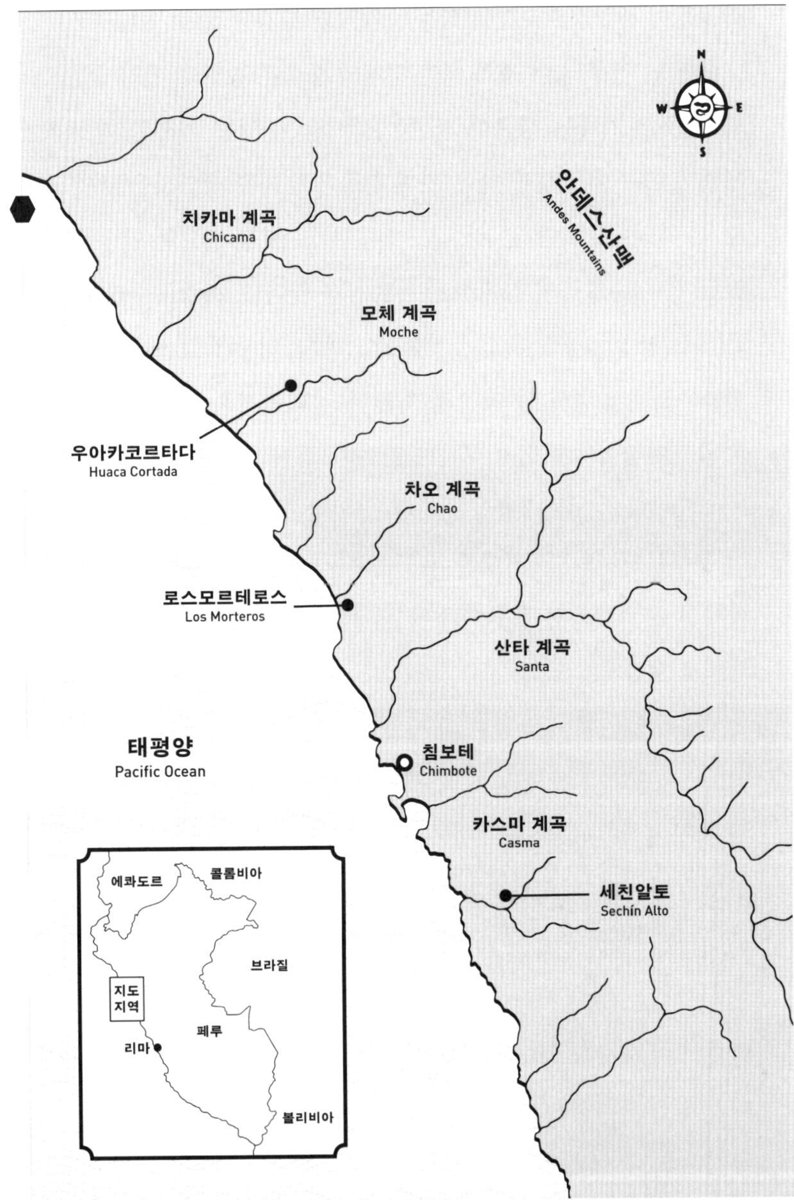

기들은 다른 곳으로 이주하거나 죽을 수밖에 없다. 대량의 죽은 물고기가 해변에서 썩어가고, 평소 풍부하던 어획량이 곤두박질친다. 따뜻해진 바다가 대기 중으로 더 많은 물을 증발시키기 때문에, 평소에는 1년 강수량이 2.5센티미터를 거의 넘지 않는 지역 상공에 수분을 머금은 구름이 크게 형성된다. 곧 격심한 폭우가 내리면, 강이 범람해서 운하와 밭을 파괴한다. 평소 건조하던 협곡은 갑자기 불어난 물을 사람들이 사는 계곡으로 깔때기처럼 곧바로 운반하는 역할을 한다. 홍수에 농장, 운하, 작물, 주택, 가축, 사람이 쓸려간다. 이런 일이 고작 몇 시간 만에 벌어질 때도 있다. 도시의 거리는 급류가 흐르는 강으로 변한다. 범람한 물에는 엄청난 양의 흙이 포함되어 있어서, 주택과 밭에 진흙과 퇴적물이 두껍게 쌓인다. 비가 그치고 범람한 물이 물러간 뒤에도 이 진흙과 퇴적물은 사라지지 않는다. 물이 없던 곳에 생겨난 웅덩이는 모기의 온상이 되어, 말라리아나 뎅기열 같은 질병이 대대적으로 발생한다.

12~18개월 동안 지속되는 엘니뇨 현상이 전 세계의 기후에 영향을 미친다는 사실이 이제는 과학적으로 밝혀져 있다. 엘니뇨의 영향으로 캘리포니아에서는 유난히 심한 겨울비가 내리고, 남아프리카에서는 가뭄이 든다. 그러나 페루의 북쪽 해안만큼 심한 타격을 받는 곳은 없다. 2017년에 아주 짧은 기간 동안 이례적으로 좁은 지역에만 영향을 미친 엘니뇨가 발생했을 때 페루에서 발생한 사망자는 158명,[68] 이재민은 100만 명 이상, 피

해액은 30억 달러 이상이었다.

지금은 엘니뇨가 대기와 해수면 사이의 복잡한 상호작용 때문에 발생한다는 사실이 밝혀졌다. 그러나 특정한 시기에 엘니뇨가 발생하는 이유는 학자들도 아직 잘 모른다. 곧 닥쳐올 엘니뇨의 강도가 얼마나 될지도 정확히 예측할 수 없다. 우리가 확실하게 알 수 있는 것은 머지않은 미래에 엘니뇨가 반드시 발생할 것이라는 사실뿐이다.

건조한 환경이 1년 넘게 완전히 반대의 악의적인 환경으로 바뀔 만큼 갑자기 폭우가 내리는 이런 재앙이 정기적으로 발생하는 것이 먼 옛날 사람들에게는 확실히 아포칼립스였을 것이다. 엘니뇨가 한 번뿐이라면 사람들은 회복할 수 있었다. 그러나 이런 파괴가 필연적으로 다시 발생해서 몇 년에 걸친 복구 작업과 발전의 성과를 문자 그대로 싹 쓸어가 버릴 것이고, 그런 재앙을 예측할 수 있는 패턴이나 사전 경고조차 전혀 없다는 사실을 알게 된다면, 개인의 삶과 공동체의 미래가 몹시 불안하게 보이는 일을 피할 수 없을 것이다.

많은 사람이 이런 재앙을 겪은 뒤에는 공동체가 산산이 부서질 것이라고 본능적으로 믿는다. 그래서 먼 옛날 페루 북부 해안 사람들이 정기적으로 불가피한 파괴를 겪고 기후 불안정성을 느끼면서 무엇이든 건설할 의욕을 느끼지 못했을 것이라고 추측할 수도 있다. 어차피 문명 그 자체까지도 파괴될 테니까. 그러나 고고학 연구에 따르면, 반복적인 아포칼립스의 그림자 속

에 살면서도 북쪽 해안 사람들은 산산이 부서지지 않았다. 오히
려 더 하나로 뭉쳤을 가능성이 있다.

† † †

1980년 댄 샌드와이스Dan Sandweiss라는 미국 대학원생이 어쩌
다 보니 페루의 산타Santa 계곡에서 약 6000년 전의 쓰레기 더미
를 쑤시게 되었다. 쓰레기를 그 자리에 두고 간 사람들은 아직
도자기를 사용하지 않았다. 정치적인 지도자도 없고, 집약적인
농사도 짓지 않았다. 그런 것이 없어도 그들은 안락하게 살아갈
수 있었다. 그들에게는 바다가 있었으니까. 도거랜드 사람들과
마찬가지로 그들은 수렵-어로-채집을 하며 살았으나, 이 모든
활동에서 큰 비중을 차지하는 곳은 바다였다. 그들의 사냥감은
바다사자 등 수중 포유류였고, 채집 대상은 조개류였다. 그들이
진지하게 경작한 식물은 면화와 호리병박뿐이었다. 그들은 이
작물을 이용해서 그물을 짜고 뗏목을 만들었다. 그래도 그들이
가장 많이 한 활동은 물고기잡이였다.

샌드와이스가 가혹한 사막 한가운데에서 가느다란 초록 띠를
형성하고 있는 산타 계곡에 발을 들인 무렵, 그는 먼 옛날의 사
람들이 먹던 조개류에 대해 이미 백과사전처럼 풍부한 지식을
갖고 있었다. 조개류의 껍데기는 난공불락이라 할 만큼 부서지
는 일이 거의 없는데, 먼 옛날 북쪽 해안의 주민들이 버린 조개

껍데기가 거대한 산더미처럼 여기저기 쌓여 있었다. 섬세한 생선 가시나 유기물인 면으로 만든 그물과 달리 조개껍데기는 쉽사리 썩거나 분해되지 않는다. 사람들이 둔 곳에 그대로 남아 있기 때문에, 고고학자들에게는 "정보의 보물창고"[69] 역할을 한다.

샌드와이스가 산타 계곡에 온 것은 먼 옛날의 조개무지들을 조사하기 위해서였다. 당시 사람들이 몇 세대에 걸쳐 먹은 음식의 잔해가 쌓인 곳이므로, 그들의 식단, 거주지 위치, 그들이 의존해 살아가던 생태계 등에 대해 엄청난 정보를 알아낼 수 있었다. 학자로서는 이제 막 시작하는 단계라 해도, 샌드와이스는 이미 이곳과 비슷한 여러 유적지에서 헤아릴 수 없이 많은 조개무지를 조사한 경험이 있었다. 현장에서 조사한 적도 있고, 실험실이나 박물관에 소장된 조개무지를 조사하기도 했다. 산타 계곡에서 그는 현장에 나온 고고학자라면 누구에게나 친숙하게 보이는 구부정한 자세를 하고, 아직 땅바닥 여기저기에 흩어져 있는 과거의 증거들에 시선을 고정했다. 그는 2년 전부터 조사 중인 조개류를 이곳에서도 발견하리라 예상했지만, 정작 그가 본 것은 길쭉한 굴 껍데기였다.

"페루에서 굴을 본 것은 처음이었다."[70] 샌드와이스는 이렇게 말한다. 그의 눈은 또한 다른 이례적인 특징도 포착했다. 전에 한 번도 본 적이 없는 종의 대합조개와 가리비였다. "난 조개류를 전부 안다고 생각했다." 그러나 그에게 친숙한 조개류는 이곳에서 전혀 눈에 띄지 않았다. 흥미와 함께 적잖은 혼란을 느낀 그는 낯선 조개껍데기 몇 개를 땅바닥에서 주워 배낭에 넣었다. 그러고는 리마에 갈 일이 생겼을 때, 즉흥적으로 수집한 그 조개껍데기를 페루 해양연구소의 조개 전문가에게 가져갔다. 좀 더 경험이 많은 학자라면 그 조개가 뭔지 설명해줄 수 있을 것 같았다. 조개 전문가는 2주 동안 시간을 달라고 말했다.

샌드와이스가 조사 결과를 들으려고 조개 전문가를 다시 찾아갔을 때, 그녀는 샌드와이스가 주워온 조개류의 이름을 목록으로 정리해서 인근의 다양한 생태계에 사는 여러 종의 조개들과 비교를 끝낸 뒤였다. "에콰도르에는 무슨 일로 간 거예요?"[71] 그녀는 샌드와이스에게 조사 결과를 넘겨주며 이렇게 물었다. 에콰도르는 페루의 바로 북쪽에 있지만, 페루 연안의 수온을 차갑게 유지해주는 해류와는 떨어져 있다. 따라서 샌드와이스가 수집해온 조개류가 살 수 있는 열대성 난류가 흐르는 가장 가까운 장소였다.

"난 에콰도르에 가지 않았어요." 샌드와이스가 말했다. 산타 계곡은 에콰도르 국경선에서 남쪽으로 약 480킬로미터나 떨어져 있었다.

"틀림없이 에콰도르에 갔을 거예요!" 조개 전문가가 말했다. "이 조개들은 페루에 살지 않아요." 이건 마치 푸에르토리코의 열대기후에 사는 조개류를 뉴저지 해변에서 대량으로 발견한 것과 같았다.

샌드와이스는 그때를 되돌아보며 이렇게 말한다. "그것이 시작이었다. 뭔가 크게 다른 점이 있다는 단서였다."[72]

† † †

　고고학은 사회와 문화가 항상 변화한다는 것을 진실로 본다. 새로운 양식의 도구나 장식이 발명될 때처럼 작은 변화가 일어날 때도 있고, 새로운 종교가 발생하거나 제국이 생겨날 때처럼 기념비적인 변화가 일어날 때도 있다. 고고학자는 사람들이 사용한 물건, 그들이 먹은 음식, 그들의 집, 마을, 도시가 조직된 방식에 그런 변화가 어떻게 반영되었는지 찾아내는 훈련을 받은 사람이다. 예를 들어 새로운 종교가 발생하면 새로운 신의 그림으로 장식된 새로운 신전이 만들어져 도시의 풍경을 바꿔놓을 뿐만 아니라, 음식에 대한 새로운 규칙도 생겨난다. 그러면 가장 낮은 서민의 집 쓰레기 더미에서 새로운 종교가 금지한 음식의 흔적이 갑자기 사라진다. 그러나 고고학자는 다른 종류의 변화, 즉 먼 옛날 사람들이 거의 손을 쓸 수 없었던 변화의 가능성에도 주의를 기울여야 한다. 즉 환경 변화의 가능성을 살펴야 한다는 뜻이다. 작업하는 곳이 어디든, 고고학자는 그 지역의 생태계와 기후가 예나 지금이나 똑같을 것이라고 가정하면 절대 안 된다.

　지난 50여 년 동안 우리가 직접 경험한 기후변화로 인해 과거의 기후 상황을 알아내는 일이 더 긴급해졌으므로, 학자들은 과거의 환경이 기록된 다양한 물질을 자연 속에서 찾아냈다. 이런 물질에서 우리 자신의 미래를 위한 통찰력을 얻을 수 있기 때문이다. 학자들은 산악 빙하와 극지방의 빙상氷床에서 얼음을 채취하고, 전 세계의 바다와 호수 밑바닥에서 퇴적물 표본을 채취한다. 동굴에서 석순과 종유석을 쪼개서 절편을 만든다. 심지어 산호 내부에서 소량의 표본을 채취해, 산호 주위 바닷물의 수온과 화학적 구성이 긴 세월 동안 어떻게 변했는지 재구성하기도 한다. 이런 물질은 모두 나무의 나이테처럼 층층 구조를 형성하고 있는데, 각각의 층에 그 층이 형성될 시기의 환경을 알려주는 유기물이나 화학적 특성이 보존되어 있다. 이 층들을 따라 과거로 거슬러 올라가면, 과거 환경의 변화를 스냅사진처럼 재구성해서, 때로는 수십만 년 전까지 추적해 올라갈 수 있다.

자연 속의 이런 기후 기록 보관소들은 고고학자에게 엄청난 축복이었다. 이런 자료가 없던 옛날이라면, 과거의 환경이 지금의 환경과 어떻게 다른지 이해하기가 힘들었을 것이다. 그러나 이런 자료로는 인간 사회와 문화를 연구할 수 없다는 한계가 있다. 이 천연 기록보관소 속의 기후 정보는 최대 반구 전체에 이를 정도로 몹시 넓은 지역을 아우르는 경향이 있다. 시간적으로는 수십 년 또는 수백 년의 정보가 들어 있다. 이런 정보가 오랜 세월에 걸친 지구의 기후변화 경향을 재구성하는 데에는 필수적이지만, 기후변화가 일어난 그 당시에 사람들의 삶과 사회에 실제로 영향을 미치는 단기적이고 국지적인 기후 패턴이 반드시 여기에 반영되어 있는 것은 아니다.

그러나 샌드와이스가 산타 계곡에서 가져온 조개껍데기는 기후 기록과 문화 기록을 모두 갖고 있었다. 6000년 전 그곳에 살던 사람들이 지금은 페루 어디서도 찾아볼 수 없는 굴을 먹었다는 사실은 그 당시의 해양 생태계에 대해 조금 혼란스럽고 감질나는 단서를 제공한다. 지역별로 서식하는 조개류에 관한 정보와 빙하 코어 속 산소 동위원소 같은 지역 데이터를 결합하면, 고고학자는 먼 옛날의 환경을 좀 더 완전하게 재구성해서 그 당시 사람들과 사회의 경험을 알아낼 수 있다.

현재 수많은 고고학자가 먼 옛날의 기후변화에 관해 각자 비슷한 정보를 캐내고 있다. 우리가 2부에서 살펴볼 여러 아포칼립스와 관련된 환경 변화도 여기에 포함된다. 그러나 샌드와이스가 이례적인 조개껍데기를 발견한 때에는 이런 연구가 흔하지 않았다. 그래도 그의 발견이 워낙 흥미를 자극했기 때문에, 그보다 경험 많은 고고학자와 지질학자 몇 명이 산타 계곡의 현장을 보고 싶다고 요청했다. 그들은 그곳의 지표면에서 조개껍데기를 더 수집하고, 시험 삼아 작은 구덩이도 하나 팠다. 이제는 보물로 변한 쓰레기가 묻혀 있는 땅속에 처음으로 손을 대는 순간이었다. 땅을 판 덕분에 그들은 조개껍데기 사이에서 먼 옛날의 숯 조각을 발견했다. 방사성탄소연대측정법으로 연대를 측정한다면, 궁극적으로 어떤 종이 어디서 언제 발견되는지 더 확실하게 정리할 수 있을 터였다. 그러나 현장에서 표본을 발견한 그 순간에 학자들이 확신할 수 있는 것은, 완전히 다른 종의 조개들이 우글거리는 서늘한 바다에서 고작 몇 킬로미터밖에 떨어지지 않은 이곳에 따뜻한 물에서 사는 조개들이 있다는 사실뿐이었다.

고고학 현장조사가 대개 그렇듯이, 그날의 작업도 함께 맥주를 마시는 것으로 마무리되었다. 학자들은 그날 발견한 것을 두고 의견을 나누기 위해 가장 가까운 도시인 침보테의 어느 호텔 바에 모였다.[73] 당시 그 호텔의 주요리는 생선이었다. 그것도 특히 안 좋은 냄새가 나는 요리라서, 불에 타고 썩은 생선의 불쾌한 냄새가 온 사방에 스며들어 있었다. 그래도 호텔 바의 분위기는 따스하고, 바다 풍경은 멋들어지고, 맥주는 차가웠다. 특히 무엇보다 그 학자 일행의 기분을 들뜨게 만든 것은, 해결해야 할 수수께끼가 눈앞에 있다는 사실이었다.

그들은 그날 저녁 여러 가능성을 놓고 토론을 벌였다. 이번 현장에서 발견된 조개가 페루의 바다에서 조금이라도 살아남을 가능성이 있었던 시기 또는 환경은 호텔 바에서 보이는 바다의 수온이 엘니뇨 현상으로 평소보다 화씨 15도(섭씨 약 8.3도) 이상 높아졌을 때뿐이다. 그러나 엘니뇨는 원래 가끔 일어나는 현상이며, 엘니뇨가 발생하더라도 차가운 물에 사는 전형적인 종들 사이에 열대지방의 조개 종류가 고작 몇 마리쯤 섞이는 정도에 불과할 것이다. 반면 산타 계곡에는 오로지 따뜻한 물에 사는 종류밖에 없었다. 그곳 사람들은 수백 년 동안 조개를 잡아먹으며 살았을 것이다. 엘니뇨가 단기간 동안 그곳의 환경을 바꿔놓을 수는 있어도, 이 계곡에 거주지가 존재하던 기간 동안 내내 환경을 바꿔버릴 수는 없었다.

학자들은 유일하게 조리 있는 설명을 조심스레 내놓기 시작했다. 태평양의 해류가 예전에는 "근본적으로 달랐던"[74] 것이 아닐까. 페루 해안의 바닷물이 옛날에는 항상 따뜻했던 건지도 모른다. 그리고 그때는 한류가 없어서 엘니뇨도 존재하지 않았는지 모른다.

샌드와이스가 발견한 6000년 전의 굴 껍데기는 페루 북쪽 사람들의 머리 위에 항상 엘니뇨의 가능성이 드리워져 있었던 것은 아니라는 첫 번째 증거였다. 산타 계곡 사람들은 엘니뇨의 위협을 전혀 걱정하지 않고 살아가면서 문화를 발달시켰다. 그러나 그들의 후손은 단순히 아포칼립스와 더불어 살아가는 데에서 그치지 않고, 그 현상이 태어나는 순간을 직접 보았다. 따뜻한 바다가 차가운 바다로 바뀌고, 굴이 살던 세계가 안초비가 사는 세계로 바뀐 것은 워낙 극단적인 변화라서, 사람들의 식단은 물론 기술마저 달라졌을 것이다. 예전과 달리 차가운 물에 사는 생물들에 맞춰 어업 방식을 바꿨을 것이라는 뜻이다. 그러나 안정적인 환경을 믿고 살아가던 삶이 갑자기 예측할 수 없는 위험한 환경을 두려워하는 삶으로 바뀌었으니, 그들에게 일어난 변화는 이보다 훨씬 더 심오했을 것이다. 샌드와이스는 그날 침보테에서 논의한 변화가 당시 북쪽 해안 사람들 사이에 어떻게 퍼져 그들의 사회가 어떻게 달라졌을지 간신히 상상만 해볼 수 있을 뿐이었다.

대학원생으로서 그렇게 우연한 발견을 한 뒤, 샌드와이스는 엘니뇨의 과거라는 수수께끼를 푸는 데에 계속 매진했다. 먼 옛날 북쪽 해안의 문화에 엘니뇨가 미친 영향을 더 자세히 알 수 있을까 싶어서였다. 북쪽 해안 여러 곳의 유적지에서 발견된 물고기와 조개류 잔해와 빙하 코어 속의 기후 기록을 한데 엮어서 그는 엘니뇨가 언제 왔다 갔는지 대략적인 그림을 파악했다.[75] 그 결과 1만 1000년 전에서 9000년 전 사이에 엘니뇨가 발생했을 가능성이 높다는 사실을 알아냈으나, 정확히 얼마나 자주 나타났는지는 여전히 아리송했다. 엘니뇨는 약 9000년 전에 자취를 감췄다. 그 덕분에 산타 계곡에서 굴을 채취해 살던 사람들뿐만 아니라 그들의 먼 조상들까지도 3000년 동안 고요한 환경을 누릴 수 있었다. 평화가 깨진 것은 5800년 전이었다. 한류가 다시 나타나 엘니뇨가 또 탄생했기 때문이다. 북쪽 해안에 아포칼립스의 그림자가 드리워졌다. 그리고 오래지 않아 지금의 문명이 시작되었다.

† † †

해안에서 물고기와 조개를 잡아 살아가던 사람들에게 3000년 만에 되돌아온 엘니뇨는 어떤 느낌이었을까? 그들의 조상이 친숙하던 환경에 배신당한 시절의 이야기가 어쩌면 그들에게 전설로 남아 있었을지도 모른다. 그리고 그 전설에 바다의 온도가 갑자기 바뀌고 비가 내리기 시작하면 어떻게 해야 하는지 힌트가 들어 있었을 가능성도 있다. 강 계곡을 떠나 높은 곳으로 올라가라. 이제 괜찮은 것 같아도 더 오랫동안 높은 곳에 머물러라. 몇 초 만에 물이 다시 범람할 수 있으니 섣부르게 굴지 마라. 반면 계속 되돌아오던 엘니뇨가 사라진 지 워낙 오래라서, 사람들이 엘니뇨의 위험성을 잊어버렸을 가능성도 있다. 사람들은 자기들이 살던 계곡과 바다가 이미 자신에게 등을 돌렸는데도, 그 사실을 믿지 못해 애를 먹었을지도 모른다.

엘니뇨가 처음 되돌아왔을 때에는 지금처럼 10년에 한두 번이 아니라 한 세기에 한두 번 정도만 발생했던 것으로 보인다. 따라서 모든 세대가 엘니뇨를 목격하지는 못했겠지만, 발생 주기가 규칙적이고 몹시 충격적인 현상이라서 엘니뇨를 겪은 세대가 그 경험을 기억하고 후세에 전달해서 그들의 집단적인 기억 속에 그 이야기가 생생히 기록되었을 것이다. 이렇게 신화의 형식으로 가공된 아포칼립스는 먼 과거의 일이 아니었다. 북쪽 해안 사람들이 반드시 대비해야 하는 현상, 어느 날 전조도 거의 없이 들이닥칠 수 있는 일이었을 것이다. 이런 두려움과 걱정, 그리고 귀중한 것을 잃어버릴지도 모른다는 불안감이 어쩌면 그 자체로서 또 하나의 아포칼립스로 느껴졌는지 모른다. 특히 엘니뇨가 되돌아온 초기에 그랬을 가능성이 높다.

이런 압박감 속에서 공동체와 문화가 무너졌을 것 같다는 생각이 들지도 모른다. 어떤 의미에서는 실제로 무너졌을 수도 있다. 범람하는 물에 실려온 진흙이 잔뜩 쌓인 강 계곡에서 휘청거리며 도망친 생존자들은 아마 가족과 친구, 집과 세간, 안정감을 잃어버렸을 것이다. 어쩌면 두 번 다시 뒤돌아보지 않고 앞으로 나아갔을 수도 있고, 과거를 그리워하며 한탄했을 수도 있다. 지금처럼 외상후스트레스장애PTSD라든가 기후공포증climate anxiety이라든가 생태슬픔ecological grief 같은 용어는 없었겠지만, 그들도 자기들의 말로 이런 현상들을 지칭하며 비슷한 감정을 나름대로 이해하고 관리했을 것이다.

재난을 겪고 이재민이 되어 외로움과 고립감을 경험하는 상황은 쉽게 상상이 된다. 예측할 수는 없지만 필연적으로 세대를 이어가며 사람들을 덮치는 재난이 사람들의 감정과 사회에 끼친 피해를 상상하기는 더욱 쉽다. 그러나 이런 경험에 대한 우리의 본능적 반응의 뿌리가 비록 깊다 해도, 재난을 겪은 사람들과 사회의 실제 반응이 여기에 반영되는 경우는 드물다. 현대인들은 재난이라는 복잡한 현상을 최악의 순간과 감정과 반응으로만 단순화해서, 그것이 전부라고 우긴다.

레베카 솔닛Rebecca Solnit은 《지옥에 지어진 낙원A Paradise Built in Hell》에서 사실 "재난은 생산력이 유난히 뛰어나다"[76]고 썼다. 그녀는 이 책에서 1906년 샌프란시스코 지진 이후 길거리에 임시변통으로 만들어진 부엌부터 런던 대공습 때 지하에 만들어진 방공호와 9.11 이후 자원자들이 자발적으로 조직한 구출 작전에 이르기까지 재난 이후에 항상 생겨나는 보살핌과 연대의 공동체 기록을 살펴보았다. 매번 평범한 사람들이 재난 중이나 이후에 자발적으로 행동에 나서서 개인 사이의 오랜 경계선을 허물어버리고 새로운 공동체를 만든다. 이 공동체의 기반이 되는 것은, 평소에는 억압되어 있지만 언제나 흔들리지 않는 욕구, 즉 서로 도움을 주고받으려는 욕구와 하나로 뭉쳐서 상처를 치유하려는 욕구다. "고통과 상실이 공통의 경험이 되면, 형태가 바뀐다."[77] 솔닛은 이렇게 썼다. 재난은 우리에게 "우리 자신과 우리 사회가 될 수 있는 또 다른 모습을 언뜻"[78] 보여준다.

솔닛이 책에서 다룬 것은 현대의 재난, 그리고 먼 옛날보다 훨씬 더 규모가 크고 적응력이 떨어지는 사회에서 "전통적인 믿음과 역할이라는 족쇄"[79]를 느슨하게 만드는 재난의 힘이다. 그러나 민족지학과 고고학이 밝혀낸 증거들은 먼 옛날의 수렵채집민도 재난이 일어났을 때 우리보다 더하지는 않을망정 우리와 똑같은 수준의 연민, 너그러움, 유연성을 보여주었을 것이라고 암시한다. 비교적 후세의 수렵채집 사회, 즉 콜럼버스가 도착하기 이전의 쿠바,[80] 일본 북부와 러시아 캄차카반도 사이 쿠릴열도[81] 등에 관한 연구는 허리케인이나 화산 폭발 같은 재난이 닥쳤을 때 이웃과 친구에게 의존하는 것이 그들의 주요 생존 전략임을 보여준다. 때로는 비교적 재난의 영향을 덜 받은 집단과 수십 년에서부터 무려 100년까지 동거하는 방식을 선택하기도 한다. 아니면, 집에 그대로 남아 오랫동안 형성된 교역망과 관계를 통해 평소보다 더 많은 양의 식량과 기타 자원을 공급받으며 재난에서 회복하는 경우도 있다. 우리가 1장에서 보았듯이 기후 불안정으로 네안데르탈인이 멸종에 이르던 시기에 호모사피엔스를 구해준 것은 어쩌면 멀리 떨어진 사회와의 유대 관계, 새로운 구성원을 기꺼이 받아들이는 태도인지도 모른다. 우리가 아는 한 가장 멀리까지 과거를 되돌아봐도, 인류는 협동과 너그러움으로 아포칼립스를 이겨냈음을 알 수 있다.

페루 북쪽 해안에서 엘니뇨가 환경에 미친 충격은 초창기의 갑작스러운 파괴보다 훨씬 더 컸다. 비가 그치고 물이 물러나도, 사막은 갑작스레 들이닥친 습기를 모두 흡수하지 못했기 때문에 강 계곡과 해안에는 여전히 일시적인 습지가 형성되었다. 위험이 물러간 뒤 북쪽 해안 사람들은 바로 이런 곳에 모였을 것이다. 갑자기 풍부해진 민물을 이용할 방법을 찾는 한편, 계곡과 삶을 바꿔버린 범람의 경험을 남들에게도 확실히 알릴 방법을 강구했을 것이다. 솔닛은 재난이 발생하고 나면, "낯선 사람이 보일 때마다 말을 걸어 재난의 경험을 공유한다"[82]고 썼다. "위기와 스트레스가 경쟁과 고립을 낳기보다는 오히려 사회적 유대를 강화할 때가 많은"[83] 이유를 이것으로 일부 이해할 수 있다.

먼 옛날 북쪽 해안에서 엘니뇨의 피해를 입은 사람들은 모두 소중한 물건이나 사람을 많이 잃었을 것이다. 이런 경험을 말로 들려주거나 공동체의 의식을 통해 소화하는 방식이 치유와 재건에 도움이 되었을 가능성이 높다. 재난으로 인해 갑자기 땅은 비옥해졌지만 그래도 낯선 풍경 속에서 모두 한데 모여 집단 사이의 적의나 영역 경계선처럼 불변할 줄 알았던 전통과 금기를 다시 생각해보았을 것이다. 아마 유난히 피해가 심한 무리가 있었을 텐데, 그러면 운 좋게 피해가 덜한 무리가 자원을 나눠주거나 아예 심한 피해를 입은 사람들을 받아들여 회복을 도왔을지도 모른다. 만약 다음 엘니뇨 때 두 무리의 처지가 뒤바뀐다면, 지난번에 신세를 진 무리가 은혜를 갚을 수도 있었을 것이다.

† † †

그 일이 또 일어났다. 알 수 없는 이유로 바다가 차가워진 뒤, 페루의 북쪽 해안 사람들은 놀라울 정도로 풍부해진 물고기와 해산물을 즐겼다. 예전에 먹던 종류와는 달랐지만, 어획량이 훨씬 더 많았다. 그러나 몇 세대에 한 번씩 차가운 물이 사라졌다. 마치 바다가 마음을 고쳐먹은 것 같았다. 차가운 물이 사라지고 몇 달 동안은 환경이 평소와는 정반대로 변하면서 재난이 이어졌다. 평소에는 부드러운 안개가 끼던 곳에서 비를 품은 구름이 위협적으로 몸을 불렸다. 폭풍이 끝나자마자 또 폭풍이 생겨나 건조한 사막을 덮쳤다. 사람들이 민물을 긷던 얌전한 개울은 무섭게 콸콸 흐르는 강으로 변해, 무엇이든 앞을 막는 것을 휩쓸며 질주했다. 사람들의 천막, 도구, 저장 식량, 기타 물품도 함께 쓸려갔다. 몇 달, 몇 년 동안 그들의 영양분이 되어주었을 대규모의 물고기 떼는 죽은 채 해변으로 밀려 올라와 썩어갔다. 나중에는 친숙한 풍경이 온통 진흙에 뒤덮여, 그들이 알던 장소들이 아예 존재한 적이 없는 것처럼 완전히 지워져버렸다.

처음 재난이 닥쳤을 때 사람들은 이 재난에 끝은 있는지, 고향이 옛 모습으로 돌아가기는 할지 전혀 알 수 없었다. 그러나 모든 재난은 결국 잦아든다는 사실을 이제 알았다. 동시에 재난의 파괴 행위가 잦아들 때까지 1년 또는 그 이상이 걸릴 수 있다는 사실도 배웠다. 이번 재난이 끝나더라도 다음 재난이 항상 있다는 사실도 점점 터득하고 있었다. 다음 재난이 생각보다 빨리 닥쳐와 이미 재난을 겪은 세대를 또 덮칠 때도 있었다. 또는 긴 시간이 흘렀는데도 재난이 닥쳐오지 않아서, 애당초 재난의 원인이 무엇이었든 이제는 그들의 땅에 손을 대지 않기로 한 것인가 하는 생각이 들 때도 있었다. 그러나 불안 속에서 피어난 그들의 희망은 결국 배신감으로 끝났다.

사람들은 또한 재난 이후뿐만 아니라 재난 중에도 무엇을 어떻게 해야 하는지 점점 배우고 있었다. 어부들이 따뜻한 물의 귀환을 알아차리는 즉시 사람들은 필요한 물건을 꾸려 집을 떠났다. 그들이 사는 계곡에 물이 범람하는 때가 몇 주 뒤일지, 아니면 몇 달 뒤일지 알 수 없지만, 그들은 상황을 보자며 가만히 앉아 있으면 안 된다는 것을 배웠다. 사람들은 항상 먹을 것을 좇아 육지와 바다 여기저기를 돌아다니며, 특정한 장소의 자원을 완전히 고갈시키지 않으려고 주의를 기울였다. 하지만 그렇게 이동할 때와 뭔가를 피해 도망치는 기분이 얼마나 다른지 그들은 이제 체험하고 있었다.

그들은 고지대에 최대한 오래 머물렀다. 그곳에서 다른 무리의 사람들을 만나기도 했다. 다른 계곡에 살다가 도망쳐 온 사람들이었다. 서로 성격과 관습이 안 맞아서 조화롭게 지내는 방법을 도저히 찾을 수 없을 때도 있었지만, 대개는 자원과 지식을 한데 모아 앞으로 몇 달 동안 고난에 맞설 수 있게 된 것을 다행으로 여겼다. 재난이 끝난 뒤에도 사람들이 뿔뿔이 흩어져 각자 고향으로 돌아가지 않고, 여기서 만들어진 새 공동체가 계속 유지될 때도 있었다. 각각의 무리가 동료를 잃거나, 여러 무리 사이에 새로운 유대가 형성되었을 때 특히 그러했다. 그들은 포식자의 공격으로 상처 입은 물고기 떼처럼 서로 뭉쳐서 더 크고 강한 무리를 이뤘다.

마침내 고향으로 돌아간 사람들은 파괴된 모습을 보고 옛 고향을 그리워하며 울었다. 재난이 지나간 뒤의 고향은 그들이 알던 곳과 완전히 달랐다. 진흙투성이에 벌레가 우글거리고 습기가 많았다. 물이 강둑을 부수며 넘친 곳에는 상처가 남았다. 산에서 물에 휩쓸려온 흙과 바위는 여기에서 발목이 붙들렸다. 그러나 재난 이후 몇 달이 흐르자 그리 힘들이지 않아도 강물을 천막까지 끌어올 수 있게 되었다. 갑자기 사방이 민물 천지가 되었다. 그들은 새로운 곳에 천막을 세우고, 새로운 식물을 채집하고, 따뜻한 물에 사는 굴과 가리비를 조금 맛볼 수 있었다. 굴과 가리비는 원래 조상들의 주요 식량원이었지만, 그들이 맛볼 수 있는 기회는 많지 않았다.

재난이 물러간 뒤 평온하고 행복한 세월이 이어지는 동안 일부 계곡은 마침내 예전 모습을 회복했다. 하지만 점점 변화하는 곳도 있었다. 사람들이 기억하는 한, 계곡 바닥에 누구도 살 수 없는 곳이 한 군데 있었다. 바다가 육지 쪽으로 둥글게 휘어져 만이 되었어도, 강은 한참 걸어가야 하는 곳에 있었다. 너무 멀어서 가끔 하룻밤 천막을 치고 야영할 때 딱 필요한 만큼만 민물을 가져올 수 있을 뿐이었다. 어디서나 그랬듯이, 재난 때 이곳에 범람한 물은 상상할 수도 없을 만큼 많은 양의 진흙을 남겨놓고 물러갔다. 그런 재난이 몇 번이고 반복적으로 발생했으므로, 물과 진흙이 만의 평평한 물가에 쌓였다. 이곳의 진흙을 치울 만큼 신경을 쓰는 사람이 하나도 없었던 탓이다. 그렇게 여러 세대가 흐르면서 간간이 재난을 겪고 나자, 그곳은 새와 물고기가 우글거리는 습지와 개펄이 되었다. 게다가 사막과는 달리 재난의 힘을 흡수해서 기세를 조금 줄여주는 것 같았다.

그래서 아직 고향으로 돌아갈 수 있을 정도는 아니지만 고지대에서 내려갈 수는 있을 정도로 재난이 잦아들었을 때 사람들은 새로 생긴 습지에 모였다. 과거에 함께 피난 생활을 했던 사람들, 아직 잘 모르는 사람들이 모두 한 자리에서 만났다. 무리마다 낯선 이에게 인사하는 예법과 전통이 따로 있었지만, 재난을 겪고 나니 다른 것과 마찬가지로 그런 규칙도 스르르 사라져 버렸다. 재난을 겪고 나면 누구를 만나도 낯선 사람 같지 않았다. 피난할 때 물건을 많이 챙긴 사람들은 갑작스럽게 도망칠 수밖에 없었던 사람들에게 물자를 나눠주었다. 용감하게 고향의 상황을 살피러 갔다가 그곳이 기적적으로 손상되지 않은 것을 알게 된 사람들은 다른 사람들을 위해 필요한 물자를 가져왔다. 나중에는 돌아갈 고향이 아예 사라져버렸음을 알게 된 사람들도 기꺼이 맞아주었다.

재난이 지나간 뒤 점점 더 많은 사람이 한 자리에 모여 축하하거나 협상하거나 잔치를 벌일 필요가 생기자, 그들은 새로 생성된 습지에서 모임을 열기 시작했다. 새로운 습지는 세상이 새로 태어난 곳이었다. 습지의 만과 개펄, 두껍게 쌓인 진흙은 동쪽에 솟은 산이나 조상들이 물가에 남겨둔 낯선 조개껍데기 산만큼이나 중요한 이정표가 되었다. 그래서 사람들은 재난이 남겨두고 간 미끌미끌한 진흙을 이용해서 이곳에 맞는 특별한 공간을 건설하기로 했다. 먼저 재난을 거듭 겪으면서 두꺼워진 둑에서 진흙 덩어리를 직접 잘라내 바닷바람에 말렸다. 이런 진흙 벽돌이 충분히 만들어지면, 지난 재난에서 조부모부터 어린 자식들에 이르기까지 온 가족을 잃은 여자에게 가서 첫 벽돌을 어디에 놓아야 하겠느냐고 물었다.

† † †

아나 세실리아 마우리시오 욘토Ana Cecilia Mauricio Llonto는 매년 7월 리마의 대학교수라는 편안한 생활을 뒤로 하고 북쪽 해안에서도 유난히 환경이 가혹한 곳으로 가서 한 달을 보낸다. 차오Chao 계곡 안쪽에 박혀 있는 그 장소는 초록색 식물이 띠 모양으로 자라는 산타 계곡에서 북쪽으로 고작 48킬로미터 거리에 있지만, 산타 계곡에 비하면 마치 달 표면 같다. 이곳은 사막 속의 사막이라서 가장 가까운 강이 5.5킬로미터 이상 떨어져 있고, 바다까지의 거리는 약 4킬로미터다. 사방 어디를 봐도 염분으로 뒤덮인 평지에 창백한 모래밭이 펼쳐져 있다. 이곳에는 아무도 살지 않는다. 마우리시오 욘토와 팀원들을 제외하면 이곳을 찾아오는 사람도 거의 없다. 농지도, 집도, 마을도 없다. "마치 시간 속에 얼어붙어 정지한 곳 같다."[84] 욘토는 이렇게 말한다.

이 사막 풍경이 조금 달라지는 곳은 모래와 바위가 쌓여 15미터 높이의 산이 된 로스모르테로스Los Morteros뿐이다. 수백 년, 아니 어쩌면 수천 년 동안 사람들은 그 산이 자연의 힘으로 생겨난 줄 알았다. 먼 옛날에는 모래언덕이었는데, 바람의 패턴이 바뀌면서 단단히 굳어진 줄 알았다. 그러나 2006년 샌드와이스가 이끄는 연구팀이 레이더를 이용해 이 산의 내부를 들여다본 것이 이런 생각을 바꿔놓았다. 산 내부에서 반사되어 돌아온 빔의 패턴을 보니, 아주 오래된 벽과 바닥이 드러났다. 오랫동안 땅에 묻혀 있던 방과 계단의 윤곽도 보였다. 고고학자들은 산 표면에서 석기(모르타르도 발견되었다. 이 산의 이름은 모르타르를 뜻하는 스페인어 단어 모르테로스_{morteros}에서 유래한 것이다), 동물 뼈, 조개무지를 발견했다. 방사성탄소로 연대를 측정했더니, 산의 지표면 근처에 묻혀 있던 이 유물들의 연대는 약 5000년 전이었다. 그렇다면 그 아래의 구조물은 그보다 더 오래됐다는 뜻이었다. 페루에서 발견된 가장 오래된 기념물 중 하나였다.[85]

마우리시오 욘토는 조국의 과거 중에서도 이제 막 싹을 틔우던 이 시기를 연구하는 데에 특히 관심이 많았다. 수렵-어로-채집 무리가 처음으로 힘을 모아 그런 구조물을 짓던 시기였다. 로스모르테로스 같은 곳을 지으려면, 특히 사상 최초로 지으려면, 엄청난 규모의 노동력을 조직하고, 이해관계가 다양한 사회집단이 서로 협력하게 만들고, 이 프로젝트와 관련된 사람들에게 식량을 비롯한 여러 자원을 분배하는 방법을 마련해야 했다. 세계에서 가장 유명한 고대의 기념물은 대부분 규모가 크고 구조가 복잡한 정주定住 사회에서 지어졌다. 농업경제와 사회적 위계구조 덕분에 이런 프로젝트에 필요한 물자를 동원하고 조직하는 일이 딱히 쉽지는 않더라도 정치적으로나 이념적으로나 최소한 비교적 간단하게 이루어질 수 있기 때문이다. 기자의 피라미드는 로스모르테로스보다 거의 1000년 뒤에 지어져, 점점 영역을 넓혀가는 왕정 관료제의 정점에 있던 신성한 왕들의 무덤으로 쓰였다. 티칼_{Tikal} 같은 마야 수도의 심장부에 지어진 피라미드는 로스모르테로스보다 거의 4000년 뒤의 기념물로, 평민들의 소규모 농장이 점점이 흩어져 있는 초록색 도시들을 묶어주는 신전과 왕궁으로 쓰였다. 그러나 로스모르테로스를 지은 사람들은 여전히 구성원 모두가 평등한 소규모 집단을 이루어 여기저기 흩어져 살고 있었다. 이 산이 도시나 마을의 중심부에 있지도 않았다. 도시나 마을이라는 개념조차 그때로부터 수천 년 뒤에야 생겨났다. 찬양할 왕도 없고, 노동력을 조직하고 명령을 내릴 지배계층도 없었다. 기념물을 짓느라 바쁜 사람들을 먹이기 위해 곡식을 저장해둔 창고도 없었다. 그렇다면 그들은 왜 이것을 지었을까? 왜 여기에 지었을까?

엘니뇨의 귀환에서 단서를 찾을 수 있을지 모른다. 엘니뇨라는 아포칼립스가 약 5800년 전에 다시 나타나기 전, 로스모르테로스의 풍경은 거의 지금만큼 황량했을 것이다. 유일하게 사람들의 관심을 끌 수 있는 특징을 꼽는다면, 한때 바다가 지금보다 훨씬 가까웠다는 사실뿐이다. 둥글게 휘어진 모양의 경사진 땅이 지금은 사막 한복판에 있지만, 학자들은 그곳에서 먼 옛날 만의 윤곽을 알아볼 수 있다. 그러나 인근에서 유일하게 민물을 구할 수 있는 곳인 차오강까지는 거의 8킬로미터를 가야 했다. 아무리 물고기를 많이 잡아도 그렇게 먼 거리를 운반할 수는 없었다. 특히 당시 이동하는 부족들은 짐을 많이 가지고 다니지 않았으며, 천막을 치고 야영할 곳이나 한 계절 동안 정착할 곳을 골라야 했다.

그러나 엘니뇨가 다시 나타난 뒤 차오 계곡 중에서도 이 지역의 풍경이 급속이 변했다. 순식간에 물이 범람해 진흙이 평평한 사막을 뒤덮고 만까지 이르렀다. 그러자 퇴적물을 싣고 흐르는 민물의 속도가 느려졌다. 아마도 엘니뇨가 여러 번 지나가면서 흙과 민물이 충분히 쌓인 덕분에, 바닷가의 이 좁은 땅은 홍수가 물러간 뒤에도 사라지지 않는, 풍요로운 습지로 변했다. 다른 곳에서는 엘니뇨가 일으킨 홍수가 앞길을 막는 모든 것을 집어삼키고 파괴해버렸으나, 여기서는 식물이 무성하고 물고기와 새가 우글거리는 해안 오아시스를 만들어 점점 크기를 키웠다. 곧 사람들도 이곳으로 모여들었다.

산타 계곡 사람들이 따뜻한 물에서 사는 굴을 먹던 시절로부터 아직 1000년이 채 되지 않았지만, 엘니뇨의 귀환은 그들의 세계를 바꿔놓았다. 대략 서너 세대마다 한 번씩 발생하지만 정확히 예측할 수는 없는 아포칼립스가 그들을 위협했다. 그래도 그들은 해안에 새로 생겨서 풍부한 식량을 제공해주는 습지와 개펄이 많은 것을 파괴하는 홍수에 의해 유지되고 갱신된다는 사실을 틀림없이 깨달았을 것이다. 어쩌면 재난 때문에 피해를 입은 여러 무리가 한데 모여 서로 도움을 주고받으며 공동체가 더 커지고 있다는 사실 또한 알아차렸을지 모른다.

이처럼 위험하지만 상징적으로 많은 가능성을 내포한 환경에서 사람들은 새로운 방식으로 협력하기 시작했다. 반복적인 재난에서 회복하며 터득한 기술과 유대 관계를 통해 사람들은 아마 사람, 자원, 노동력을 모두에게 이롭게 조직하는 방법을 배웠을 것이다. 그리고 이제는 그 지식을 새로운 종류의 집단 프로젝트에 이용할 수 있었다. 이런 프로젝트에 쓰일 재료 또한 엘니뇨가 제공해주었다. 범람한 물이 남기고 간 대량의 진흙이 바로 재료였다.

5100년 전보다 훨씬 이전, 북쪽 해안에 엘니뇨가 5~10번쯤 발생했을 무렵, 그곳 사람들은 범람한 물에 실려와 아포칼립스에 바쳐진 자연의 기념물이 된 갖가지 파편과 퇴적물 더미 속에서 습기를 머금은 진흙을 직사각형 벽돌 모양으로 잘라내기 시작했다. 그들은 이 벽돌을 햇볕에 말린 뒤 차곡차곡 쌓아서 로스모르테로스라는 기념물을 지었다. 이것은 남북 아메리카 대륙에서 가장 오래된 흙벽돌(어도비$_{adobe}$) 기념물이며,[86] 이 지역에서 도자기가 사용되기 시작한 시기보다 수천 년이나 앞선다. 또한 종류를 막론하고 페루에서 발견된 기념물 중 가장 오래된 축에 속한다. 로스모르테로스의 건축 기술과 유물은 당시 사람들이 거기서 어떤 의식을 치렀는지, 또는 그들이 자신의 삶에 영향을 미치는 자연의 힘과 초자연적인 힘에 관해 정확히 어떤 믿음을 갖고 있었는지 아직 우리에게 알려주지 않는다. 그러나 사람들의 집을 파괴하고 생태계를 완전히 바꿔놓은 바로 그 물질을 재료로 삼아 건설한 이 산이 엘니뇨 자체의 힘에 바치는 일종의 기념물이었을 가능성도 있다.

로스모르테로스에서 치러진 의식은 엘니뇨의 파괴를 막아달라고 신이나 자연의 힘을 향해 영적으로 호소하는 형태였거나, 아니면 반복적으로 발생하는 아포칼립스가 그들에게 새로이 만들어준 비옥한 환경에 감사하며 공물을 드리는 형태였을 것이다. 로스모르테로스를 건설하고 유지하는 일이 일시적인 '재난 유토피아'를 단단히 굳히는 데 도움이 되었을 가능성도 있다. '재난 유토피아'는 재난을 겪은 뒤 사람들이 자연스럽게 모여서 서로를 보살피며 회복을 도모하는 공동체에 솔닛이 붙인 이름이다. 또는 로스모르테로스가 이번 아포칼립스는 물론 다음번 재난도 이겨낼 수 있게 해줄 사회적 유대 관계를 사람들이 형성하고 강화하는 장소였을 수 있다. 아니, 지금까지 언급한 모든 역할을 포함해서 아주 많은 역할을 하던 장소였는지도 모른다.

로스모르테로스 덕분에 사람들이 자신을 점점 규모가 커지고 복잡해지는 전체의 일부로 보게 되었을 가능성이 있다. 각각의 무리 또는 사회집단이 일을 나눠 맡았을 것이다. 한 집단은 벽돌을 만들고, 다른 집단은 벽돌을 쌓고, 또 다른 집단은 기념물을 건설하는 동안 굶주리는 사람이 생기지 않게 물고기를 잡는 식으로. 어쩌면 각 집단에서 1명씩 정해진 사람들이 자기 집단이 하는 일을 다른 집단에 전하고, 서로 위원회를 형성해 각자가 담당할 일을 조정하는 역할을 했을지도 모른다. 또는 집과 기념물을 최대한 튼튼하게 짓는 법을 연구하는 데에서 즐거움을 느끼는 사람들이 모여 건축가 집단이 탄생했을 수도 있다. 점점 규모가 커지는 집단에서 사람들의 주목을 끄는 법을 선천적으로 알고 있는 사람도 등장했을 것이다. 지나간 엘니뇨의 기념일에 사람들을 한데 모아 서로 잃어버린 것에 대해 이야기하거나 기념물의 건설에서 또 한 단계가 완수되었음을 축하하는 자리를 마련한 것도 그들인지 모른다. 연설에 재능이 있는 그들이 신관이 되었을 가능성도 있다.

사회에 지도자가 있다는 것이 우리에게는 아주 명확하다 못해 자연스러운 사실처럼 보인다. 그러나 과거에는 전 세계 모든 곳에서 이런 발상이 아주 새로운 것이었다. 나중에 로스모르테로스 인근의 차오 계곡에 모여들기 시작한 사람들에게는 위계구조가 있는 사회에서 사는 것이 그렇게 자연스러운 일처럼 보이지 않았을 것이다. 현재까지 역사를 통틀어, 대부분의 수렵채집민은 소규모의 평등한 무리를 지어 살아간다. 남보다 특별히 권력이 센 사람도 없고, 모든 결정은 집단 전체가 내린다. 그들의 삶 또한 우리가 전형적으로 상상하는 "고약하고, 야만적이고, 수명이 짧은"것과는 정반대의 모습일 때가 많다. 그들의 유해를 연구한 결과를 보면, 먼 옛날의 수렵채집민은 초기 농부들에 비해 더 다양한 음식을 먹고,[87] 충치와 질병이 적고, 여가 시간은 더 많은 삶[88]을 살았다. 고고학에 상존하는 수수께끼 중 하나는 전 세계에서 그토록 많은 사람이 안락하고 평등한 수렵-채집 생활을 버리고, 불평등하며 복잡한 사회를 건설한 이유가 무엇인가 하는 점이다.

고고학자들에게 복잡성과 불평등은 서로 떼어놓을 수 없는 한 쌍이다. 복잡한 사회는 사회적 구분과 위계구조를 중심으로 구성된다. 여기에는 지도자와 추종자, 농부와 왕, 장인匠人과 관료가 있다. 서로 역할과 책임을 나누고, 소수의 사람들에게 공동체 전체를 대신해서 결정을 내릴 힘을 줌으로써 복잡한 사회는 오늘날의 국가만큼이나 커다란 규모로 성장할 수 있다.

로스모르테로스는 이유를 알 수 없는 이 변화의 첫 번째 단계를 포착해서 보여준다. 이곳에서 알 수 있는 것은, 복잡한 사회가 협력의 선행 조건이 아니라는 점이다. 오히려 집단적인 프로젝트를 위해 서로 협력하면서 복잡한 사회와 거기에 동반하는 위계구조의 기초가 마련될 수 있음을 보여주는 듯하다. 로스모르테로스가 건설된 뒤, 북쪽 해안의 사회들은 결코 평등한 채집 무리로 분화하지 않았다. 오히려 계속 커지고 복잡해져서, 그런 변화의 장단점을 모두 겪었다.

로스모르테로스를 건설한 사람들의 사회에는 아직 정치적 분열이나 빈부격차가 존재하지 않았다. 어쩌면 공동체가 어느 신관에게 로스모르테로스 꼭대기에서 의식을 거행할 책임을 맡긴 뒤에야 위계구조가 분명히 모습을 드러냈는지도 모른다. 이제 막 모습을 드러내기 시작한 지도자들은 아직 남들과 다른 삶을 사는 엘리트의 지위를 누리지 않았다. 다른 사람들의 삶을 좌우하는 결정권을 휘두르지도 않았다. "그러나 그들은 그런 방향으로 나아가고 있었다."[89] 마우리시오 욘토는 이렇게 말한다.

✝ ✝ ✝

3600년 전, 페루 북쪽 해안 사람들 사이에 확실한 기념물 건설 바람이 불었다. 수렵-어로-채집인들이 로스모르테로스를 건설한 때로부터 1500년이 흐르는 동안 강 계곡에서는 농업이 본격적으로 시작되었다. 사람들은 관개수로를 도입해 민물을 밭으로 직접 끌어왔고, 여기저기 돌아다니며 살기보다는 한곳에 정착해 영구적인 농경 마을을 이뤘다. 어떤 마을은 로스모르테로스 건설로부터 고작 몇백 년 안에 어마어마한 규모로 폭발적인 성장을 하기도 했다.[90]

이렇게 농경 정착지가 널리 퍼지면서 일종의 패턴이 생겨났다. 모든 마을이 각각 신전 역할을 하는 피라미드를 짓게 된 것이다. 만과 가까운 곳에 세워진 로스모르테로스와 달리 이 신전 피라미드는 육지 안쪽 깊숙한 곳의 강 계곡에서 농경지와 마을 사이에 지어졌다. 모두 중앙에 피라미드가 하나 있고, 길고 나직한 단이 양옆에서 U자 모양으로 뻗어 나와 광장을 반쯤 에워싸는 형태였다. 이 광장이 바로 공동체 사람들이 모이는 곳이었다. 모든 면이 매끄러운 고대 이집트의 피라미드와 달리 이 신전 피라미드는 거인을 위한 계단 같은 모양을 하고 있었다. 계단 각각의 벽과 바닥은 하얗고 매끄럽게 회칠을 했고, 신들과 신화 속 존재들의 모습을 다양한 색으로 그린 그림이 그곳을 장식했을 가능성도 있다. 신전 내부에는 꼭대기로 올라갈수록 점점 좁아지는 방과 계단이 가득했다. 축제와 의식이 벌어질 때, 피라미드 내부에서는 행사를 준비하는 사람들이 분주히 돌아다녔을 것이다. 신관들이 계단 모양 테라스로 나가, 저 아래 광장에 모인 사람들을 대신해서 신들과 소통할 준비를 피라미드 내부에서 했기 때문이다. 각각의 강 계곡에 이런 신전 피라미드가 여러 개씩 있었는지도 모른다. 공동체가 점점 커지다가 쪼개져서 각각 독자적인 집단을 이뤘을 가능성이 있기 때문이다.[91] 그 집단마다 자기만의 기념물이 필요했다.

만약 로스모르테로스가 지도자의 탄생 가능성을 암시한다면, 신전 피라미드는 신관, 전사, 그리고 아마도 통치자에 가까운 존재가 있었다는 증거와 부합한다. 어떤 증거는 간접적이다. 출입이 제한된 피라미드 상층부와 아래쪽에 분리된 광장이라는 구조는 신전 꼭대기에서 행사를 주관하는 개인 또는 집단과 한 자리에 모여 행사를 지켜보는 대중 사이의 차이를 보여주는 듯하다. 직접적인 증거도 있다. 리마 근처의 카랄Caral 유적에서 고고학자들은 신전 피라미드에 매장된 나이 많은 남자의 유해를 발견했다. 함께 묻힌 남녀노소 15명과 달리, 그의 시신은 바다사자의 이빨로 만든 목걸이, 고래뼈로 만든 귀걸이 등으로 장식되어 있었다. 고래는 태평양을 "차지한 동물 중 가장 크고 강한"[92] 동물이다. 이 이례적이고 상징적인 장신구는 그가 속한 공동체가 그를 특히 힘 있는 사람으로 보았음을 암시한다. 그가 묻힌 장소 또한 그의 예외적인 지위를 보여준다. 사회적 계층화 증거가 발견된 유적도 있다. 로스모르테로스에서 남쪽으로 96킬로미터 떨어진 카스마Casma 계곡의 세친알토Sechín Alto 유적에서 고고학자들은 권력을 쥔 두 집단[93]의 상징적인 그림을 발견했다. 종교적인 영역을 책임진 신관들은 이 유적의 신전 벽 그림에 부채꼴 모양이 연속으로 이어진 모양의 튜닉을 입은 모습으로 묘사되었고, 전사들은 세속적인 건물에 그려진 그림에서 무기를 든 모습으로 묘사되었다.

이런 신전 피라미드에서 사람들이 구체적으로 어떤 종교를 따랐는지 고고학자들이 알아낼 가능성은 거의 없다. 그러나 그 종교가 물과 농업 주기와 관련되어 있었다는 힌트가 있다. 지금까지 보존된 벽화와 띠 모양 장식 중 일부에는 파도, 물고기, 바다사자가 묘사되어 있다. 또한 저 멀리 산에서 흘러내린 강물을 끌어오는 관개수로와 가까운 곳에 세워진 피라미드가 많다. 이들은 인간의 독창성과 자연의 풍부함이 만나 농경문화를 일궈낸 곳이다.

그러나 '잘린 산'이라는 뜻의 우아카코르타다Huaca Cortada(식민지 시절 스페인 보물사냥꾼들이 이 유적에 굴을 판 데서 유래한 이름) 신전 피라미드를 여러 해 동안 발굴한 고고학자 제이슨 네스빗Jason Nesbitt은 이곳이 "무시무시하고 위험한 지역"[94]이기도 하다고 말한다. 로스모르테로스에서 북쪽으로 56킬로미터 떨어진 모체Moche 계곡의 이 피라미드는 안데스산맥 기슭의 작은 언덕들과 인접한 계곡에 세워진 신전 피라미드 7곳 중 하나다. 많은 신전 피라미드가 그렇듯이, 우아카코르타다도 수로와 강이 교차하는 곳에 세워졌으며, 앞에는 지금은 건조해진 과거의 물길이 여러 개 인근 산속으로 뻗어 있다. 엘니뇨가 발생하면, 강과 물길이 범람할 것이고, 물이 빠른 속도로 관개수로 안으로 밀려와 신전 피라미드를 직접 들이받을 것이다.

일부 고고학자는 범람하는 물과 곧장 충돌하게 되어 있는 이 신전 피라미드들의 위치를 보고, 반복적으로 발생하는 아포칼립스에 맞서는 것이, 그리고 어쩌면 그 현상을 통제하는 것이 신관들의 임무 중 일부였는지 모른다고 짐작한다. 이곳 사람들은 북쪽 해안 사막의 열악한 환경을 이용하는 법을 이미 터득한 바 있다. 그들은 여러 작물을 길들이고 관개수로라는 놀라운 신기술을 채택해서 식량을 마련했다. 그러니 자연의 다른 부분 또한 통제할 수 있다고 자신했는지도 모른다.

"전체적으로 봤을 때 북쪽 해안에서 [엘니뇨는] 정말 심각하다. 그러나 기회가 없지는 않다. 위기를 이용하는 정치적 기회도 그중 하나다."[95] 샌드와이스는 이렇게 말한다. 카리스마와 야망이 있는 사람이라면 엘니뇨를 부분적으로나마 억제하거나, 최소한 창조와 파괴의 균형을 이로운 쪽으로 돌려놓겠다고 약속하는 종교 시스템의 정상까지 올라갔을지 모른다. "그런 재난이 자주 오지만 않는다면, 그 시스템이 작동하는 것처럼 보일 수 있다."[96] 신전 피라미드가 지어지던 시기에 재난은 실제로 자주 발생하지 않았다. 한 세기에 고작 한두 번 정도였다. 약간의 사회적 불평등을 대가로 수십 년의 안전을 확보할 수 있다면 아주 현명한 일로 여겨졌을 것이다.

그러나 조만간 엘니뇨로 인해 범람한 물이 신전 피라미드를 덮칠 수밖에 없었다. 재난이 남긴 물리적 증거가 워낙 확연해서, 재난 이전과 이후가 확실히 달라졌을 것이다. 네스빗은 우아카코르타다를 발굴하던 중 피라미드의 가장 초창기 계단식 테라스 중 일부를 두껍게 덮은 진흙층을 발견했다.[97] 범람한 물에 실려온 퇴적물뿐만 아니라, 엘니뇨가 불러온 폭우도 흙으로 쌓은 피라미드 외벽을 녹여버린 듯했다. 그래서 거기서 흘러내린 잔해가 아래쪽 테라스에 쌓였다. 네스빗은 그 진흙층에 붙들린 잔가지를 방사성탄소연대측정법으로 조사한 결과, 우아카코르타다를 거의 파괴해버린 엘니뇨가 3600~3450년 전에 발생했음을 알아냈다. 이 신전 피라미드가 세워진 초창기에 해당하는 시기다.

네스빗은 피라미드 기단 근처에서 작은 주택의 잔해도 발견했다. 두꺼운 자갈층 아래에 묻힌 이 유적에는 범람한 강물에 쓸려간 듯한 흔적이 남아 있었다. 돌로 된 기초 위에 이 집을 다시 지은 사람이 없었다는 사실은, 이 집에 살던 사람들이 범람 이후 계곡의 다른 지역으로 도망쳤음을 암시한다. 아니면 그들이 살아남지 못했을 수도 있다.

그래도 우아카코르타다의 공동체는 계속 살아남았다. 그들은 피라미드를 덮어버린 진흙을 치우려 하지 않고, 건축자재로 이용했다. 수백 년 전 흙벽돌로 로스모르테로스를 지은 과거가 그대로 되풀이된 것이다. 그들은 아래쪽 계단식 테라스를 덮은 진흙을 평평하게 골라 기초를 다진 뒤, 그 위에 새로운 광장을 만들었다. 네스빗이 방사성탄소연대측정법을 적용한 잔가지는 이 공사를 진행하던 중에 사람이 모종의 표시로 이용하려고 진흙 속에 꽂아두었을 가능성이 높다. 공사가 끝난 뒤 우아카코르타다는 이전보다 훨씬 더 규모가 커졌다.

피라미드를 수리하고 확장하기 위해 한데 모인 사람들이 이번에도 솔닛의 '재난 유토피아'를 형성했을지 모른다. 범람한 물 때문에 이재민이 되어 다시 한자리에 모인 그들은 살아남은 사람과 실종된 사람의 소식을 알게 되어, 함께 슬퍼하거나 기뻐할 수 있었을 것이다. 이 재난을 막는 데 실패한 신관들이 벌을 내린 신들과 사람들의 용서를 구하며 참회의 의식을 치렀을 가능성도 있다. 망가진 피라미드 수리를 위해 힘을 모아 일하면서 사람들과 지도자들은 마을의 상징을 파괴하려 했던 진흙을 위대한 미래의 기초로 바꿔놓았다. 어쩌면 이번에 재난을 피한 신전 피라미드 사람들이 와서 손을 보탰는지도 모른다. 그들 중에는 우아카코르타다 공사가 끝난 뒤 그냥 눌러앉은 사람도 있었을 것이다. 이렇게 해서 공사가 끝날 무렵에는 다시 사람들의 공동체가 만들어져 있었을 것이다.

✝ ✝ ✝

우아카코르타다의 재탄생과 확장으로부터 약 600년 뒤, 엘니뇨가 다시 변화했다. 샌드와이스가 자연 속에서 찾아낸 기후 기록에 따르면, 한 세기에 한두 번 발생하던 엘니뇨가 약 2900년 전부터는 10년에 한두 번씩 발생하게 되었다. 지금과 같은 발생 패턴이다. 이렇게 발생 주기가 바뀌던 무렵 아주 짧은 기간 동안에는 엘니뇨의 발생 빈도가 훨씬 더 높았다. 기후학의 관점에서 학자들은 왜 이런 변화가 일어났는지 아직도 잘 모른다. 애당초 엘니뇨가 되살아난 이유를 모르는 것과 마찬가지다. 학자들이 아는 것이라고는, 드문드문 찾아오는 재난이던 엘니뇨가 단 한 세대가 끝나기도 전에 자주 발생하는 재난으로 바뀌었다는 사실뿐이다. 재난에서 회복할 수 있는 시간도 몇십 년에서 몇 년으로 급격히 줄었다. 어쩌면 고작 몇 달뿐인 경우도 있었던 것 같다.

신전 피라미드 사람들에게 이런 변화는 어떤 작용을 했을까? 변화를 온전히 이해하고, 과거의 패턴이 되돌아오는 일은 없을 것이라고 확신하는 데에는 아마도 몇 년, 아니 어쩌면 10~20년이 걸렸을 것이다. 범람과 피난에서 기인하는 두려움은 그들에게 몹시 친숙했겠지만, 이제 그들은 엘니뇨가 느닷없이 되살아났던 약 3000년 전의 조상들처럼 자연의 배신을 경험하고 있었다. 아마 신관들은 이런 변화에 대응하여 의식의 빈도나 기간을 늘리고, 변덕스러워서 믿을 수 없게 변한 환경에 맞서 자신의 카리스마와 형이상학적 자원을 총동원했을 것이다. 신전 피라미드를 수리하고 유지하는 작업은 이제 거의 상존하는 의무가 되었다. 공사를 해봤자 소용이 없다는 인식이 점점 커지면서, 공동체의 미래에 대한 희망이 갈려 나갔을 것이다.

네스빗은 우아카코르타다에서 신전 피라미드의 시대 중 마지막 단계인 이 절망적인 시기의 증거를 발견했다.[98] 엘니뇨가 또 진흙을 몰고 와서 피라미드의 테라스를 삼켜버렸다. 사람들은 또 그 진흙을 이용해서 새로운 기초를 다지고 피라미드를 확장했다. 그리고 또 같은 일이 반복되었다. 또 한 번 더. 아주 짧은 간격으로 세 번의 범람이 발생하고, 사람들은 파괴된 곳에 세 번 기초를 다졌다. 그러나 그들은 세 번째 공사를 마친 직후 우아카코르타다를 떠나 두 번 다시 뒤돌아보지 않았다.

북쪽 해안을 따라 모든 강 계곡의 모든 신전 피라미드에서 똑같은 일이 벌어졌다. 100년 안에 모든 피라미드가 완전히 버림받은 것이다. 전사와 신관의 모습으로 장식되어 있는 유적 세친 알토 사람들은 심지어 피라미드를 무너뜨리고[99] 그 안의 예술품을 파괴하기까지 했다. 피라미드를 중심으로 하나가 되어 유지되던 사회가 이제는 엘니뇨의 새로운 발생 패턴에 적응하지 못했다. 어쩌면 사람들은 종교에 실망했는지도 모른다. 자연뿐만 아니라, 모든 것을 잘 관리하고 있다고 약속하던 지도자들에게도 배신감을 느꼈는지 모른다. 지도자들은 세 번째, 다섯 번째, 열 번째 범람이 연달아 몰려오더라도 계속 피라미드를 재건해야 한다고 강력히 주장했을 것이다. 그러나 점점 힘을 발휘하지 못하는 신관들을 위해 그들의 권력 기반인 피라미드를 떠받치는 쓸모없는 노동을 강제로 해야 한다는 현실이 사람들의 신뢰를 더욱더 무너뜨렸을 수 있다. 북쪽 해안은 새로운 종류의 아포칼립스 시대를 겪고 있었다. 그리고 사람들은 이제 과거의 시스템이 자신을 보호해줄 것이라고 믿을 수 없었다. 새로운 지도자, 새로운 신전, 새로운 고향이 필요했다. 그들은 이 모든 것을 새로 만들 작정이었다.

신전 피라미드 시대의 사회는 지도자와 위계구조를 실험적으로 도입한 사례였다. 사회의 복잡성만 놓고 보면, 그 뒤로 수백 년, 수천 년 동안 북쪽 해안에 생겨난 국가나 제국과는 비교도 되지 않았다. 그러나 갑자기 불안정해진 자연환경 때문에 이 사회가 해체된 것은 역사를 통틀어 온 세상에 경고의 의미를 지닌다. 복잡한 사회구조가 아포칼립스를 막아주지는 않는다. 사람이나 사회를 보호해주지도 않는다. 복잡한 구조는 여러 면에서 아포칼립스가 미치는 가장 나쁜 영향을 스스로 끌어들여 확대해서, 불평등, 기후변화, 질병, 허둥거리는 정부가 한데 얽혀 사회를 찢어발기는 괴물로 변모할 조건을 만들어낸다.

APOCALYPSE

HOW CATASTROPHE
TRANSFORMED OUR WORLD
AND CAN FORGE NEW FUTURES

2부

Part 2:
Transformations

변화

4장 아포칼립스가 불평등을 폭력으로 바꾸는 법

- 하라파문명과 중세 흑사병

약 4000년 전, 한 청년이 소지품을 챙긴 뒤, 평생 알고 지내던 사람들에게 작별 인사를 하고 인더스Indus 계곡의 작은 농경 마을을 떠났다. 자신이 생각하기에 틀림없이 세계 최대의 도시인 하라파가 목적지였다. 당시 하라파의 인구는 수만 명이었는데, 매일 새로운 사람들이 도시로 들어왔다. 청년과 마찬가지로 대부분 마을에 가족을 두고 떠나온 사람들이었다. 기후가 점점 건조해져서 농사짓기가 힘들어졌기 때문에, 그들은 장인, 상인, 건축가 등 수많은 직업을 선택할 수 있는 도시에서 운을 시험해보고자 했다.

하라파의 거리는 분주한 가운데에도 질서가 있었다. 시 정부가 수백 년 전에 확립한 격자형 구조를 하고 있기 때문이었다. 빗물과 하수를 순식간에 거리에서 치워버리는 배수 시설부터 건물을 짓는 데 사용되는 진흙 벽돌의 크기에 이르기까지 모든 것이 정확하게 계획되고 조정되었다. 동네와 동네 사이에는 담장이 세워져 있었지만, 사람들은 시장, 광장, 목욕탕에서 함께 어울렸다. 또한 이 도시의 기반 시설이 매끄럽게 돌아갈 수 있게 모두 힘을 합쳤다. 메소포타미아처럼 먼 곳에서 교역을 하러 하라파로 온 사람들은 이 도시의 전문가들이 만든 공예품을 구하려고 했다. 조개껍데기로 조각한 장신구, 물소와 유니콘의 모습이 찍힌 진흙 인장 등이었다. 이렇게 교역을 하러 온 상인들 중 일부는 마을에서 이주한 사람들과 마찬가지로 그냥 하라파에 남아 이 도시의 중요한 시민이 되었다.

　마을을 떠나온 청년은 그 전에 한 번도 하라파에 온 적이 없지만, 도시에 도착한 뒤 어디로 가야 하는지 정확히 알고 있었다. 이곳에서 조개껍데기로 팔찌를 만드는 삼촌이 있기 때문이었다. 팔찌는 도시는 물론이고 인근 마을에서도 인기가 높은 장신구였다. 하라파가 딱히 해안에 가까운 편은 아니었지만, 교역망이 잘 돌아가고 있어서 이 도시의 공방들은 항상 조개껍데기를 충분히 구할 수 있었다. 청년의 삼촌은 지금의 청년처럼 자신의 운을 시험하기 위해 이 도시에 와서 팔찌 제작기술을 배웠다. 그는 조개껍데기와 사람을 대하는 솜씨가 모두 뛰어났기 때문에, 이웃들과 동료 장인들의 신뢰를 얻었다. 분쟁이 생겼을 때 사람들은 그에게 자주 도움을 청했고, 도시 전체 회의가 열릴 때 그 동네의 이익을 대변하는 사람으로 그를 내보낸 적도 여러 번 있었다. 그가 항상 동네 사람들이 원하는 결과를 얻어낸 것은 아니지만, 사람들은 하라파에서 살아가려면 타협과 협동이 중요하다는 점을 모두 알고 있었다.

청년이 나중에 노인이 되면, 하라파에 처음 도착했을 때를 되돌아보며 그때 이미 아포칼립스의 징후가 사방에 있었음을 깨닫게 될 것이다. 다만 그때는 그 징후를 알아보는 방법을 몰랐을 뿐이다. 도시는 이미 목구멍 끝까지 사람으로 가득 찬 상태인데, 시골에서 가뭄을 피해 사람들이 계속 도시로 오고 있었기 때문에 날이 갈수록 더욱더 혼잡해졌다. 청년이 떠나온 곳과 비슷한 마을의 농부들은 아무리 흉년이 들어도 재배할 수 있는 다양한 작물을 이미 확보하고 있었다. 그러나 여름의 몬순과 겨울 비를 모두 예측할 수 없게 되어버렸기 때문에, 작물의 수확량도 예측할 수 없게 되었다. 하라파의 시장으로 보내던 잉여 농산물의 양이 훌쩍 줄어서, 어떤 때는 보낼 것이 전혀 남지 않기도 했다. 한때 새로운 건축물부터 쓰레기 처리에 이르기까지 모든 것을 정확하게 관리하던 하라파 도시 정부는 점점 많아지는 일거리를 감당하지 못하고 허덕거렸다. 집을 구하지 못한 사람들이 원래는 공공장소이던 곳을 거처로 삼았고, 거리에는 쓰레기가 쌓였다. 청년의 삼촌은 몇십 년 전만 해도 이런 무질서는 결코 용납되지 않았을 것이라고 말했다.

한편 도시의 성벽 외곽에서는 훨씬 더 불운한 사람들이 힘겹게 근근이 삶을 이어가며, 폭력과 질병에 노출되어 있었다. 만약 시내의 시민들이 그런 상황에 노출되었다면 분노하며 수치심을 느낄 만한 수준이었다. 하라파에는 왕이나 지배계급은 딱히 없었지만, 소외된 사람들은 있었다. 청년은 모든 일을 겪고 난 뒤 생각했다. 그들의 고통이 시민들에게는 아무런 의미가 없을 거라고 믿다니 정말 어리석었어. 성벽 밖의 사람들이 어쩔 수 없이 감내해야 했던 고통, 질병, 불결함이 결국 하라파 전체의 운명이 되지는 않을 거라고 믿다니.

그러나 처음에 청년은 시내에 살 곳을 구할 수 있어서 그저 다행이라고 생각했을 뿐이다. 이 도시가 예전만큼 훌륭한 곳은 아닐지라도, 마을에 있을 때에는 상상도 하지 못했던 생활을 이곳에서는 할 수 있었다. 삼촌의 보살핌을 받으며 청년은 조개껍데기를 조각하고 광을 내서 팔찌로 만드는 기술을 익혔다. 또한 삼촌이 뛰어난 능력을 보이는 대인 관계와 정치적 기술도 배우려고 노력했다. 그러나 도시의 인구가 더욱 많아지고 자원이 줄어들면서, 700년 동안 하라파를 건설하고 유지해주었던 협상과 타협이 거의 불가능해졌다. 절망적인 처지의 사람들은 점점 더 서로를 믿지 못했다. 그들의 공통적인 시민의식이 한때는 모든 것을 능가했으나, 해가 갈수록 상황이 악화하면서 사람들은 자기 동네나 공동체만 챙기게 되었다. 협조해도 된다고 믿을 수 있는 사람은 같은 마을이나 지역 출신들뿐이었다. 청년의 삼촌은 이렇게 변해가는 환경에 분통을 터뜨리며, 자신의 카리스마와 유대 관계가 순식간에 퇴화하는 것을 목격했다.

자원 부족은 도시의 정치뿐만 아니라, 하라파의 기초를 이루던 교역망과 경제활동도 무너뜨렸다. 농부들이 밖에 내다팔 수 있는 잉여 농산물이 전혀 남지 않았기 때문에 식량 부족이 심해졌다. 공동체가 안으로만 주의를 돌려, 교역으로 더 많은 이윤을 거둬들이기보다는 이미 갖고 있는 것을 보존하는 데에만 전념한 탓에 무역도 줄어들었다. 청년과 삼촌은 조개껍데기를 구하기가 점점 더 어려워졌다. 게다가 물건을 만들어도 예전처럼 잘 팔리지 않았다. 먹을 것도 없는데 누가 팔찌를 사겠는가?

청년은 삼촌이 세상을 떠날 때까지 하라파에 살았으나, 그 뒤에는 더 이상 견딜 수 없어졌다. 한때 수많은 기회가 있는 것처럼 보였던 도시가 이제는 껍데기만 남았다. 한때 협동적이던 정부는 이제 이름만 남아 완전히 무너지기 직전이었다. 정부가 주의를 기울이며 도시를 관리하지 않으니, 하라파의 기반 시설이 붕괴하고 사람들은 과거 공들여 건축했던 건물에서 벽돌 등 자재를 떼어가 초라한 오두막을 지었다. 마지막 몇 년 동안 도시로 흘러들었던 난민들이 다시 빠져나가고 있었다. 그들의 고향 마을이 점점 줄어드는 몬순 강우량 때문에 예전에는 망할 것처럼 보였지만, 지금은 유일한 희망 같았다. 적어도 그곳에서는 수확량이 아무리 적다고 해도 스스로 작물을 길러서 먹을 수 있었다. 적어도 가족과 함께 지낼 수 있었다. 그래서 이제는 청년이라고 할 수 없을 만큼 나이를 먹은 남자는 친숙하던 삶에 다시 작별을 고했다. 그의 부모는 오래전에 세상을 떠났다. 부모님의 장례식을 위해 고향에 다녀온 적이 있었다. 그 뒤 누이 부부가 부모님의 밭을 이어받았고, 나중에는 그들의 자식이 그 땅을 경작할 것이다. 남자도 한때는 농부였다. 그러니 다시 농사를 배울 수 있을 터였다.

마을로 돌아온 뒤 몇 해 동안 남자는 가끔 자기도 모르게 과거의 하라파를 생각했다. 그 자신을 제외하면 그가 아는 사람 중에 도시의 진흙 인장에 새겨진 글을 읽을 수 있는 사람은 전혀 없었다. 그가 죽으면 그 지식도 함께 사라질 것이다. 마을에서는 교역 기록을 글로 적어둘 필요가 없었다. 서로가 공유하는 신화도 마찬가지였다. 마을 사람들이 모두 서로를 알고, 서로의 기억만으로도 마을의 지식을 충분히 저장할 수 있기 때문이었다. 과거에 남자는 짜릿한 도시 생활을 동경했으나, 지금의 젊은 세대는 낯선 사람이 너무 많고, 확실한 것이 없고, 위험이 너무 큰 도시를 생각만 해도 움츠러들었다. 남자가 듣기로 하라파에 아직 소수의 사람이 남아 있다고 했다. 그러나 남은 자들의 삶은 힘들고 폭력적이었다. 그들이 그곳에 남은 것은 순전히 달리 갈 곳이 없기 때문이었다.

남자가 나이를 아주 많이 먹었을 때, 교역하는 상인이 조개껍데기를 가지고 마을로 왔다. 옛날 하라파에서 작업할 때 쓰던 조개껍데기만큼 아름답지 않았다. 게다가 상인이 가져온 조개껍데기가 몇 개밖에 되지 않았다. 남자는 곡식을 조금 주고 조개껍데기 하나를 사서 조각을 새기고 광을 냈다. 그 팔찌를 종손녀에게 주었더니, 아이가 기뻐했다. 그러나 그가 그 기술을 배운 도시에 관해 이야기해주자 혼란을 느끼는 것 같았다. 아포칼립스에 먹히기 전의 하라파는 꿈속에만 존재하는 듯했다.

† † †

페루 북쪽 해안의 공동체들이 아포칼립스 앞에서 하나로 뭉쳐 로스모르테로스를 세운 때로부터 약 500년 뒤, 세상 반대편의 사람들은 완전히 새로운 생활 방식을 시험 중이었다. 파키스탄과 인도의 인더스 계곡, 이집트, 메소포타미아 같은 곳에서 사람들(과 커다란 포부를 품은 지도자들)은 그때까지 누구도 시도해보지 못한 수준의 복잡한 사회구조를 만들어냈다. 그들은 인구 수만 명 규모의 도시에 살면서, 공통의 문화적·정치적 정체성을 내세워 광대한 영역을 통합했다. 또한 농부부터 장인과 관료에 이르기까지 다양한 전문직이 필요한 경제체제를 만들고, 멀리까지 뻗은 교역망을 구축하고, 강력한 정부를 세워 그 규칙을 따랐다. 그들이 만든 사회는 세계 최초의 국가였다. 메소포타미아의 경우에는 세계 최초의 제국이기도 했다.

이런 초기 국가 중 1곳이 지금은 인더스문명으로 알려져 있다. 현재의 파키스탄과 인도 북서부에서 거의 100만 제곱킬로미터의 면적을 차지하고 있던 곳이다. 이 나라의 핵심에는 다섯 개의 도시가 있었는데, 파키스탄 펀자브 지방의 하라파도 그중 하나다. 같은 시기 고대 이집트와 마찬가지로, 인더스의 도시들에는 기념비적인 건축물, 북적거리는 동네, 예술품, 시장, 공방 등이 가득했다. 그러나 인더스의 도시 유적에서 궁전, 왕릉, 정치 지도자의 초상 등 군주가 존재했다는 물리적인 증거가 전혀 발견되지 않은 것은 이집트와 다른 점이다.[1]

하라파를 포함한 인더스의 도시에서 군주 대신 중심축 역할을 한 것은 목욕탕이나 광장처럼 널찍한 공용 공간이었다. 거리는 오늘날의 대도시와 똑같이 격자 모양으로 뻗어 있었기 때문에, 주민들은 물론 방문자들도 쉽게 길을 찾을 수 있었다. 하수도와 배수 시설은 도시를 깨끗하고 건조하게 유지해주고, 매년 여름 몬순 동안 발생하는 홍수를 방지했다. 몬순은 이 지역에서 가장 중요한 물 공급원이었다. 인더스를 연구하던 고고학자 존 마셜John Marshall은 1931년에 쓴 글에서 다음과 같이 말했다. 이집트와 메소포타미아에서는 "신들을 위한 웅장한 신전과 궁전과 왕의 무덤을 건설하는 데 많은 돈과 머리가 아낌없이 투입되었지만, 일반 백성들은 진흙으로 지은 하찮은 집으로 만족해야 했던 것 같다. 인더스 계곡에서는 상황이 반전되어, 시민들의 편의를 위해 지은 건물이 최고의 건축물이다."[2]

일부 고고학자들은 도시계획과 표준화가 그토록 성공적으로 이루어졌다는 사실은, 비록 지배자를 묘사한 예술품이나 기념물이 없다 해도 권위주의적인 지배계층이 있어야만 실행과 유지가 가능한 수준의 통제, 중앙집권화, 질서가 존재했음을 암시한다고 가정한다. 그러나 대다수의 고고학자는 20세기 초에 인더스의 도시들이 처음 발굴되었을 때부터 그들의 독특한 격자형 도시구조와 왕국이나 왕릉의 부재를 이곳의 통치자가 왕이 아니었다는 징후로 해석했다. 하라파를 비롯한 인더스 도시들이 정확히 어떻게 스스로를 다스렸는지 재구성하기는 불가능하다. 고고학자들이 아직 당시의 문자를 해독하지 못했기 때문에 더욱 그렇다. 학자들은 심지어 그들이 사용하던 언어도 밝혀내지 못했다.[3] 그러나 정치·경제 권력이 어느 한 가문, 지역, 사회 집단에 집중되기보다는 어떤 방식으로든 공유되었을 가능성이 높아 보인다. 어쩌면 하라파의 많은 광장이 인근 구역의 위원회나 장인 길드의 본거지였는지도 모른다. 이런 집단들은 규모가 더 크고 협동적인 시 정부의 일부가 되고,[4] 시 정부는 모두를 위해 갈등을 중재하고, 서비스를 제공하고, 도시의 기반 시설을 유지했을 것이다.

하라파는 사람이 살 만하고 따뜻한 도시를 만들기 위해 투자하고, 사회적 평등을 유지한 덕분에 경제 중심지로서 엄청난 성공을 거뒀다. 이 도시에서 상인은 자신의 물건을 팔고 다른 상인의 물건을 구매할 수 있었다. 교역하는 사람은 인도부터 메소포타미아까지 뻗은 경제망을 이용할 수 있었다. 장인은 기술을 배우고 다듬어 경제활동을 할 수 있었다. 곡식을 비롯한 여러 농산물이 농촌에서 흘러 들어오고, 그 대가로 예술, 문화, 풍요가 흘러 나갔다. 거리, 배수 시설, 공용 공간 덕분에, 인근 마을에서 기회를 찾아 이주해 온 사람부터 세상 반대편에서 교역을 하러 온 외국인에 이르기까지 누구라도 이 도시의 구조를 재빨리 깨우쳐 안락한 도시 생활을 즐길 수 있었다. 하라파에서 아주 다양한 사람이 섞여 어울렸는데도, 고고학자들은 주택의 규모든 귀중품의 불평등한 분배든 어떤 형태로도 광대한 빈부격차를 발견하지 못했다.[5] 하라파를 비롯한 인더스 도시들이 정치적 긴장이나 사람 간의 갈등이 없는 축복받은 곳이었다고 가정하는 것은 순진한 짓이겠지만(인간이 세운 도시라면 지금도 미래에도 그런 축복을 누릴 수 없다), 그들이 전쟁을 벌였다는 증거가 전혀 없다.

그러다가 약 4200년 전에 아포칼립스가 닥쳤다. 이스라엘과 인도는 물론 심지어 남아메리카의 석순과 종유석, 그리고 전 세계의 바다와 호수에서 채취한 코어 시료는 이 무렵 지구상의 많은 곳이 예전에 비해 훨씬 건조해졌음을 보여준다. 이때 일어난 현상을 4200년 사건이라고 부른다.[6] 가뭄에 특히 심한 타격을 입은 곳은 유라시아였다. 인더스 계곡에서는 여름 몬순이 점점 약해지고,[7] 예측하기가 힘들어졌다. 그렇지 않아도 빈약하던 겨울비는 아예 내리지 않았다. 강물은 찔끔찔끔 흐르는 수준으로 줄어들고, 호수는 통째로 말라붙었다.

인더스 지역의 기후, 특히 강수량은 과거에도 완전히 예측할 수 있는 수준은 아니었다. 따라서 농부들은 각각 다른 환경에서 잘 자라는 다양한 작물을 기르는 데 익숙했다. 그러나 이때부터 닥쳐온 가뭄은 그들이 이제껏 경험한 것과 달라서 대비할 방법을 알지 못했다. 고고학자 캐머런 페트리Cameron Petrie는 인더스 계곡의 기후가 자주 변화하지만 그래도 친숙한 범위를 벗어나지 않아서 "예측할 수 있을 만큼 예측할 수 없는"[8] 수준에서 매년 날씨가 어떻게 변할지 누구도 짐작할 수 없는 "예측할 수도 없을 만큼 예측할 수 없는" 수준으로 변했다고 썼다.

가뭄이 시작되었을 때, 농부들은 물 부족 현상의 최전선에 있었다. 그래서 하라파로 가서 사는 것이 더 매력적으로 보인 듯하다. 사람들이 도시로 쏟아져 들어오자,[9] 도시의 규모가 그 어느 때보다 커졌다. 새로 이주한 사람들은 기껏해야 몇 년 뒤면 가뭄이 끝날 것이라고 예상하고 그때까지 버틸 수 있는 안전한 곳을 찾고 있었는지도 모른다. 농촌과 달리 도시에서는 그해의 수확량이 그들의 삶을 직접적으로 좌우하지 않았다. 아마 그들은 고향의 환경이 다시 살 만하게 바뀌는 즉시 돌아갈 계획이었을 것이다. 하라파는 언제나 경제적 기회를 원하는 사람들이 모이는 곳이었다. 그런데 이제는 사람들이 생존을 위해 희망을 걸 수 있는 최고의 장소가 된 것 같았다.

아포칼립스 시기에 사람들은 이렇게 하라파에 의지했지만, 다른 도시와 마찬가지로 하라파도 다른 사람들에게 항상 의존했다는 점이 문제였다. 도시 사람들이 먹을 식량을 길러서 가공해 판매하던 농촌 마을에서 지금은 작물이 시들어가고 있었다. 공예품 제작에 필요한 재료는 때로 수백 킬로미터나 떨어진 곳에서 가져와야 하고, 그 재료로 만든 물건의 가치는 그것을 멀리까지 가져가서 팔아주는 교역망에 좌우되었다. 하라파는 자신이 포함된 네트워크에서 힘을 얻는 중심점이었다. 처음부터 자급자족할 수 있게 설계된 곳이 아니었다. 따라서 하라파의 운명은 인더스문명 전체의 운명과 떼려야 뗄 수 없을 만큼 밀접하게 얽혀 있었다.

환경 위기 와중에 도시 인구가 폭발적으로 늘어나자, 공익을 중시하는 가치관이 휘청거린 듯하다. 어쩌면 가뭄 자체가 공중목욕탕부터 배수 시설과 하수도에 이르기까지 물관리에 많은 투자를 한 도시 문화에 영적으로 또는 상징적으로 파괴적인 영향을 미쳤는지도 모른다. 몬순이 약해지면서, 유례없는 환경 위기에 대처할 수 있을 것이라는 도시의 자신감이 위태로워졌다. 700년 만에 처음으로 하라파의 사회구조가 너덜너덜해져서, 고고학자들이 도시의 쇠퇴와 더불어 불평등이 증가한 증거를 발견할 수 있게 되었다.

한때 티끌 하나 없이 깨끗하던 공용 공간에 쓰레기가 쌓이고,[10] 거리에는 금방 쓰러질 듯한 주택들이 등장했다. 이렇게까지 눈에 드러나는 빈곤과 무질서는 하라피에서 낯선 현상이었다. 시민들은 도시 중심부에 이런 현상이 번지는 것을 보고 아마 충격을 받았을 것이다. 어쩌면 일부 시민들은 이제 예전만큼 풍족하지 않은 도시로 굳이 몰려온 이주민들에게 화를 냈을지도 모르겠다. 아니면, 정부가 점점 손을 놓고 있는 책임을 이어받아 조금이나마 갖고 있는 것을 남들과 나누려고 시도한 사람들도 아마 있었을 것이다. 하라파의 정부에 대한 자세한 지식이 없는 우리로서는 공공서비스와 공용 공간의 퇴화 원인이 정치적 위기인지, 아니면 그런 위기의 여파인지 알 수 없다. 나중에는 하라파의 시장에 식량이 전혀 들어오지 않게 되었으리라는 것은 짐작할 수 있다. 응급 상황을 대비해서 저장해둔 식량과 시골의 잉여생산물이 점점 줄어들다가 아예 다 떨어져버렸기 때문이다. 사람들의 당황과 절망도 짐작할 수 있다. 아포칼립스는 사람들이 안전하다고 생각했던 도시의 완전성을 점점 무너뜨리고 있었다.

✝ ✝ ✝

그웬 로빈스 슈그Gwen Robbins Schug는 몸에 문신이 아주 많다. 그중에서도 그녀가 가장 좋아하는 것은 사망한 뒤 19세기 당시의 과학적인 표본 보존 방식으로 근육과 혈관이 보존된 어떤 사람의 머리와 몸통을 묘사한 문신이다. 남들 눈에는 이상하게 보일지 몰라도, 로빈스 슈그는 이런 것을 보면 신이 난다. 그녀가 애정을 담아 몸에 새긴 이 이미지는 생물고고학자로 일하면서 조사한 사람들 중 일부의 모습인데, 생물고고학이 얼마나 내밀해질 수 있는지를 보여주는 생생한 증거이기도 하다. 그녀가 조사한 사람들의 상징이 그녀의 몸에 새겨져 있는 것이니까.

생물고고학은 과거 사람들의 뼈와 기타 잔해를 연구해서, 그들의 특징과 경험을 놀라울 정도로 상세히 재구성할 수 있다. 그들의 키, 그들이 경험한 질병, 일상적으로 먹었던 음식 등도 여기에 포함된다. 생물고고학은 사람의 과거로 손을 뻗어, 치유된 상처 이면의 이야기를 알아내고, 이주 패턴을 추적하고, 그 사람이 어렸을 때 영양분을 충분히 섭취했는지 파악한다. 건축물과 유물에 집중하는 고고학자가 어느 사회의 궤적 중 수십 년이나 수백 년을 한 눈에 볼 수 있다면, 생물고고학자는 반드시 개인의 삶에 집중한다.

　로빈스 슈그는 과거의 기후변화가 당시 사람들의 건강과 복지에 어떤 영향을 미쳤는지 생물고고학으로 연구하고자 했다. 대학원생 시절부터 남아시아에서 작업하던 그녀는 2011년에 인도 콜카타에 6개월 동안 머무르며 하라파에서 살다가 죽어간 사람들을 연구했다. 이 도시에서 발굴된 인간의 유해 중 많은 것이 인도 인류학연구소의 실험실에 보관되어 있다. 그들이 원래 묻혀 있던 공동묘지들은 하라파가 무너지기 이전부터 무너진 이후까지 존재했다. 로빈스 슈그는 아포칼립스가 하라파 시민들에게 어떤 영향을 미쳤는지 알아보려고 그 유해를 조사한 최초의 생물고고학자였다.

　한 공동묘지에는 하라파가 전성기를 누리던 기원전 2450년부터 기원전 2200년(약 4500~4200년 전) 사이에 살았던 사람들이 묻혀 있었다. 로빈스 슈그는 그들 중 66명을 조사할 수 있었다. 그들의 무덤과 유해는 하라파의 높은 생활수준[11]과 평등에 진심이었던 태도를 보여주었다. 그들의 무덤에 함께 묻힌 부장품 중 도자기 그릇에는 식량, 거울, 금구슬, 조개껍데기 장신구가 가득

담겨 있었지만, 이런 부장품이 남들보다 유난히 많거나 적은 사람은 없었다. 살아 있는 동안 높은 지위에 있었을 것이라고 짐작할 수 있게 해주는 희귀품이나 이국적인 물건과 함께 묻힌 사람도 없었다. 치아에서 충치가 발견된 것은 농경사회에서 흔한 일이고, 관절에는 힘든 일로 인해 닳은 흔적이 있었다. 그러나 뼈와 치아의 성장 패턴에서는 그들이 평생 음식을 풍족하게 먹었음이 드러났다. 두개골에서 폭력적인 가격의 증거가 발견된 경우는 전체의 4퍼센트에 불과했다. 이 정도면 하라파가 딱히 평화롭고 협동적인 낙원은 아니었다고 생각할 수 있지만, 그렇다고 그곳에서 조직적인 폭력이 널리 자행되었다고 볼 수도 없었다. 다소 뜻밖인 사실은, 도시의 공동묘지에 묻힌 사람들 중 2명이 상당히 진행된 나병을 앓고 있었다는 점이다.[12] 이 병은 뼈에 영향을 미쳐서 코뼈가 서서히 사라지기 때문에 두개골의 코가 있어야 할 자리에 유난히 큰 구멍이 생긴다. 나병 환자가 신체 변형 징후가 전혀 없는 사람들과 함께 공동묘지에 묻혔다는 사실은 고대 세계의 여러 다른 곳과 달리 하라파에서는 나병에 낙인이 찍히지 않았음을 시사한다.

평화롭고 평등해 보이는 이 세계는 아포칼립스가 슬금슬금 다가오면서 변화를 겪는다. 로빈스 슈그는 콜카타에 머물기 시작한 초기에 한 상자에서 다섯 살쯤 된 아이의 두개골을 꺼냈다. 4200년 전의 가뭄이 시작되고 최소한 200년이 지난 기원전 2000년에서 1900년 사이에 살았던 아이였다. 다른 주요 인더스

도시에서는 이미 사람들이 떠나버렸지만, 하라파는 아직 간신히 버티고 있었다. 이 아이의 가족은 필사적인 사람들이 하라파로 몰려와 인구과잉이 된 시기의 맨 끝부분 또는 사람들이 겁에 질려 도시를 버리고 막 떠나기 시작한 시기를 목격했는지도 모른다. 이 도시는 기원전 1900년 무렵에 거의 완전히 버림받았다. 아이의 가족은 이 두 시기를 모두 겪으면서 최악의 상황을 경험했을 가능성이 있다.

아이는 하라파 성벽 바로 바깥에 있는 납골당에 유해가 묻힌 23명 중 하나였다. 그곳에는 도자기 조각과 동물 뼈도 조금 함께 묻혀 있었다. 사람들의 시신은 다른 곳에서 부패한 뒤, 두개골만 수습되어 이 이례적인 집단 매장지로 옮겨진 듯하다. 그들 중 1명은 몸 전체 골격이 완전하게 매장되어 있었다. 도시의 가장 큰 배수구 근처라는 위치도 그렇고, 시신을 안치한 방식 또한 과거 시내 공동묘지에서 시신을 대하던 방식과 완전히 달랐다. 공동묘지의 무덤들은 호화롭다고 할 수 없었지만, 사람들이 망자를 존중하는 마음으로 정성을 들였음이 분명히 드러나 있었다. 반면 납골당의 뼈들은 어지럽게 섞여 있었을 뿐만 아니라 전체 골격이 완전히 갖춰져 있지도 않았다.

로빈스 슈그는 아이의 두개골을 처음 조사할 때, 두 군데에서 골절상을 발견하고 충격을 받았다. 이마에서 정수리 너머까지 똑바로 금이 간 곳이 있고, 뒤통수 왼편에도 금이 있었다. 두 상처 모두 나은 흔적이 없는 것으로 보아, 이 타격이 아이를 죽음에 이르게 했을 가능성이 높았다. 이렇게 어린아이가 폭력적인 죽음을 맞았다고 생각하니, 로빈스 슈그는 마음이 좋지 않았다. 어떻게 이런 일이 일어난 걸까? 이 아이가 태어난 세상은 어떤 곳이었는가? "이것은 뭔가 중요한 일이 시작되었음을 의미한다."[13] 로빈스 슈그는 이렇게 생각했다.

　납골당의 뼈들을 조사하면서 그녀는 이곳에 묻힌 사람들 중 폭력의 희생자가 더 있다는 사실을 발견했다. 두개골 중 절반에 폭력의 흔적이 있었다.[14] 아포칼립스 이전 시내 공동묘지에 묻힌 시신 중에서는 이런 상처가 있는 비율이 고작 4퍼센트였다. 여자와 아이가 가장 위험했다. 납골당에 묻힌 사람들은 또한 이전 세대의 하라파 주민들에 비해 병이 훨씬 더 깊었다.[15] 그들 중 거의 4분의 1이 상당히 진행된 나병 환자였고, 35퍼센트도 골격을 손상시키는 다른 만성 감염증을 앓고 있었다. 심지어 아이들은 음식을 충분히 섭취하지 못해서,[16] 괴혈병 때문에 뼈에 구멍이 난 사례가 전체의 3분의 1이었다.

　나병 환자들이 과거에도 공동묘지에 건강한 사람들과 함께 묻힌 사실을 알기 때문에, 로빈스 슈그는 납골당의 나병 환자들이 격리를 위해 또는 이 병에 찍힌 낙인 때문에 이곳에 묻혔다고는 생각하지 않았다. 그들은 나병이 아닌 다른 이유로 애당초 하라파 사회의 변두리에 존재하던 집단 소속이었을 가능성이 높다. 그들이 사회에서 배제된 이유를 아마 영원히 알 수 없겠지만, 그렇게 배제된 탓에 그들은 폭력, 빈곤, 질병에 더 많이 노출되었다. 어쩌면 그들은 단순히 성벽 밖에 묻힌 것이 아니라 처음부터 납골당 근처의 황폐한 건물에서 살았을지도 모른다.

아포칼립스 이전에도 하라파에 비슷한 형태의 사회적 구분과 위계구조가 존재했을 가능성이 있다. 아니, 그럴 가능성이 높다. 과거 시내의 공동묘지에는 모든 사람이 비슷한 부장품과 함께 묻혔고 건강 상태도 좋아 보였지만, 하라파 시민이 모두 그곳에 묻힐 수 있을 만큼 규모가 크지는 않았다. 그래서 일부 고고학자는 그 공동묘지에 묻힌 사람들이 사실 도시 엘리트 집단이었을지도 모른다는 의견을 내놓았다.[17] 지위가 낮은 사람들은 다른 곳에 묻히거나, 어쩌면 화장되었을지도 모른다. 만약 언젠가 그들의 유해가 발견된다면, 그 뼈에도 폭력과 빈곤의 흔적이 남아 있을 가능성이 있다. 그러면 고고학자들은 하라파가 평화롭고 포용적인 곳이었다는 지배적인 견해를 다시 생각해봐야 할 것이다. 사실 권력을 공유하는 정부가 민주적인 정부일 수도 있지만, 과두제 정부일 수도 있다. 어느 특정 길드, 일족, 구역이 전체를 지배하지는 않았을지라도, 각각의 집단이 계층화되었을 가능성은 존재한다. 다만 4000년이 흐른 지금 우리 눈에 보이지 않을 뿐이다.

따라서 4200년 전 무렵 아포칼립스가 시작되었을 때 그 압력과 스트레스로 인해 기존의 불평등이 증폭되어서 전면으로 대두되었을 가능성이 있다. 예전 같으면 하라파가 그런 사태를 예방할 수 있었을 것이다. 또한 하라파의 다양한 집단, 즉 새로운 이주민과 하라파에 오래 거주한 주민, 상인과 노동자, 각각 다른 지역에서 온 이주민 등 여러 집단 사이에 항상 긴장이 존재했는데 아포칼립스가 그 긴장을 더욱 고조시켜 나쁜 결과를 낳았을지도 모른다.

아니면 정말로 불평등에 저항하며 불평등으로 인한 비극을 저지한 도시에 아포칼립스가 완전히 새로운 위계구조를 만들어놓았을 가능성도 있다. 기후가 변하면서 식량과 자원이 부족해지자 시민사회의 가치관이 무너지기 시작했을 것이고, 사회적 구분이 새로 생겨나자 전대미문의 폭력이 발생했을 것이다. 하라파의 여러 집단 사이에 존재하던 선을 정확히 파악할 수 없다. 하라파 사람들이 새로 생겨나거나 과거보다 강화된 위계구조를 어떻게 정당화했는지도 알 수 없다. 그러나 불평등의 증가가 낳은 치명적인 결과가 납골당에 묻힌 사람들의 뼈에 새겨져 있다. 한때 따뜻하던 도시가 아포칼립스로 인해 위태로운 지경으로 몰리면서 폭력이 발생했음을 보여주는 명백한 기록이다.

† † †

예나 지금이나 기후변화는 느리게 진행되는 아포칼립스다. 기후변화가 진행되는 동안에도 상당히 오랫동안 평범한 삶이 이어지는 것처럼 보일 수 있다. 기껏해야 예전보다 아주 조금 힘들어지는 정도일 것이다. 어느 특정 지역이 가뭄이나 식량 부족이나 분쟁으로 심한 타격을 받을 것이다. 그 이듬해에는 다른 지역이 그런 일을 겪는다. 항상 가난에 시달리던 사람들은 더 많이 가난해졌음을 깨닫겠지만, 다른 사람들은 그 현상을 경고로 받아들이기보다는 그냥 불가피한 일로 합리화할 것이다. 격심한 재난이 닥쳐서 무서운 결과를 낳는다. 그러나 조금 시간이 흐르면 사람들의 생각이 바뀌면서 그런 재난이 새로운 정상正常이 된다. 상황을 깨닫는 데에는 아주 오랜 시간이 걸릴 수 있다. 기후변화의 영향이 부정할 수 없는 수준에 이르는 데에도 아주 오랜 시간이 걸릴 수 있다. 하라파에서는 4200년 전 가뭄이 시작된 뒤 사람들이 현실을 깨달을 때까지 약 300년이 걸렸다. 그때 그 도시는 더 이상 스스로를 지탱할 수 없는 상태였다. 농부들에게는 도시에 공급할 수 있는 잉여 식량이 없었다. 도시에는 빗물관리를 위한 기반 시설이 마련되어 있었으나, 이제는 비가 내리지 않았다. 모두 떠나야 했다. 당장.

　인더스 도시들이 처음 생겨난 지 700년 뒤인 기원전 1900년 무렵에는 대부분의 사람이 이미 하라파를 떠난 뒤였다. 하라파는 이제 폐허로 변하기 시작했다. 그 도시의 규모와 위치 변화를 보면, 대부분의 시민이 하라파를 떠나 시골로 이주한 듯하다.[18] 어쩌면 그들이 이주한 시골은 태어난 고향이거나 조상들이 살던 곳이었는지도 모른다. 한동안 하라파의 경제권과 문화권에 기꺼이 포함되었으나, 사실은 도시가 생기기 훨씬 전부터 존재했으며 앞으로도 오랫동안 존재할 곳. 이런 마을에서 사람들은 스스로 먹을 것을 재배하고, 기후 재난에 대처하는 최선의 방법을 스스로 결정할 수 있었다. 누군가의 잉여생산물, 수만 명의 낯선 사람들이 협력해야만 유지되는 기반 시설에 의존할 필요가 없었다. 시골 마을에는 낯선 사람이 없었다.

하지만 하라파 사람 중 일부는 갈 곳이 없었던 것 같다. 어쩌면 그들은 납골당에 묻힌, 사회에서 배제된 집단의 후손이었는지도 모른다. 아니면 다른 집단 소속이지만, 그들과 비슷한 비천한 지위에서 비슷한 폭력을 경험했을 수도 있다. 아니면 시민들이 도망쳐서 텅 빈 도시에 그들이 쓰레기라도 뒤져볼 심산으로 이주해왔을 수도 있다. 하라파 중심부의 화려하던 공간, 광장과 화려한 목욕탕을 이제는 그들이 마음대로 차지할 수 있었지만, 상태가 너무 지저분했다. 이 도시에 살고 싶어 하는 사람이 너무 적어서 상태를 개선할 수도 없었다. 하라파의 폐허는 점점 위험한 곳이 되었다. 도시가 버림받은 직후 200년 동안 시내에 묻힌 23명의 유해 중 거의 40퍼센트에서 로빈스 슈그는 머리 부상을 발견했다.[19] 납골당 유골과 거의 비슷한 비율이었다. 또한 납골당 유골과 마찬가지로, 이곳에서도 여자들과 아이들이 폭력을 당할 위험이 가장 높았다. 게다가 나병과 결핵 등 장기적인 감염증으로 뼈가 손상된 유골이 4분의 1이 넘었다.[20]

세월이 흐르면서 하라파가 더욱 쇠락하자, 주민들의 건강도 훨씬 더 나빠졌다. 도시 붕괴 이후 200년부터 600년 사이로 연대가 밝혀진 어린이 15명의 유골에서 로빈스 슈그는 거의 절반이

영양실조에 시달렸으며,[21] 괴혈병에 걸렸을 가능성도 있음을 알
게 되었다. 어떤 아이들은 아직 엄마 젖을 먹을 만큼 어린 나이
였으므로, 그들의 영양실조는 곧 엄마들이 심각하게 굶주렸음
을 의미한다.

아포칼립스 이후 하라파에 나타난 폭력과 빈곤 때문에, 과거
이곳의 시민이었던 사람들의 후손은 도시에 관한 소문을 듣고
두려움과 혐오감에 몸을 움츠렸을지도 모른다. 도시를 떠나온
뒤로 이미 몇 세대가 흐른 탓에, 그들은 도시 생활의 이점을 상
상도 할 수 없었다. 시골 생활의 유연성, 자기결정권, 주변과는
격리된 안온함과 비교하면 더욱 그러했다. 그러나 도시의 나쁜
점과 위험성은 그들도 파악할 수 있었다. 사회적 구분과 배제가
남긴 영향으로 지금도 도시의 폐허에서 살 수밖에 없는 사람들
이 있지 않은가. 기후가 안정되어서 4200년 전 가뭄에 영향 받은
다른 지역들이 과거의 위계적인 모습을 회복한 지 오랜 세월이
흐른 뒤에도, 인더스문명의 후손들은 조상들의 도시 전통과 복
잡한 사회구조를 거부했다. 그들은 1000년 동안 도시를 건설하
지 않았다.[22]

✝ ✝ ✝

하라파가 버림받은 지 3000년이 조금 넘게 지난 서기 1347년,
유럽인들의 귀에 동쪽에서부터 정체불명의 병이 번지고 있다는

이야기가 들려왔다. 고통스럽고 무서운 그 병의 증상으로는 고열, 구토, 기침과 토혈, 피부의 검은 농포, 림프절 비대 등이 있었다. 환자는 보통 사흘 안에 사망했다. 서유럽 사람들이 듣기로, 몽골제국의 서쪽 부대인 황금군단이 그 병을 크림반도로 가져왔다고 했다. 몽골 군대가 제노바의 무역기지를 포위하고 공격하던 중에, 죽은 전우들의 시체를 투석기에 실어 성벽 너머로 쏘아 보냈다는 소문이 있었다.[23]

그 뒤에 발생한 전염병을 피해 도망친 사람들이 흑해를 건너 콘스탄티노플까지 병을 옮겼다. 중세에 콘스탄티노플은 가장 유명하고 가장 많은 곳과 교통망이 연결된 도시 중 하나였다. 거기서부터 그 병은 시칠리아의 무역 중심지로 퍼지더니, 그다음에는 알렉산드리아에서 마르세유까지 지중해 일대를 돌아다녔다. 나중에는 무려 아일랜드, 노르웨이까지 이르렀다. 어쩌면 에티오피아와 가나에도 번졌을지 모른다.[24]

병이 번지고 있다고 알려진 곳에서 온 사람의 출입을 막아 도시를 봉쇄하려고 시도한 곳이 여러 곳 있었다. 여의치 않다면 최소한 눈에 띄게 아파 보이는 사람이 도시로 들어오는 것만이라도 막아보려 했다. "그러나 모두 아무런 소용이 없었다."[25] 지오반니 보카치오Giovanni Boccaccio는 《데카메론The Decameron》 서문에 이렇게 썼다. 흑사병 유행 시기에 자신이 피렌체에서 겪은 일을 바탕으로 한 말이었다. 전염병은 항상 도시로 들어올 길을 찾아냈다.

일단 전염병이 자리를 잡으면, 도시는 그림자 같은 모습으로 변했다. 사람들이 겁에 질려 집에 틀어박혔기 때문에 도시의 평범한 소리가 모두 갑자기 멈췄다. 파도바에서는 가족과 이웃이 죽어가는 모습을 지켜본 사람들의 통곡 소리를 제외하면 거리가 온통 조용했다.[26] 이탈리아 피스토야의 성당은 장례식 종이 너무 자주 울리면 살아 있는 사람들이 공포에 질릴까 봐 아예 장례식 종을 울리지 않게 되었다.[27] 피스토야시도 사람이 많이 모이는 것을 막으려고 장례식 초대나 발표를 금지했다. "시체가 여기, 저기, 어디에나 있었다." 보카치오는 피렌체의 상황을 이렇게 묘사했다. 거리에 쓰러져 있는 시체, 집 안에서 썩어가는 시체, 자기집 문 앞에서 수거를 기다리는 시체. 시체가 문 앞에 놓인 것은 이웃들이 썩어가는 냄새를 견디다 못해 그 자리로 끌어다 놓았기 때문이었다. 사제와 무덤 파는 인부는 장례식에서 장례식으로 전속력으로 돌아다녔다. "가장 가까운 곳에 눈에 띄는 무덤이 있으면 그곳에 시체를 안치했다." 곧 그들은 교회 마당과 광장에 집단 무덤을 파서 시신을 묻게 되었다. "새로 발생한 시체들이 수백 구씩, 배의 화물처럼 층층이 쌓였다."

흑사병을 경험한 사람들은 이것이 세상의 종말이라고 믿어 의심치 않았다. 유럽의 여러 연대기 작가들은 이것을 노아의 방주가 만들어진 성경 속 홍수에 견주었다.[28] 다만 이번 재난이 더 심각할 뿐이었다. 성경 속 사건에서는 적어도 몇몇 사람이 살아남았으니까. 중세 그리스도교인들은 하느님이 인류의 죄악에 다시 벌을 내리셨다고 확신했고, 교회 당국은 사람들에게 지금까지 하던 기도보다 훨씬 더 열심히 기도하라고 간청했다. 도시의 거리에서는 허가받은 종교행렬과 '채찍질 고행자들'이 공개적으로 참회하는 소름끼치는 광경을 모두 볼 수 있었다. 딱히 지도자가 없는데도 '채찍질 고행'은 유럽 대륙과 잉글랜드로 퍼져나갔다. 이 고행자들은 교회로 몰러와 피가 날 때까지 자신의 몸을 채찍질하며,[29] 전염병을 불러온 죄악에 대해 극적인 참회를 했다. 그러나 이 모든 노력이 소용없었는지, 당시 사람들이 알고 있던 세상 전역에서 계속 전염병이 발생했다. 이탈리아의 법률가 가브리엘레 데 무시Gabriele de' Mussi는 구원을 간청하는 사람들에게 하느님이 분노해서 이렇게 답변하고 있다고 상상했다. "나는 너희에게 울음을 명한다. 자비의 시간은 지났다."[30]

아포칼립스가 길게 이어지면서, 법과 생명에 대한 존중은 증발해버렸다. "사람들은 살날이 얼마 안 남은 사람처럼 행동하며, 자신의 소지품도 몸도 모두 아무렇게나 취급했다." 보카치오는 이렇게 썼다. 아직 건강한 사람들은 환자에게 등을 돌렸다. 중세의 많은 저술가가 경악에 차서 보고한 바에 따르면, 심지어 부모도 죽어가는 자식을 돌보려 하지 않았다. 온 세상을 채운 잔인한 슬픔에 젖은 생존자들은 결국 슬픔은 물론이고 다른 감정조차 전혀 느끼지 못하게 되었다. 오스트리아의 수도원 연대기 작가들은 사람들이 "우울감에 짓눌리지 않기 위해 위로와 쾌활함으로 서로의 기운을 북돋우려고"[31] 무척 애를 썼다고 말했다. 전염병이 특히 심하게 마을을 휩쓸고 지나간 뒤 사람들은 일부러 고집을 부려 파티와 결혼식을 열었지만, "절반의 행복 비슷한 것"을 느낄 수 있을 뿐이었다. 사람들이 할 수 있는 일은 사람이 살아서 해야 하는 일의 흉내를 내는 것뿐이었다.

1347년부터 1351년 사이에 전염병은 유럽의 전체 인구 중 30~60퍼센트의 목숨을 앗아갔다. 생존자들이 보기에 전염병은 상대를 가리지 않고 공격하는 것 같았다. 누구도 안전하지 않다는 생각이 틀림없이 공포를 더욱 부추겼을 것이다. 그러나 3000년 전의 하라파에서 그랬던 것처럼, 이미 사회의 기저에 존재하던 차별과 불평등이 아포칼립스와 그로 인한 폭력을 겪으면서 더욱 강화되었다.

✝ ✝ ✝

건축 공사 때문에 어쩔 수 없이 스페인 타레가의 중세 유대인 묘지를 발굴하던 인근 지역 고고학자들은 다소 이례적인 무덤을 발견했다. 전형적인 개인 무덤 158기를 발견해서 발굴했더니, 그중에 집단 무덤 6기가 있었다. 그곳에 묻힌 사람은 최소한 70명, 어쩌면 그보다 더 많을 수도 있었다. 이 집단 무덤에는 남녀노소가 한꺼번에 묻혀 있었다. 유골들 사이에서 발견된 동전 몇 개 덕분에 고고학자들은 매장 시기를 흑사병 유행 무렵으로 추정할 수 있었다.[32]

유럽 전역에서 발견되는 집단 무덤에는 전염병 사망자들이 묻혀 있는 데 반해, 이 무덤에 묻힌 사람들은 그 병으로 사망하지 않았다. "많은 뼈에 폭력의 흔적이 있었다."[33] 이 발굴을 지휘한 고고학자 아나 콜레트Anna Colet는 생물고고학자가 아니라서 보통은 인간의 유해를 연구하지 않지만, "그런 나라도 그 흔적을 곤장 알아볼 수 있었다"고 말한다. 콜레트의 팀이 발굴한 유골 중 절반 이상이 두개골을 포함한 여러 부위에 부상 흔적이 있었다. 로빈스 슈그가 하라파의 납골당 유골에서 발견한 골절상과 비슷했다. 모두 심각한 부상이고 치유 흔적이 없는 것으로 보아, 그 부상이 사망의 원인인 듯했다. 타레가의 집단 무덤에 묻힌 사람들이 학살당했다는 뜻이었다.

역사 기록에 따르면, 1348년에 타레가와 인근 도시들에서 유대인 공동체에 대한 공격이 있었다.[34] 바르셀로나도 여기에 포함되었다. 흑사병 유행 시기 유럽 전역을 휩쓴 폭력의 패턴과 잘 맞아떨어지는 사건이다. 당시 유럽 전역의 그리스도교 사회는 유대인 이웃들이 우물에 독을 풀어[35] 전염병을 불러왔다고 비난했다. 그리고 기록에 상세히 기록된 고문을 통해 유대인들에게서 이 병을 이용해 모든 그리스도교도를 쓸어버리려는 국제적인 음모가 있다는 자백을 받아냈다. 그리스도교 사회의 종교당국과 정치당국은 전염병 유행 중에 민중의 반란이 일어날 경우 사회가 불안정해질 것을 걱정해서, 법의 울타리 너머에서 이루어지는 살인으로부터 유대인을 보호하기 위해 서둘러 나섰다.

교황 클레멘스 6세Clemens VI가 직접 폭력 행위에 가담한 자를 파문하겠다는 명령을 내릴 정도였다.[36] 그러나 이런 명령과 법은 별로 효과가 없었다. 스페인에서 오스트리아에 이르기까지 많은 마을과 도시에서 평범한 그리스도교인들이 교회의 명령을 어기고 유대인 이웃을 살해했다. 산 채로 불에 태워 죽이는 경우가 많았다. 이런 자경단 폭력은 유대인 외에도 거지나 여행자 등, 공포에 질려 날뛰는 도시 전체가 외부인으로 치부할 만한 사람이라면 누구에게든 향할 수 있었다.

타레가에서 그리스도교도와 유대인은 수백 년까지는 아닐망정 수십 년 동안 이렇다 할 갈등 없이 이웃으로 살았다. 그러나 하라파에서처럼, 아포칼립스로 인한 불안과 두려움 속에서 사회적 구분이 폭력으로 폭발했다. 타레가의 집단 무덤에 묻힌 시신에서 화형의 흔적은 발견되지 않았지만, 그럼에도 그들이 당한 공격은 충격적일 만큼 잔혹했다.[37] 대부분의 부상이 작정하고 힘껏 내려친 칼, 도끼, 낫에 의한 것이었다. 팔다리가 완전히 절단된 경우도 있었다. 심지어 아이들도 무차별적인 공격에 당해 쓰러졌다. 무방비한 상대에 대한 자비는 전혀 보이지 않았다. 한 남자는 과거에 입은 다리 골절상이 제대로 낫지 않아 잘 도망치지 못한 탓에, 머리와 몸에 22번이나 공격을 당했다. 지금까지 이 집단 무덤에서 발굴된 시신 중 가장 많은 공격을 당한 사례다.

타레가의 고고학자들이 발견한 집단 무덤은 6기지만, 이런 무덤이 2곳, 어쩌면 3곳 더 있었음을 암시하는 무덤 귀퉁이나 담장이 남아 있었다. 지금까지 발굴된 시신은 70구인데, 1349년에 유대인 생존자들이 스페인 왕에게 이 사건을 공식적으로 신고하면서 말한 피살자 수는 300명이었다. 이것은 지나치게 부풀려진 추정치일 수 있다.[38] 콜레트에 따르면, 당시 타레가의 주민이 약 1200명에 불과했기 때문이다. 아니면 인근 마을에서 유대인 공동체가 공격을 당하자 타레가로 피난했다가 여기까지 번진 폭력에 결국 목숨을 잃은 유대인이 포함된 숫자일 수도 있다.

이때 그리스도교인들은 타레가의 유대인 공동체를 파괴해버릴 작정이었다. 그러나 고고학자들은 이 시도가 성공하지 못했다고 분명히 말한다. 피살자들의 시신은 살인자들에 의해 아무렇게나 던져져 매장되지 않았다. 오히려 유대인 관습에 따라 머리는 서쪽, 발은 동쪽을 향하게 안치되었다. 모든 사람을 똑바로 눕힐 수 있을 만큼 공간이 없을 때에는 일부 시신의 무릎이나 다른 곳을 구부려 안치했으나, 하라파의 납골당에서처럼 시신을 아무렇게나 쌓거나 마구 뒤섞어버리지는 않았다. 콜레트는 살아남은 유대인들이 타레가 학살 피해자들을 이렇게 정성 들여 묻어준 것 같다고 본다.[39] 그들은 자기들만의 공동묘지에 자기들만의 관습을 최대한 지켜서 피해자들을 묻어주었다.

이 생존자들의 세상은 하루아침에 변해버렸다. 이웃들이 유대인 구역의 문을 박차고 들어와 사람들을 난도질하고 집을 약탈할 때 친구 집에 숨어 재난을 피한 운 좋은 사람들의 이야기가 있다. 그러나 이렇게 목숨을 건진 사람들도 집과 모든 세간을 잃어버렸다. 그들은 언제 또 공격당할지 몰라 틀림없이 겁을 먹었을 것이다. 그래도 그들은 할 수 있는 일을 했다. 시신의 부패가 시작되기 전에 일부 시신을 즉시 묻어준 덕분에, 그들의 유해는 수백 년 동안 대체로 고스란히 보존되었다. 집단 무덤 속의 다른 유골들은 부패 과정에서 서로 뒤엉켰다. 신체의 여러 부위가 원래 있어야 할 자리에 있지 않다는 것은, 그들이 부패가 시작된 뒤 묻혔음을 의미한다. 유럽에서 흑사병이 가장 기승을 부리던 그해의 한여름에 아마 몇 주나 몇 달이 지난 뒤에야 무덤에 묻혔을 것이다. 이 학살에 대한 어떤 기록에는, 공격자들이 많은 시신을 물통에 던져 넣었다는 이야기가 나온다. 생존자들이 마음 놓고 시신을 수습할 수 있게 될 때까지, 그곳에서 시신이 썩어갔을 가능성이 있다. 또한 위험이 지나갈 때까지 생존자들이 직접 시신을 숨겨두었을 가능성도 있다. 아니면 당시의 수많은 죽음과 마찬가지로, 전염병 때문에 장례가 지연되었을지도 모른다.

이곳을 포함한 여러 곳의 집단 무덤, 특히 흑사병 유행 시기의 집단 무덤은 아포칼립스 앞에서 터져 나온 혼돈, 절망, 폭력의 흔적으로 여겨질 때가 많다. 물론 대개는 올바른 짐작이다. 특히 타레가 학살의 경우가 그렇다. 그러나 집단 무덤을 생존자들이 보여준 애정, 연대, 공동체 의식의 결과로 볼 수도 있다. 그들은 아직 위협이 사라지지 않았는데도 그런 행동을 보여줄 때가 많았다. 아포칼립스의 압박 속에서 일반적인 매장 관습과 장례 절차를 지키기는 힘들다. 그런데도 집단 무덤은 일찍이 상상조차 할 수 없었던 상황에서도 사람들이 자신의 공동체에서 삶과 죽음을 관장하는 의식을 어떻게든 따르려고 최선을 다했음을 보여준다.

† † †

1348년 가을 무렵, 전염병은 잉글랜드 남해안에 이르렀다. 런던의 관리들은 이 병이 사방을 파괴하며 수도에 이르는 것이 시간문제일 뿐이라는 사실을 알고 있었다. 그해에 유럽 대륙의 많은 도시와 마을이 시체를 감당하지 못해 무너졌다는 소식도 알고 있었다. 그래서 그들보다 조금 더 시간 여유가 있었던 런던은 대규모 공동묘지를 짓기 시작했다. 이스트 스미스필드East Smithfield라고 불리는 이곳은 축성받은 땅에 최대한 많은 사람을 묻기 위해 준비한 장소였다. 생명을 구할 수는 없으니, 영혼이라도 구하려고 한 것이다. 그 뒤 2년 동안 1000명이 넘는 사람들이 이스트 스미스필드에 묻혔다. 사람들은 이곳을 미리 준비하지 않았다면 불가능했을 배려를 이들에게 베풀어줄 수 있었다. 그러나 그들은 사망자 중 극히 일부에 불과했다. 흑사병은 끔찍했던 15개월 동안 런던 주민 8만 명 중 거의 절반의 목숨을 앗아갔다.

사망률이 이렇게 높으니, 과학자를 포함한 대부분의 사람이 흑사병은 대상을 가리지 않고 목숨을 앗아가는 병이라고 생각했다. 건강한 사람도 병든 사람도, 부자도 가난한 사람도, 젊은 이도 노인도 모두 똑같이 이 병에 걸려 쓰러졌다. 당시 연대기 작가들의 경험도 비슷했던 것으로 보인다. 벨기에의 한 수도원 장은 전염병이 유행하던 시기에 대해 쓴 글에서 "부자든 중산층이든 가난한 사람이든 그 누구도 안전하지 않았다. 그들 모두 하느님의 뜻을 기다리며 하루하루를 보냈다"고 묘사했다. 그러나 생물고고학자 샤론 드위트Sharon DeWitte가 보기에는 그런 것 같지 않았다. 대부분의 전염성 질병에서 가난, 나이, 영양실조, 빈약한 건강이 위험요소라는 사실을 그녀는 알고 있었다. 흑사병이 아포칼립스 중에서 정말로 예외적인 사례여서, 복잡한 구조를 지닌 사회의 위계구조나 불평등의 영향을 받지 않았을까? 아니면 수많은 다른 현상과 마찬가지로 사회에 이미 존재하던 틈을 따라 상황이 펼쳐졌을까?

　불평등, 질병, 폭력이 한 지점에서 수렴되는 현상은 무려 하라파까지 거슬러 올라간다. 그런데 하라파는 중세의 런던보다 더 평등하고, 깨끗하고, 건강한 곳이었을 가능성이 높다. 흑사병이 덮쳤을 때 잉글랜드를 포함한 유럽의 나라들은 극단적인 경제적·사회적 불평등을 수용하고, 영속화하고, 이용할 수 있게 설계된 봉건사회였다. 잉글랜드를 다스리는 사람은 국왕 에드워드 3세Edward III였지만, 귀족들은 각각 장원을 다스리며 엄청나게 많은 농민의 노동력을 이용해 살아갔다. 불평등은 봉건주의의 부작용이 아니라 필수요소였다.

드위트는 중세 수백 년 동안 런던에 살았던 사람들의 유골과 그 시기의 역사 기록을 연구한 결과, 흑사병이 그들에게 전대미문의 충격이었다기보다는 한 세기에 걸쳐 겪은 위기 중 가장 마지막 비극이었을 뿐임을 알게 되었다. 13세기 말과 14세기 초, 즉 흑사병 유행 시기 직전의 약 100년 동안 잉글랜드는 유럽 대부분의 지역과 마찬가지로 점점 서늘해지는 기후 및 벼덕스러운 날씨로 고생했다. 흉년이 들어 식량이 부족해지면서, 1315년부터 1317년에 이르는 대기근으로 잉글랜드와 웨일스 인구 중 최대 15퍼센트가 사망했다. 그 지역에 전염병이 도달하기 30여 년 전의 일이었다. 곡식 가격은 치솟는 반면, 임금은 떨어졌다. 그래서 점점 더 많은 사람이 빈곤으로 내몰렸다.[40] 잉글랜드 장원의 회계장부와 임금 지불 기록을 보면, 14세기가 시작될 무렵, 잉글랜드 가정 중 70퍼센트가 돈이나 자원 부족으로 추위와 굶주림을 피하지 못했다. 한편 최상위 3퍼센트의 부유층은 나라 전체 소득의 15퍼센트를 가져갔다.

환경과 경제 면에서 어려움에 봉착했던 이 시기는 사람들의 건강에 흔적을 남겼다. 드위트가 흑사병이 덮치기 전 100년 동안 살았던 런던 사람들의 유해를 분석해서 비교적 편안한 시기였던 11세기와 12세기 사람들의 유골과 비교했더니, 전염병 직전에 사망한 사람들은 키가 더 작고[41] 치아에 홈이 더 많이 패여 있었다. 어렸을 때 영양부족, 질병, 기타 생리적인 스트레스로 치아의 에나멜질이 제대로 성장하지 못했다는 뜻이다. 그들은 또한 어린 시절에 질병과 굶주림을 겪어 더 이른 나이에 사망하는 경향이 있었다.

드위트는 이스트 스미스필드에 묻힌 흑사병 사망자 500여 명의 유해도 조사해보았다. 1980년대에 건설 공사를 하면서 부분적으로 발굴된 유해들이었다. 드위트는 이 유골들이 옮겨진 런던박물관의 지하 보관실에서 한 번에 뼈 하나씩 조심스레 탁자에 올려 전체 골격을 완성했다. 그리고 유골 주인의 나이와 성별을 알아내기 위해 골반을 조사하고, 키를 짐작할 단서를 얻기 위해 팔뼈와 다리뼈의 길이를 측정했다. 치아의 에나멜질에 패인 홈과 두개골에는 그 사람의 과거가 기록되어 있었다. 어린 시절에 빈혈을 앓으면, 눈 주위 뼈의 바깥층과 정수리에 구멍이 생길 수 있다. 또한 그보다 나이를 먹은 뒤에 영양부족, 부상, 질병을 겪으면 뼈에 뭉툭한 혹이 자랄 때가 있다. 드위트는 전염병 사망자의 유골을 일일이 조사해서, 그들이 살면서 어떤 고난을 겪었는지 알려주는 이런 징후들을 찾았다. 하라파 납골당 유골들의 머리 부상과 마찬가지로, 이곳 유골에서도 이런 징후들이 드위트의 예상보다 훨씬 더 많이 발견되었다. "병리적인 징후가 없는 사람을 발견하면 오히려 놀랄 정도였다."[42]

드위트는 모든 자료를 모아서 이 공동묘지에 묻힌 사람들의 연령 분포를 계산했다. 뼈에 고생의 흔적이 남은 사람들과 그렇지 않은 사람들의 기대수명 차이도 조사했다. 그 결과 평생 동안 빈약한 건강과 생리적 스트레스에 시달린 사람들이 그런 흔적이 전혀 없는 사람들에 비해 흑사병 유행 기간 동안 사망할 확률이 더 높았음을 알 수 있었다.[43] 고생한 흔적이 없는 사람들은 아마 사는 동안 내내 풍부한 자원을 이용할 수 있었을 것이다. 드 위트는 또한 전염병 사망자 중 노인의 비율이 유난히 많다는 사실도 발견했다. 순전히 나이의 영향일 수도 있지만, 그들은 대기근이 가장 심각하던 시기에 유년기를 보낸 세대이기도 했다. 따라서 평생 동안 건강이 좋지 않았을 것이다.

잉글랜드에 전염병이 도달하기 전 100년에 걸친 기근과 불평등 심화로 이미 위험도가 높은 사람들이 많이 존재했다. 그리고 전염병이 도시를 휩쓸었을 때 그들이 사망할 확률이 실제로 가장 높았다. 반면 역사 기록에 따르면, 잉글랜드의 귀족 중에서는 1349년의 사망자가 13퍼센트에 불과한 것으로 보인다.[44]

이것은 타레가 학살이나 어린이까지 공격당한 흔적이 있는 하라파 납골당처럼 실제로 심각한 폭력이 자행된 사례는 아니지만, 그래도 폭력은 폭력이었다. 이런 유형의 폭력, 가난한 사람을 더욱 궁지로 몰아넣고 힘을 빼앗는 체계적인 폭력은 중세 잉글랜드 사회의 구조 속에 깊이 박혀 있었다. 중세 유럽의 특징인 위계구조와 사회적 구분을 만들어낸 것은 아포칼립스가 아니지만, 아포칼립스는 이런 조건들을 이용하면서 그 사회가 치러야 하는 진정한 대가가 무엇인지 보여주었다.

✝ ✝ ✝

1351년 무렵 전염병이 마침내 유럽의 도시와 마을에서 물러났을 때, 생존자들을 덮친 것은 갑작스럽고 생생한 공허감이었다. 정말로 남은 사람이 거의 없었다. 그들은 알고 지내던 모든 사람이 몇 달 사이에 사라져버린 유령 마을을 정처 없이 벗어났다. "우리는 새로 친구를 사귀어야 한다."[45] 이탈리아의 시인 페트라르카Petrarch는 이렇게 썼다. "하지만 인류가 거의 모두 쓸려 나갔는데 어떻게? 세상의 종말이 눈앞에 다가온 것 같은데 왜?"

도시, 마을, 시골에는 침묵만 흐르고, 관리가 불가능할 정도로 자원이 풍부한 것도 불편했다. 연대기 작가 헨리 나이턴Henry Knighton은 잉글랜드의 시골 밭에서 곡식이 썩어가고 농장 가축들은 제멋대로 돌아다니다가 보살핌을 받지 못해 죽어갔다고 썼다. "하인과 일꾼이 너무나 부족해서 지금 해야 하는 일이 무엇인지 아는 사람이 하나도 없었다."[46] 살아남은 일꾼들 앞에는 할 일이 너무나 많았으나, 일을 할 수 있는 사람이 너무 적었다. 그래서 그들은 자신의 노동이 얼마나 필수적인지 깨닫고 곧바로 높은 임금을 요구하기 시작했다. "누구든 그들을 고용하려면 그들의 요구를 들어줘야 했다. 과일과 [곡식을] 포기하거나, 아니면 일꾼들의 오만과 탐욕에 영합하는 수밖에 없었다." 나이턴은 이렇게 썼다.

흑사병 이전에는 농민들이 경작하는 땅과 섬기는 영주에게서 벗어나 이주하기가 거의 불가능했다. 흑사병 이후에는 모든 장원에 농부와 일꾼이 절실히 필요해졌기 때문에, 그들이 살 곳과 일할 곳을 스스로 선택하는 것이 갑자기 가능해졌다. 지주들은 소작농의 이주를 막으려고 소작료를 깎아주고 높은 임금을 제시했다. "자연 질서의 역전으로, 풍요에 익숙한 사람은 결핍된 상태가, 결핍에 익숙한 사람은 풍요로운 상태가 되었다."[47] 잉글랜드의 연대기 작가 윌리엄 덴William Dene은 이렇게 썼다.

임금, 빈곤, 건강 문제에서, 흑사병 이후의 100년은 그 이전 고난의 100년과 정반대였다. 드위트는 흑사병 사망자들이 전염병 도래 이전 전반적으로 건강이 좋지 않았다는 연구에 뒤이어, 전염병 이후에 사망한 다양한 계층의 유골도 조사했다. 1350년부터 1538년 사이에 런던의 어느 수도원 묘지에 묻힌 사람들이었다. 그들은 전염병 유행 시기나 그 이전 100년 동안 사망한 사람에 비해 대체로 훨씬 더 건강했다.[48] 남녀 모두 과거보다 더 오래 살았고, 남자는 키가 더 컸다. 어렸을 때의 결핍을 보여주는 치아의 홈도 적었다. 여자는 흑사병 이전의 여자들에 비해 키가 조금 작았지만, 이것이 오히려 전체적으로 더 건강했다는 증거일 수 있다. 소녀들은 초경을 할 무렵 키 성장이 멈추는 경향이 있으므로, 전염병 이후에 태어난 소녀들이 영양은 풍부하고 신체적 스트레스는 줄어든 환경 덕분에 더 어린 나이에 초경을 겪었을 가능성이 있다. 물론 건강과 생활수준이 이렇게 향상된 데에는 "상상도 할 수 없을 만큼 높은 대가"[49]가 따랐다. 드위트는 생존자들이 틀림없이 심각한 심리적 트라우마를 겪었을 것이라고 말한다. 그래도 삶이 나아진 것은 사실이었다.

전염병 이전의 사회질서, 흑사병 앞에서 가난한 사람이 가장 위험해지게 만들고 유대인 공동체가 공격당할 가능성을 2배로 높인 그 사회질서는 전염병이 풀어놓은 변화의 바람에 맞서 수십 년 동안 필사적으로 싸웠다. 1349년에 이미 잉글랜드의 왕은 "노동자 조례"를 내놓았다. 직업과 땅이 없는 남녀는 자신에게 제시되는 모든 일자리를 전염병이 유럽을 덮치기 이전인 1346년과 똑같은 임금으로 받아들여야 한다고 강제하는 포고령이었다. 일자리 제안을 거절하는 사람은 감옥에 갇혔다. 정해진 액수보다 높은 임금을 제시하는 고용주는 벌금을 물어야 했다. 이 포고령은 심지어 거지에게 자선을 베푸는 사람조차 감옥에 가두겠다고 엄포를 놓았다. "그래야 그들이 생계를 위해 일할 수밖에 없게 될 것이다."[50] 그러나 2년 뒤인 1351년 의회는 좌절감에 젖어 비슷한 법안을 새로 통과시켜야 했다. 일꾼들이 "언급된 포고령을 무시하고 자신의 편안함과 예외적인 탐욕에만 신경을 쓰기"[51] 때문이었다. 일꾼들은 새로 통과된 법도 무시했다.

흑사병이 유럽을 휩쓸고 나서 꼬박 40년이 흐른 뒤에도 잉글랜드 정부는 여전히 노동계급을 전염병 이전의 경제질서 속으로 되돌려놓으려고 바삐 움직이고 있었다. 한 세대 전의 엄청난 피해에서 탄생한 평민들의 자유와 자율이 계속 마음에 들지 않는 의회는 1388년에 1351년의 법을 수정해서 일꾼들이 귀환 날짜나 새로운 일자리 제안을 증명하는 공식적인 서한 없이 여행이나 이주하는 것을 불법으로 규정했다. 수확기에는 장인들도 농촌에서 일하게 만들고, "노동에 적합하지 않은 거지들"은 모두 고향에 영원히 묶어두는 조항도 있었다. 이 법을 거부하는 사람은 "어느 도시에서든 차꼬에 묶이게 될 것"[52]이라고 했다.

이런 법도 아포칼립스가 불평등을 폭력으로 바꿔놓은 사례다. 흑사병 이후에도 세상은 과거의 친숙한 모습 그대로라는 허구를 받아들이지 않는 모든 사람, 가난한 사람, 장애인을 상대로 감금, 감시, 이동 제한이라는 폭력을 휘두른 것이다. 그러나 전염병 이후 40년의 세월이 흘러 적어도 한 세대가 지난 뒤에도 의회가 여전히 일꾼들의 움직임과 일자리 선택권을 제한하는 법을 통과시켰다는 사실은, 전염병이 풀어놓은 새로운 경제적·사회적 가능성이 그리 쉽사리 또는 재빨리 억제되지 않았음을 암시한다. 드위트의 연구는 전체 인구의 건강 상태가 적어도 200년 동안 과거보다 좋아진 상태를 유지했음을 보여준다. 런던에서 전염병이 몇 번 더 유행했는데도 이런 추세는 변하지 않았다. 잉글랜드 이외의 지역에서도 비슷한 패턴이 발견되었다. 이탈리아 북부의 데이터에 따르면, 흑사병 유행 시기 동안 부의 불평등이 크게 줄어들어서,[53] 그 뒤로 거의 400년 동안 전염병 이전 수준으로 돌아가지 않았다.

그래도 유럽 사회의 "고위 성직자, 백작, 남작 등 지위가 높은 사람들"[54]은 흑사병 이전의 세상을 복구하기 위해 흔들림 없이 노력을 기울였다. 어떤 의미에서는 사회의 지속성이라는 그들의 목표가 달성되었다고 할 수도 있다. 3000년 전의 인더스 계곡과 달리, 유럽에서는 흑사병으로 인해 정부가 해체되지도 않고, 국가가 무너지지도 않고, 도시가 영원히 버림받지도 않았다. 우리는 지금도 그때와 같은 언어를 쓰며, 그때와 같은 나라에 살고, 상상조차 할 수 없는 흑사병의 사망률을 직접 목격했던 도시의 거리들을 걷는다. 반면 하라파는 3000년 동안 계속 폐허로 남아 있다. 그곳의 글을 읽을 수 있는 사람도 전혀 없다. 우리는 심지어 그곳 주민들이 무슨 언어를 사용했는지조차 모른다. 사람들에게 버림받아 낯선 유령도시가 된 하라파는 유럽 사회와 달리 생존에 실패한 것처럼 보일지 모른다. 그러나 유럽 사회의 지속성에는 폭력이 배어 있었다. 지속성 때문에 어느 정도 가려지기는 했으나, 그것은 아포칼립스의 불길 속을 통과하면서도 스스로에게 변화를 허락하지 않은 사회의 폭력이었다.

사회는 붕괴해도 문명은 살아남는다

– 이집트 고왕국의 몰락

약 4500년 전, 생전 처음으로 배를 타고 여행한 청년이 생전 처음 보는 엄청난 군중 속으로 곧장 발을 내디뎠다. 항구에서 사람들이 분주히 하고 있는 다양한 일들을 그는 상상도 해보지 못했다. 이집트의 남쪽 변경에서 구불구불한 강을 따라 거의 640킬로미터나 떨어진 기자까지 바지선에 실려온 거대한 화강암 석판을 사람들이 끌어내렸다. 보리와 밀 자루를 어깨에 메고 시내의 빵집과 양조장으로 나르는 사람들도 있었다. 바로 얼마 전까지 청년처럼 이곳에 처음 발을 디디고 도시 풍경에 경탄하던 사람들은 이제 일꾼이 되어 일할 때 부르는 노래의 리듬에 완벽하게 발을 맞춰 행진하면서 근무 교대를 위해 피라미드 공사장으로 향했다. 금속 도구로 돌을 때리는 소리가 거리 사방에 메아리쳤다. 예술가들은 공방에서 도시 사람들이 사용할 도자기와 무덤에 묻힐 조각상을 만들었다. 소들은 도살장으로 끌려가면서 어디로 가는지도 모르고 음매음매 울었다. 이 나라의 가장 중요한 공사장에서 일하는 일꾼들을 먹이려면 매일 수십 마리의 짐승을 도살해야 했다.

소가 우는 소리는 청년이 이 도시에서 알아들을 수 있는 몇 안 되는 것 중 하나였다. 청년은 나일강 삼각주의 습지에서 자랐다. 거대한 나일강이 작게 쪼개져서 바다까지 이르는 곳이었다. 청년의 마을에서는 누구나 소를 길렀다. 달리 선택의 여지가 없었다. 습지에서는 농사를 짓기가 거의 불가능했지만, 특히 당국의 뜻에 가장 잘 맞는 작물을 기르기는 더욱 힘들었다. 훨씬 남쪽의 강변에서는 광대한 밭에서 보리와 밀이 쉽게 쑥쑥 자라는 것과 달랐다. 그래서 당국은 그쪽 지방에 세금을 매기고, 엄청난 양의 곡식을 거둬들여 그중 일부를 청년의 마을로 보냈다. 그 마을 사람들은 농경지 주민들과는 다른 역할을 맡고 있었다. 당국은 그들에게 피라미드 도시를 위해 소를 기르는 데 전념하라고 지시했다. 그 고기는 피라미드 공사장 일꾼들을 위한 것이었다. 몇 달 동안 힘들게 땀을 흘려야 하는 그들은 최대한 힘을 낼 필요가 있었다. 왕이 내세에도 계속 풍요를 누릴 수 있게 해줄 책임이 그들에게 있었다. 그건 이 나라의 미래가 그들에게 달려 있다는 말과 같은 뜻이었다.

청년은 오랫동안 집에서 가축을 돌보며, 가축의 교배와 출산을 감독했다. 풀밭을 옮겨 다니며 소를 기르다가 매년 가장 좋은 놈을 골라 기자로 보냈다. 그 고기가 그의 집 식탁에 오르는 일은 거의 없었다. 그가 쇠고기를 맛본 적은 양손 손가락으로 꼽을 수 있을 정도였다. 하지만 이제 그는 피라미드 공사장에서 일하며 자신을 비롯한 수많은 사람이 보낸 고기가 매일 나오는 식당에서 식사를 하게 되었다.

피라미드 도시의 사람들은 엄격하게 조직된 생활을 했다.[55] 청년은 같은 지역에서 온 다른 사람들과 함께 어느 근무조에 배치되었는데,[56] 그 근무조는 그보다 규모가 큰 일꾼 무리의 일부였다. 각자 막사에 길게 늘어선 침대 중 하나를 배정받았다. 그들은 아침에 일찍 일어나 흙을 쌓아 만든 거대한 경사로로 돌을 운반해 지렛대로 정해진 자리에 내려놓았다. 피라미드는 매일 하늘을 향해 점점 더 높아졌다. 매일 아침 새로 태어난 태양신의 햇살이 이 피라미드의 뾰족한 끝에 가장 먼저 닿아야 했다. 가끔 청년은 저 아래에서 섬세한 작업을 하는 화가와 건축가를 언뜻 보았다. 그들은 1년 내내 이곳에 상주하는 전문가들이었다. 죽은 뒤에는 그 어느 곳보다 신성하고 귀한 이곳에 마련된 그들만의 공동묘지에 묻힐 것이다. 공사장에서 돌에 눌려 으스러지거나 비계에서 추락해 죽은 일꾼들도 여기에 묻혔다. 그러나 그들은 화가들이 마련할 수 있는 종류의 무덤에 묻힐 수 없었다. 청년은 이곳에서 영원한 휴식을 취하게 되는 것이 커다란 영광임을 알았지만, 그래도 고향으로 돌아가는 행운아 중에 자신도 끼어 있기를 바랐다.

일꾼들은 막사에 붙어 있는 거대한 홀에서 긴 식탁에 함께 앉아 식사했다. 매일 나오는 고기 중에 어쩌면 청년의 집안이 기른 고기도 있을 가능성이 높았다. 시내의 빵집은 그들을 위해 상상조차 할 수 없을 만큼 엄청난 양의 맥주와 빵을 만들어냈다. 청년이 혼자 있는 시간은 거의 없었다. 함께 일하는 일꾼들이 항상 옆에 있었다. 때로 일꾼들은 누가 가장 먼저 일을 끝내는지 경쟁을 벌였다. 청년이 속한 일꾼 무리는 상당한 평가를 받고 있었으므로, 그는 이 무리에 속한 것이 자랑스러웠다. 그들은 일을 할 때도 하지 않을 때도 노동요를 불렀다. 위험한 작업을 하면서 서로 박자를 맞추는 데에 그들의 일과 목숨이 달려 있었다.

　피라미드 도시에서 청년은 농부와 도공, 목수와 금속 장인, 제빵사와 짐꾼을 만났다. 이 나라 전역과 그 너머에 있는 대도시와 소도시에서 온 사람들이었다. 왕을 위해 평소 하던 일을 하려고 기자로 불려온 사람도 있고, 청년처럼 과거에도 미래에도 다시 보지 못할 만큼 규모가 큰 기념물을 짓기 위해 징발된 사람도 있었다. 누비아, 푼트, 동편과 서편의 사막에서 온 외국인도 있었다. 청년은 이집트의 국경 너머에 있는 다른 나라들의 존재를 알았지만, 그곳에서 온 사람을 직접 만날 줄은 몰랐다. 그들과 나란히 일하는 것은 말할 필요도 없었다. 이 외국인들 중 일부는 자신의 전문적인 기술과 세련된 취향을 알아주는 곳을 찾아 자발적으로 이집트에 온 사람들이었다. 수도 근처인 이곳에서 그들이 개발한 여러 공예 양식은 나중에 전국의 여러 지역에서 모사되었다. 그러나 포로로 끌려와서 강제로 노동하는 외국인도 있었다.

한 계절이 지난 뒤, 청년은 정해진 기간을 다 채웠다. 기자 체류도 끝났다. 나일강의 범람이 끝났으니 농부들은 곧 씨를 뿌리기 시작할 것이다. 청년은 나일강 삼각주의 고향으로 돌아가 다시 가축을 돌보기 시작했다. 이렇게 친숙한 생활로 돌아온 뒤에도, 그는 피라미드 공사장에서 보낸 몇 달을 돌아보며 그리워했다. 그가 그렇게 힘든 일을 한 것은 처음이었다. 매일 분 단위로 시간을 쪼개서 움직여야 했다. 가축들과 함께 풀밭에서 조용하고 고독한 시간을 보내는 생활과는 전혀 달랐다. 그래도 그는 일을 마친 뒤의 피로, 동료애, 자신의 무리가 가져온 돌이 피라미드 전체의 틀에 완벽히 들어맞을 때 느끼던 소속감을 사랑했다. 가축을 기르는 일 또한 이집트의 균형과 조화를 유지하는 데 필수적이라는 사실을 청년은 알고 있었다. 그렇지 않고서야 왕이 이 마을에 가축을 기르라고 명했을 리가 없었다. 그러나 삼각주 풀밭에 혼자 나와 있을 때에는 이 나라의 위용과 왕의 신성함, 나일강의 무오류성에 압도되는 기분을 느끼지 못했다. 그런 것을 생각할 기회가 별로 없었다. 피라미드 공사장에서 그는 이집트를 영원히 위대하게 만드는 일에 작은 손을 보태는 기분이 어떤지 마침내 깨달았다. 평생 그 일을 자랑스러워할 것 같았다.

† † †

하라파가 협동적인 정부, 기념비적인 공공사업, 사회적 평등을 실험하고 있던 그 시기에, 다른 대륙에서는 또 다른 초기 국가가 정반대의 방법으로 크게 솟아올랐다. 피라미드 건설이 절정이던 약 4500년 전, 이집트 고왕국은 지상에 출현했던 사회 중 가장 부유하고 복잡한 사회였다. 평등한 하라파와 달리 계층화된 이곳에서는 신성한 왕이 영광스러운 수도 멤피스에서 나라를 다스렸다. 그는 귀족, 사제, 예술가, 건축가, 관료, 서기, 지방 지사 등의 꼭대기에 앉아 있었다. 그들은 모두 왕에게 필요한 것, 즉 나라에 필요한 것을 채워주기 위해 맡은 역할을 수행했다. 그들 아래에 있는 농부와 목동은 곡식과 가축을 키웠다. 그러면 중앙정부가 그것을 재분배해서 백성들을 먹이고, 거대한 건설 프로젝트를 진행했다. 엄격히 나눠진 계급은 세습되었다. 3000년 뒤 중세 잉글랜드의 계급제도만큼이나 엄격했다.

이집트 고왕국의 사회질서는 예측 가능하고, 믿을 수 있고, 상호 보충적인 자연계의 구조를 이용하기 위해 만들어졌다. 어쩌면 그 구조가 상징적으로 반영되었을 가능성도 있다. 이 나라의 영토는 나일 강변을 끼고 있어서, 식물이 무성한 강 계곡과 그 너머의 사막 약간이 이 나라의 것이었다. 상ㅗ이집트는 나일강의 수원과 가까운 남쪽을 뜻하고, 하ㅏ이집트는 강이 여러 지류로 쪼개져 지중해로 흘러드는 북쪽을 뜻했다. 이 두 지역이 옛날에는 분리되어 있었으나, 약 5000년 전 제1왕조의 왕들이 상하이집트를 통일해서 서로를 보완하는 한 나라로 만들었다. 이 새로운 나라의 중앙정부는 현재의 카이로 근처인 멤피스에 자리를 잡아, 이 두 지역 사이의 연결점을 확보했다. 그리고 두 지역의 장단점이 반드시 서로를 더욱 강화할 수 있도록 정책을 펼쳤다. 이집트에서 최고의 가치는 언제나 마아트maat였다. 이 단어는 진실, 질서, 조화, 균형을 뜻한다.

상이집트는 길고 홀쭉한 모양으로 강을 따라 구불구불 뻗어 있었다. 이곳의 밀농사와 보리농사를 좌우하는 것은 매년 발생하는 나일강의 범람이었다. 물과 퇴적물이 강 계곡의 농경지에 쌓이면, 씨 뿌리는 계절이 다가오기 전에 수로가 생기고 땅이 비옥해졌다. 작황이 좋은 해에는 모두가 먹고도 곡식이 남을 것이라고 거의 확신할 수 있었다. 가족을 충분히 먹이고도 곡식을 저장할 수 있었다. 중앙정부에 세금으로 바칠 곡식도 충분했다. 정부는 상이집트의 잉여 곡식을 전국으로 실어 날라 마을, 도시, 신전, 궁전에 식량을 공급하고 나머지는 흉년을 대비해서 저장해두었다. 이렇게 풍년에 풍족하게 남은 곡식 덕분에 흉년의 결핍을 견딜 수 있었다. 게다가 흉년은 아주 가끔 닥쳐올 뿐이었다.

북쪽에 있는 하이집트의 나일강 삼각주는 1년 내내 물이 많은 습지여서, 대규모로 곡식 농사를 짓기가 힘들었다. 그래서 그곳의 마을 사람들은 소, 양, 염소를 기르는 데에 집중했다.[57] 그들은 자신이 기른 돼지와 상이집트에서 운반된 곡식을 먹었다. 돼지는 이리저리 몰고 다니며 기를 수 없는 짐승이었다. 다른 가축들은 대부분 남쪽으로 100킬로미터쯤 떨어진 기자로 실려가, 커

고왕국 시대의 고대 이집트

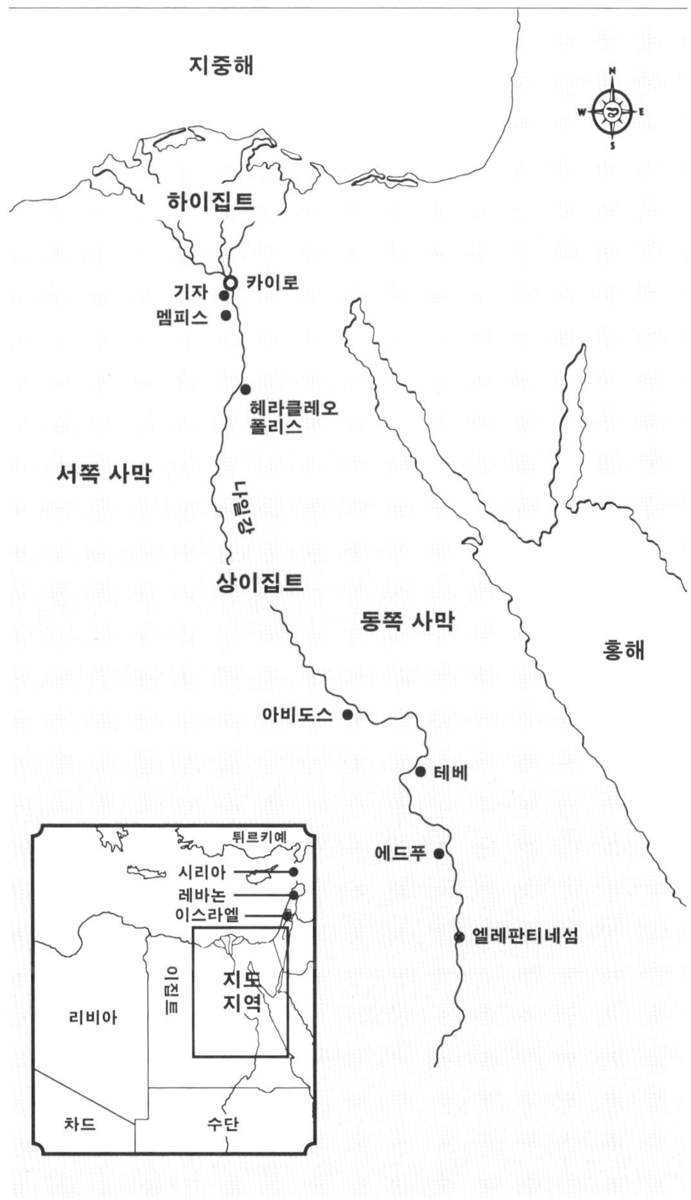

다란 피라미드 등 왕의 무덤과 기념물을 짓기 위해 모여 있는 일꾼 수만 명의 식량이 되었다.

피라미드는 왕의 영적인 힘과 정치적 권력이 얼마나 대단한지를 보여주는 건물이었다. 이집트 경제의 초석이기도 했다. 피라미드 건설이 절정에 이르렀을 때에는 그 사업이 약 25만 명을 먹여 살렸을 것으로 추정된다.[58] 고왕국 시대 이집트 인구의 4분의 1에 해당하는 숫자다. 피라미드를 비롯한 여러 왕릉 공사를 위해 여러 마을에서 불려오거나, 이 일꾼들을 먹일 가축을 기르거나, 왕의 창고에 잉여 곡식을 충분히 채울 수 있을 만큼 농사를 짓는 사람들은 이집트의 영원한 영광이라는 약속을 실행하는 데 저마다 작은 역할을 했다. 왕은 세상을 떠난 뒤 망자의 세계를 통과해서 신들과 나란히 앉아, 이집트의 지속적인 번영과 조화를 보장할 것이다. 그가 내세에서 하게 될 그 여행과 영생을 위해 웅장한 무덤이 필요했다.

일부 고고학자는 이런 수준의 국가 통제는 본질적으로 전제 정치라고 본다.[59] 또한 왕을 찬양하는 데에는 폭력적인 대가가 따를 수 있다. 처음 상하 이집트를 통일한 왕조의 통치자들이 죽었을 때, 그들의 엘리트 시종 수십 명, 아니 심지어 수백 명까지도 내세까지 그들과 동행하기 위해 희생되었다.[60] 커다란 피라미드가 지어질 무렵에는 이런 풍습이 선호되지 않았지만, 엄청난 규모의 기념물을 짓는 데에도 위험이 없지는 않았다. 기자 인근에 묻힌 많은 일꾼의 유골[61]에는 중노동의 흔적과 골절 흔적

이 있다. 그러나 왕이 신의 지위에 올라 마아트를 유지할 책임
을 졌다는 것은, 이집트의 내재적인 불평등을 대부분의 사람이
신성하게 받아들이고 그것이 나라의 통합이라는 신성한 목적에
도움이 된다고 믿었음을 의미한다. 모든 사람에게는 할 일이 있
고, 그 일에는 목적이 있으며, 모든 생명은 통일된 나라의 위계
구조와 책임이라는 복잡한 뼈대 안에서 합당한 자리를 갖고 있
었다.

그런데 4200년 전, 인더스문명이 건조하고 변덕스러운 기후 때
문에 고생하기 시작한 그 무렵에, 이집트의 모든 것이 무너졌다.

✝ ✝ ✝

이푸웨르Ipuwer는 눈앞의 광경을 믿을 수 없었다. 자신의 나라
가 이렇게 끔찍한 지경으로 떨어질 줄은 짐작도 상상도 하지 못
했다. 이집트가 존재하는 한, 흔들리지 않는 안정성과 마아트에
대한 헌신이 이 나라를 규정했다. 그러나 커다란 피라미드가 지
어진 지 300년이 흐른 지금, 조화가 무너지고 이집트는 균형을
잃었다.

매년 범람하던 강이 범람하지 않았다. 그 이듬해에도 사정은
좋아지지 않았다. 그 이듬해, 또 이듬해, 또 이듬해에도 마찬가
지였다. 다른 사람들과 마찬가지로 이푸웨르도 풍년과 흉년을
기억했다. 그러나 멤피스의 서기로서 찾아볼 수 있는 지난 몇 세

기 동안의 기록에서도 그는 이렇게 오랫동안 강물의 수위가 이렇게 낮았던 기억을 발견하지 못했다. 강 계곡의 밭에서 밀과 보리가 시들어가고, 잉여 곡식은 사라졌다. 내년을 위해 저장하는 것은 고사하고, 올해 먹을 곡식도 부족했다. 나일강 삼각주의 습지도 말라붙어, 그 지역의 가축들은 점점 앙상하고 병약해졌다. 먹을 것을 가리지 않는 돼지조차 먹이와 물을 충분히 찾지 못했다. 동물들이 죽어가기 시작하더니, 곧 사람들도 그렇게 되었다.

모래언덕이 나일 강변으로 슬금슬금 가까이 다가와 농경지를 사막으로 바꿔놓았다. 절망에 빠진 사람들은 조상의 무덤을 뒤져 찾아낸 귀중품을 먹을 것과 바꿨다. 영양실조에 걸린 여자들은 잉태를 하지 못했고, 아기가 태어나더라도 고작 며칠이나 몇 달을 사는 경우가 허다했다. 예전에는 이웃들과 함께 행운의 시대를 축하하던 사람들이 이제는 이웃의 것을 훔쳤다. 나중에는 가족의 것도 훔쳤다. 너그러움은 생각도 할 수 없는 사치품이 되었다. 시신이 너무 많아서 다 묻어주지 못했기 때문에, 부패하여 크게 부풀어오른 시신들이 나일강 하류를 막았다. 식수를 뜨러 간 사람들은 그 시체들을 옆으로 밀어내야 했다. 이푸웨르는 어떤 곳에서는 사람들이 너무 배가 고파서 서로를 잡아먹기 시작했다고 여기저기서 작게 속삭이는 소문을 들었다. 절망에 빠진 사람들이 자신을 배신한 강물 속으로 걸어 들어가 곧장 악어의 입속으로 들어가 버리는 경우도 있었다. 이렇게 사는 것은 반갑지 않았다. 차라리 내세가 나을 것 같았다.

예전에 이푸웨르가 멤피스에서 함께 일했던 궁정신하, 서기, 정부 관리는 이집트에서 가장 부유하고 가장 힘 있는 사람들이었다. 지금은 그들이 궁전과 도시에서 도망치고 있었다. 그들이 안락한 생활을 할 수 있었던 것은 그들의 땅에서 꾸준히 곡식이 생산되어 창고가 가득 차 있었기 때문이었다. 나일강이 범람하지 않게 되고 저장한 곡식도 떨어지자 그들은 무력해졌다. 그들을 위해 일하던 농민들은 바싹 마른 땅에서 어떻게든 곡식을 재배하려는 노력을 그만두고, 사전 연락도 없이 땅을 떠났다. 궁정에서 일하는 이푸웨르와 동료들은 여건이 최고로 좋은 상황이라 해도 농사짓는 법을 모르는 사람들이니, 항상 믿음직하게 도움을 주던 나일강이 물러나버린 지금은 말할 필요도 없었다. 그들은 글을 읽고, 쓰고, 당국의 창고와 재산을 관리하고, 왕의 신체를 돌보고, 왕의 비밀을 지키는 일에 평생을 쏟았다. 하지만 잔혹하게 변해버린 새로운 세상에서 그런 기술은 쓸모가 없었다. 심지어 왕도 수도를 버렸다는 이야기가 돌아다닐 정도였다. 이푸웨르는 그런 소문을 듣고도 신경을 쓰지 않는 자신에게 놀랐다. 왕은 마아트를 회복시키는 데 실패했다. 그것이 그의 가장 중요한 의무인데도. 그러니 그에게는 선대 왕들의 찬란한 무덤을 바라볼 자격도 없었다. 커다란 피라미드에 묻히는 건 더욱 안 될 일이었다.

남쪽의 지역들이 연달아 연락을 보내, 이제 왕의 통치를 받지 않겠다고 선언했다. 그러고는 곧 전쟁 소식이 들렸다. 새로 독립한 지역들이 최고의 자리를 놓고 서로 싸우기 시작한 것이다. 새로 등장한 군벌들은 한때 왕에게만 허용되었던 장식을 착용하고 왕의 의무도 자신이 하겠다고 나섰다. 그들은 자신의 이름을 왕의 이름 양식으로 쓰고, 자기 영역의 마을과 동맹을 위해 곡식을 모아들이고, 세금을 거부하고, 자기보다 높은 지도자가 있다는 것을 인정하지 않았다. 이푸웨르는 그런 행동이 잘못이라는 것을 알면서도, 왕이 도움을 주려 하지 않으므로 모두 알아서 살길을 도모해야 한다는 점을 인정할 수밖에 없었다.

폭력의 그림자가 항상 의식의 가장자리에서 어른거렸다. 빈약하게나마 유지되는 국지적인 평화가 언제 산산이 부서질지 알 수 없었다. 강물이 높게 범람하고 나라에 힘이 있던 시절에는 무기가 필요하다는 생각을 해본 적이 없는 농부와 목부가 이제는 활과 창을 구하려고 했다. 그리고 그 무기를 이용해 굶주린 사람들과 필사적인 사람들을 쫓아냈다. 그러다 그들 자신도 굶주림에 지쳐 필사적인 처지가 되면, 그 무기로 다른 마을과 도시를 공격했다. 이집트인들은 장례를 치를 때 항상 고인의 귀한 물건을 함께 묻었다. 그래서 지금은 무기가 고인의 옆에 묻혔다. 굶주림과 폭력이 전국을 휩쓸면서, 공동묘지가 점점 커졌다.

이푸웨르는 이 어두운 시대를 사람들이 꼭 기억하게 만들어야겠다고 생각했다. 그래야 이런 일이 다시 일어나지 않을 것이다. 그는 자신이 본 것을 글로 기록하기 시작했다. 전대미문의 고난과 고생 앞에서, 한때 이집트 사회를 하나로 묶어주던 도덕적인 그물망 마아트는 실현 불가능한 이상이 되었다. "이 땅이 도공의 물레처럼 빙글빙글 돌아간다."[62] 이푸웨르는 이렇게 썼다. 질서를 유지하던 고대 이집트 사회가 혼돈으로 퇴화했다. 모든 것이 거꾸로 뒤집혔다.

† † †

이푸웨르의 기록 《이집트 현자의 충고Admonitions of an Egyptian Sage》는 사회의 붕괴를 기록했다고 주장하는 고대의 기록 중에서 대단히 널리 알려져 있으며, 몹시 종말론적인 내용을 담고 있다. 지난 4000년 동안 이 책은 사회의 붕괴를 악몽, 비극, 최악의 시나리오로 보는 대중적인 관점이 확립되고 강화되는 데 기여했다. 우리는 엄청난 규모의 파괴와 죽음을 상상한다. 폐허가 된 도시와 무너진 문명이 흙으로 돌아가는 모습이 눈에 보이는 듯하다. 아포칼립스 이전 세상의 찬란한 영광이 거부와 망각 속에 묻혀버리면서 아포칼립스 이후 도래한 암흑시대를 상상한다.

그러나 고고학자들에게 붕괴는 완전히 다른 의미다. 1988년 인류학자 조지프 테인터Joseph Tainter가 내린 붕괴의 정의가 나중에 가장 큰 영향력을 발휘하게 되었다. 그는 붕괴란 "이미 확립된 복잡한 사회정치 구조가 급속히 현저하게 사라지는 것"[63]이라고 정의했다. 다시 말해서, 붕괴는 중앙집권화된 복잡한 사회가 빠르게 해체되어 상호 연결이 덜한 작은 조각으로 분리되는 정치적·경제적 과정이다.

사회의 구조가 점점 복잡해지면 정치조직, 경제, 사회적 위계 구조에 더 많은 층이 생긴다. 페루의 북쪽 해안에서 엘니뇨가 발생했을 때 이런 변화가 일어난 것을 이미 보았다. 사회가 붕괴할 때는 이 중에 많은 층이 아주 빨리 해체돼서 사라진다. 사람들이 하라파를 버리고 시골 마을로 돌아간 것이 그런 사례다. 한때 많은 전문직을 지탱할 수 있었던 경제체제(장인과 상인은 확실한 기반이 있었고, 정치가와 도시계획가도 아마 이 체제에서 활동할 수 있었을 것이다)가 농업에 주력하는 체제로 축소되었다. 교역망은 무너지고, 공동체는 예전보다 자급자족하게 된다. 서로 가까이 살면서도 아주 다양한 삶을 살아가던 사람들이 이제는 위험해진 환경 변화 속에서 넓게 흩어져 대부분 비슷한 생활을 하게 된다.

고고학자들에게 붕괴는 소멸이 아니라 해체를 뜻한다. 고대와 현대의 국가 대부분(특히 제국)은 이미 작은 정치 단위(도시, 지역, 미국의 50개 주)로 구성되어 있으므로, 붕괴할 때는 보통 그 작은 구성단위로 해체될 것이다. 만약 미국이 붕괴한다고 가정하면, 캘리포니아, 텍사스, 뉴욕시는 아마 독립적으로 계속 존재할 것이다. 연방정부와 연결되지 않고, 연방정부의 통제도 받지 않는 상태로. 아니면 현재의 경계선이 다시 그려질 수도 있다. 예를 들어 플로리다가 중세 이탈리아의 도시국가 같은 단위들로 쪼개질지도 모른다는 뜻이다. 남북 다코타가 몬태나, 아이다호와 합쳐지거나, 캐나다의 매니토바나 서스캐처원과 합병될 수도 있다. 국가가 붕괴해서 해체되면, 과거의 국경은 의미를 잃는다.

인더스문명의 경우처럼, 이집트도 4200년 사건과 관련된 장기적인 가뭄을 겪던 중에 붕괴했다. 4200년 사건이란 4200년 전에 전 세계의 기후가 건조해진 것을 말한다. 이집트에서 환경 위기는 나일강의 범람 수위가 위험할 정도로 낮아지는 형태로 나타났다. 나일강 삼각주의 호수 속 깊은 곳에서 채취한 퇴적물 코어 시료에서 학자들은 4200년 전 무렵 습지 식물들의 꽃가루가 급속히 감소한 것을 알아냈다.[64] 삼각주 지역의 습지가 몹시 건조해졌다는 뜻이다. 나일강이 흘러드는 사막 호수에서 채취한 또 다른 코어 시료[65]는 비슷한 시기에 이 호수가 거의 완전히 사라졌음을 보여주었다. 4500년 전부터 4200년 전 사이 가뭄으로 인해, 평소 에티오피아의 나일강 수원 근처에서 강변의 흙을 붙잡아두던 식물들이 시들어 죽어버렸다. 그렇지 않아도 이미 수위가 낮아진 나일강에 점점 더 많은 퇴적물이 쌓이면서,[66] 결국 삼각주에 개펄이 생기고 현재의 코어 시료에서 볼 수 있는 고대 기후층이 형성되었다.

현대에 수집된 고대 기후 데이터는 이집트의 고대 기록을 확인해준다. 이집트 서기들은 팔레르모석Palermo Stone이라고 알려진 기념물에[67] 고왕국 시대 내내 나일강의 범람 수위를 기록했다. 그 덕분에 고고학자들은 오랜 세월에 걸친 평균 수위를 계산할 수 있다. 이집트가 1명의 왕 아래에 통일되어 있던 제1왕조

시대에 범람 수위는 평균 2.28미터였다. 제2왕조와 제3왕조 때
는 이 수위가 낮아졌다가, 대피라미드가 건설되던 제4왕조 시대
에는 조금 상승하더니 제5왕조(고왕국의 끝에서 두 번째 왕조) 시대
에는 다시 평균 1.65미터로 뚝 떨어졌다.

팔레르모석의 기록은 여기서 끝나지만, 고대 이집트의 남쪽
국경에 있던 엘레판티네섬[68]의 고고학적 증거는 수위가 계속 낮
아졌음을 보여준다. 고왕국 시대에 여기서는 강이 점점 줄어들
면서 땅이 더 많이 드러났기 때문에, 사람들이 강변과 더욱 가까
운 저지대에 계속 집을 지을 수 있었다. 가장 낮은 곳의 마을, 즉
수위가 가장 낮았던 시기는 고왕국의 마지막 왕조인 제6왕조 때
로 측정된다.

강의 범람 수위가 낮아지면서 사막(고대 이집트의 우주론에서 망
자의 세계)이 산 자들의 세상인 나일 계곡의 생기 있는 초록색 땅
과 계속 가까워졌다. 제5왕조 때, 이집트의 무덤에 그려진 사냥
장면에 사막 동물과 사막 풍경이 등장하기 시작했다.[69] 예전 같
으면 농사짓는 모습이나 종교의식이 그 자리에 그려졌을 것이
다. 제6왕조의 무덤에서는 바싹 마른 사막 풍뎅이가 발견되었
다. 사하라사막이 확장된 자리에는 오래전에 죽은 나무의 그루
터기와 뿌리가 화석이 되어 남았다.[70] 예전에는 초지草地였던 곳
에 지어졌으나 지금은 버림받은 마을의 잔해도 있었다. 고대 이
집트의 많은 문헌에도 모래가 언급된다. 이푸웨르는 《이집트
현자의 충고》에서 "사막이 땅 어디에나 있다"[71]고 썼다. 어느 지

역 지도자의 전기에는 그가 통치하던 시기에 "땅이 바람에 날렸
다"[72]고 묘사되어 있다. 점점 잠식해 들어오는 모래언덕에서 모
래가 바람에 날리는 모습을 가리키는 것 같다. 그 시대의 여러
문헌은 또한 나일강과 그 주위에 모래톱이 나타난 시기[73]와 기
근 시기를 연결시킨다. 모래톱이 드러날 만큼 강의 수위가 낮아
져 농사를 짓기가 불가능해졌기 때문이다.

생명을 주는 나일강의 수위가 심각하게 낮아지는 동안, 극단
적인 날씨 변화도 일어났다. 자주 있는 일은 아니어도 재앙에 가
까운 폭우가 내리면 순식간에 물이 불어날 수 있다. 고왕국 말기
의 일부 무덤에서는 그런 홍수로 인해 두껍게 쌓인 진흙층이 발
견되었다.[74] 페루의 신전 피라미드 주위에 엘니뇨가 남기고 간
퇴적물과 아주 흡사하다. 고대 이집트인들이 의지한 것은 혼란
스러운 폭우가 아니라 예측 가능한 나일강의 범람이었다. 따라
서 그들은 비를 사막의 신이 보낸 저주로 생각했다.[75] 어떤 발굴
현장에서는 점점 넓어지는 사하라사막에서 바람에 날아온 모래
가 진흙층 여기저기에 층을 이루고 있는 것이 발견되었다. 환경
을 예측하기가 점점 어려워지자, 이집트는 나라의 기초인 균형
으로부터 계속 멀어졌다.

대피라미드를 건설할 수 있을 만큼 강력한 중앙집권국가라면
세금 징수, 창고에 저장된 곡식 분배, 나일강의 주기를 되돌리기
위한(또는 적어도 왕이 아직 이런 것을 통제할 수 있다는 백성의 신뢰를
강화하기 위한) 종교의식 등에 힘을 써서 힘든 시기를 견뎌낼 수

있었을지 모른다. 이집트 왕들은 틀림없이 이런 시도를 했을 것
이다. 그러나 4200년 전에 기후변화가 일어났을 때 이집트 왕의
권력은 정치투쟁 때문에 이미 약화된 상태였다.

고왕국 내내 이집트 정치와 문화의 중심은 수도 멤피스였다.
정부의 중요한 자리는 왕족이 차지했고, 각 지역에 파견된 지사
들은 항상 왕과 가까운 곳으로 돌아와 땅에 묻혔다. 정치적으로
배정받은 임무를 제외하면 그들은 자신이 다스리는 지역과 아
무런 유대가 없었다. 자신의 뒤를 이어 그 자리를 메울 사람들과
도 유대가 없었다. 고왕국 시대 중 대부분의 기간 동안 지사 직
은 각 지역이 중앙집권국가의 매끄러운 운영을 위해 맡은 역할
을 확실히 수행하게 하는 자리였다. 언제나 모든 일의 분명한 수
장인 왕을 위해서.

그러나 이집트의 국가구조가 점점 복잡해지고 그 구조를 관
리하기 위해 더 많은 관료와 사제와 서기가 필요해지자, 왕족들
은 정부의 직위에 대한 독점권을 조금 느슨하게 풀어주는 수밖
에 없었다.[76] 국가를 구성하는 각 지역에 대한 직접적인 통제권
도 마찬가지였다. 왕은 중요한 자리에 자신의 친척보다 노련한
외부인을 앉히기 시작했다. 중요한 지역의 통제권도 왕의 통치
에 충성할 이유가 덜한 사람에게 양보했다. 붕괴가 시작되기 약
100년 전인 제5왕조 때부터 공주들을 고위 관리나 다른 귀족 가
문 사람과 결혼시키기 시작했다. 그렇게 해서 귀족과 관료를 반
드시 군주보다 낮은 지위에 묶어두지 않고, 공주의 남편이 된 사

람의 지위를 높여주었다. 한편 지사들이 점점 야망을 드러내며 자신의 아들을 후계자로 임명하기 시작했다. 왕족의 형태를 그대로 가져와서 그들과 경쟁하는 지역 왕조가 여기저기 생겨나는 셈이었다. 그들은 왕릉의 구조를 그대로 가져다가 자신의 무덤을 지었다. 무덤의 위치도 수도 근처가 아니라 자신이 있는 지역이었다. 지역 지도자 중에서도 유난히 주제넘었던 한 사람은 타원형 안에 자신의 이름을 쓰기 시작했다. 이것은 원래 귀족에게만 허용되는 양식이었다. 그는 결국 자신의 무덤으로 사용할 피라미드까지 지었다. 그가 말하고자 하는 뜻은 분명했다. 왕은 이제 이집트의 유일한 최고 통치자가 아니라는 것이다. 지사들은 왕과의 격차를 줄여 더 많은 권력을 손에 쥐고 있었다.

제6왕조의 마지막 왕이자 고왕국의 마지막 왕인 페피 2세Pepy II가 즉위했을 무렵, 왕의 권력은 이미 심각하게 침식된 상태였다. 페피 2세는 지사들, 특히 먼 상이집트의 지사들을 통제하려고 갖은 노력을 했다. 남부 지사들에게 직위와 책임을 허락했다가 빼앗기를 반복한 것은, 그들을 달래는 방법과 굴복시키는 방법 사이를 오간 결과로 보인다. 그는 남부 장관이라는 직위를 신설해서, 지사들에게 그의 명령을 들으라고 요구했다. 세금을 걷고 중앙정부의 존재를 분명히 하기 위해 강력한 남부 도시에 곡식창고를 새로 짓기도 했다. 그러나 상이집트의 지사들은 페피 2세가 무려 64년 동안 옥좌를 지키며 이렇다 할 효과를 거두지 못한 재위 기간 내내 자신들의 힘을 공고히 했다. 페피 2세가 마침내 세상을 떠난 뒤 남은 것은 후계 분쟁으로 인한 위기였다. 적어도 8명의 아내에게서 태어난 잠재적인 후계자들이 옥좌를 놓고 경쟁했다. 제7왕조의 이 "소왕小王들"[77] 중 누구도 자신의 힘을 굳건히 다지거나 정치적 혼돈에 종지부를 찍지 못했다. 고대 이집트 역사가들은 이 시기를 70일 동안 70명의 왕이 있었던 때로 기억했다.

이런 정치적 위기 와중에 강의 범람 수위가 최악의 수준을 기록했다. 나일강의 자연스러운 주기가 무너진 탓에 연달아 등장한 약한 왕들의 힘이 더욱 약해졌음이 거의 확실하다. 그들이 이집트의 환경 균형을 회복하는 신성한 임무[78]와 자원을 분배하는 현실적인 책임을 제대로 수행하지 못했기 때문이다. 상이집트의 지역들은 더는 견디지 못하고 왕의 통제를 받지 않겠다고 선언했다. 피라미드를 비롯한 기념물의 건설이 갑작스레 중단되고, 이집트의 수도도 찬란한 도시 멤피스에서 지방도시인 헤라클레오폴리스로 옮겨졌다. 고대 이집트 역사가들은 고왕국 마지막 왕조인 제6왕조 이후 왕들의 명단이 끊겼음을 기록으로 남겼다. 복잡한 사회구조를 지니고, 정치적인 통일을 이루었던 이집트가 독립적인 작은 지역들로 해체되었다. 이제 그 모든 지역을 다스리는 단 1명의 통치자는 존재하지 않았다. 그렇지 않아도 약해진 중앙정부는 환경 위기를 완화하는 데 아무런 쓸모가 없음이 드러났다. 해결책은 나라의 붕괴였다.

† † †

안크티피Ankhtifi에게는 전쟁이 낯설지 않았다. 땅이 바짝 마르고 기근이 든 이 시기에 통치자라면 그럴 수밖에 없었다. 특히 야망이 있는 지도자라면 더욱 그러한데, 안크티피도 확실히 그런 지도자였다. 그는 독자적으로 출발해서 벼락출세한 사람이었다. 원래 아무것도 아닌 사람이었으나, 다른 사람들이 모두 두려워서 책임을 피할 때 앞으로 나서서 중요한 인물이 된 사람. 왕의 지휘를 받지 않아도 되기 때문에 그는 자신의 군대를 직접 통솔해서 자신의 목적에 맞게 배치했다. 누군가는 그를 군벌로 생각할지도 모른다. 그는 자신이 지사, 장군, 사람들에게 가장 필요한 지도자라고 생각했다.

안크티피는 이집트 남쪽 끝의 한 지역을 장악하는 것으로 정복을 시작했다. 그리고 그 직후에 매의 형상을 한 신 호루스Horus에게서 신탁을 받았다. 인근 지역인 에드푸에도 문제가 생겼다는 내용이었다. 그가 군대를 이끌고 가보니, 에드푸는 무능한 지도자의 방치로 내전 상태였다. 안크티피는 재빨리 질서를 회복하고, 파벌들을 강제로 화해시켰다. 왕의 통제에서 벗어난 상이집트에는 혼돈 상태가 된 지역이 워낙 많았다. 상이집트의 모든 지역에서 가뭄으로 농사가 엉망이 되고 사막의 모래가 마을과 도시로 날아오는 상황에서는 어차피 왕이 그들을 보호해줄 수도 없었다. 이곳이 수도에서 워낙 멀고, 자연의 주기가 망가졌기 때문이다. 안크티피는 왕도 아니고, 왕이 되고 싶은 생각도 없었다. 그는 새로운 존재, 더 나은 존재였다.

그는 자신의 병사들과 함께 테베의 성벽 앞에 서 있었다. 테베는 상이집트에서 가장 강력한 곳 중 하나였다. 안크티피는 이곳에서 전투를 벌여 테베를 장악하려고 왔다. 그는 백성들에게 헌신적이고 창의적인 지도자였으므로, 그런 지도자가 있는 것이 사람들에게는 행운이 될 터였다. 그의 군대는 노련하게 평화를 유지하면서 동시에 아주 멀리까지 넓은 지역에 걸쳐 두려움을 퍼뜨릴 수 있었다. 테베는 성문을 열고 감사한 마음으로 그를 반가이 받아들여야 한다는 것이 그의 생각이었다. 그러나 자신이 싸움을 통해 이 도시를 쟁취해서 그들의 충성을 받을 자격을 증명하는 편이 어쩌면 더 나을 것 같기도 했다.

그러나 그의 도전에 응하는 테베인이 없었다. 도시의 성벽은 열리지 않고, 그 안의 사람들은 모두 안크티피의 존재를 무시했다. 그의 병사들은 그 일대를 돌아다니며 누구라도 싸울 상대를 찾으려 했다. 그래야 자기들 지도자의 힘을 증명할 수 있기 때문이었다. 안크티피는 다른 가능성, 즉 테베의 군대가 그의 위협을 진지하게 받아들이지 않아서 전투에 힘을 낭비하려 하지 않는다는 가능성을 아예 생각조차 하지 않으려 했다. 다른 지도자라면 이런 무시를 패배보다 더한 굴욕으로 받아들였을지도 모르지만, 안크티피는 아니었다. 그는 테베 사람들이 자신에게 패배할까 봐(그들은 필연적으로 패배하게 되어 있었다) 겁이 나서 그러는 것이라고 확신했다. 어쨌든 최소한 그가 나중에 다른 사람들에게 들려줄 이야기는 이런 것이었다.

안크티피는 영토를 넓히지 못한 것에 굴하지 않고 자신의 지역으로 돌아왔다. 테베가 그의 손을 피했는지 몰라도, 그의 영향력과 힘을 키우는 방법이 정복뿐인 것은 아니었다. 안크티피는 항상 난민을 환영했다. 그들은 곧 그의 신민이 될 사람들이었다. 그의 군사적 업적과 그렇게 싸워서 얻은 권력을 사용해서 백성들을 돌보지 않는다면, 그런 힘은 무의미했다. 그가 없으면 백성들은 길을 잃고 헤매게 될 터였다. 가뭄과 굶주림이 만연한 이런 시대에는 더욱 그러했다.

안크티피는 후계자를 남기지 않고 죽었다. 그가 이집트 남쪽 끝에 세운 작은 왕국은 불에 굽지 않은 토기가 사막 신의 폭우를 맞아 부서지듯이 금방 사라졌다. 그러나 그의 무덤은 영원히 남았다. 옛 수도 근처에 방치되어 있는 왕들의 무덤이 영원히 남은 것처럼. 안크티피는 장인들을 고용해 무덤의 기둥에 자신의 생애를 새기게 했다. 그가 살면서 성취한 모든 것과 후세에 기억되고 싶은 모습이 거기에 묘사되었다. "나는 비할 데 없는 영웅이다."[79] 그의 무덤에 새겨진 이 선언은 먼 미래까지 메아리쳤다.

† † †

고왕국의 왕들은 자신의 권력을 정당화해야 한다는 생각을

한 번도 하지 않았을 것이다. 그들은 지상의 신이었으며, 왕좌에
대한 그들의 권리는 의문의 여지가 없는 신성한 것이었다. 그들
이 이집트를 섬기는 것이 아니라, 이집트가 그들을 섬겼다. 붕괴
이후, 즉 제1중간기라고 불리는 시대의 지역 지도자들은 이런
특권을 누리지 못했다. 신민들의 충성과 물질적 지원을 받을 신
성한 권리가 그들에게는 없었다. 그들은 아포칼립스의 시대에
백성들을 보호해서 그 권리를 직접 얻어내야 했다.

그런 지도자 중 하나가 안크티피다. 무덤에 새겨진 그의 자
랑 덕분에 고고학자들은 통일된 나라이던 고왕국이 무너진 뒤
의 정치적 진공상태에서 권력을 다투던 사람들 사이의 새로운
규칙을 알 수 있었다. 이 붕괴 이후의 세상에서 안크티피는 신
성이 아니라 행동을 통해 사회적·정치적 지위를 쟁취하고, 지키
고, 계속 정당화해야 했다. 그가 분명히 지역적이고 물질적인 문
제에 관심을 쏟은 것은, 지리적으로 먼 곳에서 영적인 문제에 집
중하던 고왕국의 왕들과 선명한 대조를 이룬다. "나는 굶주린 자
에게 빵을, 헐벗은 자에게 옷을 주었다. 기름이 없는 자에게 기
름을 발라주고, 맨발인 자에게 샌들을 주었다. 아내가 없는 자
에게는 아내를 주었다. 하늘에 구름이 끼고 땅이 [바싹 마른 위
기] 때 소도시 헤팟과 호르메르를 보살폈다… 상이집트 전체가
굶주림으로 죽어가 사람들은 자식을 잡아먹었으나, 나는 이 [지
역]에서 누구도 굶주림으로 죽지 않게 했다."[80] 무덤에 새겨진
글이다.

안크티피의 무덤 기둥에 새겨진 글이 그의 영향력과 성공을 과장했음은 거의 확실하다. 그런 글의 본질만 생각해봐도 그렇다. 그러나 이 글은 또한 고왕국과 거의 정반대인 가치 체계와 정치 이념의 부상을 보여준다. 이집트라는 국가가 형성된 뒤 처음으로, 백성이 통치자를 책임지는 것이 아니라 통치자가 백성을 책임지고 있었다.

고왕국 시대에 최고로 복잡하고 통일된 나라를 유지하기 위해 사람들은 극단적인 불평등과 엄격한 사회적 역할을 감수해야 했다. 이를 통해 이 나라의 정치적·경제적 위계구조가 강제되고 유지되었다. 그러나 나라가 붕괴하면서, 오랫동안 억눌려 있던 다른 가능성이 나타났다. 제1중간기에 사람들은 과거의 규칙과 과거의 역할을 떨쳐버리고, 새로운 규칙을 주장했다. 안크티피 같은 사람은 스스로 싸워서 권력 있는 지도자의 자리까지 올라가며, 새로운 개념을 만들어냈다. 그 밖의 많은 사람이 경험한 변화는 이렇게 뚜렷하지 않았지만, 그 깊이는 똑같이 심오했다.

고고학자들은 제1중간기 때 이집트의 도시와 마을에 무덤이 급격히 늘어난 것을 오래전부터 알아차렸다.[81] 최근까지 이 현상은 붕괴가 진행되는 기간과 그 이후에 많은 사람이 사망한 증거로 여겨졌다. 안크티피 같은 사람들이 벌인 지역 전쟁과 기근이 아마 원인이었을 것으로 짐작되었다. 그러나 제1중간기의 무덤들을 다른 시선으로 바라보기 시작한 고고학자들이 있었다. 이 시대의 무덤은 이전보다 늘어나기만 한 것이 아니라, 훨씬 더 튼튼하고 잘 정비되어 있었다. 어쩌면 무덤의 증가가 곧 국가의 붕괴 이후 폭력이나 굶주림으로 인한 사망자의 증가를 의미하는 것이 아닐 수도 있었다. 중앙집권국가의 구속과 요구가 없어져서 지역의 평민들이 점점 부유해지고, 이승은 물론 저승에서도 자신의 취향, 능력, 정체성을 더 기꺼이 선언할 수 있게 된 것이 아닐까. 예전 같으면 소박한 구덩이에 묻혔을 사람들이 지금은 4000년을 견딜 만큼 튼튼한 무덤을 지을 자원과 의욕을 갖게 되었을 것이다.[82]

지역에 생겨난 이 새로운 무덤들은 예전에 평민이 가질 수 있었던 무덤과 비교할 때 거의 호화로운 수준이었다. 거울, 줄마노 머리받침, 보석 호부護符, 금 등의 부장품이 가득했다. 예전에는 왕과 수도의 최고위 귀족들에게만 허용되던 사치, 즉 일상적인 활동을 묘사한 디오라마나 장례문 같은 것이 이집트 전역의 평범한 무덤에 흔하게 나타났다. 이런 유물이 이처럼 풍부하게 발굴된다는 사실은, 장인들이 모든 지역에서 실용적인 물건만 제조하는 데에서 그치지 않고 예술을 추구할 시간과 기회를 누리며 심지어 번성하기까지 했음을 암시한다. 나라가 붕괴한 이후 이집트 전역에서 딱히 호화스러운 수준은 아니더라도 최소한 안락함과 기회가 있는 삶을 더 많은 사람이 누리게 된 것 같다.

이처럼 자기만의 프로젝트에 쏟을 자원과 시간이 늘어난 장인들 덕분인지, 예전에는 억압되었던 창의력이 붕괴 이후의 이집트에서 폭발했다. 고왕국 정부가 강력한 힘을 발휘하고 이집트가 통일되어 있던 시절에는 온 나라의 예술적 양식이 똑같았다. 그러나 정부가 붕괴하고 제1중간기가 시작되면서 전국의 예술가, 건축가, 장인은 실험을 시작했다. 건축가는 고왕국 왕족들의 무덤과는 완전히 다른 무덤을 설계해서 각 지역에 건설했고, 화가는 그 무덤을 새로운 그림으로 장식했다. "줄지어 늘어선 군인과 사냥꾼, 전투 중인 용병, 종교 축제"[83]뿐만 아니라 실 잣는 사람이나 베 짜는 사람처럼 비교적 지위가 낮은 사람들의 일상적인 일도 묘사되었다. 십중팔구 궁정과 수도의 취향 때문인지 우아하지만 제작에 시간이 많이 들어가는 타원형 단지만 만들어야 했던 도공은 이제 비교적 신기술인 물레로 자신이 만들 수 있는 다양한 형태를 탐구하기 시작했다. 상이집트에는 바닥이 널찍하다 못해 때로는 거의 자루 같은 형태의 그릇들이 나타났다. 물레에서 만들기 쉽고 효율적인 형태였다. 하이집트에서는 도공과 소비자가 모두 길고 가느다란 그릇을 선호했다. 제1중간기에 만들어진 물건, 문헌, 예술품은 "놀라운 수준의 독창성과 창의성을 드러[냈다]."[84] 하지만 "형편없는 솜씨로 만든 볼품없는" 물건도 많았다. 이전 세대의 학자들은 품질의 하락을 고대 이집트 문명이 추락한 증거로 받아들였다. 그러나 다양한 지역 양식의 출현과 새로운 종류의 예술품을 반드시 문화적 쇠퇴의 징후로 볼 수는 없다. 오히려 붕괴 덕분에 가능해진 해방의 상징일 수도 있다.

절대 흔들리지 않던 과거의 사회적 역할도 고왕국의 붕괴 이후 변하기 시작했다. 이집트 사회가 안정적일 때 여자의 무덤에 새겨진 글은 그들의 아름다움과 기타 '수동적인' 미덕을 찬양하며, 남편을 비롯한 여러 가족과의 관계를 강조하는 경향이 있었다. 그러나 제1중간기 때 데후티나크트Djehutinakht라는 여자는 사회적 사다리를 올라가 귀족이 된 것을 자랑했으며, 안크티피처럼 "굶주린 지에게 빵을" 주는 등 자신의 사람들을 도울 수 있는 것을 자랑스럽게 생각했다. "사상 처음으로" 여자가 자신의 생애를 공식적으로 기록한 이야기에서 "자원과 도덕"[85]을 중심에 놓은 사례였다. 사회의 붕괴만으로 이런 일이 가능해졌다.

제1중간기의 정치적·환경적 도전에 특히 유연하게 대응한 집단은 이집트 평민들인 것 같다. 그들의 일상에 대한 증거를 찾기는 어렵다. 고왕국과 제1중간기의 많은 마을과 소도시 유적이 나중에 만들어진 정착지 밑에 묻혀 있기 때문이다. 심지어 현재의 지하수면 아래에 묻혀 있는 경우도 있다. 그러나 상이집트의 멤피스에서 남쪽으로 약 400킬로미터 떨어진 상이집트의 아비도스 마을에서는 이 시기의 평민들 주택이 아주 얇은 사막 모래에 한 꺼풀 덮여 있을 뿐이다. 처음으로 이집트를 통일시킨 왕들의 본거지였으며, 나중에는 제1중간기 때 인기가 높아진 오시리스Osiris 숭배의 중심지로서 상징적인 중요성을 갖고 있다 해도, 아비도스는 상당히 일반적인 마을이었다. 주민들도 대부분 농부였다. 바로 이런 환경을 연구할 수 있는 곳이 거의 없기 때문에 현재의 고고학자들에게는 귀한 장소다.

고고학자 매슈 더글러스 애덤스Matthew Douglas Adams는 이집트의
전문적인 일꾼 팀과 함께 아비도스의 고대 주택 9채를 발굴했
다. 당시 평민들이 고왕국의 붕괴를 어떻게 경험했는지 연구하
기 위해서였다. 일꾼들은 모래를 바구니로 계속 퍼내서 체로 걸
러 유물을 분리해냈다. 깨진 도자기 조각이 대부분이었다. 애덤
스는 그런 조각이 "수억 개, 수십억 개"[86]나 되었다면서, 아주 조
금만 과장했을 뿐이라고 말한다. 진흙 벽돌로 지은 주택의 벽이
마침내 모습을 드러낸 뒤에는 훨씬 더 섬세한 작업이 필요했다.
일꾼들은 오래전에 사람들이 버리고 간 방에 앉아서 흙손으로
흙을 한 꺼풀씩 긁어냈다. 도자기 조각, 깨진 동물 뼈, 불에 탄 나
뭇조각, 씨앗, 그 옛날 화덕의 잔해, 사람들이 그 화덕에서 요리
한 음식 등은 일일이 봉투에 담아 이름표를 붙였다.

　여기서 애덤스가 발견한 사실은 먼 옛날의 서기 이푸웨르가
《이집트 현자의 충고》에서 제1중간기에 대해 기술한 모든 것과
어긋났다. 아비도스의 주민들은 고왕국의 붕괴로 극단적인 경
제적 쇠퇴를 겪지도 않았고, 생활에서 달라진 점도 별로 없는 것
같았다.[87] 세월이 흐르면서 일부 주택과 저장 시설이 작아지기
는 했으나, 이것은 그 건물 주인이 개인적으로 어려운 처지가 되
었다는 증거일 수 있었다. 오히려 더 커진 주택과 창고도 있었
다. 이 도시의 가장 큰 주택에서 사는 사람부터 가장 작은 주택
에 사는 사람에 이르기까지 모두가 고왕국 정부가 사라진 뒤에
도 맷돌이나 일부 염료 등 교역을 통해 아비도스로 들어오는 상

품들을 구할 수 있었다. 아비도스는 붕괴 이전에도 이후에도 외부의 도움을 받은 적이 별로 없었다. 애덤스는 정부에서 분배하는 곡식이나 물품에만 찍히는 진흙 인장의 깨진 잔해를 고작 몇 개밖에 발견하지 못했다. 이 마을은 수도나 나라 전체에서 무슨 일이 일어나든 대체로 스스로 알아서 살아간 것 같다.

그러나 이것이 곧 기근이 없었다는 뜻은 아니다. 고왕국 말기에 아비도스도 적어도 몇 번은 흉년을 겪었다. 고고학자들은 발굴을 통해 고대인들의 생활에 대해 많은 것을 알아낼 수 있지만, 몇 년이나 몇십 년이라는 비교적 짧은 기간 동안 일어난 변화를 잡아내기는 보통 불가능하다. 옛날 사람들의 마음을 들여다보는 것도 역시 불가능하다. 이푸웨르처럼 자신의 감정과 관점을 글로 적은 아주, 아주 소수의 사람을 만난다면 또 모를까. 아비도스 사람들이 결코 잊지 못할 만큼 끔찍한 시기를 견뎌냈을 가능성은 얼마든지 있다. 이푸웨르와 마찬가지로 이집트의 화합과 조화가 전례 없이 사라져버렸다고 걱정했을 수도 있다. 정치적 격동이 자신의 삶에 어떤 영향을 미칠지도 걱정스러웠을 것이다. 그러나 그들이 살던 주택의 잔해는 그들이 물질적으로도 문화적으로도 암흑시대를 겪지 않았다고 말한다. 어쩌면 나라의 붕괴 덕분에 지역 지도자들이 오히려 힘을 얻어 멀리 있는 왕이 아니라 백성들에게 도움이 되는 일을 함으로써 마을이 아포칼립스를 이겨낼 수 있었는지도 모른다.

아비도스 같은 곳의 주민들은 이집트 사회에서 가장 밑바닥에 있었는지 몰라도, 그 덕분에 나라의 붕괴라는 정치적 아포칼립스를 비교적 상처 없이 견뎌낼 수 있을 정도의 생존 기술을 이미 지니고 있었다. 반면 엘리트들은 그렇게 운이 좋지 않았다. 그들은 왕의 땅에서 곡식을 수확하는 농부부터 교대 근무를 하며 피라미드를 짓는 일꾼에 이르기까지 타인의 노동에 의존해 살았다. 따라서 이집트 사회가 붕괴하면서 사회구조가 갑자기 덜 복잡해지고 사람들이 더 평등해지자, 그들이 의지할 수 있는 곳이 모두 사라졌다. "역사적으로 고대 이집트 시대에 국가는 전능한 왕이 모든 것을 장악하고 다스리는 형태였다. 왕이 조금이라도 몫을 챙겨주는 사람은 운이 좋은 편이었다."[88] 애덤스는 이렇게 말한다. 그 외의 사람들은 모두 "이름 없는 농민 대중"에 속했다. 그러나 그것은 엘리트들이 "원하는 세상의 모습"이자 그들이 문헌과 예술에서 묘사한 모습에 지나지 않았다. 반드시 사실은 아니었다는 뜻이다.

† † †

이푸웨르의 《이집트 현자의 충고》는 여러 세대의 학자들이 제1중간기를 바라보는 시각에 영향을 미쳤다. 그가 보기에 힘이 약한 왕의 치하에서 나라에 균열이 생긴 것은 거의 말로 표현할 수 없을 만큼 경악스러운 비극이었다. 그는 무질서, 굶주림, 살인, 유아 살해,[89] 시신으로 꽉 막힌 나일강, 악어를 이용한 자살

등을 묘사했다. 머릿속에서 지워버릴 수 없는 이런 이미지들은 고대 이집트인들이 역사를 기억하는 방식에 영향을 미쳤으며, 현대에도 여러 세대의 이집트 학자들이 제1중간기를 연구하면서 품는 기대치를 결정했다.

이푸웨르가 《이집트 현자의 충고》를 쓴 것은 경고의 의미였다. 가뭄의 영향이나 기근의 고통에 대한 경고가 아니라, 왕이 사라지고 이푸웨르 본인이 최상층을 차지하고 있던 사회적 위계구조가 붕괴한 것에 대한 경고였다. 이푸웨르 같은 서기들은 타고난 신분이 높아서, 왕과 궁정 주위에서 평생을 보냈다. 그의 묘사에 따르면, 자신 같은 엘리트는 몰락한 반면 자기보다 아래에 있던 사람들의 사정은 더 나아진 것이 가장 무서운 일이었다. "신분이 높은 자는 탄식으로 가득하고, 가난한 자는 기쁨으로 가득하다."[90] 그는 이렇게 썼다. "모든 소도시가 말한다. '힘 있는 자를 우리들 가운데에서 쫓아내자… 재산을 소유한 자는 이제 갈증을 느끼며 밤을 보낸다… 가리개가 없던 사람이 이제 가리개를 소유하고, 전에 가리개가 있던 사람은 이제 폭풍을 온몸으로 맞는다."3000년 뒤 흑사병을 겪은 엘리트 연대기 작가들이 기록한 것과 비슷한 감정이 여기에도 드러나 있다.

이푸웨르는 나라가 뒤집혔던 시기를 글로 묘사함으로써, 고대 이집트 사회가 정상일 때의 모습을 옹호했다. 위계구조가 있고, 전체주의적이고, 불평등이 심각한 사회를 옹호한 것이다. 그가 보기에 이런 사회질서의 위반과 역전은[91] 그 자체로서 악몽 같은 아포칼립스였다. 안크티피나 아비도스 마을 사람들의 실제 경험은 전혀 중요하지 않았다. 그러나 아포칼립스 이후 국가가 붕괴하지 않았던 중세 유럽과 달리, 이집트의 평민들은 제1중간기에 엘리트의 통제를 받지 않게 되었다. 이푸웨르의 경험에는 이 평민들의 경험이 반영되지 않았다. 그는 이제 자신의 뜻을 그들에게 강요할 힘이 전혀 없었다.

나라가 갈라진 지 약 150년 뒤에 이집트는 중왕국 치하에서 다시 통일되었다. 그러나 붕괴 이전의 이집트와는 다른 나라였다. 이집트는 예전의 모습으로 두 번 다시 돌아가지 못했다. 중산층의 영향력은 여전했고, 문화적·정치적 권력은 영원히 과거의 지방들로 옮겨갔으며, 새로운 왕들은 자신의 통치를 정당화하려고 노력했다. 고왕국 때에는 상상도 못 하던 일이었다. 새로운 왕들의 조각상을 보고 이집트학자 엘렌 모리스Ellen Morris는 "근심에 지친 눈썹,"[92] 거뭇한 눈밑, "유난히 큰 귀"를 지적했다. 마치 신민들의 말에 귀를 기울이고 그들을 보살피는 책임을 다하다가 탈진한 듯한 모습이다. 왕들은 안크티피의 본을 따라, 나라를 보살필 수 있는 "훌륭한 목자牧者"[93]의 모습으로 자신을 포장했다. 그들이 다스리는 나라는 붕괴라는 용광로 속에서 왕이 없어도 살 수 있다는 사실을 이미 터득한 뒤였다. 따라서 신민들에게 그런 나라를 원하지 않는다는 마음을 계속 심어주는 것이 군주의 일 중 하나가 되었다.

이푸웨르의 글을 포함해서 비슷한 내용의 여러 문헌이 이런 선전 캠페인의 일환으로 몇 세대 동안 거듭 필사되었다. 그 덕분에 붕괴를 바라보는 엘리트의 시각이 보존되면서, 그것만이 현실이었던 것처럼 자리를 잡아버렸다. 《이집트 현자의 충고》는 보편적인 암흑시대의 기록을 표방했으나, 진정한 목적은 이미 권력을 지닌 사람들의 지위를 보존해주는 것이 되었다. 이 글은 이집트가 붕괴하면서 무엇이 사라졌는지 생생히 보여주지만, 그 과정에서 무엇을 얻었는지는 열심히 외면한다.

✝ ✝ ✝

마을 사람들은 알아서 살기 시작한 지 한참이 지난 뒤에야 왕이 존재하지 않는다는 사실을 깨달았다. 강이 범람하지 않은 지 벌써 몇 해나 되었다. 그들은 빈약하게 자란 줄기와 먼지 앉은 창고를 훑어 한 해를 버틸 밀을 마련했다. 그다음 해도 마찬가지였다. 나라에 세금으로 바칠 곡식이 전혀 남지 않았으므로, 그들은 기근이 든 해에는 세리가 오지 않게 해달라고 신들에게 기도했다. 세리는 오지 않았다. 사람들은 그저 마음이 놓여서 이유를 궁금해하지 않았다.

가끔 어딘가에서 곡식이 실려 오기는 했다. 그래서 얼마 되지 않는 수확량으로도 어떻게든 버틸 수 있었다. 어쩌면 북쪽에 새로 들어섰다는 수도에서 곡식을 보낸 것 같기도 했다. 소문에 따르면, 궁정 신하 중 남은 사람들이 그곳에 모여 있다고 했다. 아니면 이웃 지방에서 곡식을 보낸 것일 수도 있었다. 거기에 새로 들어선 지도자가 이 마을 사람들이 고마워할 만한 일을 베풀어 자신의 밑으로 들어오라고 유혹하려는 것인지도 몰랐다. 곡식을 보낸 사람이 누구든 마을 사람들은 고마워했다. 그래도 옛날부터 항상 살던 대로 사는 편이 더 좋았다. 다음 해의 수확량을 잘 이용할 궁리를 하는 것보다 더 큰 야망을 지닌 사람의 눈에 띄지 않고 별로 중요하지 않은 존재로 살아가는 것.

교역하는 상인들도 계속 마을을 찾아왔다. 마을 사람들에게는 필요한 물건과 교환할 물품이 아직 있었다. 많은 곳을 돌아다니는 그 상인들은 다른 마을과 도시에 관한 소문을 들려주었다. 기근이 너무 심해서 사람이 사람을 잡아먹거나, 자살하거나, 심지어 갓난아이를 죽이기까지 한다는 소문이었다. 마을 사람들은 끔찍하다고 몸을 부르르 떨었지만, 그런 소문이 언제나 상인들의 교역로에서 살짝 벗어난 마을의 이야기라는 점을 알아차렸다. 상인들 자신도 그런 소문을 듣기만 했을 뿐, 실제로 그 마을에 가본 적은 없다는 뜻이었다.

당국이 마을 사람을 피라미드 건설장으로 불러내는 일도 오랫동안 없었다. 이제 당국이 존재하지도 않고, 새로 지어지는 피라미드도 없기 때문이라는 사실을 마을 사람들도 결국 깨달았다. 피라미드 건설장에 불려가지 않은 첫 번째 세대의 청년들은 넓은 세상을 볼 기회와 통과의례를 놓친 것에 낙심해서 불운을 한탄했다. 그다음 세대는 그 전통에 대해 잘 알지 못했다. 어쩌다 그 전통을 생각하더라도, 교역하는 상인들처럼 여러 지방 사이의 무법 지대를 지나가지 않아도 된다는 점에 안도할 뿐이었다. 그리 멀지 않은 곳에서 식인이 벌어지고 있다는 소문이 사실인지 굳이 자기 눈으로 확인하지 않아도 된다는 점이 기쁠 뿐이었다.

당국의 요구가 없으니 마을 사람들은 여가가 더 많이 생겨서, 그 시간을 어떻게 보낼지 생각하게 되었다. 그들은 이제 자신만 책임지면 되었다. 그들이 가진 자원이 왕과 신하들의 몫으로 돌려지지도 않았다. 도공은 쉽고 빠르게 만들 수 있는 형태의 그릇을 주로 만들면서, 마을의 일상을 묘사한 소형 모형을 만드는 데 더 많은 시간을 쏟았다. 친구의 무덤에 넣을 부장품으로 그런 모형을 만드는 사람도 있고, 그저 자신이 즐거워서 만드는 사람도 있었다. 마을 사람들은 자그마한 진흙 인형들로 자신의 삶을 묘사한 모형을 보고 몹시 기뻐했다. 예전에는 귀족이나 관료만 그런 기쁨을 누릴 수 있었다. 강의 범람 수위가 낮은 해에는 할 일이 별로 없는 농부들이 그림을 시도해보았다. 수확량이 실망스러운 해에도 빈약한 곡식을 공평하게 나누는 실력이 더 뛰어난 여자들은 시험 삼아 지도자 역할을 해보았다. 마을을 지나가는 상인 등 여러 사람에게 마을 사람들은 왕이 있든 없든, 가뭄 이전이든 가뭄 때든, 나라가 통일되어 있든 갈라졌든 자신의 삶은 크게 달라지지 않았다고 항상 말했다. 그러나 몇 세대가 흐른 뒤 그들은 자신이 얼마나 달라졌는지를 깨달았다.

 아포칼립스 이후의 사회는 어떻게 재창조되는가

- 가뭄에 무너진 마야문명

미국의 외교관이자 탐험가인 존 로이드 스티븐스John Lloyd Stephens는 1841년 뉴욕시에서 화물선을 타고 멕시코 유카탄반도로 출발했다. 그는 1년 전 여행 동료이자 영국 화가인 프레더릭 캐서우드Frederick Catherwood와 함께 그곳에 잠깐 들른 적이 있었다. 중앙아메리카와 멕시코 남부를 돌아다니며 탑처럼 높은 피라미드, 돌로 지은 신전, 고대 왕들과 신들의 초상이 새겨진 기념물 등을 탐험한 여행의 마지막 여정이었다. 유카탄에서도 "우리는 수많은 광대한 도시가 황량한 폐허로 존재한다는 정보를 받았다. 모호한 동시에 믿을 만한 정보였다."[94] 스티븐스는 이렇게 썼다. 그러나 그때 캐서우드가 병에 걸리는 바람에 그 지역의 유적을 찾아보지 못하고 미국으로 돌아오는 수밖에 없었다.

이제 그들은 고대의 불가사의를 직접 찾아볼 준비를 갖추고 반도로 다시 가는 길이었다. 스티븐스는 이번 탐험이 이 지역에서 "이방인이 한 가장 광범위한 여행"[95]이 될 것이라고 믿었다.

고대 이집트의 피라미드와 그리스 신전은 19세기 중반까지 유럽과 미국 관광객들의 발길이 많이 닿은 유적지였다. 반면 유카탄반도 전역에 흩어져 있는 폐허는 신비 속에 묻혀 있어서, 현지 안내인의 도움 없이는 찾아가기가 불가능했고, 이해하기도 어려웠다.

스티븐스와 캐서우드는 7개월 동안 44개 도시의 폐허를 방문했다. 욱스말Uxmal, 툴룸Tulum, 치첸이트사Chichén Itzá 등의 유적이었다. "극소수의 예외를 빼면, 모두가 사라지고 묻혀서 알려져 있지 않았다."[96] 스티븐스는 이렇게 썼다. 유적은 황폐해진 상태였으며, 가장 웅장한 건물조차 열대식물에 뒤덮여 무너지기 직전이었다. "그들이 필연적으로 맞이할 완전한 파괴 이전에 그곳에 발을 디딜 수 있었던 것은 필자의 행운이다. 신비로운 사람들의 거대한 기념물이지만 점점 사라져가는 이 건물들을 망각에서 건져낼 수 있기를 필자는 바라고 있다."[97] 실제로 이 도시들은 오래지 않아 망각에서 벗어났다. 스티븐스의 탐험 여행기가 베스트셀러가 되었기 때문이다. 숲과 정글에 반쯤 잡아먹힌 고대 도시들의 폐허를 무서울 정도로 상세히 묘사한 캐서우드의 판화도 책에 수록되어 있었다.

스티븐스와 캐서우드가 이 여행에서 마지막으로 방문한 고대 도시는 아케Aké였다. 유카탄의 주도인 메리다시에서 동쪽으로 약 32킬로미터 떨어진 아케 유적은 조금 쇠락한 농장 저택과 인접해 있다.[98] "우리가 구할 수 있었던 유일한 숙소는 벼룩이 들끓는 한심한 오두막이었다. 아무리 바닥을 쓸어도 벼룩이 사라지지 않았다. 우리는 이제 거친 여정이 끝났다고 생각했는데, 메리다에서 하루 거리도 안 되는 곳에서 심하게 곤란한 지경이 되었다." 스티븐스는 이렇게 썼다.

다음 날 아침, 농장 저택 주인과 농장에서 옥수수와 소를 기르는 마야인 6명이 두 탐험가를 아케 유적으로 데려다주었다. 비록 식물에 뒤덮여 무너지고 있었지만, 이 도시의 모습이 한때 웅장했음을 분명히 알 수 있었다. "거친 위용, 아마도 이 나라에 지금껏 존재했던 어떤 도시와도 맞먹을 웅장함"을 소유한 곳이었다. 건물을 지을 때 사용한 석재는 유난히 거대했다. 한 피라미드 꼭대기에 배열된 기둥들은 건축적인 면에서 "우리가 지금껏 보았던 어떤 것과도 완전히 다른" 특징이었다. 나중에 그곳을 찾은 한 외국인은 아케를 거인들이 지었나 하고 추측했지만,[99] 스티븐스는 가설을 함부로 세우지 않았다. 당시의 마야인들이 고대에 피라미드를 지은 사람들의 후손이라는 주장을 일찍부터 옹호하던 스티븐스는 아케의 독특한 양식을 보면 자신과 캐서우드가 가보았던 다른 도시들보다 더 오래된 곳 같다는 올바른 의견을 내놓았다.

스티븐스는 아케를 포함한 여러 마야 유적이 한때 틀림없이 웅장한 도시였을 것이라고 생각했다. 그러나 이 도시들이 언제 왜 버림받았는지 아는 사람은 하나도 없는 것 같았다. 그와 캐서우드가 이곳을 찾기 전에는 메리다처럼 가까운 도시에서도 "이런 유적의 존재가 전혀 알려져 있지 않았다."[100] 또한 유적 주위에 사는 마야인들은 이 유적의 기원, 시대, 궁극적인 운명에 대해 "스치듯 생각한 적조차 한 번도 없는"[101] 듯했다. 이런 도시의 역사와 성취는 물론 심지어 위치조차 어떻게 이토록 철저히 잊혔을까? 그 답을 찾으려 애쓰는 과정에서 스티븐스는 자기도 모르게 아포칼립스의 광경을 상상하게 되었다. "본의 아니게 우리는 지금은 폐허가 된 이 지역을 무대로 펼쳐진 무서운 광경을 순간적으로 그려본다. 이 도시들이 이렇게 황폐해지기 전 또는 버림받기 전에 벌어진 유혈, 고통, 고뇌의 순간들."[102]

중앙아메리카와 멕시코 남쪽 전역에 잊힌 채 흩어져 있는 고대 도시의 유적에 대한 스티븐스의 낭만적인 설명, 그리고 그들의 멸망을 불러온 폭력과 동란에 대한 그의 상상은 19세기에 널리 알려져서, 마야 고고학의 기초를 형성했다. 그의 여행기가 출판된 뒤 거의 2세기 동안 고고학자들은 몇 세대에 걸쳐 스티븐스가 그저 추측해볼 수밖에 없었던 아포칼립스를 알아내는 데 평생을 바쳤다. 고대 이집트의 경우와 마찬가지로, 그들은 수백 년의 역사를 지닌 정치적 질서와 종교적 질서가 전대미문의 가뭄으로 무너진 증거를 찾아냈다. 그러나 마야인들이 재건에 나서서 사회의 의미와 목적을 다시 상상하게 되었다는 점도 점차 밝혀졌다. 아케를 포함해서, 아니 특히 아케에서 그들은 이런 상상을 통해 아포칼립스 이후의 세상에서도 번성하기를 원했다.

† † †

　서기 700년 아케의 장날에 습한 날씨 속에서 사람들이 분주히 움직였다. 어떤 여자가 김이 피어오르는 타말레tamale(옥수수 가루, 다진 고기 등으로 만드는 멕시코 요리- 옮긴이)를 커다란 질그릇에 넣은 뒤, 다양한 색깔의 긴 숄로 질그릇을 등에 멨다. 지난 장날에 산 이 숄의 생생한 빨간색 줄무늬는 이것이 저 먼 산속에 사는 믹스텍Mixtec 사람들의 물건임을 일깨워주었다. 그곳에서는 여자들이 선인장 밭에서 아주 작은 벌레를 길러 곱게 갈아서 진홍색 염료를 만들었다. 왕의 명령으로 궁전과 신전 벽에 그려지는 벽화에도 이 염료가 들어갔다. 여자는 자신이 이 색깔을 조금이나마 가지게 된 것이 몹시 기뻤다. 그러나 숄은 단순한 장신구가 아니라 도구이기도 했다. 그녀의 물건 중에 순전히 장식으로만 쓰이는 것은 하나도 없었다. 아무리 아름다운 물건이라도 실용적인 쓰임새가 있었다.

　여자는 가족들이 사는 공간의 문을 닫고 아케 중심부로 걸어가는 사람들 무리에 합류했다. 그렇게 걸어가면서 비가 언제 내리기 시작할지, 올해에는 무엇을 밭에 심을지에 관해 이웃들과 가벼운 이야기를 나눴다. 시내 중심부가 가까워지자 건물들이 더 커지고 사람들은 더 많아졌다. 여자는 다른 동네에 사는 친구들과 인사를 나눴다. 이렇게 우연히 만날 기회가 생긴 것이 좋았다. 흙으로 다진 길이 석회암으로 포장된 도로와 만났다. 아케를 다른 도시들과 이어주는 도로였다. 돌아다니며 물건을 파는 상인들이 무리에 합류했다. 옷차림과 머리 모양을 보니 다른 지역에서 온 것 같은 사람들도 합류했다. 모두 아케 중심부까지 함께 걸어가, 넓은 광장으로 들어갔다. 양옆의 높은 피라미드와 신전에는 왕과 신관들이 살았다. 여자는 장날이 아니면 중요한 축일에만 시내 중심부로 와서, 왕이 신들과 조상들에게 제물을 바치는 모습을 피라미드 아래에서 아케의 모든 시민과 함께 지켜보았다. 신전 꼭대기에서 거행되는 의식은 때로는 음산하고 가혹했다. 이를테면 전통이나 상황 때문에 왕이 자기 혀를 바늘로 꿰뚫어서 피를 바쳐야 하는 의식 같은 것 말이다. 그러나 대부분의 의식은 즐거웠으며, 의식이 끝난 뒤에는 잔치가 열렸다.

여자는 물건을 팔러 나온 사람들 사이에서 빈 자리를 발견하고 숄을 바닥에 펼친 뒤 타말레 그릇을 놓았다. 광장까지 오느라고 허기가 진 사람들(여자보다 훨씬 더 먼 곳에서 걸어온 사람들도 있었다)과 최대한 많이 거래하고, 그렇게 손에 넣은 물건으로 나중에 자신이 원하는 물건을 살 것이다. 사람들은 배가 고팠으므로 타말레가 잘 팔렸다. 여자는 장돌뱅이들이 가지고 다니는 면과 카카오 열매를 받고 타말레를 팔았다. 면과 카카오 열매는 시장에 나와 있는 거의 모든 사람이 물건 값으로 기꺼이 받아주는 물건이었다. 여자는 옥수수, 토마토, 고추, 콩도 타말레 값으로 받았다. 특히 얼마 되지 않는 잉여 곡식을 팔려고 나온 아케 사람들이 이런 물건으로 값을 치렀다.

　여자가 피라미드를 흘깃 보았더니, 왕이 꼭대기의 기둥들 사이에 옥좌를 놓고 앉아 있었다. 그의 머리 위에 드리워진 초가지붕의 그늘 속에서 화려한 망토가 빛났다. 다른 도시의 외교관들은 물론 부유한 상인 몇 명도 피라미드의 널찍한 계단에 늘어서서, 아케의 왕에게 자신이 가져온 물건을 보여줄 차례를 기다리고 있었다.

　현왕과 선왕은 지어진 지 400년도 더 된 아케의 많은 신전들의 개보수 작업을 감독했다. 두 군주는 건축가와 석공에게 예전보다 작은 돌로 전면을 꾸미라고 지시했다. 그것이 새로운 양식이었으므로, 두 왕은 이 도시를 다른 도시처럼 현대적인 모습으로 만들고 싶었다. 그러나 이 피라미드는 예전 모습 그대로 보존했다. 꼭대기에 배열된 기둥들과 커다란 바위로 지은 계단이 아케의 유구한 역사를 상징하게 될 것이다. 아케는 이 지역에서 가장 크거나 가장 강력한 도시는 아닐지라도, 가장 유구한 도시 중 하나였다. 왕족들은 바로 그 점이 자신을 높여준다고 생각하고 있음이 분명했다.

　여자는 왕 앞에서 재규어 가죽이 펼쳐지는 모습을 언뜻 본 뒤, 단의 한편에 묶인 채 무릎을 꿇은 포로들에게로 시선을 옮겼다. 그러고는 어렸을 때 다른 도시가 아케를 공격했던 기억을 지워버리려고 애쓰면서 고객들에게 등을 돌렸다. 그때 아케의 군인들은 침입자를 쫓아냈지만, 전투에 참전했던 여자의 삼촌이 포로로 잡혔다. 그 뒤로 여자는 삼촌이 고향과 멀리 떨어진 곳에서 이런 시장에 끌려가 누군가에게 팔렸는지 항상 알고 싶었다.

몇 시간이 흘러 아직 남은 타말레가 차갑게 식어가자, 여자는 이만하면 오늘 필요한 재원을 마련했다고 생각했다. 그녀는 해안에서 온 상인들이 야자수 이파리로 싼 소금 덩어리를 파는 곳을 찾아가, 다음 장날까지 필요할 것 같은 양보다 조금 더 많이 소금을 샀다. 남쪽 먼 곳의 화산에서 캐낸 흑요석도 발견했다. 남편이 그것을 쪼개 작은 칼과 여러 도구로 만들 수 있을 것 같았다. 이 물건들을 사고 남은 카카오 열매와 면, 그리고 팔지 못한 타말레로 여자는 새 접시를 샀다. 집에 꼭 필요한 물건은 아니지만, 비의 신 차크Chaac가 지하세계의 깊은 물속에서 솟아오르는 모습이 아름답게 그려져 있었다.

상인은 이 접시가 남쪽의 어느 도시에서 왔다고 말했다. 아케는 촌락처럼 보일 만큼 크고 세련된 도시라고. 거기에는 물도 더 많았다. 강, 호수, 운하, 빗물⋯ 여기 아케처럼 지하 우물만 있는 것이 아니었다. 상인은 이 말을 하면서 살짝 몸을 떨었다. 여자가 보기에 그는 세노테(석회암 암반이 붕괴하면서 자연스럽게 생긴 구덩이에 지하수가 고인 천연 우물. '세노테'는 유카탄반도에서 '지하수에 접근할 수 있는 장소'를 뜻하는 말이다.– 옮긴이)를 조금 무서워하는 것 같았다. 여기서는 땅이 단단하지 않아서 아주 쉽게 무너져 지하세계가 드러날 수 있다는 점에서. 그러나 여자는 세노테를 항상 기적이라고 생각했다. 세노테는 이곳 지상의 삶을 지탱해주는 다른 세상들과 연결된 신성한 곳이었다. 그러나 논쟁을 벌이고 싶지 않았기 때문에 여자는 상인에게 당신이 그 도시를 곧 다시 볼 수 있기를 바란다고 말해주고는 집으로 걸어가기 시작했다.

† † †

스티븐스와 캐서우드가 방문했던 대부분의 도시들, 그리고 오늘날 우리가 고대 마야문명이라고 생각하는 것 중 대부분은 고전기라고 불리는 시대에 번성했다. 서기 300년부터 900년 무렵, 신화 속 먼 과거의 신들과 혈통이 이어져 있는 신성한 왕들이 아케 같은 마야의 도시국가를 다스렸고, 가장 강력한 왕조들은 소도시와 대도시로 이루어진 네트워크 전체를 정복해서 통치했다. 그러나 지금의 멕시코 남부, 과테말라, 벨리즈, 온두라스에 해당하는 곳에서 약 33만 8500제곱킬로미터가 넘는 면적을 차지하고 있던 마야 세계는 하나의 국가나 제국으로 통일된 적이 한 번도 없었다. 대신 끊임없는 전쟁의 승패, 왕가들 사이의 결혼, 군주의 죽음이나 폐위, 조약 협상이나 폐기에 따라 도시국가들 사이의 동맹관계와 경쟁관계가 항상 바뀌었다.

서기와 예술가는 이런 역사를 책, 벽화, 석조 기념물에 대부분 기록했다. 이 기록에는 정확한 날짜와 중요 인물의 얼굴도 포함되었다. 천문학자와 신관은 별과 행성의 움직임을 추적해서, 복잡하게 서로 맞물리는 역법을 만들어냈고, 이 달력에 따라 시간이 다양한 주기로 정리되었다. 평민들은 도시 중심부 주위에 여기저기 흩어진 동네의 작은 집에 살면서, 인근 숲에 자리한 밭을 가꿨다. 그 지역에서 재배할 수 없거나 만들 수 없는 물건은 시장에서 구했다. 하얀 석회암 치장벽토로 포장한 도로인 사크베sacbe(마야어로 '하얀 길'이라는 뜻─옮긴이)가 외곽의 동네들을 시내 중심부의 광장과 피라미드와 연결해주고, 도시와 도시 사이에 그보다 훨씬 더 길게 뻗어 있는 사크베는 상인과 순례자가 긴 여행을 편안히 할 수 있게 해주었다. 고대 도시이자 순례지인 이사말Izamal과 아케 사이에도 거의 32킬로미터나 되는 사크베가 있었다.

아케의 기둥 피라미드에 엄청난 양의 석재가 사용되었다는 사실은, 이 건물이 어쩌면 고전기 이전, 빠르면 기원전 100년에서 서기 300년 사이에 지어졌을 가능성을 시사한다. 그러나 이 신성한 기념물을 중심으로 온전한 도시가 형성된 때는 초기 고전기인 서기 300~600년쯤이었다. 지금도 기둥 피라미드라고 부를 수 있는 이 건물은 고대의 원래 형태를 보존하고 있지만, 아케의 다른 기념물들은 서기 600년경부터 다루기 쉬운 작은 돌로 개보수된 경우가 많다. 아케가 도시로서 절정에 이른 서기 700년 무렵, 인구는 1만 9000명이었다.

고전기의 다른 도시들과 마찬가지로 아케 역시 경제적으로 번성했으며, 광범위한 교역망 및 외교망과 연결되어 있었다. 또한 이 공동체의 종교적 중심이기도 했다. 왕족에서 평민에 이르기까지 모든 사람이 상형문자, 인간의 형체, 신화 속 장면 등으

마야 세계의 주요 장소들

— 사크베
멕시코만
아케
Aké
메리다
이사말
Izamal
마야판
Mayapán
치첸이트사
Chichén Itzá
욱스말
Uxmal
유카탄반도
칼라크물
Calakmul
카리브해
티칼
페텍스바툰 지역
Petexbatun
N
W E
S
미국
멕시코만
멕시코
쿠바
지도
지역
벨리즈
엘살바도르
온두라스
과테말라
니카라과

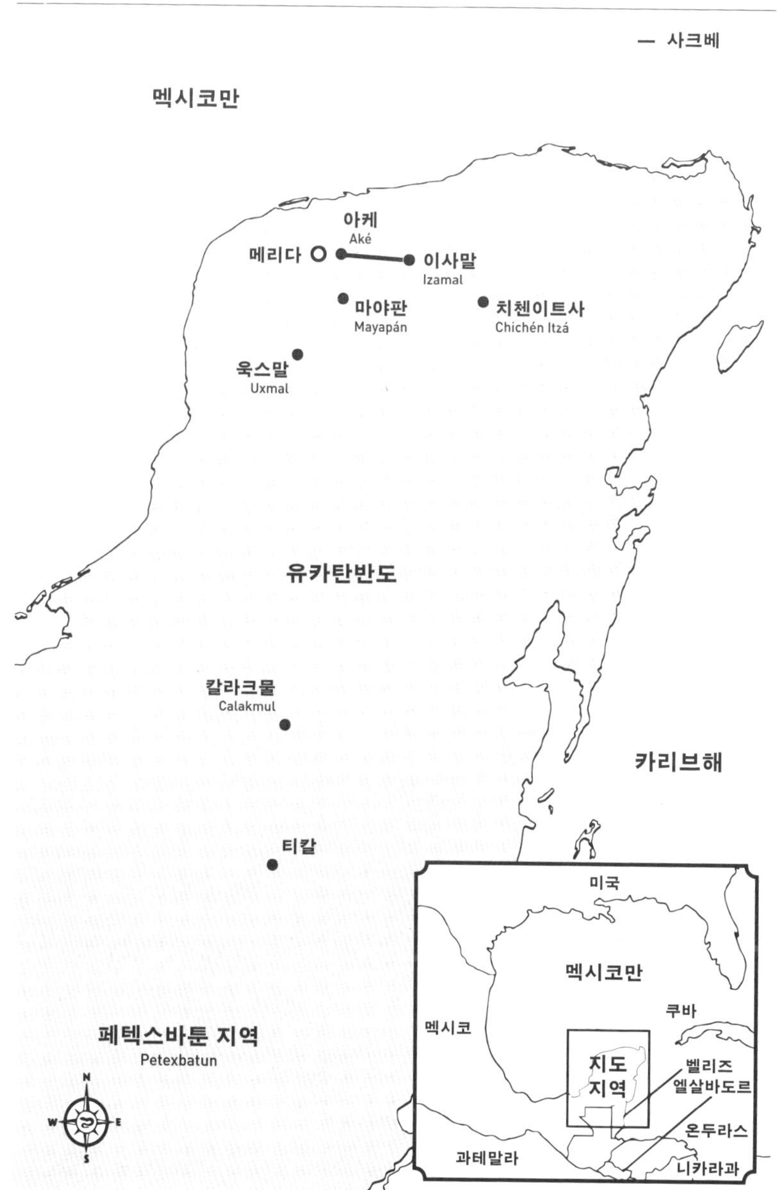

로 정교하게 장식된 색색의 도자기를 사용했다. 시내의 광장에서는 장날에서 종교 축제에 이르기까지 다양한 행사가 열렸으므로, 광장은 항상 정성들여 깨끗하게 관리되었다. 사람들은 광장 주위의 신전에 신들과 조상들의 영혼이 산다고 믿었다. 그들과 함께 살고 있는 신성한 군주는 (희생제와 방혈을 포함한) 의식으로 신들을 달레고, 외교로 멀고 가까운 여러 도시국가와의 관계를 관리해서 대대로 아케(와 마야 세계의 다른 지역까지)를 좋은 상태로 유지할 책임이 있었다.

고전기의 마야 세계는 역동적이었다. 여러 도시국가의 영향력이 커졌다가 줄어들기도 하고, 상인들은 부와 권력을 놓고 귀족들과 경쟁을 벌였다.[103] 그들은 교역로를 확립해서 먼 곳까지 비교적 쉽게 물건을 운반할 수 있는 체계를 만들었다. 마찬가지로 사람들도 비교적 쉽게 이곳저곳 돌아다닐 수 있었다. 그러나 정치, 경제, 이념 면에서는 대체로 안정된 사회이기도 했다. 그러다가 남쪽에서부터 아포칼립스가 잔물결처럼 퍼져 올라오면서, 모든 것이 변했다. 처음에는 천천히, 나중에는 빠르게.

먼 곳에서 전쟁이 벌어졌다는 소문이 아케에 도달한 것이 시작이었다. 현재의 과테말라 페텍스바툰Petexbatun에 해당하는 곳, 즉 아케에서 남쪽으로 480킬로미터 떨어진 곳의 소식이었다. 아케가 절정기를 누리던 700년대 중반에서 말까지 페텍스바툰의 도시들이 갑자기 성벽을 쌓아 요새로 변신했다.[104] 고고학자들은 가장 웅장한 건물들 중 일부, 심지어 요새 안쪽에 있던 건물까지도 공격을 당해 파괴된 증거를 발견했다. 누가 왜 그런 공격을 벌였는지는 지금도 수수께끼다. 이 지역에는 물이 풍부했고, 당시 환경에 문제가 있었던 것 같지도 않다. 전쟁이 시작되기 전 페텍스바툰 지역의 인구도 안정적이었다. 외국이 침략이나 정복을 시도했다는 증거도 없다. 고전기 마야의 도시국가들 사이에서 전형적으로 은근히 끓고 있던 가벼운 긴장관계가 갑자기 끓어 넘쳐 광범위한 전쟁으로 발전했는지도 모른다. 그 원인을 우리는 영영 알아내지 못할 수도 있다. 어쨌든 830년 이전까지 페텍스바툰의 모든 도시는 무너지고, 지도자들은 피살되거나 도망쳤다.

그 뒤 대략 1세기 동안 아포칼립스가 서서히 북상해서 고전기 마야의 강력한 도시들을 집어삼켰다. 과테말라 북부의 티칼, 유카탄반도 남부의 칼라크물Calakmul 등이 그때 무너졌다. 마지막 몇 해 동안 이 도시들은 페텍스바툰의 도시들처럼 폭력이나 혼돈을 경험하지는 않았다. 그래도 모종의 이유로 그들이 계속 존재할 수 없게 됐음은 분명하다. 호수와 동굴에서 발견된 고대의 기후변화 증거를 보면, 9세기에 가뭄이 이 남부 도시들을 강타했을 가능성이 높다.[105] 그리고 이로 인해 페텍스바툰 전쟁 때 이미 씨앗이 뿌려진 정치적 불안이 증폭됐을 것이다. 전형적인 아포칼립스의 패턴이다. 이집트의 경우처럼 신성한 왕의 초자연적인 힘을 바탕으로 한 정부는 날씨를 통제할 수 없다는 사실이 드러났을 때 특히 취약해질 가능성이 있다. 어쩌면 그동안 존

재했던 온갖 정복전쟁, 동맹관계, 왕조 간의 결혼으로 엘리트 계
층의 규모가 너무 커져서, 식량을 구하기 어려운 시대에 농민들
이 그들을 먹여 살릴 수 없게 된 건지도 모른다. 아니면 철학과
종교에서 대중적인 혁명이 일어나 군주제를 정당화해주던 체제
를 무너뜨렸을 수도 있다. 이런 현상이 일어났다는 증거는 돌에
새긴 신성한 왕의 초상과 달리 잘 보존되지 않는다.

　남부의 신성한 왕들이 무너지자 도시도 함께 무너졌다. 전능
한 통치자를 찬양할 필요가 없어지면서, 새로운 건물과 기념물
의 건설도 중단되었다. 마야의 예술가들이 작품에 정확한 날짜
를 새긴 경우가 많아서, 어느 도시의 마지막 기념물이 세워진 시
기를 고고학자들이 알아볼 수 있다. 이런 마지막 기념물은 해당
도시가 버림받기 전의 마지막 숨결 같은 것이었다. 고전기 마야
의 도시 몇 군데에서는 집단 무덤이 발견되었다.[106] 일부 고고학
자는 정치적 전환기에 학살당한 옛 귀족들의 유해가 여기 묻혔
을 것이라고 추정한다. 그러나 대부분의 도시에서는 엘리트 계
층이 권력이 약해진 것을 느끼고 그냥 떠나버린 듯하다. 신성한
왕이 사라진 도시에서는 신관이나 예술가도 할 일이 별로 없었
으므로, 그들 역시 도시를 떠났다. 상인들, 특히 고급스럽고 이
국적인 상품을 취급하던 사람들은 더 좋은 시장을 찾아 떠나거
나 고향으로 돌아가 다음 기회를 기다렸다. 주로 작은 땅에서 농
사를 짓는 평민들은 아마 원한다면 가장 오랫동안 버틸 수 있었
을 것이다. 그러나 결국 대부분의 사람이 도시를 떠나버리자 도

시는 폐허가 되었다.

이런 도시들의 소식이 아케에도 틀림없이 들려왔을 것이다. 난민들이 남쪽에서 쏟아져 나왔으니 더욱더. 그래도 아케의 시민들은 지리적으로나 문화적으로나 그 혼돈의 현장에서 멀리 떨어져 있으니 안전하다고 생각했을 가능성이 높다. 유카탄반도 북부는 마야 세계에서 항상 가장 건조한 지역이었다. 따라서 그곳 주민들은 물과 관련된 스트레스에는 어느 정도 익숙했을 것이다. 빗물을 모아 인공 저수지와 세노테의 수위를 유지하는 방법에 대한 지식이 건기 초입에는 그들에게 아주 유용했을지도 모른다. 남부의 도시들이 차례로 무너지면서, 욱스말과 치첸이트사를 포함한 북부의 도시들이 연달아 마야의 정치와 문화 중심지로 떠올랐다. 경제적으로 중요하고 유명한 사크베의 끝에 위치한 오랜 역사의 도시 아케가 그들의 중요한 동맹이었을 가능성이 있다.

그러나 분쟁이 조금씩 조금씩 아케로 다가왔다. 호전적인 치첸이트사가 10세기에 주기적인 건기를 겪으면서 힘을 다진 반면, 욱스말은 950년경에 무너졌다. 900년에서 1000년 사이에 아케는 도시 중심부의 신전과 궁전을 감싸는 장벽을 지었다.[107] 이 벽이 사크베를 똑바로 가르며 지나갔기 때문에, 상징적으로도 실제로도 아케를 마야 세계와 단절시키는 역할을 했다. 어쩌면 야망이 큰 치첸이트사의 공격에 대비해서 방어용으로 벽을 세운 건지도 모른다. 아니면 난민들이 점점 늘어나고 그들을 먹일 식량을 충분히 생산하기가 힘들어지자 아케의 지도자들이 이민을 더 강력히 규제하려 했던 것일 수도 있다.

그래도 아케는 10세기 내내 여전히 번성하는 도시였다. 정치 권력의 변화, 기후 변동, 장벽 건설 와중에도 아케 사람들은 아포칼립스를 뭔가 거슬리기는 하지만 아직 완전히 도달하지는 현상으로 생각했을 가능성이 높다. 아포칼립스는 언제나 어딘가 다른 곳에서, 누군가 다른 사람에게 벌어지는 일이었다. 그러다 어느 날 갑자기 그들의 일이 되었다. 훨씬 더 가혹하고 긴 가뭄[108]이 1000년에서 1100년 사이에 이 지역을 강타해, 북부 도시들의 물관리시스템과 기반 시설을 압도해버렸다. 11세기가 끝날 무렵에는 아케, 치첸이트사 등 유카탄반도 북부의 도시들이 무너져 대부분 버림받았다. 몇 세기 전 남부 도시들의 상황과 똑같이, 엘리트들이 가장 먼저 떠나고 대다수의 주민은 그 뒤를 이어 흩어졌다.

고전기 마야의 붕괴는 이집트나 하라파의 붕괴보다 훨씬 더 오랫동안 더 복잡한 양상으로 진행되었다. 마야의 사회구조는 확실히 복잡했지만, 이 지역이 한 나라로 통일된 적은 없었다. 마지막의 마지막까지도 무너진 도시에서 떠나온 이주민들은 아직 번성하는 다른 도시에 정착할 수 있었다. 그러나 800년부터 1100년 사이에 마야 세계 거의 모든 지역의 삶이 계층을 막론하고 완전히 바뀌었다. 신성한 왕이라는 개념은 철저히 배척되고, 정치적·종교적 제도는 해체되었다. 도시들이 점차 무너지면서 과거의 정체성과 영토는 녹듯이 사라졌다. 건축과 예술은 예전의 기념비적인 수준에 두 번 다시 도달하지 못했다. 그 정도 노동력이 필요한 공사가 이루어지지도 않았다. 무너졌던 과거의 교역로는 재건되기는 했으나, 원래 모습의 희미한 그림자 같았다. 서기와 조각가는 이제 대부분 중요한 날짜를 돌에 새기지 않았으므로 마야의 역사가 끝나버렸다는 으스스한 분위기가 조성되었다. 적어도 거의 1000년 뒤 마야의 붕괴 과정을 재구성하려고 애쓰는 고고학자들이 느끼기에는 그랬다.

물론 마야의 역사는 끝나지 않았다. 하라파의 붕괴 이후 인더스 계곡의 경우와 마찬가지로, 대부분의 마야 사람들은 도시에서 해안의 마을로 이주했다. 삶을 일굴 수 있는 내륙 도시가 이제 존재하지 않기 때문이었다. 그러나 초가집은 돌로 지은 피라미드만큼 오래 보존되지 않는다. 따라서 아포칼립스 이후 사람들의 공동체가 존재했던 물질적인 증거는 오래전에 썩어서 사라져버렸다. 평범한 마야 사람들 대부분이 아포칼립스 이후의 세계 어디에서 어떻게 다시 삶을 일궜는지 알아내기가 너무나 어려워서 지난 세대의 고고학자들은 아예 그런 정보를 찾아보려 하지도 않았다. 아니, 찾아볼 증거가 있을 것이라고는 상상조차 하지 못한 건지도 모른다.

† † †

서기 950년 무렵 아케의 왕은 점점 걱정이 되었다. 올해도 건조한 해가 될 것 같았다. 세노테의 수위도 계속 낮아졌다. 왕의 아버지와 할아버지는 예전에 가뭄이 정말로 심각해지기 전에 신들이 개입할 것이라고 항상 그를 안심시켰다. 왕이 봉헌물과 희생제물을 제대로 올리기만 한다면, 신들이 도시에 필요한 것을 내려줄 것이라고. 사실 신들이 항상 이런 약속을 이행했음을 왕도 인정하는 수밖에 없었다. 옥수수가 자라는 시기에 딱 맞춰 딱 적당한 양의 비가 내리고, 해안에서 오는 교역 상인들은 주민들이 몇 주 동안 버티다가 장날에 모두 활기를 되찾기에 딱 적당한 양의 생선, 소금, 옥수수, 콩을 가지고 더 자주 찾아왔다. 그 상인들이 포로를 데려올 때도 가끔 있었는데, 왕이 보기에는 그런 일이 점점 잦아지고 있었다. 왕은 포로 중 일부를 사들여 나중에 신전 꼭대기나 세노테 가장자리에서 비의 신 챠크에게 희생제물로 바쳤다. 그런 의식을 주관하는 것이 왕에게 즐거운 일은 아니었으나, 아케와 주민들과 현재 세계의 안녕을 위해 꼭 필요한 일이었다. 특히 지금은 어느 때보다 그것이 중요했다.

교역 상인들은 항상 반도를 돌아다녔다. 아케의 왕은 고위 외교관 일행부터 장날이나 의식이 치러지는 날에 사크베를 이용해 시내로 오는 주민에 이르기까지 방문객을 만나는 데에 익숙했다. 그런데 지금은 아케는 물론이고 인근의 어느 곳과도 아무런 관련이 없는 사람들이 도시로 들어왔다. 남쪽의 먼 땅에서부터 한참 동안 방랑하던 사람들이었다. 그들의 말에 따르면, 그들은 원래 남쪽 대도시 인근에서 농사를 지었으나 도시가 무너져 폐허가 되었고, 통치자가 자기들을 버렸다고 말했다. 그리고 결국 모두가 그곳을 떠났다.

아케의 왕은 이 방랑자들이 자기들 주장처럼 정말로 무고한지 의심스러웠다. 남쪽에서 왕족 전체가 수십 년, 수백 년 동안 다스리던 백성들 손에 죽었다는 소문 때문이었다. 그래도 왕은 여기 북부에는 아직 통치자가 존재한다는 사실을 보여주기 위해서라도 방랑자들을 환영했다. 게다가 많은 방랑자가 동쪽에서 새로 일어서고 있는 도시 치첸이트사로 가는 도중에 아케를 그냥 지나갈 뿐이었다. 물이 점점 줄어드는 상황에서 치첸이트사가 이 많은 사람을 어떻게 감당하는지 알 수 없었지만, 그들이 효과적인 전략을 알고 있다는 사실은 부정할 수 없었다.

그러나 최근에는 예전보다 훨씬 더 가까운 곳에서 온 사람들이 방랑자 무리에 섞여 있었다. 아케에서 겨우 며칠만 걸어가면 나오는 산속의 욱스말과 인근 도시 사람들이었다. 아케의 왕은 남쪽의 대도시를 한 번도 직접 보지 못했지만, 욱스말에는 가본 적이 있었다. 그의 가족들도 몇 세대 전부터 욱스말의 군주들과 아는 사이였고, 양측의 귀족들이 통혼한 적도 있었다. 욱스말은 아주 인상적인 도시였다. 유행에 따라 날개 달린 뱀 신에게 헌신하고 기하학적인 예술작품이 있는 현대적인 도시이기도 했다. 아니, 이런 건 다 옛날 얘기인 듯했다. 방랑자들의 말을 모두 그대로 믿는다면, 이제 그곳에는 거의 아무도 살지 않았다. 왕은 왕족들이 어디로 갔는지 궁금했다. 혹시 황금 우리에 갇혀 복종하는 대가로 보호해달라고 치첸이트사로 갔나? 아니면 해안으로? 그곳의 상업도시에서는 그들의 고귀한 혈통이 아무 의미가 없겠지만, 적어도 남은 재산으로 안락한 집과 식량을 문제없이 구할 수 있을 터였다.

아케의 왕은 자신이 그런 지경에 몰리지 않기를 바랐다. 조상들이 건설한 이 도시를 위해 자신이 신성한 의무를 더 이상 수행할 수 없다고 조상들에게 인정하는 일은 상상도 할 수 없었다. 그는 욱스말을 비롯한 수많은 도시의 왕들이 이처럼 생각도 할 수 없는 일을 하게 만든 무시무시한 원인에 대한 생각을 마음에서 밀어냈다.

그러나 아케의 왕도 곧 상상도 할 수 없는 선택을 해야 하는 처지가 될 것이다. 그는 도시를 떠날 생각이 없었지만, 확실히 혼돈이 점점 가까이 다가오고 있었다. 몇 세대 전부터 동맹관계였던 도시국가들이 이제는 군대를 보내 서로를 공격했다. 점점 줄어드는 자원을 차지하려는 싸움일 때도 있고, 정치적 의견 차이가 점점 달아올라 벌어진 싸움일 때도 있었다. 장날에 상인들이 데려오는 포로가 계속 늘어나는 것을 보면 싸움이 심해지고 있는 모양이었다. 왕은 신들에게 보호를 청하기 위해 최대한 공을 들인 의식을 점점 더 자주 치렀다. 세노테의 수위가 워낙 낮고 비가 언제 내릴지 몰라서 잔치에 음식을 가득 차릴 수는 없었지만, 의식 때 거의 매번 자신의 피를 제물로 바쳤다. 신민들에게 자신이 모든 수단을 쓰고 있음을 보여주기 위해서였다. 조상들도 이런 것을 바랐다. 그러나 그가 곧 내려야 하는 결정을 조상들은 상상도 해보지 못했을 것이다. 그것은 사크베와 관련된 결정이었다.

아케를 인근 도시 이사말과 이어주는 사크베는 기억도 나지 않을 만큼 오래전부터 존재했다. 하얗게 포장된 노면은 끊임없는 통행 덕분에 깨끗이 유지되어, 햇빛 아래에서 반짝였다. 아케의 왕과 인근의 군주들은 어떤 문제에 대해 서로 의견이 다르거나 심지어 싸움을 벌일 때에도 사크베만은 항상 힘을 합쳐 관리했다. 사크베는 헤아릴 수 없이 많은 마을과 농지와 도시 중심부를 연결해주었으므로, 아케는 그 길이 끝나는 지점에 있다는 사실만으로 부정할 수 없는 명성을 누렸다. 교역하는 상인들도 대부분 사크베를 이용해 도시로 왔고, 이제는 방랑자들도 그 길로 왔다. 만약 혼돈이 아케에 이른다면, 그것 역시 사크베로 올 것이다. 그래서 왕은 혼돈을 막기 위해 필요하다면 무슨 짓이라도 할 생각이었다.

왕은 기둥 피라미드 꼭대기에 서서 백성들에게 이렇게 다짐했다. 광장에는 왕의 증조부 시절만큼 사람이 가득하지 않았지만, 아직 상당한 수의 사람들이 있었다. 그들이 모두 왕에게 의지했다. "혼돈은 우리에게 닿지 않을 것이다." 이렇게 외치는 왕의 목소리가 광장 전체와 그 주위의 신전들에 메아리쳤다. "방랑자들은 우리 것을 훔치지 못한다. 치첸이트사는 우리를 공격하지 못한다. 우리가 벽을 세울 것이다."

그 뒤 몇 달 동안 아케의 백성들은 벽을 세웠다. 그들은 돌을 시내로 끌고 와서 거의 사람 키만큼 단단히 쌓았다. 그리고 날카로운 막대기를 성벽 꼭대기에 빽빽이 꽂아 시내 중심부를 에워쌌다. 이렇게 강화된 성벽이 사크베를 똑바로 가로질렀기 때문에, 도시로 들어오려는 사람들은 모두 밤낮으로 경비병이 지키는 작은 입구를 이용해야 했다. 새로운 성벽은 피라미드, 신전, 궁전, 광장 등 조상들의 영혼이 살아 있는 모든 곳, 아케를 지금의 모습으로 만들어준 모든 곳을 둘러싸고 있었다. 왕은 이 도시를 지금의 모습 그대로 지키겠다고 다짐했다.

† † †

고고학자 로베르토 로사도라미레스Roberto Rosado-Ramirez는 아케에서 멕시코 국립 인류학 및 역사학 연구소Instituto Nacional de Antropología e Historia, INAH가 이끄는 발굴에 참여한 뒤 처음 몇 해 동안 이 도시의 고전기에 집중했다. 아케의 문화와 인구가 절정이던 시기였다. 고대 마야를 연구하는 고고학자들은 대부분 이 시기에 초점을 맞춘다. 탑처럼 우뚝 선 피라미드, 역사적 인물을 기리는 석조 기념물, 화려한 왕릉 등 연구할 것도 많다. 로사도라미레스는 수십 년에 걸친 아케의 기념비적 건물 발굴 작업 중 첫 번째 발굴에 2003년부터 참여해서, 나중에는 관리를 맡았다.

이 고대 도시 중심부에서 가장 놀라운 건물 여러 곳을 복원하는 데에도 참여했다. 이렇게 복원된 건물들을 보고 감탄한 현대의 방문객 중에는 나도 있다.

아케는 로사도라미레스가 어렸을 때 살던 메리다에서 차로 한 시간이 채 걸리지 않는다. 그런데도 마치 다른 세상 같다. 메리다까지 쉽게 오갈 수 있는 버스도 없고, 고속도로 분기점은 제대로 표시되어 있지도 않다. 심지어 로사도라미레스조차 코로나바이러스로 인해 어쩔 수 없이 3년 동안 현장을 떠나 있다가 다시 가는 길에 분기점을 놓쳤을까 봐 걱정할 정도였다. 그러나 우리는 곧 아케로 이어진 1차선 도로에 제대로 들어서서 머리 위에 드리워진 초록색 나뭇가지 터널을 지나갔다. 유카탄반도의 우기라서, 이곳의 덤불들이 폭발적으로 살아나고 있다. 눈물 모양의 새 둥지가 가지 위에 흔들흔들 매달려 있고, 갖가지 나비들이 차 앞에서 팔랑거린다. 도로 한복판에서 어슬렁거리는 이구아나는 지나가는 자전거나 오토바이에 아랑곳하지 않는다.

15분쯤 달리면 숲이 끝나고 아케가 나타난다.[109] 이 도시의 과거가 남긴 흔적들이 사방에 있다. 도시 중심부의 공립 야구장 1루 근처에 마야 피라미드의 폐허가 보인다. 현대적인 주택과 인접한 고대 주택의 흔적은 이제 평평한 풍경 속에서 작은 둔덕 형태로 남아 있을 뿐이다.

이 도시의 많은 남자가 다 무너져가는 공장 건물에서 일한다.

그들의 아버지, 할아버지 때부터 한 세기 넘게 이 지역의 다육식
물인 에네켄을 세계에서 가장 튼튼한 밧줄로 가공하던 곳이다.
이 공장의 지붕 일부가 1988년 허리케인 때 내려앉았는데, 피해
가 너무 커서 수리가 불가능할 정도였다. 그러나 건물의 절반가
량은 지금도 사람이 드나들 수 있다. 공장 안의 장비도 워낙 낡
아시, 박물관에 전시되어야 할 옛날 에네켄 기계 주인들에게서
가끔 부품을 사들인다.

　이 도시의 야구장에서 빈센테 코콘 로페스Vicente Cocon López가
아들 헤라르도Gerardo와 함께 우리를 기다리고 있었다. 코콘 로
페스는 로사도라미레스의 가장 절친한 친구이자 아케에서 그의
일을 도와주는 사람이다. 로사도라미레스는 이제 20대가 된 헤
라르도를 초등학교 시절부터 알았는데, 헤라르도는 오래전부터
로사도라미레스 연구 프로젝트의 비공식 사진가로 일하고 있
다. 곧 온 도시 사람들이 로사도라미레스를 만나러 몰려나온 것
같은 모습이 펼쳐졌다. 마치 그가 불빛을 반짝거리는 개똥벌레
라도 된 것 같았다. 아케의 남자들 중에는 지난 세월 동안 발굴
현장에서 그를 도와 땅을 파고, 흙을 긁어내고, 유물을 끌어 올
리고, 흙을 체로 거르는 작업을 한 사람이 많다. 마치 건축 과정
을 거꾸로 진행하는 것 같은 작업이다. 로사도라미레스가 이 사
람들과 만나는 것이 아주 오랜만이라서, 그들은 저마다 새로 아
기를 낳았다거나 손주가 생겼다는 이야기를 그에게 열심히 들
려주었다. 최근에 가족 중 누가 결혼했다는 이야기도 있고, 발굴

현장 주변에서 어슬렁거리다가 나중에 거기서 일하던 사람에게 입양된 개가 지금도 잘 지낸다는 이야기도 있다. 마침내 로사도 라미레스가 마구 쏟아지는 이런 이야기 속에서 빠져나와, 자세한 이야기는 나중에 하자고 약속했다. 대부분의 남자들이 에네켄 공장으로 일하러 가고, 코콘 로페스 부자는 이 도시의 고고학 발굴 현장 중심부로 우리와 함께 갔다. 고대 아케의 가장 큰 궁전, 신전 등 기념비적인 건물들 몇 채가 아직도 그곳에 서 있다.

우리 넷은 기둥 피라미드 꼭대기까지 거대한 계단을 올라갔다. INAH의 작업 덕분에 그곳을 뒤덮었던 식물이 치워지고, 과거의 찬란한 모습이 조금 복원되었다. 계단 한 단의 높이가 워낙 높아서 나는 숨이 찼다. 피라미드는 사람이 접근할 수 있으면서 동시에 웅장해 보이게 설계되었음이 분명하다. 그리고 이곳을 지은 장인들의 솜씨에는 흠잡을 데가 없다. 코콘 로페스는 고대와 현대의 건축기법에 대해 놀라울 정도로 안목이 뛰어난 사람이라서, 계단에 사용된 돌의 크기가 거의 똑같다는 점을 분명히 지적했다. 고대에 이 건물을 지은 사람들이 믿을 수 없을 만큼 엄청난 노동력과 기술을 여기에 쏟았음을 짐작할 수 있다.

고전기 마야의 건축 기술에 관해 "우리가 알아야 할 것은 이 건물들이 지금도 서 있다는 점뿐입니다. 현대에 우리가 지은 건물은 5년 만에 무너지는데." 로사도라미레스는 이렇게 말했다. 원래 기둥은 가장 빨리 무너지는 편인데, 기둥 피라미드 꼭대기의 기둥들조차 수천 년 동안 살아남았다. 그래서 로사도라미레스는 이 예외적인 사례를 보고 생각에 잠겼다.

피라미드 꼭대기에 서 있는 30여 개 기둥들 중 딱 하나만이 완전히 무너져 있다. 우연히 그렇게 된 것 같지는 않다. 그 기둥이 저절로 무너졌다면 그것을 구성하던 돌들이 아무렇게나 흩어졌을 텐데, 한곳에 차곡차곡 쌓여 작은 사각형 공간의 기초가 되었다. 고고학지들이 처음 이 방을 기록에 남긴 때는 1980년대인데, 피라미드 자체보다 훨씬 나중에 지어진 사당이라고 생각했다. 그리고 아케가 버림받고 나서 수백 년 뒤에 순례자들이 이 폐허를 가끔 찾아와 사당에 봉헌물을 놓아두었을 것이라고 설명했다. 순례자들이 두고 간 도자기의 연대는 후後고전기로 불리는 시기, 즉 1100년부터 유럽인이 처음으로 유카탄반도를 침략한 1550년까지에 해당한다.

고고학자들 중 누구도 아케가 버림받은 뒤 그곳에 여전히 사람이 살았을지도 모른다는 가능성을 생각하지 않았다. 도자기, 향로 등 후고전기의 봉헌물은 피라미드를 뒤덮은 파편 더미 속에서 계속 발견되었다. 적어도 1건의 시신 매장 흔적 또한 발견되었다. 사람들이 이런 봉헌물을 바칠 무렵에는 옛날 건물들이 이미 황폐해져 있었음을 의미한다. 만약 아케에 사람들이 살고 있었다면, 누구도 감히 기둥 피라미드 꼭대기의 기둥 하나를 무너뜨리지 못했을 것이다. 게다가 사람이 여기서 살 이유도 없지 않은가? 건물들은 무너지는 중이고, 도로에는 잡초가 가득하고, 지도자들은 도망쳤다. 간단히 말해서, 아케는 폐허였다.

　그러나 아케의 현재 주민들과 오랫동안 친분을 쌓다 보니, 로사도라미레스는 이런 추론을 받아들일 수 없었다. 고고학자로 경험을 쌓으면서 그는 피라미드 같은 기념비적인 건물에 초점을 맞춰야 한다는 점을 터득했다. 기념비적인 건축물이 제대로 기능을 발휘하지 못하는 시기에는 그 고대 도시에 사람이 살았다고 볼 수 없다는 것이 그가 배운 내용이었다. 이 규칙을 현재의 아케에 적용한다면, 20세기 초에서 중반, 즉 에네켄 공장 건물의 유지 보수가 더 이상 이루어지지 않게 된 시기에 이 도시가 버림받았다는 결론을 내릴 수밖에 없었다. 그러나 21세기가 시작되고도 세월이 조금 흐른 지금 우리는 아케에서 평생 살아온 사람들과 함께 이야기를 나누고 있다. 그들의 자식과 손주도 역시 이곳을 고향으로 삼을 가능성이 높다. 밖에서 볼 때는 폐허처럼 보이던 건물에 낡았지만 아직 기능을 발휘하는 기계들이 설치되어 있고, 사람들은 매일 그곳으로 출근한다. 에네켄 산업이 절정이던 20세기 초에 비하면 이 도시는 더 가난하고 고립되었으며, 규모도 줄어들었다. 그래도 아케는 여전히 존재한다. 버림받지 않았다. 아직 이곳에 사는 사람들이 있고, 로사도라미레스는 그들 모두를 안다.

　그가 참여한 INAH의 대규모 고전기 발굴 작업이 끝난 뒤, 그는 현대 아케의 렌즈로 고대 아케를 바라보려는 작업을 시작했다. 아포칼립스 이후에 이 도시가 완전히 버림받았는가, 아니면 다른 종류의 사회가 이곳에 형성되었는가? 아포칼립스 이후의 건축물에 대한 증거를 찾아내는 데 도움이 될 만한 사람이 있다면 바로 코콘 로페스였다. 그는 이곳을 누구보다 잘 알았으며, 건축 패턴과 소재의 작은 변화를 노련하게 찾아낼 수 있었다. 연구 지원금이나 정부가 지원하는 발굴 프로젝트도 없이 로사도라미레스는 토요일마다 아케로 와서 코콘 로페스와 함께 유적을 걸어서 돌아다니기 시작했다. "우리는 심지어 물을 사먹을 돈도 없었다." 로사도라미레스는 이렇게 회상했다.

코콘 로페스는 평일에 유적을 조사했다. 이곳의 경기가 한창이던 시절 말이 끄는 수레에 에네켄을 실어 나르기 위해 놓인 금속 궤도를 따라가며, 주말에 로사도라미레스와 함께 탐험할 때 도움이 될 지도를 그리곤 했다. 내가 보기에는 건물 잔해라고 알아보기도 힘든 돌 더미 속에서 코콘 로페스는 옛 아케의 시간 흐름을 완전히 찾아낼 수 있었다. 후대의 사람들이 예전에 지어진 것에 어떤 반응을 하고, 용도를 어떻게 바꿨는지도 알아냈다. 그와 로사도라미레스는 아케의 초창기에 쓰이던 거대한 돌과 고전기 말기의 작은 돌이 섞여 있는 작은 건물들을 발견했다. 이 건물들이 고전기 말기보다도 더 뒤에 지어졌다는 의미였다. 즉 아케가 이미 버림받은 뒤로 추측되는 시기였다. 기둥 피라미드 꼭대기에 있는 사당뿐만 아니라, 다른 고전기 건물 5채의 폐허 안이나 근처에서도 후고전기 사당이 발견되었다.

이 프로젝트는 로사도라미레스의 박사학위 논문이 되었고, 아케의 많은 남자가 두 사람의 팀에 참여했다. 오랫동안 피라미드를 발굴하고, 유물을 식별하고, INAH 복원 프로젝트에 참가했던 아케의 남자들은 나름대로 고고학 전문가가 되어 있었다. 로사도라미레스는 수많은 고고학자가 과거에 간과했던 평민들의 삶에 관한 작은 흔적들을 찾아다니면서, 아케의 과거와 현재에 대한 그들의 자세한 지식을 높이 평가했다. 그는 지역 주민들로 이루어진 이 팀의 도움으로, 과거 아케의 기념비적인 건물들이 있는 핵심부에서 작은 주택 96채의 잔해를 찾아내서[110] 그중 18채를 발굴했다. 대체로 공동 안뜰을 중심으로 6채쯤 한데 모여 있는 형태로 발견된 이 주택들에는 후고전기에 유행한 양식의 도자기가 가득했으며, 아케가 붕괴하기 전에는 평민들에게 결코 허용되지 않았을 위치(한때 티끌 하나 없이 깨끗하고 인적이 없던 중앙 광장도 포함)에 있었다. 불안한 시기에 안전을 위해 아케의 성벽 안으로 사람들이 이주해 들어갔거나, 아니면 과거의 경계선 안으로 갑자기 들어갈 수 있게 된 뒤 이번에는 그 경계선을 자기들의 경계선으로 이용하게 된 것 같았다. 로사도라미레스는 170~380명의 사람들이 후고전기에 아케의 폐허 속에서 계속 살아간 것 같다고 추정한다. 이 추정치 중 최대값은 현재 아케의 인구와 거의 일치한다.

✝ ✝ ✝

1050년경 어떤 남자가 아케의 광장 한복판에 들어섰다. 이곳이 이렇게 텅 빈 모습은 처음 보았다. 평생 동안 그는 장날, 의식, 축일을 위해 이곳을 찾았다. 그때는 그가 아는 사람들뿐만 아니라 알지 못하는 사람들도 많이 광장에 와 있었다. 집에 남아 시들시들한 작물을 보살펴야 할 것 같은 때에도 다르지 않았다. 이 위기에 함께 맞서자는 그들의 결의가 워낙 단단했다. 적어도 처음에는 그랬다. 전에도 가뭄을 겪은 적이 있는 노인들은 가뭄을 잘 견디는 작물, 빈약한 수확량으로 오래 버티는 법, 남는 곡식이 없더라도 장날에 가지고 나가서 팔 수 있는 것에 대해 가족들에게 조언해주었다. 왕은 할아버지와 증조할아버지 때 이후로 치른 적이 없는 의식을 되살려, 예전처럼 비를 내려달라고 차크에게 빌었다. 그러나 상황은 나빠지기만 했다. 가뭄이 이렇게 오랫동안 지속된 적도, 세노테의 수위가 이렇게까지 낮아진 적도 처음이었다.

처음에는 장날이 빈틈을 메워주었다. 식량을 비롯한 여러 자원이 서쪽 고지대에서 여전히 카누에 실려 왔다. 물가에서 내륙의 도시로 그 물자를 운반한 사람들은 여전히 교역하는 상인들이었다. 남자는 상인들이 가져오는 말린 물고기가 영 마음에 들지 않았다. 그보다는 사슴고기와 토끼고기가 좋았다. 도시 주위의 숲에서 자신이 직접 사냥한 고기라면 더욱 좋았다. 그러나 아케 인근에서 사슴이나 토끼를 보지 못한 지 오래였다. 동물들도 물이 없으면 살지 못했다. 그래서 남자는 말린 물고기에 익숙해지는 법을 배웠다. 그와 아내는 땅을 파서 카사바 뿌리를 캐는 법, 예전 같으면 옥수수를 사용했을 요리에 아마란스를 쓰는 법, 먹을 수 있는 속대를 잘라낼 야자수를 찾아 숲으로 계속 깊숙이 들어가는 법에 익숙해졌다. 운 좋게 콩이나 옥수수 심이 손에 들어오면 보석처럼 귀하게 다루는 데에도 익숙해졌다.

텅 빈 광장에서 남자는 고개를 들어 기둥 피라미드를 바라보며, 그 꼭대기에서 치러지던 의식과 그때 바쳐진 봉헌물을 생각했다. 그런 의식이 모두 무의미했다는 데에도 생각이 미쳤다. 기둥들은 여전히 튼튼하게 서 있었지만, 왕과 신관들을 위해 햇볕을 가려주던 초가지붕은 점점 내려앉아 갈라지고 있었다. 그건 상관없었다. 어차피 이제는 필요하지 않은 물건이니까. 가뭄이 처음 시작되었을 때 남자와 이웃들은 왕이 치르는 의식을 지켜보며 위안을 얻었다. 그런 의식을 치르고 나면 흉년이 계속될 리 없다고 믿었다. 신들이 마침내 화를 풀 것이라고 믿었다. 그러나 시간이 흘러도 비가 내리지 않자, 아케 사람들은 신들과 조상들이 왕과 왕의 신민을 버린 것이 아닌지 마지못해 의심하기 시작했다. 왕이 점점 더 자주, 점점 더 절박하게 치르는 의식에는 점점 더 많은 신관이 참여하고, 그들에게 제공해야 하는 음식의 양도 많아졌다. 그래도 상황은 바뀌지 않았다. 오히려 그런 의식이 상황을 더 악화시키는 것 같았다.

상인들과 방랑자들은 아케의 왕만 버림받은 것이 아니라고 말했다. 반도 전역에서 사람들이 도시를 떠나고 있었다. 소문에 따르면, 강력한 치첸이트사조차 고전 중이라고 했다. 남자가 권력과 통치에 대해 믿고 있던 모든 것이 무너졌다. 왕들은 신성한 존재로서, 세상을 창조한 신들 및 지금의 형태로 세상을 가꾼 모든 조상과 본질적으로 연결되어 있지 않던가. 만약 왕과 그들의 연결이 끊긴다면, 그의 권력 기반은 무엇인가? 농부들이 왕의 궁정에 계속 식량을 보낼 이유가 없지 않은가? 야자 속대를 수확하거나 아무리 작더라도 물이 있을 것 같은 새 세노테를 찾아다닐 시간에 효과도 없는 의식에 굳이 참가할 이유가 없지 않은가? 만약 방랑자들의 말처럼 모든 왕이 신성을 잃었다면, 왕이 있어야 할 이유가 무엇인가?

남자는 고민에 빠졌다. 이웃들도 비슷한 감정을 속닥거렸다. 그러나 이런 생각이 남자에게 전율을 일으키기도 했다. 그는 광장에서 의식에 참가할 때마다 이런 생각을 하며, 그 자리에 모이는 사람들이 점점 줄어든다는 사실에 주목했다. 그러다 보니, 신관들이 아침 일찍 그의 농장을 찾아왔을 때의 일이 기억났다. 그들은 마지막으로 남은 옥수수 열매를 공물로 가져갔고, 아내는 울었다. 남자는 곡식 대신 먹으려고 나무에서 껍질을 벗겨내며 이런 것들을 생각했다.[111] 지난 가뭄을 겪은 증조부는 남자가 어렸을 때 나무껍질 벗겨 먹는 방법을 가르쳐주면서 이렇게 말했다. "너는 이 방법을 쓸 일이 아예 없으면 좋겠구나. 그래도 혹시 모르니 방법을 알아둬야 한다." 자식들에게 처음 나무껍질을 먹인 날 밤에 남자는 집에서 조용히 빠져나와, 더 이상 지금의 왕 밑에서 살 수 없다며 행동에 나설 준비를 하는 사람들의 밤중 모임에 참석했다.

　그러나 어떤 조치를 취할 것인지 결정하는 과정이 너무 느렸다. 어떤 사람들은 새로운 왕을 원하고, 어떤 사람들은 통치자 1명 대신 위원회가 도시를 다스리는 방식을 원했다. 치첸이트사가 수도에서 이런 방식을 쓴다고 했다.[112] 그러나 치첸이트사에는 군대도 있어서, 해안의 항구 1곳을 장악하고 있었다. 또한 가신 도시들도 치첸이트사에 공물을 보내주었다. 그런데도 일부 방랑자들이 가져온 소식에 따르면, 가뭄이 점점 길어지면서 치첸이트사가 수도에서 사람들이 자꾸 떠나는 것을 막지 못해 애를 먹고 있다고 했다. 남자는 어떤 소식을 믿어야 할지 알 수 없었지만, 어떤 소식이 정확한지 알아내는 게 그리 중요한 것 같지 않았다. 치첸이트사가 지닌 이점들이 아케에는 하나도 없었다. 그러니 텅 빈 도시에 위원회가 있든 왕이 있든 상관없지 않겠는가?

　그들이 이렇게 토론을 벌이는 동안 이 밤중 모임에 관한 이야기가 궁전까지 닿은 모양이었다. 남자와 이웃들이 그다음 의식 때 도시 중심부로 갔더니(겉으로나마 계속 의식에 참가하는 시늉을 해야 했다), 이번에는 의식이 열리지 않는다는 사실이 금방 분명해졌다. 왕이 왕실 가족들, 많은 신관과 함께 야반도주를 한 것이다. 신들이 왕을 버리자, 왕은 아케를 버렸다. 남자는 자신도 깜짝 놀랄 만큼 화가 났다. 왕이 그 자리에서 물러나는 것을 원하기는 했으나, 그 일이 이런 식으로 이뤄질 줄은 상상도 하지 못했다.

왕실 가족들이 도망치고 나니 아케의 장벽 안에 살던 장인, 서기, 건축가의 일이 없어졌다. 그래서 곧 그들도 사라졌다. 왕을 몰아내려고 계획하던 집단은 왕이 사라진 여파로 부서졌다. 장날을 기획하는 사람도 없고, 다른 도시의 교역 대표단을 초대하는 사람도 없고, 신들 앞에서 아케를 대신해 말을 전할 사람도 없었다. 소수의 교역 상인들이 통상적인 교역로로 이동하면서 계속 아케를 지나갔지만, 아케가 점점 가난해지자 굳이 이곳에 들르는 일도 줄어들었다. 대규모 의식을 집전할 신관들이 없기 때문에, 사람들은 집에서 스스로 의식을 치르기 시작했다. 장벽을 순찰하거나 도시 입구에서 경비를 서는 사람도 없었다. 이제 와서 누가 무엇을 바라고 아케를 침략하겠는가?

남자는 왕이 사라지면 신들이 다시 아케에 호의를 베풀 것이라고 믿었으나, 그런 일은 일어나지 않았다. 작물은 계속 죽어가고, 동물은 돌아오지 않고, 세노테는 더욱 줄어들고, 비도 여전히 내리지 않았다. 매일 이웃들이 도시를 떠나 방랑자 무리에 합류하는 것 같았다. 남자도 아내와 의논해보았으나, 지금은 떠날 때가 아닌 것 같았다. 두 자녀가 아직 너무 어려서 많이 걸을 수 없고, 남자와 아내는 굶주림으로 많이 쇠약해져서 아이들을 안고 갈 수 없었다.

게다가 달리 갈 곳이 있는지도 분명치 않았다. 가장 가까운 해안 도시들도 비틀거리는 중이고, 치첸이트사가 아직 버티고 있는지 또한 알 길이 없었다. 남자와 아내 모두 다른 마을에 친척이 있는 것도 아니었다. 남자는 결정을 너무 미룬 탓에 이제 여기서 더 기다려보는 것 외에는 선택지가 없는 것 같아서 두려웠다. 날이 갈수록 아케에는 더욱더 인적이 줄어들었지만, 떠날 수 없겠다는 생각 또한 더욱 강해졌다.

남자가 광장으로 나온 것은 피라미드에 쓸 만한 물건이 있는지 보기 위해서였다. 왕실 가족들이 도망치면서 보석을 최대한 가져갔지만, 남자는 이제 쓸모없어진 왕실 사당에 복잡한 무늬가 새겨진 토기 조각상들이 남아 있는 것을 전에 왔을 때 본 적이 있었다. 온갖 그릇과 저장용기, 과거 통치자들의 조각상도 있었다. 남자는 이 물건들을 가져가, 다음에 식량을 지닌 누군가가 아케를 지나가면 식량과 교환할 생각이었다. 그는 심지어 궁전 내부를 장식한 화려한 벽화도 쪼개서 가져왔다. 남은 사람도 없는데 누가 그를 막겠는가? 장벽 밖에 있는 그의 동네에서도 몇 주 전부터 그의 가족 외에 아무도 보이지 않았다.

그런데 오늘은 광장에 누군가가 있었다. 노부부가 순식간에 폐허로 변하고 있는 피라미드 계단에서 헐거워진 돌을 빼내 아주 작은 집을 짓고 있었다. 남자는 장날에 이 노부부를 본 적이 있었다. 그들도 장벽 밖에 살았지만, 남자가 사는 곳에서 보면 도시 반대편이었다. 그들에게 다가가면서 보니, 그들도 여기서 사람을 만났다는 사실에 남자만큼 깜짝 놀랐다가 안도하는 표정을 지었다.

남자가 그들을 도와 돌을 쌓는 동안 노부부는 장성한 자녀들이 가족을 데리고 아케를 떠났으며, 동네에 아무도 남지 않았다고 남자에게 말해주었다. "우리가 애들한테 가라고 했어. 하지만 그 집에 있으면 너무 외로워서 말이야." 노부인이 말했다.

남자는 집으로 가서 아내에게 이 일을 이야기했다. 멀리 갈 필요는 없고, 장벽 안으로 들어갈 뿐이라고, 광장과 가까워서, 새 집을 지을 재료가 아주 많은 곳이었다. 어쩌면 지금보다 더 좋은 집을 지을 수도 있었다. 도시 중심부의 흙에는 작물을 심은 적이 없으니, 이미 지력이 고갈된 남자의 밭보다 더 비옥할 수도 있었다. 게다가 그곳에 남은 다른 사람들도 있었다.

다음 날 두 사람은 자녀들과 함께 장벽 안으로 들어갔다.

✝ ✝ ✝

나는 로사 도라미레스, 코콘 로페스와 함께 기둥 피라미드에서 내려와 아케의 옛 광장을 가로질러서 유적 중 이미 숲이 자란 곳으로 들어갔다. 내가 보기에는 풀이 웃자란 작은 둔덕에 돌 더미들이 혼란스럽게 모여 있는 것 같은 곳이지만, 여기서도 로사 도라미레스와 코콘 로페스는 내가 보지 못하는 것을 본다. "이걸 봤을 때도 나는 '그래, 우리가 심하게 미친 건 아니야'라고 말했어요." 로사 도라미레스가 말했다.

돌 더미들은 대부분 고전기 피라미드가 무너져 생긴 잡석으로 이루어져 있다. 수십 년, 수백 년에 이르는 세월 동안 피라미드의 돌덩이들이 헐거워져서 아래로 굴러떨어져, 피라미드를 사실상 묻어버리다시피 했다. 그러나 로사도라미레스와 코콘 로페스는 모든 돌이 우연히 떨어진 건 아니라고 지적한다. 가장 커다란 돌덩이 몇 개는 땅에 수직으로 박혀서 폐허를 에워싼 벽과 비슷한 역할을 하고 있다. 작은 돌덩이들은 폐허 속에 수평으로 끼워져 꼭대기까지 이어지는 조잡한 계단이 되었다. 폐허 꼭대기에는 작은 사당 하나가 지어져 있다. 돌을 일부러 배치한 듯한 모양을 보면, 사당과 임시 계단을 누가 일부러 지었음을 알 수 있다고 로사도라미레스는 말했다. 옛 피라미드가 원래 모습을 잃어버리고 한참 세월이 흐른 뒤에 누군가가 이 피라미드를 기념하고, 보호하고, 입구를 보존하기 위해 이렇게 한 것 같다고.

이 임시변통 계단처럼, 아포칼립스 이후 아케에서 지어진 대다수의 건물은 옛 도시 중심부의 기념물들의 잔해에서 가져온 재료로 지어졌다. 평민들은 피라미드의 돌을 가져다가 자기가 살 작은 집의 기초를 놓았다. 상형문자가 잔뜩 조각된 기념물(한때 아케 최고의 엘리트들을 위한 곳)의 일부를 가져다가 소박한 집과 안뜰에 놓아 장식하거나 제단을 만들었다. 로사도라미레스와 코콘 로페스가 사람들의 집 안에서 발견한 옛 피라미드의 거대한 돌덩이 중심부에는 홈이 파여 있었다. 사람들이 그 돌덩이를 가져다가 옥수수를 가는 맷돌로 쓴 흔적이었다. 맷돌은 마야의 모든 집에 반드시 있어야 하는 도구였다. 후고전기에 새로 지어진 사당은 모두 고전기의 옛 건물이 있던 자리나 그 근처에 있었다. 이곳을 지을 때 쓴 자재는 역시 옛 피라미드에서 나왔다. 아포칼립스 이후 아케에 만들어진 공동체와 마찬가지로, 이 사당들도 옛 건물들에 비해 훨씬 작고 덜 웅장했다. 그래도 사당들은 분명히 존재했다.

역사적인 맥락에서 고고학자들이 보기에 아포칼립스 이후 아케에 살던 사람들이 무단 거주자처럼 보일 수 있다. 옛 도시의 역사를 존중하는 마음은 전혀 없이 그곳의 재산을 거머리처럼 빨아먹는 존재. 만약 로사도라미레스가 그들의 무덤을 더 많이 찾아낸다면, 그 유해에서 아포칼립스 이후의 사회에 폭력과 질병이 들끓었다는 사실이 밝혀질지도 모른다. 로빈스 슈그가 하라파의 유적에서 찾아낸 것처럼. 그러나 로사도라미레스는 아포칼립스 이후 아케의 공동체가 주위의 폐허를 대한 태도를 연구하면서, 그들이 이 도시의 과거나 지금 기본적인 생존을 위해 분투하는 사람들에게 전혀 신경을 쓰지 않았다는 인상은 받지 못했다. 그들이 도시 중심부를 살 곳으로 선택한 것, 그리고 이 도시에 남은 것들을 이용하면서 동시에 보호했다는 사실은 그들이 아케의 역사, 지리, 기념비적인 건물을 잘 알았으며, 그 과거와의 연결을 계속 유지하기 위해 많은 시간과 자원을 들여 창의적인 방법을 생각해냈음을 시사한다. 로사도라미레스는 그들이 자신의 시대를 결핍과 갈등의 시기가 아니라 풍요와 소속감의 시기로 믿었을 가능성이 높다고 봤다.

나중에 이곳으로 이주한 외부인들이 아케의 과거에 그토록 주의를 기울였을 것 같지는 않다. 과거를 존중하는 방법을 알지도 못했을 것이다. 온두라스에 있는 고전기 마야의 주요 도시인 코판Copán에서도 후고전기에 사람들이 버려진 도시의 자재를 재활용해 새로운 건물을 지었다. 하지만 상형문자, 사람의 얼굴 등이 조각된 면이 보이지 않게, 아무것도 없는 면을 겉으로 돌려서 벽을 쌓았다. 옛 건물의 장식이 의미를 잃어버린 것이다.[113] 코판의 후고전기 사람들은 또한 고전기의 왕릉을 습격해서 교역할 물건을 구한 듯하다. 아케의 기둥 피라미드 꼭대기에 지어진 사당 같은 것을 그곳의 자재로 지을 생각은 하지 않았다. 고고학자들은 이것을 다른 곳에서 온 사람들이 이 도시를 차지했다는 징후로 본다. 이 새로운 주민들은 과거의 코판과 어느 정도 거리를 두기로 한 모양이었다.

반면 아케의 후고전기 주민들은 과거 이 도시의 찬란한 과거를 보여주는 갖가지 상징을 집에 잘 보이게 전시해두었다. 옛 궁전과 신전에 사당을 짓고, 제물을 봉헌하고, 심지어 망자를 매장하기도 했다. 그곳에 살고 있는 영혼들과 조상들도 동시에 섬긴 셈이다. 그들은 도시의 과거를 자신의 바탕으로 삼고, 폐허를 이용하며 여전히 이 도시 사람이라는 소속감을 얻었다. 현재 마야 사람들은 과거의 유적이 비어 있지 않다고 믿는다.[114] 신, 조상, 숲의 정령이 그곳에 살고 있다는 것이다. 어쩌면 아포칼립스 이후 아케 사람들은 비록 이 도시가 확연히 달라졌어도 버림받았다는 생각은 전혀 하지 않았을지 모른다.

농부, 평민 등은 과거 아케 외곽에 살면서, 정치, 경제, 종교에 대해 발언권이 별로 없었다. 고전기에는 외교부터 기도에 이르기까지 모든 것이 왕을 통해 이루어졌다. 그러나 아포칼립스 이후의 이 새로운 세상에서는 아케가 어떤 곳이고 여기서 어떻게 살아갈지를 그들이 직접 결정했다. 계속 반도를 돌아다니며 아케 남쪽에서 새로 생겨나고 있는 대도시 마야판Mayapán의 물건을 파는 상인들을 불러들인 사람도 그들이었을 것이다. 마야판뿐만 아니라, 중앙집권체제의 붕괴 이후 반도 각지에 점점이 생겨난 다른 도시들과 아케의 관계를 외교적으로 관리하는 일도 그들의 몫이었을 것으로 보인다. 그들은 또한 왕의 도움 없이 종교적 행사를 이어나갈 방법을 마련해야 했으므로, 로사도라미레스가 발견한 것과 같은 작은 사당이나 집 안의 제단에서 치를 수 있게 의식을 변형했다. 이제는 그들이 아케의 가장 중요한 사람들로서 시내 중심부에 살았다.

† † †

더 작고, 더 평등하고, 더 유연하고, 더 회복력이 좋은 후고전기의 생활 방식은 400년이 넘도록 유카탄반도의 마야 사람들에게 잘 맞았다. 가뭄이 끝나고 환경이 안정된 뒤에도 그들은 신성

한 왕의 통치를 두 번 다시 받아들이지 않았다. 구조가 복잡하고
초超계층화된 과거의 체제가 재앙으로 끝나며 그들을 실망시킨
탓이었다. 아포칼립스가 닥쳤을 때 그 체제하의 도시는 취약하
고, 정치는 연약하고, 종교는 힘을 발휘하지 못했다. 그러니 그
런 식의 위험을 왜 다시 감수하겠는가?

　유카탄반도 북부의 마야인들은 1100년경부터 다른 종류의 중
심 도시를 건설했다. 마야판은 신성한 왕이 있는 곳이 아니라,
반도 전역의 강력한 가문과 정치조직의 대표자들로 구성된 연
합체가 회합을 갖는 곳이었다. 그곳에 묻힌 사람들의 뼈를 방사
성동위원소로 분석하면, 평민과 엘리트를 막론하고 아주 멀고
다양한 곳의 사람들이 이 도시로 왔음을 알 수 있다. 아케에서
도망친 아케의 통치자들도 어쩌면 마야판의 위원회에서 하급
위원으로 자리 잡았는지 모른다.

　과거 아케가 그랬듯이 마야판도 성벽을 세웠다. 그러나 아케
와 달리, 성벽에 에워싸인 중심부에는 기념비적인 건물과 평민
들의 주택가가 함께 빽빽이 자리하고 있었다. 마야판에는 웅장
한 피라미드가 여러 개 있었지만, 광장과 관련해서는 기둥 피라
미드 앞에 중앙광장이 하나만 있던 아케와 달랐다. 어느 한 사람
이나 집단이 마야판을 통치하는 것이 아니었으므로, 추종자들
을 모아놓고 중대 발표를 할 거대한 공공장소가 필요하지 않았
다. 정치는 가장 강력한 위원들의 영역에서 이루어지고, 종교적
의식은 예전보다 개인적인 일이 되었다. 이제는 사람들이 집에

제단을 마련하고 향을 피웠다. 통치자를 찬양할 필요가 없기 때문에, 서기들은 예전처럼 기념물에 역사를 새기지 않고 책을 썼다. 건축가들은 훨씬 쉽게 지을 수 있는 피라미드를 설계했다. 고전기 초기의 아케에서는 거대한 돌로 건물을 지었지만, 후고전기 마야판의 사람들은 거대한 돌덩이를 정확한 모양으로 다듬어 왕의 취향에 맞는 우아하고 완벽한 계단이나 궁전 담장을 짓는 데 시간을 쓸 필요가 없었다. 그래서 그들은 작은 돌덩이들을 모아 피라미드를 짓고, 치장벽토를 바르거나 화려한 벽화를 그렸다. 대부분의 벽화는 이미 오래전에 바래고 지워져, 지금은 석조 기초만 드러나 있다. 존 로이드 스티븐스처럼 수백 년 뒤 이 유적을 찾아온 탐험가와 고고학자의 눈에 마야판의 기념비적 건물들은 고전기 건물에 비해 덜 깔끔하고[115] 덜 세련되게 보였다. 그러나 이 건물들이 지어진 당시에는 그 나름대로 아름답고 당당했을 것이다.

교역하는 상인들은 마야판에서 아케까지 40킬로미터를 하루나 이틀 만에 걸을 수 있었다. 로사도라미레스는 향로 등 마야판의 특산물인 도자기 제품을 아포칼립스 이후의 아케에서 많이 발견했다. 폐허가 된 도시 안의 마을들은 약 350년 동안 마야판의 궤도 안에 편안히 자리 잡고 있었다. 그러다 1400년경 다시 가뭄이 닥치자[116] 마야판도 무너졌다. 지금까지 남아 있는 마야 문헌에 따르면, 1441년까지 대부분의 사람이 마야판을 떠났다. 연합체와 위원회는 신성한 왕의 통치가 불러온 불평등과 실패에 대한 반동으로 생겨났을 가능성이 높은데, 유카탄반도의 마야인들은 종류를 막론하고 중앙에 집중된 권력은, 설사 여럿이 권력을 공유하는 형태라 하더라도, 환경의 도전 앞에서 무릎을 꿇을 수 있다는 사실을 배우는 중이었다. 그런 도전에 대처하기 위해서는 작은 공동체만이 발휘할 수 있는 유연성과 적응력이 필요했다. 3000년 전의 인더스 계곡과 나일강 유역 사람들처럼, 후고전기 마야 사람들도 각자가 직접 얼굴을 맞대고 협력하며 신속히 행동할 수 있는 마을들이 안전을 지켜준다는 점을 깨닫고 마야판 붕괴 이전과 이후에 작은 공동체를 만들어 유지했다.

아포칼립스 이후 아케의 사람들도 새로 닥친 가뭄의 영향을 받았을 것이다. 그러나 집을 떠나거나 생활 방식을 완전히 바꿀 필요는 없었다. 이미 자신들이 아는 한 가장 안전하고 적응력이 가장 뛰어난 생활을 하고 있었기 때문이다. 제1중간기 이후 최대한 빨리 다시 중앙집권화한 이집트나 권력자들이 사회구조를 바꿀 필요가 전혀 없다고 강력히 주장한 흑사병 이후의 영국과 달리, 후고전기 마야는 신성한 왕의 통치, 구조가 몹시 복잡한 국가를 계속 거부했다. 마야판 이후에는 중앙집권체제도 거부했다. 그러나 과거를 잃어버리거나 잊지는 않았다. 그들은 조상들이 남겨준 모든 것을 참고해서 공동체를 재건했다. 그래도 어쩌면 조상들의 실수만은 되풀이하지 않겠다고 굳게 결심했는지도 모른다.

† † †

1400년의 어느 날 아이는 밧줄을 놓고, 옛 신전의 중심부로 떨어졌다. 돌로 지은 둥근 천장의 잔해가 아이의 머리 위로 뻗어 있었다. 아이가 떨어진 구멍으로 햇빛이 찔끔찔끔 새어 들어와 작은 공긴을 희미하게 밝혔다. 한때 다른 방들과 연결되어 있던 공간이었다. 아이는 한쪽 벽에서 문의 윤곽을 발견했다. 그러나 돌 더미가 문을 막고 있는 것을 보니, 문 뒤편 공간의 천장이 오래전에 무너진 모양이었다. 그래도 아이가 있는 방은 나름대로 튼튼해 보였다. 벽의 커다란 돌덩이들은 틈새 없이 깔끔하게 쌓여 있었다. 아이의 부모는 허리케인 때에도 지붕의 잔해가 꿈쩍도 하지 않았다고 말해주었다. 이렇게 오래된 장소로 탐험을 나올 때면, 금방 무너질 것 같은 담이 보이거나 건물 깊숙한 곳의 돌덩이가 움직이면서 진동이 일자마자 곧장 빠져나와야 했다. 아이의 형은 이런 곳에 아무리 귀한 보물이 있다 해도, 굳이 오래 머무를 가치가 없다고 아이에게 가르쳤다. 그러나 이 방은 안전한 것 같아서, 아이는 그 안을 둘러보기로 했다.

먼저 한쪽 벽과 그곳에 희미하게 남아 있는 물감 자국을 손으로 더듬어보았다. 빨간색과 파란색이 돌벽에 여전히 또렷하게 남아 있었다. 누가 이 그림을 그렸는지, 이런 물감을 전부 어디서 구했는지 궁금했다. 아이의 친척 아주머니는 재능 있는 예술가였지만, 한 번도 이런 물감으로 작업한 적이 없었다. 마야판에 가져가서 팔 도자기에 색칠해야 할 시간에 벽을 장식할 여유도 없었다. 벽에 그려진 그림에서 아이는 사람의 발, 손, 얼굴 일부를 찾아냈다. 화려한 옷도 보였다. 그러나 형체가 온전하게 남은 사람이 하나도 없었다. 벽화의 바탕이 된 치장벽토가 대부분 세월을 이기지 못하고 떨어져나가면서, 그림도 함께 사라진 탓이었다. 아니면 과거의 탐험가들이 그림을 쪼개서 가져간 건지도 모른다는 생각이 들었다. 아이는 할머니 집 안뜰에서 옛 그림의 조각들을 본 적이 있었다. 하지만 할머니는 그 그림이 어느 건물에서 나온 건지 알지 못했다. 할머니가 어렸을 때 그 그림 조각들을 집으로 가져온 증조할아버지는 조상들의 초상화라고 말했다. 그래서 할머니는 긴 세월 내내 그 그림 조각들을 깨끗이 닦고, 공물을 바치고, 그 앞에서 향을 피웠다. 어쩌면 증조부가 이 건물에도 다녀갔는지 모르겠다는 생각이 들었다.

　방 안을 돌아다니던 아이가 막힌 문간에 이르렀다. 아이는 허리를 숙여, 헐거운 돌덩이들을 헤치기 시작했다. 어떤 돌은 너무 커서 아이의 힘으로는 움직일 수 없었다. 돌 더미 속에 쐐기처럼 박힌 돌은 감히 손댈 수 없었다. 자칫하면 돌 더미가 와르르 무너질 것 같았다. 그러나 바닥에 작은 돌멩이들이 많이 흩어져 있었다. 조각이 새겨진 것도 많았다. 아이는 가장자리가 깔쭉깔쭉한 돌멩이들을 서로 맞춰보았다. 그랬더니 커다란 조각상이 깨져서 이렇게 돌멩이로 흩어졌다는 사실을 알 수 있었다. 아마 조각상이 넘어져서 깨진 모양이었다. 자신이 아는 사람이 일부러 이런 조각상을 부쉈을 것 같지는 않았다. 조상들의 작품이라는 사실을 알 테니까. 옛 도시에는 집과 사당을 지을 재료가 넘치도록 많았다. 사람들은 그 재료를 가져다 이용할 뿐, 멀쩡한 것을 파괴하지는 않았다. 그러나 이 조각상은 이미 산산이 부서진 상태였으므로, 아이가 집으로 가져갈 만한 것을 찾아봐도 문제 될 것이 전혀 없었다.

아이는 돌멩이를 들어보고, 거기에 새겨진 조각이 불완전한 것은 그냥 버렸다. 그림이나 무늬가 아니라, 그냥 무의미한 글자였다. 마침내 물고기를 잡은 손 하나가 새겨진 돌멩이가 보였다. 아케 사람들은 옛 문자를 전혀 읽지 못했지만, 이 상형문자의 의미에 관한 지식은 살아남았다. 그 그림은 아케의 이름이었다.

아이는 가방처럼 쓰고 있는 긴 천에 그 돌을 넣고, 천을 어깨에 걸었다. 그리고 돌이 있던 자리에는 이 건물의 정령들에게 바치는 공물로 타말레를 놓아두었다. 자신의 방문을 허락하고 이 상형문자를 가져가게 해줘서 고맙다는 뜻이었다.

아이는 다시 밧줄을 타고 올라와 천장 근처의 구멍으로 나왔다. 나무줄기에 묶어두었던 밧줄을 풀어, 조금 전 돌멩이를 넣은 가방에 넣었다. 그리고 사람들이 이 건물 꼭대기까지 대충 돌로 포장해놓은 길을 내려왔다. 원래 이곳에 있던 계단은 오래전에 흙에 묻혀버렸다. 우기에는 건물이 언덕처럼 보였다. 갖가지 덩굴과 식물이 웃자라서 잔뜩 엉켜있기 때문이었다. 그러나 아이는, 아케 사람이라면 누구나 그렇듯이, 이곳이 언덕이 아니라는 사실을 알고 있었다.

아이는 흙에 묻힌 옛 건물과 지금 사람들이 살고 있는 집 사이의 흙길을 걸어 큰 광장으로 돌아왔다. 이 광장 가장자리에 아이의 집이 있었다. 가족들은 그곳의 평평한 땅 일부를 텃밭으로 이용했다. 엄마는 부엌 겸 안뜰에서 옥수수를 갈고 있었다. 새 맷돌의 각도에 아직 적응 중이었다. 얼마 전 아빠가 어느 피라미드 앞에 떨어져 있는 이 맷돌을 집으로 가져왔다.

아이가 상형문자가 새겨진 돌멩이를 엄마에게 내밀었더니, 엄마는 빙긋 웃으며 아이를 안으로 데려가 제단에 올려놓게 했다. 그리고 이 이름 상형문자와 이것을 새긴 사람의 영혼을 환영하는 의미에서 향을 피우게 해주었다. 조상들은 옛 도시를 세움으로써 그들에게 필요한 것을 모두 주었다. 그들에게 새로운 아케를 주었다.

APOCALYPSE

3부

Part 3:
New Worlds

신세계

7장　눈앞에 숨겨져 있던 식민주의라는 아포칼립스

– 아즈텍 제국의 멸망

15세기 말까지 세상에는 아포칼립스에 대처한 수천 년의 경험이 쌓였다. 주기적으로 통일과 붕괴를 경험한 고대 이집트, 흑사병 이후 경제적으로 재편된 유럽, 구조가 복잡하고 깨지기 쉬운 도시를 거부하고 작은 공동체의 삶을 택한 하라파와 고전기 마야 등 곳곳에서 사람들은 아포칼립스를 이겨내고 변화의 잠재력을 발휘하는 자기들만의 방법을 개발했다. 아포칼립스는 저마다 독특하고, 사람들은 그런 현상을 예측하지 못할 때가 많다. 그러나 먼 옛날의 대범람까지, 아니 어쩌면 그 이전까지 거슬러 올라가는 전 세계의 역사와 신화에는 헤아릴 수 없이 많은 생존 이야기가 포함되어 있다.

세상은 1492년에 영원히 변했다. 인간의 독창성과 잔혹성이 강력하게 결합해서 최초의 진정한 세계적 아포칼립스에 불을 붙였다. 수억 명의 목숨이 위험해지고, 자연과 공동체와 생존에 대한 오랜 믿음이 뒤집어졌다. 이 새로운 아포칼립스에는 모든 것이 포함되었다. 정치적 격변, 고삐 풀린 폭력, 환경 파괴, 영적인 혼돈, 새로운 질병으로 인한 대량 사망, 이 모든 일이 일찍이 경험한 적도 없고 상상조차 해보지 못한 규모로 발생했다. 크리스토퍼 콜럼버스Christopher Columbus가 카리브해의 히스파니올라섬을 인도로 착각하고 상륙하는 순간부터 시작된 일이었다.

모든 아포칼립스가 그렇듯이, 유럽의 식민주의는 변화의 힘이었으며, 접촉하는 모든 사회에 영향을 미쳤다. 지구 전체가 사상 처음으로 연결되면서 새로운 정체성이 탄생하고, 새로운 시장이 만들어지고, 요리가 새롭게 탈바꿈하고, 사회적·정치적·경제적 위계구조가 다시 만들어졌다. 수억 명의 사망, 수많은 사람들의 노예화, 수천 년의 역사를 지닌 공동체와 문화를 파괴하려는 시도도 이 변화의 결과였다. 유럽의 식민주의는 오늘날의 세상을 만들었으나, 그 당시의 실제 상황과 그로 인한 변화가 지금의 우리를 만들어낸 과정에 관한 진실은, 역사상 가장 대규모의 아포칼립스였던 그 변화의 혜택을 지금도 누리고 있는 사람들에 의해 고비마다 왜곡되었다.

지난 500년 동안 식민주의는 문화적·도덕적 진보로 위장하고 현대성이라는 가면 뒤에 숨어, 자신이 낳은 비극을 운명으로 세탁했다. 제국과 그들이 만든 식민 국가가 공식적으로 거듭 내놓는 역사는 그 당시의 일이 아포칼립스가 아니라 이미 오래전 세부 사항과 의미에 관한 논쟁이 해결된 필연적인 일이었다고 우리를 설득하기 위해 과거를 비틀었다. 현재 수많은 사람이 배우는 역사는 인류가 현대 세계로 이행한 것은 정해진 운명이었다고 우리를 설득하려 한다. 진보가 낳을 수 있는 유일한 결과가 바로 현대 세계이며, 우리가 줄곧 그 세계의 혜택을 누린 만큼 마땅히 고마워해야 한다는 것이다.

유럽 식민주의가 과거부터 지금까지 죽 이어진 아포칼립스임을 이해하려면, 시작점으로 되돌아가야 한다. 현대 세계로 이어진 변화가 필연이었다는 거짓말이 역사에 스며들기 전으로 돌아가, 그동안 배제되거나 억압되거나 지워진 관점을 포함시켜 역사를 새로 써야 한다. 그래야만 비로소 다른 아포칼립스와 마찬가지로 식민주의라는 아포칼립스에도 내재되어 있던 우발성, 기능, 불확실성, 회복력, 창의성을 제대로 평가할 수 있다.

역사에 반드시 포함시켜야 하는 이야기가 아주 많다. 사실 사람들은 끊임없이 그런 이야기를 하고 있었지만, 권력을 쥔 사람들이 대부분 무시해버렸다. 여기서 우리는 그 이야기들 중 딱 하나에만 초점을 맞출 것이다. 내가 가장 잘 아는 이야기면서, 그 뒤에 등장한 수많은 이야기에 논리적·이념적 대본을 마련해준 이야기이기도 하다. 나는 이 이야기를 알게 되고 나서 아포칼립스에 대해서, 아포칼립스가 불러오는 변화와 그 힘에 대한 현대인의 오해에 대해서 생각하게 되었다. 아즈텍제국과 수도 테노치티틀란Tenochtitlan이 침략당해 정복된 이야기가 바로 그것이다. 내 삶은 이 식민주의적 아포칼립스의 그림자 속에 존재한다. 어째서 이렇게 되었는지 나는 지금도 배우는 중이다. 바로 이 아포칼립스로 인해 내 고향 멕시코시티가 생겨났기 때문이다.

† † †

1519년 4월 목테수마Moctezuma(몬테수마 2세- 옮긴이)는 테노치티틀란의 신성한 구역에 보좌관들을 모았다. 해안에서 외국인들과 처음으로 공식적인 접촉을 한 대사들이 돌아온 것이다. 물론 비공식적인 접촉은 오래전부터 이루어지고 있었다. 제국 방방곡곡과 그 너머까지 이어진 상인들의 길을 따라 자주 여행하는 사람들 사이에는 항상 첩자가 있었고, 배가 발견될 때마다 테노치티틀란으로 첩보가 신속히 전달되었다. 제국이 존재한다는 사실을 외국인이 알아차리기 훨씬 전부터 제국은 모든 상륙 지점에 눈과 귀를 심어두었다. 8년 전 난파선에서 살아남은 외국인 2명을 코수멜Cozumel의 마야인들이 노예로 삼은 것을 알았을 때, 목테수마는 사절을 보내 그 외국인들을 사서 테노치티틀란으로 데려오는 방안을 고려해보았다. 외국인들은 그에게 속해야 하는 것이 맞았다. 그의 동물원에는 온갖 종류의 새와 짐승이 있고, 전대 왕들은 상상도 하지 못한 많은 나라에서 그에게 공물을 바쳤으니까. 그러나 목테수마는 마야의 어느 집단도 적으로 돌릴 필요가 없었다. 그러고 싶은 마음도 없었다. 그랬다가는 남동부 전역에서 형제들과의 외교관계 및 교역관계가 불안정해질 수 있었다. 외국인들이 이미 들어왔다면, 앞으로 더 많은 외국인이 반드시 올 것이다.

그리고 지금 그들이 왔다. 목테수마는 동해안에 있는 그들 진영으로 대사를 보내, 테노치티틀란의 메시카Mexica족이 이 땅에서 가장 강력한 집단임을 보여주려 했다. 호화로운 선물을 할 수 있을 만큼 부유하다는 점도 보여주었다. 그 외국인들은 해안에 발을 내딛는 순간부터 그들의 손님이었다. 목테수마는 황금 태양, 은으로 만든 달, 옥, 신의 의상, 이 도시의 공예가들이 만들 수 있는 최고의 깃털 세공품과 옷감을 대사들에게 들려 보냈다. 목테수마가 이 정도의 선물을 보냈으니, 외국인들은 그가 얼마나 많은 것을 갖고 있을지 궁금해할 것이다.

외국인들을 만나고 돌아온 대사들은 경악한 표정이었다. 더럽고, 야만적인 외국인들이라고 했다. 비좁은 배를 타고 해안까지 온 탓에 그들의 몸에서는 바다의 악취가 났고, 빨아 입지 않은 옷에는 핏자국이 말라붙어 있었다. 그들이 가장 먼저 만난 집단과 이미 전투를 벌인 흔적이었다. 마지막으로 목욕한 게 언제지? 그들은 동물들을 바로 곁에 두고 살았다. 심지어 괴물 사슴처럼 생긴 짐승의 등에 올라타기까지 했다. 그들과 싸워서 패한 해안 집단들이 평화협정의 일환으로 바친 여자 노예들이 음식을 만들어주면, 그들은 굶주린 사람처럼 꼴사납고 게걸스럽게 먹어치웠다.

외국인들은 깃털, 옥, 신의 의상을 거의 무시했다. 그러나 금과 은으로 만든 장신구를 볼 때는 눈에서 노골적인 욕망이 번들

거렸다. 그들은 아무런 사전 경고도 없이 긴 금속 원통 끝에 불을 붙여, 대사들 바로 옆에서 폭발시켰다.[1] 그러고는 깜짝 놀라서 고함을 지르며 펄쩍 뛰는 대사들을 보고 웃어댔다. 제국의 가장 큰 적인 틀락스칼란Tlaxcallan조차 테노치티틀란의 대사들을 맞을 때는 이보다 정중했다. 대사들은 수치스럽다고 말했다. 그 미개한 야만인들을 수도로 초대할 생각을 도대체 왜 하신 겁니까? 그들의 존재만으로 수도의 질서와 아름다움이 오염될 겁니다.

목테수마의 보좌관들도 같은 생각이었다. 외국인들과 계속 관계를 맺는 것은 어리석은 일이었다. 외국인들은 고작 몇 주 만에 폭력적이고, 탐욕스럽고, 무례한 모습을 드러냈다. 목테수마는 왜 그들과 친히 이야기를 나눌 생각을 하셨을까? "나는 단지 이야기만 나누려는 것이 아니다. 나는 그들을 소유할 것이다."[2] 목테수마가 말했다. 그도 나름의 탐욕에 물들어 있기 때문이었다. 지식, 신선한 것, 새로운 발견을 향한, 충족되지 않는 허기였다. 외국인들은 그가 존재하는 줄도 몰랐던 땅에서 왔고, 괴상한 옷차림을 했으며, 이국의 신을 섬겼다. 그리고 알 수 없는 짐승을 타고 다녔다. 목테수마는 그들을 손에 넣고 싶었다. 그렇게 해야 했다. 늑대, 재규어, 독수리는 이미 그의 수집품 중에 포함되어 있었다. 씻지 않아 더러운 남자들이 이 짐승들보다 위험해 봤자, 얼마나 더 위험하겠는가?

† † †

테노치티틀란은 1325년에 메시카족이 건설했다. 메시카족은 북쪽의 땅에서 몇 세기 동안 이동한 끝에 현재의 멕시코 중부에 도달한 집단이었다. 서로 연결된 호수들이 멕시코 계곡을 지배했는데, 사람들은 수천 년 전부터 이 호수 주위에 살면서 농사를 지었다. 이 지역에 비교적 늦게 나타난 메시카족은 습지가 많아서 농사짓기 어려운 섬으로 쫓겨났다. 그들은 물고기, 수초, 새 알, 왕새우, 곤충을 먹었으며, 힘들어도 효과적인 농사법을 채택했다. 치남파chinampa라는 인공섬을 만들어, 콩, 호박, 옥수수, 고추 등을 심는 방법이었다. 메시카족은 방랑자들답게 뛰어난 적응력과 회복력에 자부심을 갖고 있었다. 나중에는 자신들이 살게 된 그 섬을 신이 정한 운명으로 생각했다. 신화에 따르면, 우이칠로포치틀리Huitzilopochtli 신이 독수리를 보내 그들 앞에 착륙시킴으로써 그들에게 그곳에 정착하라는 신호를 보냈다고 한다.[3] (멕시코 국기에는 노팔선인장 꼭대기에서 뱀을 먹는 독수리가 그려져 있는데, 이 신화에서 유래한 상징이다.)

메시카족을 포함해서 이 지역의 사람들은 대부분 나와틀Nahuatl이라는 언어를 사용했으나, 도시마다 정치적으로 별도의 정체성이 있었다. 그래서 메시카족은 자신들이 계곡에 나타나기 훨씬 전부터 복잡하게 얽힌 동맹관계와 적대관계 속에서 길을 찾아 나아가야 했다. 방랑 기간 중에도 그 이후에도 그들은 자기보다 강력한 집단의 용병으로 일한 적이 많았다. 그러다 보면 그 집단들이 메시카족의 군사력을 위협으로 보고 그들을 쫓아내곤 했다.

테노치티틀란의 진흙땅에서 농사짓기가 어렵다는 점 때문에 메시카족이 불리한 처지가 될 수도 있었다. 이곳에서는 달력, 요리, 재산 등 모든 것의 중심에 옥수수가 있기 때문이었다. 그러나 그들은 작은 치남파로 어떻게든 농사를 짓고, 옥수수보다 덜 매력적이지만 1년 내내 구할 수 있는 수초와 물고기를 기꺼이 먹었다. 그래서 농사에 더 많은 시간을 쏟아야 하는 집단을 위해 훌륭한 용병으로 활약할 수 있었다. 가진 것이 아무리 적어도 최대한 이용하는 데 익숙한 메시카족은 이곳저곳 옮겨 다니는 동안 아마도 농사보다 전쟁과 정치를 우선했을 것이다. 그리고 이런 이례적인 생활 방식 덕분에, 부유하지만 유연성이 떨어지는 동맹들의 자산이 될 수 있었다. 그들의 동맹 중 아스카포트살코Azcapotzalco는 15세기 초 무렵에 계곡을 지배하던 호숫가 도시였다. 1426년에 이곳의 강력한 왕이 죽으면서 후계 문제로 인해 위기가 닥쳤을 때, 메시카족은 호숫가의 다른 공동체 2곳과 동맹을 맺고 그 동맹의 지도자로서 계곡의 지배권을 손에 넣었다. 1430년대 초 무렵에 형성된 테노치티틀란, 텍스코코Texcoco, 틀라코판Tlacopan의 동맹은 나중에 3각동맹으로 불리게 되었는데, 지금은 아즈텍 제국이라는 이름으로 더 친숙하다.

겨우 몇 세대 만에 메시카족은 가신 국가에서 제국의 통치자로 올라섰다. 테노치티틀란도 환경이 불안정한 곳에 자리한 누추한 마을에서 세계에서 가장 큰 대도시 중 1곳의 심장부가 되었다. 중세의 런던과 로마도 빛을 잃을 정도였다. 메시카족은 치남파 밭 외에, 홍수 조절을 위한 둑과 제방, 도시에 식수를 제공하는 도수관, 호수를 건너 도시 안으로 사람과 물자가 들어올 수 있게 해주는 둑길, 물이 많은 조밀한 도시를 돌아다닐 수 있게 해주는 거리와 운하 등을 건설했다. 모든 동네에는 귀족 가문이 하나씩 있어서, 테오치티틀란의 우에이 틀라투아니huey tlatoani, 즉 위대한 발언자를 정점으로 한 복잡한 정치적 권력구조와 연결되었다. 제국 전체를 통틀어 가장 웅장한 신전, 궁전, 정원이 있는 도시 중심부는 신성한 곳이었다. 스페인 정복자 베르날 디아스 델 카스티요Bernal Díaz del Castillo는 테노치티틀란을 처음 언뜻 보았을 때를 회상하면서, 나중에 이런 글을 썼다. "모두 돌로 지어진 대도시와 [신전과] 건물이 물에서 솟아 있는 모습이 마치 마법으로 만든 환상 같았다… 우리 병사들 중 일부는 이것이 모두 꿈이 아니냐고 물었다."[4]

그러나 팽창정책을 펴는 제국이 모두 그렇듯이, 3각동맹에도 적이 있었다. 전투에서 3각동맹의 군대를 성공적으로 물리친 집단이 있는가 하면, 불행히도 그들의 통치를 어쩔 수 없이 받아들인 집단도 있었다. 제국에 저항한 세력 중 가장 유명하고 아마도 가장 성공을 거둔 곳은 틀락스칼란이었다. 테노치티틀란에서 동쪽으로 160킬로미터도 채 떨어지지 않은 이곳은 중앙집권체제가 아니고 평등한 공화국이라는 점에서 이례적이었다.[5] 메시카와 틀락스칼란 사람들은 같은 언어를 쓰고 같은 종교를 섬겼다. 또한 북부에서 수렵-채집 생활을 하다가 지금의 땅으로 이주해서 농부와 도시인이 된 사람들이 이 두 곳의 공동 조상이었다. 그러나 틀락스칼란은 무슨 일을 하든 메시카족과 다른 방식을 택했다. 그들의 도시에는 중심지가 따로 있지 않고, 여러 동네가 서로 협조하며 한데 모여서 도시를 이뤘다. 의원도 평민도 모두 가장 중요한 신전 근처에 살고, 재산을 유난히 많이 축적한 사람도 없었다. 테노치티틀란에서처럼 귀족의 혈통을 타고 권력이 이어지는 것이 아니라, 2년 동안 물리적·영적 시련을 감당할 수 있는 사람이라면 누구나 정부에서 자리를 차지할 수 있었다. 틀락스칼란은 거의 100년 동안 아즈텍 영토에 에워싸여 있었으며, 3각동맹은 교역 금지 조치를 시행하고 자주 이 공화국을 공격했다. 그래도 소용없었다. 틀락스칼란은 끝까지 정복되지 않고, 테오치티틀란의 적들을 위한 독립적인 거점 역할을 했다. 나중에는 스페인 침략자들도 여기에 합류했다.

그래도 에르난도 코르테스Hernando Cortés 무리가 1519년 봄에 멕시코만에 도달했을 때, 아즈텍 제국은 그 어느 때보다 강성했다. 3각동맹은 거의 90년 동안 멕시코 중부와 남부 전역의 여러 집단을 정복해서 복속시켰다. 제국은 그들에게서 조공을 받고, 메소아메리카의 가장 중요한 교역로 중 일부를 장악했다. 제국에 바치는 공물은 식량, 면, 조개껍데기, 옥이나 카카오 같은 귀한 재료 등이었다. 노예를 공물로 바칠 때도 있었다. 노예 중 일부는 죽을 때까지 귀족 가문을 위해 일했다. 비록 그들의 자식에

서기 1519년 테노치티틀란과 주변 호수들

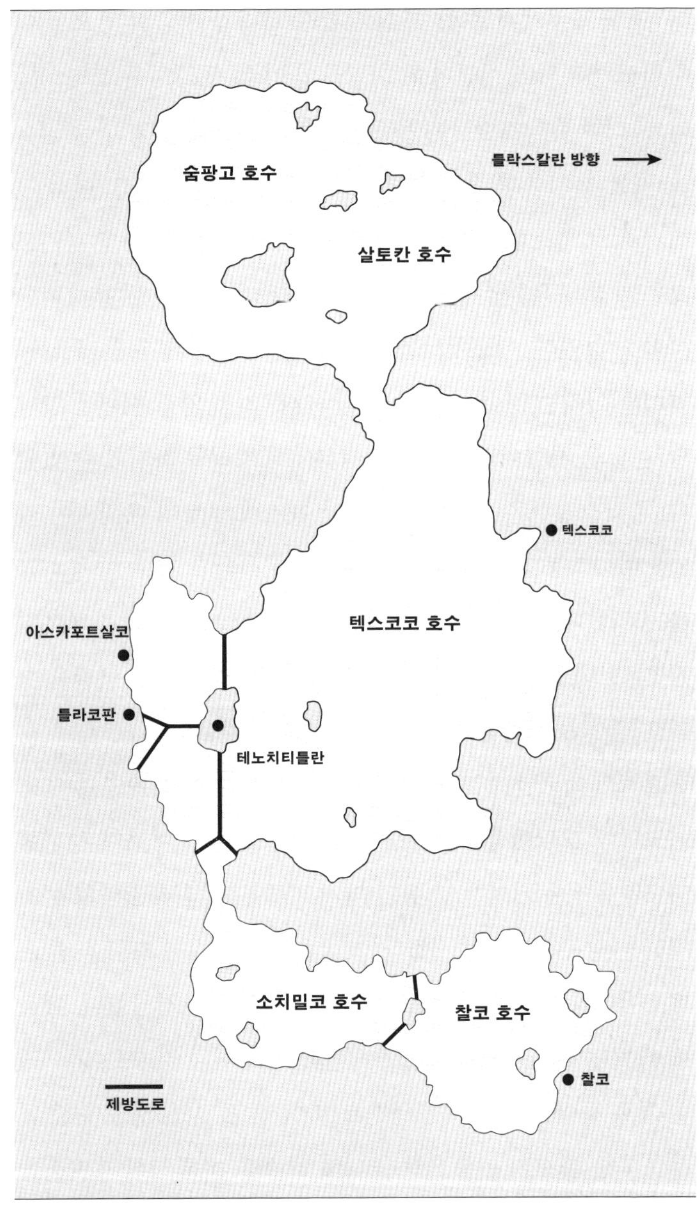

게는 자유가 보장되었지만, 그래도 사람을 붙잡아 소유하고 판매하는 행태는 필연적으로 공동체를 분열시키고 분노의 씨앗을 심었다. 한편 메시카 군대와의 전투에서 사로잡힌 군인들을 포함한 나머지 노예들은 희생제물로 바쳐질 운명이었다.

유럽과 접촉할 당시 아메리카 원주민이 모두 제국주의자거나 제국의 신민인 것은 아니었다. 안데스산맥을 지배하던 잉카제국은 태양왕에게 가장 필요한 곳으로 사람과 물자를 이동시켰다. 미시시피강 계곡과 북아메리카 동부 전역의 공동체뿐만 아니라 마야 집단들 역시 신성한 통치자가 다스리는 크고 계층화된 사회를 실험한 적이 있었다. 그러나 기후변화로 인해 도시들이 붕괴한 뒤 그들은 그런 체제를 단호히 거부했다.[6] 북아메리카 동해안의 원주민 나라들은 민주적인 연합을 형성한 반면, 태평양 연안 북서부에서는 극단적인 부의 불평등과 부자의 과시적인 너그러움을 바탕으로 문화가 형성되었다.[7] 나중에 미국 남서부가 된 지역의 농부들은 관개 운하,[8] 계단식 밭 등의 기술을 이용해서 사막 전체로 퍼져 나갔다. 캘리포니아 사람들은 이웃 공동체의 위계구조와 농업을 거부하고, 일부러 평등한 수렵-채집 생활을 고수했다.[9] 기억할 수도 없을 만큼 오랜 옛날부터 전혀 변하지 않은 채 순수한 모습을 간직한 원주민 국가는 존재한 적이 없다. 그들에게도 그들 나름의 역사, 위계구조, 정치, 경제, 복잡한 사회구조의 이점과 결점을 이용하는 전략이 있었다.

따라서 유럽인 침략자들과 마주쳤을 때의 메시카족도 유럽인들 못지않게 강력하고, 세련되고, 현대적이었다. 아즈텍인과 스페인인은 모두 똑같은 16세기를 살았다. 그들의 조상은 바다를 사이에 두고 멀리 떨어져 살았어도, 농업에서부터 제국에 이르기까지 똑같은 문화와 기술을 발전시키고 받아들였다. 1519년의 메시카 사회에는 학자, 예술가, 시인, 철학자, 신관, 귀족, 평민, 군인, 농부가 있었다. 그들은 정치에 밝은 사람들이었으며, 제국을 세우겠다는 야망으로 세력을 넓혔다. 그로 인해 그들에게 저항하는 사람들을 더욱 부채질하는 결과를 낳기도 했다. 이처럼 아포칼립스로 인해 활성화할 수 있는 분노와 폭력이 이미 부글거리고 있던 정치적 지형 속으로 스페인 침략자들이 걸어 들어와 이득을 취했다. 그러나 그 외국인들 또한 그들이 역사와 의도를 끝내 이해하지 못한 원주민들의 착취 대상이 되기도 했다. 유럽인들은 틀락스칼란이 자신들을 체스판의 졸로 보고 있다는 사실을 전혀 모른 채 나중에 틀락스칼란을 최고의 동맹이자 궁극적인 승리의 열쇠로 여기게 되었다.

† † †

1519년 가을 대★ 시코텐카틀Xicotencatl은 기회를 포착했다. 틀락스칼란의 존경받는 의회 지도자인 그가 태어났을 때부터 틀락스칼란은 메시카족의 침략을 저지하고 있었다. 목테수마가 즉위한 뒤에는 나라를 지키기가 좀 더 힘들어졌다. 이 젊은 황제가 메시카족의 영역을 더욱 넓히고, 이미 정복한 지역에 대한 통제권도 강화하려 했기 때문이다. 조공에 대한 목테수마의 욕망은 가라앉을 줄을 몰랐다. 그의 동물원, 정원, 궁전은 제국 전역에서 바친 동물, 식물, 귀중품으로 터질 듯했다. 그의 정부 또한 대신전의 의식 때 희생제물로 바칠 사람들을 더 많이 요구했다. 시코텐카틀도 신들에게 공물을 바치고 우주를 지탱하기 위해 어느 정도 제물을 바칠 필요가 있다는 점은 알고 있었다. 매년 전쟁 시즌 때 그를 포함한 틀락스칼란의 의원들은 각각의 도시가 포로를 잡아가게 될 전투의 조건을 메시카족과 협상했다. 군인들이 현장에서 죽임을 당하는 일은 거의 없었다. 그들의 죽음에는 더 많은 명예, 더 많은 존중이 필요했다. 의식에서 맞는 죽음은 그들이 더 커다란 목적을 위해 봉사했음을 분명히 밝혀주었다.

그러나 얼마 전부터 테노치티틀란에서 희생제물로 바치는 사람들의 수가 꾸준히 증가했다. 목테수마와 그의 신관들이 권력을 강화하면서 벌어진 일이었다. 테노치티틀란의 촘판틀리 tzompantli, 즉 제물로 바쳐진 사람들의 두개골이 명예롭게 걸려 있는 선반이 거의 사람 둘의 키를 합한 높이만큼 올라갔다. 시코텐카틀은 정복되지 않은 땅의 대표들이 비밀리에 테노치티틀란으로 끌려가 의식을 목격한 뒤, 그들의 땅이 메시카족의 통치를 받아들인다면 그 땅의 젊은이들은 이런 운명을 맞지 않게 해주겠다는 약속을 받는다는 소문을 들었다. 그러나 목테수마와 그의 정부는 이런 약속을 가끔 지킬 뿐이었다. 틀락스칼란은 그런 기회조차 얻은 적이 없지만, 시코텐카틀은 설사 그런 기회가 생기더라도 이 나라 사람들이 결코 무릎 꿇지 않을 것이라는 확신이 있었다.

그러나 메시카족이 장악한 땅이 틀락스칼란을 에워싸고 있었다. 교역 금지 조치도 점점 가혹해져서,[10] 틀락스칼란은 국내의 자원에만 그 어느 때보다 더 의존하고 있었다. 의원들은 필요한 사람들에게 식량을 효율적으로 나눠주기 위해 잔치를 기획하는 데 많은 시간을 쏟았다. 틀락스칼란에는 아직 오랫동안 살아남을 수 있는 자원과 동맹이 있었지만, 3각동맹이 이 나라의 생존을 최대한 방해하려 들 것이다. 목테수마는 자신의 제국 중심부와 아주 가까운 곳에 독립국이 계속 존재하는 것이 메시카족의 먼 변방 영토에 위험한 신호가 된다고 생각하고 있음이 분명했다. 개방적인 정부와 분산적인 도시구조를 지닌 틀락스칼란은 권력을 분산해서 공유하는 일이 가능하다는 증거였다. 틀락스칼란은 황제가 꼭 필요하다는 주장이 거짓임을 보여주었다.

틀락스칼란이 메시카족의 패권에 오랫동안 성공적으로 저항한 것이 점점 강력해지는 제국에 더욱 커다란 위협이 되었다. 시노텐카틀은 목테수마가 이 나라를 무너뜨리는 데에 제국의 힘을 기꺼이 더 많이 쏟을 작정임을 알고 있었다. 바로 얼마 전만 해도 테노치티틀란은 틀락스칼란의 오랜 동맹이던 신성도시 촐룰라Cholula를 설득해 틀락스칼란을 버리고 제국의 지원과 보호를 받아들이게 했다. 의원들은 격노했지만, 그들이 할 수 있는 일이 거의 없었다. 만약 그들이 군대를 보내 촐룰라를 공격한다면, 메시카족은 어떤 반응을 보일까? 틀락스칼란이 메시카족의 보복을 견뎌낼 수 있을까? 메시카족은 이길 수 없는 전쟁으로 틀락스칼란을 끌어들여 그들을 단번에 무너뜨릴 판을 짜고 있는 건가? 촐룰라가 오래전부터 신성한 곳으로 여겨졌음을 감안하면, 촐룰라를 공격함으로써 동맹들 사이에서 틀란스칼란의 힘이 위험할 정도로 줄어들 가능성이 있었다.

그런데 외국인들이 나타났다. 그들은 어떤 능력과 단점을 지니고 있는지 아직 알 수 없는 새로운 적이었다. 동해안에 상륙한 외국인들은 이미 인근 영주들의 군대와 싸워서 승리를 거뒀다. 의회가 파견한 첩자들의 말에 따르면, 외국인들이 테노치티틀란의 부에 눈독을 들이고 있으며, 그 도시를 공격해 목테수마를 사로잡는 것이 그들의 목적이라고 했다. 외국인들에게 패한 해안의 영주들도 비슷한 추측을 했다. 그들은 3각동맹의 가신이었지만, 그들 중에도 제국의 공물 요구에 분개하는 사람이 많다는 사실을 시코텐카틀은 알고 있었다. 외국인의 도움이 있든 없든 이 영주들은 메시카족의 통치에 저항할 힘이 없었다. 그래서 어쩌면 제국에 맞설 수도 있는 단 하나의 나라 틀락스칼란으로 외국인들을 데려왔다.

시코텐카틀은 외국인들이 목테수마를 사로잡거나 그의 도시를 장악할 능력이 있다는 황당한 소리에 코웃음을 쳤다. 외국인들의 수가 너무 적고, 그나마도 이미 병에 걸리거나 부상당한 사람이 많았다. 그러나 외국인들의 싸움 방식은 놀랍고 두려웠다. 틀락스칼란 사람들이 이제 '말'이라는 이름을 알게 된 짐승의 등에서 칼을 휘두르고, 총과 대포 안에서 폭발물을 터뜨리고, 부하들을 지휘해 적을 갈기갈기 찢어버리는 방식이라니. 그들은 전투 현장에서 사람을 곧바로 죽였다. 몹시 잔혹하고 고통스러운 방법을 쓸 때가 많았다. 만약 시코텐카틀을 포함한 의원들이 외국인들을 설득해서 틀락스칼란의 뜻에 따르게 만들 수 있다면, 메시카족과의 긴 전쟁이 틀락스칼란에 유리한 쪽으로 기울어질 것 같았다. 외국인들의 능력에 대한 소문이 사실이기만 하다면.

틀락스칼란은 먼저 외국인들을 시험해야 했으므로, 군인들을 보내 그들을 공격했다. 외국인들이 잘 맞서 싸우는 것을 보고, 시코텐카틀은 그들의 싸움 방식에 대한 첩자들의 정보가 정확했음을 알았다. 그는 또한 목테수마가 욕심 못지않게 호기심도 강한 사람이라는 사실을 알고 있었다. 만약 틀락스칼란이 군대를 테노치티틀란으로 보낸다면, 그들이 호숫가에 도착하기도 전에 계곡 전체가 들고 일어나 그 도시를 지키려 할 것이다. 그러나 틀락스칼란이 자신의 군대와 외국인을 함께 보낸다면, 목테수마가 저항 없이 그들을 만나줄 가능성이 있었다. 그러려면 그들을 도시 안으로 받아들여야 할 터였다.

모든 의원이 시코텐카틀의 평가에 동의하지는 않았다. 외국인들과의 전투에 참여했던 그의 아들은 외국인들이 사악하고 잔인하며, 인간의 생명을 전혀 존중하지 않는다고 말했다. 누구도 이 말을 부정하지 못했다. 외국인들이 전쟁의 규칙을 깨고 밤에 틀락스칼란을 기습해,[11] 맞서 싸우러 나온 군인들이 아니라 집에서 자고 있던 시민들을 노린 뒤에는 더욱더. 시코텐카틀의 아들은 그 일을 겪고 나니 외국인들이 테노치티틀란에서 멈추지 않을 것임을 확실히 알겠다고 말했다. 언젠가는 그들이 틀락스칼란에도 칼을 겨눌 테니, 누구와 어떤 관계인지도 모르고 행동을 예측할 수도 없는 사람들과 동맹을 맺는 것은 옳은 판단이 아니라는 것이었다. 아들은 틀락스칼란이 외국인들을 받아들이지 말고, 미래를 위해 반드시 섬멸해야 한다고 주장했다.

그러나 틀락스칼란에 필요한 것은 적이 아니라 아군이었다. 따라서 시코텐카틀의 아들이 낸 의견은 기각되었다. 게다가 시코텐카틀은 자신들을 배신한 촐룰라 공격에 먼저 외국인들을 동원해, 그들이 틀락스칼란의 힘과 우선순위를 흔쾌히 받아들이는지 확인하면 된다고 생각했다.[12] 외국인들은 자신들이 발을 들인 이 땅의 정치적 지형에 대해 아는 것이 전혀 없었으며, 알고 싶어 하는 것 같지도 않았다. 그들에게 중요한 것은 목테수마의 보물을 훔치고 가는 곳마다 십자가를 꽂는 일뿐이었다. 시코텐카틀은 그들의 의식에 어울려주는 것쯤 전혀 개의치 않았다. 그에게는 아무 의미가 없는 의식이지만, 의식을 치르고 나면 외국인들이 더 싹싹하게 이쪽을 믿어주는 것 같았다. 그들이 휘두르는 폭력은 사상 유례가 없을 만큼 강력한지 몰라도, 그것 또한 쉽게 조종할 수 있었다. 틀락스칼란은 외국인들을 무기처럼 휘둘러, 테노치티틀란이 꿈도 꾸지 못한 강성한 나라가 될 터였다.

† † †

19살의 코르테스가 새로운 시민지 히스파니올라를 향해 스페인에서 출항한 1504년 무렵, 역사가 매슈 레스톨Matthew Restall이 스페인의 '정복 절차'[13]라고 부른 일련의 절차에 이미 법적인 겉치장이 덧붙여지고 있었다. 남의 땅을 점령하고 사람을 노예로 부리는 일을 정당화하기 위해서였다. 정복자가 되고 싶은 사람은 자신이 장악하고 싶은 땅에 공식적으로 마을을 세워야 하고, 그곳에 사는 원주민들에게 공식적인 항복요구서를 읽어줘야 했다. 물론 항복요구서는 언제나 스페인어로 되어 있었으므로, 원주민들은 어리둥절할 수밖에 없었다. 그다음 순서로 침략자들이 뭐가 뭔지 모르는 원주민들의 지도자(또는 지도자로 보이는 인물)를 포함해서 편리하게 이용할 수 있는 사람들을 포로로 잡아 일부러 보란 듯이 잔혹하게 고문한 뒤 죽이는 것이 이상적이었다. 그러면 나머지 사람들이 겁을 먹고 복종하게 되기 때문이었다. 침략자들이 흔히 사용한 방법으로는 원주민들의 손이나 팔 자르기, 산 채로 불태우기, 개를 풀어 사냥하기, 여자와 아이와 노인을 겨냥해 대량으로 학살하기 등이 있었다. 그러고는 시체를 가족에게 보내기도 했다.

　침략자들의 목적은 보통 "[원주민들을] 제압해서 그럭저럭 말 잘 듣는 노동력으로 착취하는"[14] 것이었다. 그들은 정복자들이 장차 쌓고 싶은 부의 기반이 될 터였다. 기존의 스페인 법[15]에 따르면 '식인종'을 노예로 만들 수 있었으므로, 크리스토퍼 콜럼버스부터 시작해서 모든 침략자는 도착하자마자 괴물 같은 식인종을 발견했으며 그들의 끔찍한 행동을 목격했다는 내용의 편지를 고국으로 보냈다. 초창기 스페인에서 건너와 식민지에 정착한 바르톨로메 데 라스 카자스Bartolomé de las Casas는 침략자들이 원주민의 종교와 전쟁 전통을 직접 봤으면서도 제대로 설명하지 않고, 식인종이라는 "단어를 이용해 자유민을 노예로 만들었다"[16]고 썼다. 그는 나중에 카리브해에 있는 자신의 재산을 포기하고, 아메리카 원주민 착취에 반대하는 16세기 유럽인 중 가장 영향력 있는 인물이 되었다.

　코르테스 일당은 멕시코만에 상륙한 뒤 이런 '정복 절차'를 대부분 따랐다. 인근 공동체를 공격해서 베라크루스라는 마을을 건설한 것도 그런 절차 중 하나였다. 코르테스는 또한 메소아메리카의 국가와 종교가 시행하는 폭력적인 행사를 목격한 뒤 곧바로 "끔찍하고, 혐오스럽고, 처벌받아 마땅한 일"[17]이라고 규정하면서, '식인종' 선전을 더욱 강화했다. "그들은 많은 소년과 소녀, 심지어 성인 남녀까지도 데려가서 자신들의 우상 앞에서 산 채로 가슴을 갈라 심장과 내장을 꺼내 우상 앞에서 태웁니다. 그 연기를 희생제물로 바치는 것입니다." 코르테스는 1519년 7월

스페인의 왕과 왕비에게 처음으로 보낸 편지에 이렇게 썼다. "저희 일행 중 몇 명은 이 광경을 보고, 이렇게 끔찍하고 무서운 일은 처음 본다고 말합니다." 그를 포함한 여러 정복자가 기술한 침략 과정을 읽다보면, 그들이 방문한 거의 모든 도시와 마을에 피가 사방에 튀어 있는 신전이 있고 그 신전에서 거의 매일 인간이 제물로 바쳐지는 것 같다. 일행이 테노치티틀란에 도착한 뒤에는 그들의 묘사가 더욱 소름끼치게 변했다. 코르테스는 옥수수와 씨앗을 갈아서 "섞은 다음, 인간의 심장에서 나온 피로 반죽해" 우상을 만드는 광경을 보았다고 보고했다. "… 이 작업이 끝나면 신관들이 같은 방식으로 희생된 사람들의 심장을 더 가져와 우상의 얼굴에 그 피를 바릅니다."

사실 아즈텍의 인신제사는 마을의 모든 신관이 일상적으로 시행한 악마적인 사교 의식이 아니라, 나라의 전쟁 규칙과 얽힌 국가적 폭력의 한 형태로 이해하는 편이 최선이다.[18] 메소아메리카의 군인들은 전장에서 적을 죽이지 않고 사로잡는 것을 목표로 삼았다. 포로들은 나중에 치러지는 의식에서 목숨을 잃었다. 그들은 그런 의식을 통해 우주가 지속될 것이라고 믿었다. 이런 공개 처형은 군사적·정치적·종교적으로 유용했다. 우선 이런 의식이 시간 사이클을 유지해준다고 모두가 믿었다. 또한 가장 강대한 국가들이 가신을 통제하고 지배하는 방법으로 이런 의식을 이용하기도 했다. 16세기 초에 메소아메리카에서 가장 지배적인 군사력을 지닌 곳은 3각동맹이었으므로, 절대 다수의 공개 처형이 이뤄지는 곳도 테노치티틀란이었다. 제국의 정치적·종교적 힘을 과시하기 위해서였다.

희생제물로 죽은 사람은 내세에 명예로운 자리를 차지할 수 있었으므로, 대부분의 사람과 달리 불쾌한 지하세계 여행을 할 필요가 없었다. 메시카 군인에게 잡힌 포로들은 대개 수도에서 몇 달, 또는 몇 년을 살다가 대신전 꼭대기에서 치러지는 의식 때 살해되었다. 실제 처형은 신속하게 이루어졌다. 흑요석 칼날이 오늘날의 수술용 메스보다 더 날카롭고, 신관들은 해부학에 해박했기 때문이다. 심장을 꺼낸다는 설명이 현대인에게는 섬뜩하게 들리고 무서울 정도로 피가 많이 흐를 것 같지만, 사실은 당시 유럽에서 이뤄지던 공개 처형보다 더 인간적인 방법이었다. 유럽에서는 이단과 범죄자를 산 채로 불에 태우거나, 사지를 찢거나, 개를 이용해 몸을 찢어발기는 방식을 이용했으며, 구경꾼들은 그 광경을 보고 열광했다. 유럽인들은 카리브해에서도 이미 같은 방식의 고문과 처형을 시행하고 있었다. 테노치티틀란에서는 제물로 바쳐진 사람들의 두개골을 깨끗이 닦아, 종교적 재생을 상징하는 기념물이자 메시카족의 정치적 지배력의 확실한 증표인 촘판틀리[19]에 줄을 맞춰 걸어두었다. 같은 시기 유럽의 많은 도시는 처형된 사람의 썩어가는 몸과 참수된 머리로 성벽과 성문을 장식했다. 선을 넘은 자가 어떤 대가를 치르는지를 메소아메리카와 비슷하게, 아니 훨씬 더 섬뜩하게 일깨우는 방법이었다.

내가 이렇게 유럽과 메소아메리카를 비교하는 것은 메시카족의 국가적 폭력을 변명해주기 위해서가 아니다. 메시카족은 자신의 패권을 일깨워주기 위해 이렇게 잔혹한 방식을 이용했다. 나는 예나 지금이나 모든 국가적 폭력, 특히 제국의 폭력이 같은 형태를 띤다는 사실을 강조하고 싶을 뿐이다. 스페인 침략자들은 테노치티틀란과 메소아메리카에서 직접 목격하거나 전해들은 공개 처형의 규모·잔혹성·특이성을 과장함으로써, 메시카족을 비롯한 원주민 집단을 야만적인 우상숭배자, 변태, 식인종으로 묘사했다. 즉 그들은 어떤 폭력이든 당해도 싸다고 묘사한 것이다.

"이런 사악한 짓과 범죄를 막아야 하지 않을지 전하께서 고려해주시기 바랍니다." 코르테스는 고국으로 보낸 첫 번째 편지에서 인신제사에 대해 이렇게 썼다. 당시 그는 아메리카대륙 정복 사업에 대한 왕의 공식적인 허락을 구하고 있었다.

초기 정복자들의 본을 따라, 침략자와 식민지 개척자는 아메리카 전역에서 계속 원주민들의 폭력과 전쟁을 유럽보다 훨씬 더 야만적이고, 무자비하고, 소름끼치는 모습으로 과장했다. 그러고는 그 과장된 설명을 이용해서 자신들이 저지른 모든 만행을 정당화하고 은폐했다. 1622년 영국의 습격, 침략, 공격, 절도에 10년 넘게 시달린 파우하탄족Powhatans은 영국의 버지니아 식민지를 공격해 그곳 정착민들의 무기로 정착민을 3분의 1가량 죽였다. "그 운명적인 금요일 아침에 하느님과 인간, 자연과 나라의 모든 법칙에 반하여 남녀노소 347명이 그 신의 없고 비인간적인 자들의 야만적인 손에 떨어져… [파우하탄족을] 정복하는 편이 공정한 수단으로 그들을 문명화하는 일보다 훨씬 더 쉽다."[20] 영국인들은 식민지 기록에 이렇게 적었다. 그로부터 고작 12년 전, 이 제임스타운 사람들은 혹독한 겨울을 맞아 죽은 동료들의 시신을 먹으며 간신히 살아남은 적이 있었다.[21]

† † †

1519년 11월 8일 마리나Marina는 테노치티틀란의 남쪽 둑길에서 두 남자 사이, 두 세계 사이에 서 있었다. 두 남자 중 하나는 메시카족에서 가장 권력이 강한 우에이 틀라토아니, 즉 위대한 발언자로, 예전에 그녀를 노예로 만든 이 제국의 대표이자 지도자였다. 나머지 한 남자는 자신이 새로운 존재라는 사실을 유리하게 이용할 줄 아는 외국인이었다. 만약 마리나가 쓸모를 입증하지 않았다면 그는 그녀를 계속 노예로 두었을 것이다. 또한 앞으로 그녀의 쓸모가 다하면 그녀를 다시 노예로 만들 사람이기도 했다.

마리나는 7개월 전 선물로 외국인들에게 바쳐졌다. 그때 그녀는 저항하지 않았다. 저항해봤자 아무 소용이 없다는 사실을 이미 오래전에 깨우친 까닭이었다. 어차피 옛날에 그녀의 마을 사람들이 제국과의 전쟁을 피하려고 필사적으로 협상하면서 그녀를 메시카 상인들에게 바친 뒤 촌탈Chontal 마야에서 줄곧 해오던 일과 비슷한 일을 하게 될 터였다. 당시 메시카 상인들은 마야의 땅에서 그녀를 노예로 팔았다. 그리고 외국인들에게는 옥수수를 갈아 토르티야를 만들 여자가 필요했다. 칠면조를 죽이고 털을 뽑아서 요리하는 일, 타말레를 빚어 옥수수 껍질로 싸는 일도 그녀의 몫이었다. 병을 치료하고, 상처를 치유해줄 여자도 외국인들에게 필요했다. 이미 부상당한 외국인이 아주 많았다. 그 밖에도 할 일이 하나 더 있었다. 불가피한 일, 결국 마리나에게 아이를 안겨줄 일. 그러나 그 아이는 무엇보다도 아버지에게 속할 것이다. 그 아버지가 누가 될지는 모르지만.

처음 그녀를 노예로 만든 사람들은 그녀에게 마야식 이름을 지어주었다. 이번에도 그녀는 외국인들의 언어로 된 새로운 이름을 받았다. 마리나. 그녀의 원래 이름은 이미 오래전에 의미를 잃었다. 이전의 촌탈 남자들도, 그리고 이번의 스페인 남자들도 모두 그녀가 무엇을 할 수 있는지에만 관심이 있었다. 그녀의 역할은 다양했다. 여자, 노예, 요리사, 치유사, 첩. 그녀가 이런 역할에 아무리 헌신해도, 아무리 솜씨가 좋아져도, 이름이 쉽게 바뀌듯 그녀 역시 언제나 다른 사람으로 대체될 수 있었다.

해안의 야영지에 대사들이 도착했을 때, 마리나는 누가 그들을 보냈는지 즉시 알아차렸다. 목테수마였다. 그녀의 인생을 거래 대상으로 삼은 제국을 통치하는 남자. 외국인들에게 이토록 호화로운 선물을 보낼 수 있는 자원과 꾀를 지닌 사람은 목테수마뿐이었다. 대사들은 고급 나와틀어의 화려한 표현을 모두 동원해서 외국인들에게 인사를 건넸다. 그들은 상대에게 겁을 주면서 동시에 대화를 하고 싶어 했다.

외국인들에게는 이미 통역사가 있었다. 몇 년 전에 난파해서 유카탄반도에서 노예로 살며 유카텍Yucatec 마야어를 배운 외국인이었다. 그는 이 언어와 친척 관계인 촌탈 마야어를 쓰는 사람과 충분히 이야기를 나눌 수 있었지만, 완벽하지는 않았다. 마리나는 외국인들과 함께 지내는 동안 그가 애를 먹는 모습을 이미 본 적이 있었다. 다른 여자들도 마찬가지였다. 강제로 새로운 언어를 배워야 하는 상황이 어떤지 그들은 잘 알았다. 그러나 동포들에게 구조되어 환영받는 심정은 알지 못했다.

그래서 마리나는 자신의 언어인 나와틀어를 다시 듣게 되었을 때, 아직 그 말을 알아들을 수 있다는 사실을 믿을 수 없었다. 심지어 대사들이 사용하는 고급 나와틀어는 문법과 문체 규칙이 다른데도 알아들을 수 있었다. 귀족가에서 살았던 다른 여자들과 마찬가지로 마리나도 결혼을 대비해서 그 언어를 배웠다. 귀족들은 그녀를 결혼시켜 동맹을 강화하고, 혈통을 섞으려 했다. 마리나가 상상하던 그 미래는 결국 현실이 되지 못했지만, 지금 그녀가 약속받았던 그 권력의 언어가 들려오고 있었다. 권력의 그림자마저 모두 빼앗긴 지 오래인 그녀 앞에서.

마리나는 대사들을 무시하고 옥수수 가는 일에만 집중하려고 애썼다. 촌탈 마야에서 지낼 때처럼 그들의 말을 이해하지 못한 척 흘려보내려고 했다. 그러나 나와틀어는 그녀의 원래 이름과 나란히 가슴속에 살아 있었으므로, 아무리 애써도 귀에 들어오는 것을 막을 수 없었다. 대사들이 화려한 선물을 내놓으면서, 각각의 선물이 제국의 어디에서 왔으며, 각종 조각상과 깃털 세공에 얼마나 많은 장인이 참여했는지 꼼꼼히 설명했다. 그들은 또한 우에이 틀라토아니가 직접 외국인들을 테노치티틀란으로 초대했다면서, 그곳에 가면 더욱 찬란한 광경이 기다릴 것이라고 말했다. 그러나 외국인들이 금과 은에만 탐욕스러운 손을 내뻗고 가장 중요한 의식을 위해 왕궁의 공방에서 지은 신의 의상, 옥, 천을 무시하자 대사들은 혼란스러워하며 화를 냈다. 마리나는 통역사가 이런 상황을 전혀 이해하지 못했으며, 긴장이 점점 높아지는 것을 확실히 알 수 있었다.

"목테수마가 당신들 일행을 테노치티틀란에서 맞이하는 것이 큰 영광이 될 것이라고 말했다." 마리나는 자기도 모르게 촌탈마야어로 이렇게 말했다. 원래는 이런 일촉즉발의 상황에서 안전을 위해 남의 눈에 띄지 않으려고 했는데. 통역사가 자신의 말을 알아듣지 못하길 바랐지만, 그는 알아들었다. 그가 그녀의 팔을 붙잡고 사람들 한가운데로 끌고 가, 대사들과 대화할 수 있게 도와달라고 요구했다. 그래서 그녀의 입에서 권력자들의 언어가 갑자기 다시 흘러나오게 되었다.

만약 다른 생이 있다면, 가족들이 제국을 달래려고 그녀를 팔아넘기지 않았다면, 그녀는 혹시 저 대사들 중 1명과 결혼했을까? 그러나 몇 달이 흘러 외국인들이 수도를 향해 출발할 무렵, 마리나는 자신이 그보다 훨씬 더 큰 힘에 우연히 발을 들여놓게 되었음을 깨달았다. 그녀는 대사의 아내가 아니라, 바로 대사였다. 외국인들의 지도자에게 필요한 존재가 되었으므로, 그는 부하들에게 그녀를 건드리지 말라고 지시했다. 만약 마리나가 임신해서 아이라도 낳는다면, 아니 출산 중에 죽기라도 한다면, 통역사로 활동할 수 없지 않겠는가. 그녀는 곧 기존의 통역사와 함께 일종의 시스템을 만들었다. 그녀가 나와틀어를 마야어로 통역하면, 그가 마야어를 외국인들의 언어로 통역하는 방식이었다. 그가 때로 그녀의 말을 이해하지 못하는 기색이 역력했기 때문에, 결국 그녀가 스페인어를 배우기 시작했다. 이 외국인들 사이에서는 그것이 권력의 언어였다. 마리나는 자신이 그 언어를 배우지 않는다면, 이 새로운 지위를 오래 보전하지 못할 수도 있다는 사실을 깨달았다.

처음에는 기존의 통역사와 함께, 나중에는 혼자서, 마리나는 외국인들의 말을 사나운 틀락스칼란 사람, 포위된 촐룰라 사람 등 모든 사람에게 전달해주고 그들의 말을 다시 외국인에게 전달해주었다. 자신이 전달하는 말을 상대편이 싫어하는 기색이 보이면, 무력으로 위협할 때와 외교적으로 한 발 물러설 때를 그녀가 판단했다. 가끔 그녀는 생각했다. 이 남자들 모두의 진짜 생각을 아는 사람은 자신뿐인 것 같다고. 그들이 진짜로 원하는 것에 대해서도 마찬가지였다. 그들이 서로를 얼마나 이해하는

지 판단할 수 있는 사람은 그녀뿐이었다. 다음에 벌어질 일을 결정하는 사람도 그녀였다.

그녀의 이름이 외국인들의 소식과 함께 전달되자, 그들이 도중에 마주치는 모든 집단의 지도자들이 가장 먼저 그녀를 찾았다. 그리고 그녀가 중요한 인물임을 인정하며, 그녀의 스페인식 이름 끝에 나와틀어의 존칭인 '친tzin'을 붙였다. 그래서 곧 마리나의 이름은 말린친Malintzin이 되었다. 또 새로운 이름이 생긴 것이다. 마리나가 억지로 입을 수밖에 없었던 모든 옷, 억지로 받아들일 수밖에 없었던 모든 신분 중에, 마침내 그녀를 보호해줄 수 있는 이름이 바로 말린친이었다. 마리나는 그동안 쓰고 버릴 수 있는 익명의 존재였으나, 말린친은 없으면 안 되는 존재였다. 말린친은 사람들에게 알려졌다.

그렇게 해서 마리나는 테노치티틀란으로 이어진 남쪽 둑길에서서, 목테수마가 외국인들을 향해 고급 나와틀어로 연설하는 말에 귀를 기울였다. 목테수마는 그런 자리에 꼭 필요한 겸손한 자세를 취했다. 자신은 외국인들의 보잘것없는 하인이며, 수도의 찬란한 것들을 그들에게 선물로 주는 것이 자신에게는 영예이고, 이렇게 인상적인 손님을 맞이한 것은 처음이라는 내용이었다. 귀족들의 현란한 어법에 따르면, 그의 말에 담긴 뜻이 완전히 정반대임을 마리나는 알고 있었다. 이 연설은 목테수마가 워낙 강한 권력을 쥐고 있어서 외국인들에게 이처럼 너그러움을 베풀 수 있고, 그로써 그들은 그에게 영원히 빚을 지게 된다는 뜻을 전달하고 있었다.

그러나 그 순간에 마리나는 목테수마의 말을 그냥 문자 그대로 통역했다.[22] 목테수마가 이 도시와 그 안의 모든 것을 당신에게 내놓으려 한다는 말을 듣고 코르테스의 얼굴에 놀라움과 야망이 번졌다. 메시카족은 그녀에게서 외교적인 대접을 받을 자격이 없었다. 그들이 그녀의 미래를 앗아갔으니까. 그녀에게 보호받을 자격도 없었다. 어차피 그들은 그녀에게 그런 힘이 있다는 생각을 한 번도 해본 적이 없을 것이다. 그녀는 외국인들을 믿지 않았지만, 제국에는 증오를 품고 있었다. 목테수마가 우에이 틀라토아니인지는 몰라도, 그날 이 둑길에서 위대한 발언자는 바로 마리나 자신이었다.

† † †

레스톨의 말을 발리자면, "스페인 정복자들에 관한 허구적인 믿음" 중 가장 널리 퍼진 것은 스페인 군인 수백 명이 세계에서 가장 강성한 제국 중 하나를 무너뜨렸다는 믿음이다. 정복자들은 잔꾀를 부려 불가능한 일을 해낸 약자이자, 기술적·문화적 우위 덕분에 필연적으로 승리하게 되어 있던 승자로 기억된다. 그들이 만난 원주민의 이미지는 그들의 적이자 희생자로 고정되어 있고, 원주민들의 사회는 무너질 운명이었다고 한다.

그러나 사실 아즈텍 제국의 패배를 불러온 것은 유럽인의 잔꾀, 무기, 기술, 종교가 아니었다. 심지어 그들이 가져온 질병도 아니었다. 유럽인과 동맹을 맺고 함께 싸운 수천 명의 원주민 군인들, 특히 틀락스칼란 사람들이었다. 3각동맹이 패권을 쥔 것에 불만을 품은 틀락스칼란은 스페인 침략자들과 자청해서 동맹을 맺고, 적어도 몇 건의 전투에서 지휘를 맡았다. 촐룰라 공격이 한 예다. 스페인 정복자들은 정복전쟁을 묘사한 글에서 자신이 학살을 부추겼다고 주장했지만, 신성한 도시 촐룰라를 공격해야 할 이유가 있었던 쪽은 틀락스칼란이었다. 얼마 전 촐룰라가 그들과의 동맹을 깼기 때문이다. 원주민의 눈에 스페인인은 한 번도 유난히 무서운 적이나 무적의 적으로 보인 적이 없었다. 그들은 원주민과 다른 기술, 다른 전쟁 규칙을 지니고 있으며 예측할 수 없는 와일드카드였다. 원주민 집단과 그들 사이에는 기존의 동맹관계도 없었다. 아즈텍 제국이 정치적으로 지배하는 세계에서 변방으로 밀려난 틀락스칼란은 그 세계를 파괴하기 위해 전대미문의 폭력을 주저 없이 휘두르는 자들과 동맹을 맺었을 때, 잃을 것은 별로 없는 반면 얻을 것은 아주 많았다.

　다른 원주민 집단들은 꿋꿋이 침략자들과 대적했다. 또 다른 집단들은 정치적 권력구조의 변화에 따라 계속 입장을 바꿨다. 멕시코뿐만 아니라 아메리카 대륙 전역에서 원주민 집단들은 외국인에게 다양한 반응을 보였다. 식민지 국가가 만들어지고 인종에 따른 위계구조가 강제되기 전에는 '아메리카 원주민'이라는 단일 정체성이 존재하지 않았기 때문이다. 메시카족과 틀락스칼란은 서로 뚜렷이 달랐으며, 이 둘은 또 남동쪽의 마야 집단들과 달랐다. 그리고 이 마야 집단들 역시 서로 차이가 있었다. 정치적·사회적 정체성은 각 지역 공동체별로 만들어져 유지되었다.[23] 대륙 전체는 말할 것도 없고, 현대의 국민국가와도 비교할 수 없는 수준이다. 계급 차이도 이런 지역 공동체에 스며들어 있었다. 특히 메소아메리카에서 이런 현상이 두드러졌는데, 귀족, 평민, 노예가 뚜렷한 사회계층으로 나뉘어 있으면서도 상호 의존적인 역할 배분을 통해 서로 묶여 있었다.

원주민 동맹들이 함께 싸우며 전략을 조언하고, 패배했을 때의 피난처와 지원 병력을 제공해주지 않았다면, 스페인인들은 아즈텍 제국과의 전쟁에서 승리하지 못했을 것이다. (노예와 자유민을 막론하고 그들과 동행한 많은 아프리카인, 카리브해에서 데려온 원주민 노예들도 그들에게 도움이 되었다.) 외국인들이 사용한 새로운 무기보다 이런 동맹이 훨씬 더 결정적인 역할을 했다. 메시카족을 비롯한 원주민 집단의 군인들은 창, 활, 화살, 새총, 날카로운 흑요석 칼날을 박은 곤봉을 들고 싸웠다. 반면 스페인인들에게는 말, 강철 검, 석궁, 대포, 총이 있었다. 화약을 넣어 폭발시키는 모든 무기와 말을 처음 보는 원주민들은 놀라서 겁을 먹었을 것이다. 적어도 침략 초기에는. 그러나 역사가 카밀라 타운센드 Camilla Townsend는 스페인과 아즈텍 양편의 사람들이 남긴 광범위한 전쟁 기록에서 "[원주민] 전사들이 이방인들의 무기를 보고 놀라거나 두려움에 몸이 마비된 순간은 없는 듯하다"[24]고 썼다.

그럴 만한 이유가 있었다. 16세기의 총은 장전에 시간이 많이 걸렸다. 어떤 모델은 "10분마다 한 번씩만 쏠 수 있었다." 게다가 명중률이 낮기로 악명이 높아서, 고고학자 데이비드 카발로David Carballo는 "전술적 이점이라기보다 심리적 이점에 더 가깝다"[25]고 썼다. 넓고 탁 트인 지형에서 전투를 벌일 때는 말이 결정적인 역할을 할 수도 있겠지만, 도시의 좁은 공간과 길에서 시가전을 벌일 때는 얘기가 달랐다. 그런데 궁극적으로 이 전쟁의 승패를 결정한 것은 시가전이었다. 강철 검은 흑요석 검보다 수명이 길었으나, 스페인-틀락스칼란 군대는 흑요석 검을 많이 사용했다. 특히 전투 중에 사용한 강철 창촉과 화살촉을 나중에 되찾을 수 없을 때 대안이 흑요석 검이었다. 대부분의 스페인 정복자는 금속 갑옷을 완전히 갖춰 입을 만한 재력이나 장비가 없었으므로, 메소아메리카 군인들처럼 누비 갑옷을 입었다. 흑요석 무기를 아주 잘 막아주기 때문이었다. 원주민과 유럽인 모두 상대가 사용하는 무기에 금방 적응해서, 언제든 기회가 생기면 상대의 기술적 약점을 이용했다.

그러나 스페인인들이 새로운 형태의 위험한 전쟁 방식, 즉 총력전이라는 개념을 가져온 것은 사실이다. 유럽 군대는 수백 년 전부터 적의 영토를 차지하기 위해 전장에서 적(흔히 종족이나 종교 면에서 자신과 다른 '타자'로 인식되는 사람)을 죽이는 것을 목표로 삼았다. 메소아메리카의 전쟁규칙과는 어긋나는 방식이었다. 이곳에서는 의식처럼 진행되는 전투에서 포로를 잡아야 했으며, 승리자는 패배자에게서 공물을 뽑아갈 수 있었다. "정복 전쟁 중 스페인인들이 힘을 발휘한 핵심 요소는 바로 지나치게 폭력을 휘두르는 능력이었다."[26] 역사가 페데리코 나바레테 리나레스Federico Navarrete Linares는 이렇게 썼다. "적의 지도자를 죽이고, 대사의 신체를 훼손하고, 여자를 겁탈하고, 비무장 주민을 학살"하는 일을 꺼리지 않는 그들의 태도에 적과 동맹을 막론하고 원주민들은 충격을 받았다. 틀락스칼란을 포함한 일부 원주민들이 애당초 그들과 동맹을 맺기로 마음을 먹는 데에도 이런 태도가 틀림없이 영향을 미쳤을 것이다. 주저 없이 새로운 형태의 폭력을 휘두르는 침략자들의 모습은 전쟁의 목적과 결과에 관한 메소아메리카 사람들의 생각에 도전장을 던졌다.

† † †

1519년 11월에 메시카족의 수도에 들어선 스페인 침략자들은 테노치티틀란에 8개월 동안 머물렀다. 식민지 기록은 보통 이 불편한 공존 기간에 대해 자세히 이야기하지 않는다. 유럽인들의 실제 장악력이 얼마나 보잘것없었는지를 보여주는 협상, 통역, 오해, 사고 등을 그냥 얼버무리고 넘어가는 편을 택한다. 스페인 정복자들은 테노치티틀란에 들어서자마자 목테수마를 포로로 잡았다고 주장했지만, 모든 기록에는 우에이 틀라토아니가 평소처럼 업무를 수행하며 알현을 받고, 자신의 정원과 동물

원에서 시간을 보내고, 종교의식을 감독했다고 적혀 있다. 사실
은 목테수마가 명예로운 손님으로 모시는 척하면서 스페인인들
을 포로로 잡고 있었을 가능성이 훨씬 더 높다.[27] 그는 스페인인
들을 아버지의 궁전에 있는 호화로운 숙소에 가둬두고, 내내 면
밀하게 지켜보았다. 대신전, 자신의 사냥용 동물원, 테노치티틀
란에서 가장 인상적인 시장에 갈 때 그들과 동행했으며, 자신의
개인 창고에 있던 금과 옥을 선물로 주었다. 모든 것이 그들을
방심하게 만들려는 술책이자 시험이었다.

　이처럼 수도에 갇혀서 상대적으로 이렇다 할 활동이 없던 시
기에 코르테스의 과거가 그를 따라잡았다. 처음 멕시코에 도착
해 스페인을 위해 땅을 차지하기 시작하면서 그는 쿠바 식민 총
독의 명령을 거부했다. 총독은 왕에게서 메소아메리카의 탐험
및 정복 허가를 받은 유일한 인물이었다. 따라서 코르테스가 식
민지의 이 위계구조를 몇 단계나 뛰어넘어 새로운 영토에 대해
스스로 권한을 행사하려 한 탓에, 쿠바 총독을 포함한 많은 권
력자가 그동안 바라던(그러나 아직은 대체로 상상의 영역에만 머물러
있던) 정복의 과실은 물론 거기에 동반되는 정치적 특권에도 손
을 댈 수 없게 될 것 같다는 위기감을 느꼈다. 코르테스는 자신
의 이러한 반란을 숨기려 하지 않았을 뿐만 아니라, 스페인으로
사람을 보내 왕 앞에서 직접 자신의 주장을 펼치게 했다. 이렇게
법적인 절차가 지지부진 이어지는 동안, 쿠바 총독은 갑갑함을
이기지 못하고, 1520년 봄에 쿠바에서 멕시코로 1000명을 보냈

다. 코르테스를 체포하고, 정복 과정을 사실상 새로 시작하라는 것이 그의 명령이었다.

목테수마는 코르테스와 그의 휘하에 있는 스페인 군인 및 원주민 군인 일부(통역사 말린친도 포함)가 쿠바에서 새로 오는 사람들을 만나러 테노치티틀란을 떠나 해안으로 가도 좋다고 허락해주었다. 몇 달 동안 주의 깊게 관찰한 결과, 목테수마가 외국인들이 파벌로 나뉘어 있고 코르테스가 상관과 불화를 빚고 있다는 사실을 알아차렸는지도 모른다. 무기가 가득한 배를 타고 새로 오는 사람들의 목적이 코르테스 제압인 것 같다고 짐작했을 가능성도 있다. 만약 목테수마의 허락을 얻어 해안으로 향한 코르테스가 되돌아오지 못한다면, 목테수마에게도 나쁘지 않은 결과였다.

그러나 코르테스의 부대는 먼저 뇌물을 동원하고 그다음에는 싸움을 벌여 몇 주 만에 새로운 원정대의 대장을 사로잡아 그 부대를 흡수해버렸다. 규모가 작은 코르테스 부대에 꼭 필요한 에너지, 물자, 말, 병력이 공급된 것이다. 그러나 테노치티틀란으로 돌아오는 외국인의 수가 이렇게 조금 늘어났다고 해서 힘의 균형이 바뀌었을 것 같지는 않다. 목테수마가 아직 테노치티틀란을 확고히 장악하고 있었고, 시민들 중 남자는 모두 전쟁에 대비한 훈련이 되어 있었다.

그러나 지휘관인 코르테스와 외교적인 능력이 있는 말린친이 자리를 비운 사이, 테노치티틀란에 남아 있던 외국인들이 또 전대미문의 폭력을 휘둘러 위태롭던 평화를 깼다. 당시 테노치티틀란의 주민들은 건기의 끝을 알리는 종교 축제를 벌이면서, 메시카족의 가장 중요한 신들 중 둘을 기리는 의식용 춤 공연에 스페인 사람들을 초대했다. 전통에 따라 희생제가 이 의식의 절정을 이뤘을 가능성이 높다. 스페인인들은 예의바른 손님답게 가만히 구경하지 않고, 의식을 중단시킨 뒤 신관과 구경꾼을 안마당에 가둬두고 모두 학살해버렸다. 그러고는 메시카 군대가 소집되는 동안 자기들에게 배정된 궁 안으로 후퇴했다. 그들이 궁 안에 몇 주 동안 머무르는 사이, 시민들은 외국인들과의 전쟁을 준비했다. 외국인들이 마침내 손님과 적을 구분하는 선을 넘어버린 탓이었다.

이 일촉즉발의 시기에 코르테스가 쿠바에서 온 사람들 덕분에 더욱 활기를 띠는 군대를 이끌고 돌아왔다. 그리고 목테수마가 죽었다. 그의 죽음을 둘러싼 상황은 지금도 분명히 밝혀지지 않았다. 지금까지 알려진 바에 따르면, 도시에 남아 있던 스페인인들이 메시카족의 귀족과 신관을 학살한 뒤 우에이 틀라토아니와 궁정 신하들을 마침내 사로잡았다고 한다. 그러던 중 목테수마가 요새로 변해버린 궁의 지붕 위로 올라갔다. 밖에 모인 신민들에게 연설할 생각이었던 것 같다. 학살 사건에 화가 난 사람들은 밖에서 돌을 던지고 있었다. 그 돌멩이 중 하나가 목테수마의 머리에 맞아 그가 목숨을 잃었을 가능성이 있다. 레스톨은 이 상처, 또는 그가 그런 상처를 입었다는 소문이 스페인인들에게 완벽한 은폐막이 되어,[28] 그들이 목테수마를 살해하고는 그의 죽음을 시민들 탓으로 돌릴 수 있었을 것이라고 생각한다. 침략자들이 포로로 잡고 있던 귀족들 또한 동시에 죽였을 것이라는 점에는 의문의 여지가 없다.

스페인인들과 그들의 동맹은 최대한 빨리 테노치티틀란에서 도망쳐야 한다는 사실을 깨달았다. 자신들이 가져갈 수 있는 한도 내에서 최대한 보물을 모은 그들은 1520년 6월 30일 밤의 어둠을 틈타 호숫가 서편을 향해 둑길을 따라 도망쳤다. 호숫가에서는 목테수마의 형제 쿠이틀라우악Cuitláhuac이 이끄는 메시카 군대가 그들을 기다리고 있었다. 곧 사람과 말의 사체, 스페인인들이 가져가려던 갖가지 물자와 보물 상자가 물을 꽉 메웠다. 코르테스는 둑길을 넘어 도망쳤지만, 그날 약 600명의 유럽인이 메시카 군대의 손에 목숨을 잃었다.[29] 쿠바에서 이제 막 도착한 군대에서도 많은 사람이 죽었고, 틀락스칼란을 비롯한 원주민 동맹들도 1000명이 넘는 사람을 잃었다. 간신히 도망친 사람들은 안전한 틀락스칼란으로 황급히 돌아갔다.

이 전투에서 메시카 군대의 인명피해는 현저히 적었지만, 도시에는 흉터가 남았다. 운하, 다리 등 기반 시설이 심각하게 손상되고, 사람들은 목테수마 등 학살당한 사람들을 애도하며 불안해했다. 테노치티틀란 의회가 쿠이틀라우악을 신속히 차기 우에이 틀라토아니로 선출했지만, 커다란 상처와 불안은 여전했다. 메시카족이 외국인들의 등장을 아포칼립스와 비슷한 현상으로 보기 시작한 것이 이때부터였을 가능성이 높다. 자신들이 사는 도시 안에서 사상 처음으로 공격을 받고, 일촉즉발의 상황을 1년 넘게 잘 조율하던 지도자를 갑자기 잃어버린 메시카 사람들은 자신의 삶, 정체성, 세상에서 차지하는 위치를 뒤엎어버릴 위협과 직면했음을 비로소 조금씩 깨닫고 있었다.

† † †

쿠이틀라우악은 목테수마가 그리웠다. 테노치티틀란의 새 우에이 틀라토아니로 선출되어 취임하면서 그의 머릿속에는 목테수마가 이 자리에 있어야 한다는 생각뿐이었다. 목테수마는 이 자리를 위해 태어나, 유능하게 역할을 수행했다. 비겁한 외국인과 그들의 동맹이 도망칠 때, 목테수마가 공격을 지휘했어야 했는데. 그랬다면 아마 단 한 놈도 도망치지 못했을 것이다.

그러나 이제 쿠이틀라우악이 위대한 발언자였다. 살아남은 외국인들이 틀락스칼란에서 몸을 추스르는 동안, 다음 전투 계획의 수립 대신 도시의 재건이 쿠이틀라우악의 급선무가 되었다. 운하는 섬세한 시스템이라서 최대한 빨리 수리해야 했다. 치남파에도 이미 씨를 뿌렸어야 하는데, 전투 준비 때문에 뒤로 미뤄졌다. 전통적으로 전쟁은 건기에 벌어졌다. 우기는 농사를 짓는 시기였다. 그러나 비가 내리기 시작한 뒤에도 쿠이틀라우악은 테노치티틀란의 남자들이 계속 군사훈련을 받게 했다. 외국인들이 어떤 규칙도 존중하지 않는다는 사실이 이제 그 어느 때보다 명확해졌다. 그들은 특히 전쟁을 벌이는 시기와 장소에 대한 규칙을 지키지 않았다. 쿠이틀라우악은 예측하기 힘든 이 새로운 전쟁에 적응해야 한다는 사실을 깨달았다.

그러나 외국인들이 테노치티틀란에 남기고 간 것이 쿠이틀라우악의 도시 재건 계획을 방해했다. 외국인들을 쫓아내고 겨우 몇 주 뒤부터 도시에 병이 번지기 시작한 것이다. 고열, 구토, 참을 수 없는 통증을 일으키는 병이었다. 몸에 생긴 무서운 발진은 곧 고름으로 가득해졌다. 치유사들은 이런 발진을 처음 본다고 말했다. 병에 걸린 사람 중 거의 3분의 1이 죽고, 살아남은 사람은 흉터로 뒤덮였다. 시력을 잃는 사람도 있었다. 사람들은 서로를 보살펴줄 수 없었다. 장차 일어날 전투에 대비해서 훈련하거나 전투로 인해 손상된 도시를 재건하는 일은 말할 필요도 없었다. 전투에서 부상을 입은 사람들(메시카 사람 중에서 가장 강한 군인 중 일부도 포함)은 몸이 약해진 상태라서 특히 병에 취약했다.

쿠이틀라우악은 여전히 목테수마가 살아 있었어야 한다고 생각하면서도, 동시에 그가 살아서 테노치티틀란의 가장 어두운 밤을 보지 않아도 된다는 사실에 마음이 놓였다. 그는 3각동맹을 유지하고, 도시 재건을 지휘하기 위해 자신을 한계까지 몰아붙이고 있었으나, 질병으로 인해 사람들이 움직일 수 없는 상황이라 진척이 별로 없었다. 쿠이틀라우악은 탈진해서 욱신거리는 몸으로 잠자리에 들며, 단순히 몇 주 동안 몸을 혹사해서 아픈 것이라고 생각하고 싶었다. 그러나 아침에 깨어보니 다리에 발진이 돋아 있었다. 자신은 이 병을 앓더라도 살아남을 것이라고 믿고 싶었지만, 사실은 그렇지 않을 것 같았다. 외국인들이 이 땅에 남아 그들의 가장 강력한 무기인 혼돈을 퍼뜨리는 한, 그와 그의 백성들은 안심할 수 없었다.

1520년 4월에 쿠바에서 온 군대를 막으러 갔을 때 코르테스는 커다란 선물을 하나 받았다. 그러나 그 당시에는 그것이 선물인 줄 알지 못했다. 쿠바에서 온 군대는 사람, 말, 배 여러 척 분량의 물자만 가져온 것이 아니었다. 그들조차도 아마 존재를 몰랐을 손님이 그 배에 타고 있었다. 바로 천연두였다.

전설에 따르면, 아프리카 출신 노예가 그 병에 감염되어 있었다고 한다. 하지만 사실 꼭 그 노예가 아니라 누구라도 환자일 수 있었다. "담요에 묻은 딱지"[30] 형태로, 또는 해안에 도착할 때까지 증상이 나타나지 않은 사람의 몸속에서 균이 카리브해를 건넜을 가능성도 있다. 균의 출처가 어디든, 이 병은 겁에 질린 코르테스 부대와 함께 테노치티틀란으로 질주했다. 부상, 감염, 질병은 정복자들의 일상에서 흔한 일이었다. 또한 코르테스는 축제 때 학살이 벌어졌다는 소식을 막 들은 참이었다. 따라서 질병이 발생했다는 이유로 속도를 늦출 수가 없었다.

스페인인들은 테노치티틀란에서 쫓겨났어도, 바이러스는 이미 도시에 발판을 마련한 뒤였다. 침략자들은 후퇴하는 도중에도 지나는 곳마다 병을 퍼뜨렸다. 그들의 안전한 피난처인 틀락스칼란도 예외가 아니었다. 천연두가 멕시코 계곡 전역과 그 너머까지 들불처럼 번졌다. 일부 유럽인들도 심하게 앓아누웠지만,[31] 메소아메리카 사람들에게는 천연두가 완전히 새로운 질병이라서 훨씬 더 위험했다. 열이 치솟고 고통스러운 농포가 순식간에 생겨났다. 이 병이 마을에서 마을로, 도시에서 도시로 마구 옮겨 다니며 침략자들의 적과 동맹을 모두 감염시켰다. 테노치티틀란에서는 신임 우에이 틀라토아니 쿠이틀라우악이 고작 취임 80일 만에 수천 명의 시민들과 마찬가지로 이 병에 무릎을 꿇었다. 정복이 끝난 뒤 이 유행병에 대해 나와틀어로 기록을 남긴 사람들은 이렇게 썼다. "정말로 스러지고 있었다… [환자들은] 이제 움직이지도 못했다. 움직일 시도도 하지 못하고, 몸을 일으키지도 못했다… 많은 사람이 죽었다. 오로지 굶주림 때문에 죽은 사람도 많았다. 굶어 죽은 사람들이 있었다. 사람들이 남을 돌봐줄 형편이 아니라서. 보살펴줄 사람이 없어서."[32]

지금은 원주민들이 유럽인과 처음 접촉한 뒤 초토화된 이유로 이런 유행병이 지목될 때가 많다. 이런 질병은 물리적으로, 심리적으로, 여러 세대를 파괴했다. 유럽에서 흑사병이 미친 영향과 비슷하다. 그러나 흑사병이 유행할 때와 마찬가지로 메소아메리카에서도 폭력, 학대, 사회적 위계구조가 질병의 생물학적 효과를 몇 배로 강화하고 악화시키는 데 결정적인 역할을 했다. 많은 원주민이 새로 나타난 이 질병에 걸려 쓰러졌을 때, 주변 환경이 사망률을 급격히 증가시키는 역할을 했다. 유행병이 지나간 뒤 공동체가 회복하는 일도 훨씬 더 힘들어졌다.

테노치티틀란, 틀락스칼란, 그리고 그 주위의 도시들은 우선 전쟁 중에 천연두와 맞닥뜨렸다. 이 병으로 메시카족과 틀락스칼란의 정치 지도자들이 죽으면서, 그렇지 않아도 미래를 예측할 수 없는 어려운 시기에 두려움과 불안감이 한층 증폭되었다. 지금의 멕시코, 페루, 미국은 물론 그 너머까지 퍼져나간 유행병은 원주민 공동체를 찢어놓았다. 원주민들은 처음에는 포교 시설에서 비좁게 살다가 나중에는 보호구역에 갇혀 대규모 농장과 광산에서 허리가 부러져라 일해야 하는 운명을 맞았다. 식민지 지배자들이 이런저런 이유로 그들을 공격해 두려움을 심었고, 그들은 전통적으로 식량을 구하던 곳과 단절되었다. 조상들의 땅이 아닌 다른 곳에서 기본적인 위생 시설조차 없는 생활을 했다. 플로리다,[33] 페루, 미국 남서부, 캘리포니아에서 포교 시설 등 식민지와 관련된 여러 시설에 묻힌 원주민들을 생물고고학으로 연구한 결과는 그들이 평생 동안 건강 문제와 영양실조로 고생했음을 보여준다. 생물고고학자 샤론 드위트가 런던에서 흑사병으로 죽어간 사람들을 연구한 결과와 같다.

미국과 캐나다에서는 유럽 정복자들과 원주민들이 직접 접촉하기 전에 유행병이 그들을 덮친 증거가 별로 발견되지 않았다.[34] 그러나 식민지 정복자들의 폭력이 이 대륙의 다른 지역에서 천연두의 파괴력을 몇 배로 강화하는 데 결정적인 역할을 했음을 보여주는 사례가 있다. 캘리포니아의 요세미티Yosemite 계곡에 살던 아와니치족Awahnichi은 수렵-채집 생활을 했다. 1850년대에 아와니치의 지도자 테나야Tenaya가 미국인 광부 겸 의용군 병사에게 '검은 질병'에 대해 말했다. 아마도 천연두였을 이 병이 백인 정착민들을 만나기 전부터 자신의 부족을 휩쓸었다고 했다. 당시 스페인 신부들이 캘리포니아에서 운영하던 가톨릭 포교 시설에 천연두가 만연한 상태였는데, 이곳에서 도망친 원주민들이 아와니치족에게 병을 퍼뜨렸을 가능성이 높다. 고고학자 캐슬린 헐Kathleen Hull은 요세미티 계곡에서 발굴 작업을 하면서,[35] 점령당한 아와니치족 마을의 수, 흑요석 도구를 만드는 과정에서 생겨난 파편의 양, 나무의 나이테를 통해 알아본 통제된 화재로 인한 변화에 대한 데이터를 분석했다. 그곳에 사람이 살았음을 알려주는 이런 수치의 급격한 하락을 통해 그녀는 아와니치족 인구가 1800년 무렵 30퍼센트 감소했음을 짐작할 수 있었다. 1980년대에 박멸될 때까지 전 세계 어디서나 천연두의 일반적인 사망률과 일치하는 숫자다.

천연두가 유행하기 전에도 아와니치족의 인구는 300명밖에 되지 않았다. 그중에 약 90명이 죽었으니 그 결과는 파괴적이었을 것이다. 그러나 도시의 생존을 놓고 전면전을 벌이는 와중에 천연두의 습격을 받은 메시카족이나 지저분한 포교 시설에서 엄청난 학대를 받으며 살다가 병에 걸린 원주민 포로들과 달리 아와니치족은 이 불행에서 회복할 수 있었다. 그들은 아마도 수백 년 동안 가뭄에서부터 화산 폭발에 이르기까지 재난이 닥쳤을 때 여러 차례 사용했을 전략을 이번에도 채택했다. 이웃에게 도움을 청한 것이다. 이웃들은 임시 재난 공동체에 그들을 기꺼이 받아들였다. 테나야는 이용군 병사에게 그 검은 질병 이후 아와니치족이 전통적으로 살던 곳을 떠나[36] 시에라네바다산맥의 동쪽에 있는 쿠차디카아족Kutzadika'a, 즉 모노 파이우트족Mono Paiute의 땅으로 이주했다고 말했다. 거기서 지원을 받은 아와니치족은 통혼을 통해 부족을 재건할 기회를 장기적으로 도모할 수 있었다. 테나야 본인도 유행병을 직접 목격한 아와니치족 지도자와 모노 파이우트족 여성 사이의 자손이었다.

약 20년 뒤 아와니치족은 계곡의 고향으로 돌아갔다. 인구는 다시 늘어났고, 문화도 보존되었다. 헐은 발굴에서 발견된 유물과 나이테 데이터에서 아와니치족의 갑작스러운 이주뿐만 아니라 귀환 사실도 확인할 수 있었다. 천연두 유행은 아와니치족에게 엄청난 타격을 주었으나, 그들이 아직 식민지 지배를 받지 않았기 때문에 자신의 전통에 따라 예전의 사회를 회복하고 심지어 성장까지 할 수 있었다. 요세미티 계곡으로 돌아온 뒤 그들은 그때 막 싹을 틔우던 캘리포니아 골드러시의 파괴적 영향에서 도망친 원주민들에게 안전한 피난처를 제공해주었다.

식민지 정복자들에게 맞서 자신과 땅을 지키려고 싸우면서 엄청난 인명 피해를 입은 원주민 부족들에게도 천연두 유행이 반드시 파멸을 의미하지는 않았다. 지금까지 우리가 배운 것과는 달리, 장기적인 관점에서 그들의 문화와 정치는 물론 심지어 인구도 쇠퇴하지 않았다. 1630년대에 천연두는 북아메리카 동부의 원주민 사회를 휩쓸었다. 당시 그들은 얼마 전 자신들의 땅에 나타나 정착한 영국인, 네덜란드인, 프랑스인에게 적응하는 중이었다. "전에도 이곳에서 질병을 본 적이 있지만, 이런 것은 처음이다." 천연두가 한창 유행할 때 와이언도트족Wyandot의 지도자가 한 말이다. 나중에 5부족 연맹이라는 정치적 동맹으로 통일된 이로쿼이족Iroquois은 인구의 거의 절반을 잃었다. 역사가 페카 하말라이넨Pekka Hämäläinen에 따르면, 그들은 영국인, 네덜란드인, 프랑스인 정착지 사이에 "무서울 정도로 노출되어" 있었다. 따라서 그들은 전쟁을 선포했다. 구체적으로 말하자면, 다른 원주민 부족들을 사로잡아 의식을 통해 이로쿼이족으로 만들기 위한 일련의 '애도 전쟁'이었다. 5부족 연맹의 정치적 힘과 세계의 영적인 균형을 회복하는 것이 목표였다. 하말라이넨은 천연두가 불러온 파괴가 "북반구를 종으로 가로지르는 이주 이후 가장 폭발적인 원주민 세력 팽창의 방아쇠"[37]가 되었다고 썼다. 이로쿼이족은 새로운 영토를 침략해 식민지 정착민들의 교역을 장악했고, 다른 부족들은 그들의 공격을 피해 서쪽으로 도망쳤다. 천연두에 인구의 절반을 잃은 때로부터 50년 뒤 5부족 연맹은 "힘이 절정에 이르렀다." 유행병이라는 아포칼립스는 기존의

세상을 뒤흔들어 놓은 다음, 전에는 상상도 하지 못했던 새로운
가능성을 열어주었다. 그래서 이 병의 영향을 받은 부족들이 새
로운 미래를 건설할 수 있었다.

　　1520년과 1521년에 테노치티틀란의 메시카 사람들은 아직 식
민지의 체계적인 결핍과 폭력을 경험하지 않았다. 그러나 침략
자들과의 첫 번째 공식 전투에서 승리를 거뒀는데도, 곧 유럽식
총력전 중 최악의 형태인 장기적인 공성전을 상대해야 했다.

　　스페인인들은 틀락스칼란에서 힘을 회복하고 부대를 재정비
하면서 인근 마을들을 위협하고 주기적으로 공격했다. 사람들
은 겁에 질려 더 이상 메시카족을 지원하지 않게 되었다. 병력,
말, 물자를 가득 실은 배들이 카리브해에서 계속 도착한 덕분에,
스페인인들은 자원과 힘을 회복할 수 있었다. 천연두 유행이 지
나간 뒤 일상을 회복하려고 안간힘을 쓰던 메시카족에게는 불
가능한 일이었다. 스페인인들은 테노치티틀란에서 운하와 둑길
에 둘러싸여 있던 것을 기억하고, 새로 도착한 물자 중 일부를
이용해서 시내의 호수에 띄울 수 있는 작은 배를 만들었다. 과거
3각동맹에서 두 번째 자리를 차지하던 호숫가 도시 텍스코코가
돌아서면서,[38] 스페인인들은 수상전을 시작할 수 있는 완벽한
장소를 확보했다. 텍스코코가 돌아선 것은 과거 목테수마에게

뒤통수를 맞은 텍스코코 귀족들이 목테수마의 조카를 텍스코코의 옥좌에서 쫓아내는 데 스페인인들의 도움이 필요했기 때문이었다. 텍스코코의 새로운 통치자들은 나중에 테노치티틀란을 공격하는 유럽인들과 나란히 전투에 참여하는 것으로 은혜를 갚았다.

6개월이나 지속된 공성전을 처음 시작하면서 스페인인들은 동맹들과 함께 메시카족의 수도로 민물을 운반하는 도수관을 파괴했다. 그들은 또한 말을 타고 돌아다닐 수 있는 공간을 더 많이 확보하기 위해 이 도시의 운하를 계속 흙으로 메우려 했다. 메시카 사람들은 가능한 한 운하를 넓히고, 수십 대의 카누를 타고 나와 스페인 배를 공격하고, 밤에 호수를 통해 은밀히 식량을 반입하는 등 이들에게 맞서 싸웠다. 지나던 배들은 메시카 사람들이 호수 바닥에 꽂아둔 뾰족한 말뚝에 아래부터 꿰였다. 과거부터 항상 적에게 공포를 심어주기 위해 시행하던 공개 처형 등 여러 방식으로 그들이 죽인 유럽인도 많았다. 한번은 코르테스를 사로잡을 뻔하기도 했다. 아슬아슬하게 위험을 피한 뒤 기가 죽은 코르테스에게 텍스코코의 어느 귀족은 이런 말을 했다. "저 도시 안에는 수천의 전사 무리가 있으니, 그들이 식량을 죄다 먹어치울 것이다. 지금 그들은 짠 물을 마시고 있다. 그들이 직접 판 연못에서 퍼온 물이기 때문이다. 그들은 빗물을 받아 아쉬운 대로 이용하고 있다. 그러나 당신이 그들의 식량과 물을 막는다면, 그들이 어찌 계속할 수 있겠는가? 전쟁보다 굶주림으로 더 큰 고통을 겪을 것이다."[39]

　메시카족의 독창적인 환경공학 덕분에, 한때 호숫가에서 위태롭게 살아가던 테노치티틀란은 거의 100년 전부터 위협을 느낀 적이 없었다. 그러나 운하와 도수관이 파괴되고, 주택이 무너지고, 식량이 줄어들자, 섬이라는 환경의 가혹함이 되살아나고 그들은 고립되었다. 한편 스페인인들과 동맹 부족들은 계곡 전체의 사실상 무한한 자원을 이용할 수 있었다. 게다가 카리브해에서 도착하는 물자도 있었다. 메시카 군대는 천천히 시내 중심부로 퇴각했다. 그다음에는 테노치티틀란의 반半독립적인 자매 도시로, 같은 섬의 북쪽 해안에 있는 틀라텔롤코Tlatelolco로 물러났다. 무자비한 싸움을 3개월 동안 치른 뒤, 신임 우에이 틀라토아니 쿠아우테목Cuauhtémoc은 아내와 함께 카누에 올라 외국인들에게 항복하러 갔다.

✝ ✝ ✝

　얼마 전 우기 중의 어느 날 오후 나는 아포칼립스 이후 테노치티틀란의 모습을 보려고[40] 멕시코시티의 역사 유적 중심지로 가는 지하철을 탔다. 흔히 센트로Centro라고 불리는 구역이다. 내가 지하철에 탑승한 역은 쿠아우테목의 이름을 딴 곳이었는데, 사나운 독수리 머리 모양으로 장식되어 있었다. 거기서 네 정거장을 가니, 센트로의 가장 분주한 환승역 중 하나였다. 나는 통근

자들 무리에 합류해, 어느 안뜰을 지나갔다. 둥근 단이 꼭대기에 얹힌 직사각형 바위가 3.6미터 높이로 솟아, 그 안뜰을 지배하고 있었다. 아즈텍의 바람 신 에헤카틀Ehécatl에게 봉헌된 작은 사당으로, 1967년에 지하철 건설공사 중에 발견된 유물이다. 멕시코 국가 유산의 연구와 보존을 관장하는 INAH는 이 사당을 "가장 작지만 가장 많은 사람이 찾는 고고학 유적"이라고 표현한 적이 있다.[41]

나는 무너진 제국과 현대 국가가 모두 중심지로 삼은 곳을 향해 지하철을 갈아탔다. 내가 지하철에서 내려서 나온 곳은 조칼로Zócalo였다. 과거 이 거대한 광장 주위에는 메시카족의 가장 중요한 신전과 궁전이 있었다. 지금은 메트로폴리탄 성당과 멕시코 연방정부 청사인 국립궁전이 양편에 있다. 나는 테노치티틀란 대신전 유적과 이웃한 성당 동편을 따라 걸었다. 대신전 유적은 현재 템플로 마요르Templo Mayor라고 불린다. 왼쪽으로 돌아서 인도로 내려간 나는 성당 뒤편의 어느 카페에 들어가 앉았다. 먹구름이 하늘에 모이고 있었다. 몇 분 뒤 지금까지 알려진 테노치티틀란의 신성한 중심부를 대부분 발굴한 프로그램의 책임자이자 고고학자인 라울 바레라 로드리게스Raúl Barrera Rodríguez가 내 앞에 나타났다.

지하철역 안의 사당이 말해주듯이, 멕시코시티 시내에서는 어디를 파도 아즈텍 수도의 유적이 나온다. 그러나 여기서는 마야의 도시 아케나 고대 이집트의 도시 아비도스처럼 간단히 유적을 발굴할 수 없다. 아케나 아비도스는 현재 시골이고 과거 도시의 족적 중 극히 일부만 차지하고 있을 뿐이라서 지금 그곳에 살고 있는 주민들의 일상생활을 최대한 방해하지 않으면서 흥미로운 곳을 발굴하기가 어렵지 않다. 그러나 메시카족이 나중에 테노치티틀란으로 발전한 섬에 정착했을 때부터, 이 일대는 인구가 조밀한 도시 중심부였다. 아즈텍 제국, 식민지 뉴스페인, 현대 멕시코까지 연달아 정치, 종교, 경제의 중심지이기도 했다. 이 도시가 새롭게 변신할 때마다 과거의 모습이 흐릿하게 묻힌다. 목테수마의 정원 유적에서부터 멕시코 최초의 가톨릭 관리들의 무덤에 이르기까지 헤아릴 수 없이 많은 역사적인 유적이 지금 이 도시의 거리, 주택, 상점 아래에 묻혀 있다. 유적지 발굴을 위해 이들의 일상을 방해할 수는 없는 일이다. 게다가 테노치티틀란 유적 위에 건설된 많은 식민지 시대 건물들 또한 역사적인 유물로 인정된다. 성당이 좋은 예다. 그러니 그 아래에 무엇이 있는지 보겠다고 이 건물들을 모두 치워버리는 건 생각할 수도 없는 일이다.

바레라 로드리게스 등 멕시코시티 중심부에서 작업하는 고고학자들은 어디를 발굴해야 할지 결정하지 못한다. 여기서는 기회를 노리고 있다가 건설 프로젝트에 편승하거나, 손상된 건물을 복원하거나 파괴할 때를 이용해야 한다. 이런 작업을 구조救助고고학이라고 부른다. 발굴 팀이 현장으로 불려와 유적이 파괴되기 전에 최대한 기록을 남기고, 구조해서 보존할 수 있는 물건을 챙기는 식으로 작업이 진행되기 때문이다. 이런 구조 작업은 전 세계에서 반드시 필요하다. 지금도 생생하게 돌아가는 도시에서 고고학자들이 지하의 유적을 들여다볼 수 있는 방법이 이것밖에 없을 때도 많다(예를 들어 런던의 흑사병 희생자들이 묻혀 있는 이스트 스미스필드 묘지는 건설 공사 중에 발굴되었다). 그래도 학자들이 구조고고학을 첫 번째 방법으로 꼽는 일은 거의 없다. 먼저 연구를 통해 규명해야 할 의문들을 설정한 뒤 발굴지를 물색해서 의문의 답을 구하는 편을 선호한다. 구조 작업을 하다 보면, 원래 고대의 궁전 생활과 엘리트 정치에 관심이 있던 고고학자가 버려진 농경지에서 씨앗의 잔해를 꼼꼼히 수거하게 될 수도 있고, 어느 특정 도시나 동네의 먼 과거를 조사하려던 고고학자가 새로 건설할 고속도로나 철로의 경로를 따라가며 빠르고 얕게 발굴을 실시하게 될 수도 있다.

INAH의 도시고고학 프로그램 책임자인 바레라 로드리게스는 전형적인 구조고고학자들의 걱정거리에 별로 신경 쓰지 않아도 되는 입장이다. 발굴 장소 선정과 발굴 기간에 제한이 있기는 해도, 도시고고학 프로그램 소속의 학자들은 흙손으로 흙을 헤칠 때마다 거의 항상 중요한 유물을 발견한다. 멕시코시티에서 발견된 가장 중요한 고고학 유적도 우연히 발굴된 것이었다. 템플로 마요르의 폐허는 1978년에 전기 기술자들이 센트로에서 교차로의 땅을 파다가 우연히 발견했다. 아즈텍 사람들이 섬기던 달의 여신 코욜사우키Coyolxauhqui의 모습이 조각된 거대한 돌

원반이 모습을 드러낸 것이다. 이 기념물의 지름은 3미터, 무게
는 거의 8톤이었다. 원반을 가로질러 금 하나가 여신의 상체를
반으로 가르며 나 있는 것을 제외하면, 보존 상태가 놀라울 정도
로 좋았다. 고고학자들이 코욜사우키의 몸을 중심으로 도시의
거리 아래 땅을 파보았더니, 아직도 튼튼하게 서 있는 템플로 마
요르의 돌담, 양편에 뱀이 조각된 계단, 밝은 색 벽화로 장식된
방, 공물로 바친 흑요석 칼, 조개껍데기, 산호, 동물 뼈, 인간 두
개골 등이 나왔다. 그때까지 대부분의 사람들은 템플로 마요르
의 유적이 메트로폴리탄 성당 바로 밑에 묻혀 있을 것이라고 믿
었다. 유적 자체가 사라지지는 않았지만, 발굴은 영원히 불가능
할 것이라고. 그러나 사실 유적의 위치는 성당 아래가 아니라 바
로 옆이었다. 지금은 방문객들이 템플로 마요르의 석조 전면 유
적 사이를 걸어 다닐 수 있다. 각각의 전면 장식은 메시카의 황
제들이 저마다 신전을 더 크고 웅장하게 만들려고 공사를 벌인
흔적이다.

　내가 처음 바레라 로드리게스를 만났을 때, 그의 팀은 우리가
지금 앉아 있는 카페에서 건물 몇 개만 더 걸어가면 나오는 식민
지 시대 건물의 복원 공사 중 비슷한 발견을 한 다음이었다. 그
들이 발견한 것은 테노치티틀란의 촘판틀리, 즉 처형당한 군인
과 제물로 바쳐진 포로의 두개골을 전시해두던 웅장한 의식용
선반의 잔해였다. 일부 정복자와 식민지 사제가 촘판틀리에 대
한 글을 남겼지만, 역사가와 고고학자는 그 글을 쉽사리 믿으려

하지 않았다. 메시카에서 의식을 치를 때 시행된 처형을 실제보다 더 끔찍한 모습으로 과장해서 묘사하는 성향이 이미 널리 알려져 있기 때문이었다. 더구나 거의 500년 동안 촘판틀리의 흔적이 전혀 발견되지 않았기 때문에, 그것이 애당초 존재하기는 했는지 의문을 품는 학자도 있었다. 그래도 바레라 로드리게스 팀은 식민지 시대 건물의 바닥 아래에서 수백 점의 두개골 조각을 발견했을 때,[42] 그것의 정체를 알아볼 수 있는 역사적 정보를 충분히 갖고 있었다.

　많은 고고학자와 달리 바레라 로드리게스 등 테노치티틀란과 멕시코 중부에서 작업하는 학자들은 수많은 역사 기록에서 풍부한 정보를 얻을 수 있다. 원주민과 유럽인이 제작한 여러 지도, 원주민 학자들이 정복당한 이후 나와틀어로 쓴 역사 기록, 여러 정복자가 스페인 왕에게 보낸 편지와 증언 등이다. 그러나 이런 자료에 항상 믿을 만한 정보만 있는 것도 아니고, 이들의 기록이 투명하지도 않다. 레스톨은 유럽인들이 작성한 문서는 오늘날 우리가 생각하는 "목격담이 아니"[43]라고 말한다. 예를 들어, 베르날 디아스 델 카스티요가 쓴 《뉴스페인 정복The Conquest of New Spain》은 스페인-아즈텍 전쟁을 직접 보고 기록한 유명한 자료다. 그러나 전쟁이 끝난 지 수십 년 뒤, 자신이 전리품을 제대로 분배받지 못했다고 생각한 디아스가 왕에게 호소하기 위해 쓴 문서이기도 하다. 이 기록을 포함해서, 문서고에 수천 점이나 보관되어 있는 비슷한 기록들은 일부러 현실을 과장하고, 세세

한 부분을 잘못 기억하고, 거짓 기억이나 꾸며낸 기억을 담고 있
다고 거의 확신해도 된다. 그러나 레스톨은 또한 "[디아스의 기
록에] 우리가 구할 수 있는 자료 중에서 실제로 일어난 일을 최
대한 정확히 묘사한 문장들이 있다. 문제는 우리가 그런 문장을
구분하지 못한다는 점이다. 그런 문장이 몇 개나 되는지도 모른
다. 100개일 수도 있고, 10개일 수도 있다. 어쩌면 철저히 정확한
내용만 담은 문장이 1000개나 될 수도 있다… 우리는 알지 못한
다"고 말한다.

반면 정복자들이 선전을 위해 집어넣은 내용은 원주민들의
기록에 스며 있는 회의懷疑와 편견보다 더 쉽게 찾아낼 수 있다.
정복 이후 수십 년 동안 원주민 엘리트의 자녀들과 손주들이 모
국어인 나와틀어로 역사를 기록했다. 그림문자를 바탕으로 한
초창기 나와틀 문자와 식민지 사제들이 가져온 알파벳을 섞어
서 사용한 이런 기록에는 메시카와 틀락스칼란의 역사, 문화, 전
통이 유럽인들의 등장 이전부터 이후까지 대부분 보존되어 있
다. 이 기록의 작성자는 원주민이었으나, 그들은 가톨릭 신자로
교육받고 새로 생긴 수도원학교에서 공부하며 사제가 되는 것
을 목표로 삼았다. 스페인 수도사와 협력해서 역사를 기록하며,
가톨릭교회와 유럽인 신자들이 원주민에게 더 효과적으로 복음
을 전파하기 위해 알고 싶어 하는 정보에 초점을 맞춘 사람도 있
었다. 순전히 원주민만을 위해서 원주민이 누구의 지도도 없이
스스로 적은 기록에는 "풍부하고 과거를 떠올리게 하는"[44] 언어

로 그들 자신의 역사가 담겨 있다.

타운센드는 이런 원주민 저자들이 "필사적으로 정복을 받아들이려 했다"[45]고 썼다. 정복으로 인해 형성된 사회 속에서 둘로 나뉜 정체성도 받아들일 필요가 있었다. 그들은 아직 이 도시에서 사회 계급과 교육의 상층부를 차지하고 있었으나, 원주민이라는 지위 때문에 뉴스페인에서 점점 형태를 갖추고 있는 인종 계급 체제에서 학대, 착취, 과도한 세금에 시달릴 위험이 계속 증가했다. 뉴스페인의 새로운 시스템은 멕시코시티에서 공존하고 있는 다양한 사람들, 즉 스페인인, 아메리카 원주민, 아프리카인 노예와 자유민뿐만 아니라 이들 사이의 다양한 결합에서 출생한 아이들까지 모든 사람을 조직해서 계급을 정하려고 했다. 정복 이후 많은 원주민과 메스티소 학자는 그들의 역사 중 일부, 예를 들어 조상들이 믿던 '이교' 같은 것을 부정하려 했다. 반면 메시카 황제들의 업적과 스페인-아즈텍 전쟁에 관한 할아버지들의 기억은 보존하고자 했다. 이 나와틀어 기록은 정복자들의 기록 같은 선전물이 아니었지만, 원주민들에게도 하고 싶은 이야기가 있었다. 오늘날 학자들은 그중 일부만을 해독할 수 있다.

고고학자에게도 편견과 자기만의 주제가 있다. 바레라 로드리게스는 센트로에서 테노치티틀란의 신성한 중심부에 초점을 맞추고 있다. 이 도시의 가장 화려한 궁전과 가장 웅장한 신전이 있고, 평민들은 가끔 방문할 수는 있어도 아마 살지는 않았을 구역이다. 그의 팀이 발견하는 아즈텍 유물은 그 위층에서 발견되는 식민지 시대 유물보다 더 큰 학문적 관심의 대상이다(그러나 식민지 시대 유물의 발굴과 정리도 이루어지고 있다). 구조고고학의 한계로 인해, 그의 발굴 작업은 어느 현대 건물 1곳에만 국한될 때가 많다. 흥미로운 유물이 발견되었다고 해서, 범위를 더 넓혀 후속 발굴을 할 수는 없다. 예를 들어 촘판틀리도 대부분 현재의 인도와 성당의 뒤뜰 아래에 여전히 묻혀 있다. 그 위치를 고고학자들이 정확히 알고 있는데도.

멕시코시티에서는 고고학도 역사학도 과거에 대한 진실을 독점하지 못한다. 유물과 기록이 서로의 틈새를 메워줄 뿐만 아니라, 때로는 충돌을 일으키면서 생산적인 의문과 토론을 유발하기도 한다. 식민지 정복이라는 아포칼립스를 이해하는 문제와 관련해서, 원주민 기록과 정복자 증언이 주요 인물의 이름, 날짜, 성격, 많은 변화가 일어나던 당시의 감정 등 엄청나게 세세한 정보를 제공해줄 수 있다. 그러나 바레라 로드리게스가 발굴 작업을 하면서 발견한 것 중에 다른 곳에서는 전혀 찾아볼 수 없는 정보가 적어도 한 가지 있다. 테노치티틀란의 원수민 병빈들이 도시의 말살에 어떻게 저항했는가에 관한 정보다.

우리가 만난 카페에서 몇 건물 떨어진 곳에 스페인 문화센터가 있다. 바레라 로드리게스가 도시고고학 프로그램의 책임자가 된 뒤 가장 먼저 연구한 장소 중 하나다. 문화센터는 건물을 새로 수리하면서 지하에 주차장을 새로 만들고 싶어 했다. "나는 주차장을 만들고 싶다는 말이 반갑습니다." 바레라 로드리게스가 의뭉스럽게 웃으면서 말했다. "우리한테 아주 좋거든요."

바레라 로드리게스의 팀은 먼저 현대의 파편부터 파고들어가기 시작했다. 버려진 플라스틱, 콘크리트, 낡은 하수도, 지저분한 전선 더미 등이었다. 그다음 차례는 20세기 초와 19세기 말의 금속과 유리 조각들, 그다음에는 식민지 시대의 채색 도자기였다. 시간을 거슬러 올라갈수록 장식 스타일과 제조 과정이 바뀌면서 한 시대의 시작과 끝을 알려주었다. 정복 직후의 과도기에 도달하자, 혼합형 도자기 제품, 예를 들어 원주민 양식으로 다리가 3개 달렸지만 유럽 식물이 그려진 접시 같은 물건이 간혹 발견되었다. 그리고 마침내 주황색과 검은색이 섞인 도자기와 현무암 판석이 나왔다. 메시카 도시의 특징적인 물건이었다.

바레라 로드리게스 팀은 문화센터 아래의 땅속에서 커다란 직사각형 안뜰로 이어지는 계단을 발견했다. 한때 지붕을 떠받치며 이 공간을 서너 개의 방으로 나눈 튼튼한 기둥의 기초가 안뜰에 점점이 흩어져 있었다. 이 건물은 제국의 학교인 칼메칵calmecac이었을 가능성이 높았다. 정복 이후 원주민 학자들이 남긴 설명에 따르면, 칼메칵은 메시카 지도층의 자녀들이 철학, 종교, 정치학, 천문학, 전쟁학을 배우던 곳이었다. "지하 주차장은 취소되었습니다." 바레라 로드리게스는 이렇게 말했다. 그는 INAH의 다른 사람들 및 문화센터와 협력해서 유적을 보호할 수 있게 새로운 설계도를 그렸다. 지금 이 유적지는 건물 지하에서 공공 박물관으로 운영된다. 우리가 가장 먼저 들를 곳이 여기였다.

칼메칵 유적은 조용하고 어둑한 공간 한 가운데에 있었다. 주위를 에워싼 유리 장식장에는 그곳에서 발굴된 유물이 들어 있었다. 테노치티틀란의 치남파에 옥수수를 심을 때 사용한 목제 도구부터 19세기나 20세기 초에 만들어진 녹슨 스미스앤드웨슨 Smith and Wesson 권총까지 다양했다. 조명은 과거 젊은 메시카 귀족들이 자신들의 역사를 배우고, 테노치티틀란의 힘과 아름다움을 오래도록 지킬 책임을 배우던 안뜰을 환하게 강조한다. 그러나 그들의 꿈은, 칼메칵은 물론 이 도시의 신성한 중심부 전체를 폐허로 만들어버린 전쟁 때문에 영원히 달라졌다. 디아스에 따르면, 공성전 때 "[코르테스가] 모든 주택을 무너뜨려 태우고 다리가 놓인 수로를 메워버리라고 지시했다… 우리가 손에 넣은 모든 건물이 완전히 파괴되었다."[46]

메시카족이 항복한 후, 테노치티틀란은 황무지가 되고 정복자들은 인근 호숫가의 코요칸Coyoacán이라는 곳(현재 멕시코시티의 일부)으로 이동했다. 많은 정복자가 폐허가 된 테노치티틀란으로 돌아가고 싶어 하지 않았다. 다른 곳에 식민지 수도를 건설해서 새로 시작하기를 바랐다. 그러나 결국 코르테스가 "과거 테노치티틀란이 있던 곳의 중심부에" 새 도시를 건설하라고 지시했다고 바레라 로드리게스가 말했다. 과거 제국의 수도를 폐허로 남겨둔다면, 메시카족이 과거의 모습과 자신들이 잃어버린 것을 필연적으로 떠올리게 될 터였다. "내 생각에 코르테스는 테노치티틀란이 되살아날까 봐 겁을 먹은 것 같습니다." 과거 이 도시의 시민이던 사람들이 기회만 생긴다면 이 도시와 그것이 상징하던 힘을 부활시킬까 봐 겁을 냈다는 뜻이다. 따라서 테노치티틀란을 "지워버려야" 했다고 바레라 로드리게스는 말했다.

전쟁에서 살아남아 항복 이후에도 계속 테노치티틀란에 남아 있던 메시카족 평민들은 그 고통스러운 노동에 강제로 참여해야 했다. "그들은 어쩔 수 없이 자신의 손으로 자신들의 신전을 파괴해야 했습니다. 또한 자신의 손으로 식민지 도시의 새로운 주택들을 지어야 했습니다." 바레라 로드리게스는 이렇게 말했다. 그러나 그는 여기 칼메칵에서 메시카족이 스페인인들의 요구에 간단히 항복하지는 않았다는 징후를 찾아냈다. 비록 그들은 힘도 숫자도 모자라서 또 다른 전쟁의 위험까지 각오하며 동원령을 거부할 수는 없었겠지만, 과거 도시의 일부를 지키는 일은 아직 가능했다. 바레라 로드리게스는 칼메칵 안뜰 위의 빈 공간을 가리켰다. "그 사람들이 그걸 숨긴 곳이 여기입니다."

바레라 로드리게스가 이곳을 발굴하기 전에는 흙과 돌이 어지럽게 안뜰을 뒤덮고 있었다. 유적 바로 위에 지어진 식민지 시대 주택의 바닥과 칼메칵 안뜰 사이 좁은 공간에도 흙과 돌이 가득했다. 바레라 로드리게스의 팀이 그 흙과 돌을 파내고 나니, 누군가가 주택의 바닥 바로 아래에 파둔 구덩이가 발견되었다. 그 안에는 커다란 조각상 2개의 부서진 잔해가 보관되어 있었다. 메시카족이 섬기던 지하세계의 신 믹틀란테쿠틀리 Mictlantecuhtli와 불의 신 시우테쿠틀리Xiuhtecuhtli의 조각상이었다. 두개골이 노출된 모습으로 표현된 믹틀란테쿠틀리의 얼굴은 일부가 떨어져나간 모습이었고, 시우테쿠틀리의 몸은 여러 조각으로 부서진 상태였다. 바레라 로드리게스는 이 집을 지은 사람, 그리고 나중에 기회를 틈타 이 조각상들을 구덩이에 묻은 사람이 원주민 인부였을 가능성이 아주 높다고 확신했다. 새로 지어진 식민지 시대 주택의 유럽인 거주자들은 이 조각상이 묻혀 있다는 사실을 전혀 몰랐을 것이다.

여러 해가 흘러 촘판틀리를 발굴하던 바레라 로드리게스의 팀은 박살난 두개골 선반을 뒤덮은 흙더미 속에서 또 비슷한 것을 발견했다. 스페인 침략자들에게 촘판틀리는 이른바 우상숭배와 메시카 제국의 힘을 상징했다. 둘 다 그들이 제거하려고 애쓰던 것이었다. 그들은 이 유적의 힘을 중화하기 위해 원주민 인부들에게 파괴된 두개골들을 묻어버리고 그 위에 건물을 지으라고 명령했다. 그러나 바레라 로드리게스는 "어쩔 수 없이 [촘판틀리를] 없애버려야 했던" 사람들이 사실은 위험을 무릅쓰고 이 유적을 기념하기 위한 행동을 했다고 말했다.

식민지 시대 초창기의 건물 바닥 바로 아래, 즉 촘판틀리 유적 바로 위에 누군가가 의식용 흑요석 칼을 한 움큼 파묻어놓은 것이다. 처음에 연구팀은 그것이 메시카 시대의 유물인 줄 알았다. 비슷한 칼이 테노치티틀란 전역의 소박한 무덤이나 호화로운 신전 공물 사이에서 흔히 발견되기 때문이다. 그러나 촘판틀리의 부서진 잔해 바로 위라는 위치를 보면, 유적이 파괴된 이후, 즉 뉴스페인 초창기에 이 칼들이 묻혔음이 확실했다. 메시카가 수백 년 동안 망자를 묻으며 공물을 바쳤듯이, 누군가가 촘판틀리의 안식을 빌어준 것이다.

쿠아우테목이 항복한 뒤 몇 달, 몇 년 동안 아즈텍의 엘리트와 평민은 모두 상상조차 하지 못한 아포칼립스의 세상을 헤쳐 나가야 했다. 과거 3각동맹이 새로운 땅을 정복할 때 가장 중요한 목적은 조공을 받는 것이었다. 군인들은 점령지에 주둔하지 않았고, 그 지역의 원래 지도자가 계속 자리를 지키는 경우도 흔했다. 아즈텍의 권력구조를 인정하고 그들의 요구에 협조하기만 하면 되었다. 그러나 아즈텍을 몰아내고 새로 들어선 제국은 메시카족의 힘을 상기시키는 모든 것을 반드시 말살해버리고, 자신들의 종교, 기술, 문화를 최대한 빨리 강제로 이식하려 했다. 그들은 자신이 원하는 모습으로 테노치티틀란의 중심부를 재건하려고 질주하면서 일이 잘되고 있다고 생각했는지도 모른다. 그러나 새로 지어진 도시의 땅속에 묻힌 공물은 그들이 미처 보지 못하는 곳에서 사람들이 얼마나 저항하고 있었는지를 보여준다. 아마 새로운 제국은 이런 움직임을 이해하지 못했을 것이다.

나는 바레라 로드리게스에게 이 조각상과 칼, 그리고 아직 발견되지 않은 수많은 공물을 묻은 메시카 생존자들이 이렇게 몰

래 숨겨서 지킨 테노치티틀란의 일부가 언젠가 바레라 로드리
게스 같은 사람 손에 발견되어, 도시의 일부가 되살아날 거라고
생각했을지, 아니, 그렇게 바랐을지 물었다. 바레라 로드리게스
도 그렇게 믿고 있느냐고.

"물론입니다." 그가 말했다.

 노예제가 현대 세계를 만들어낸 과정

– 카리브해의 비극

250년 전 카리브해의 섬 세인트크로이의 크리스천스테드 항구에 배 1척이 정박했다. 식민지 세계에서 가장 가치가 높은 동시에 또한 가장 가치가 없는 화물, 즉 아프리카인 노예를 실은 배였다. 많은 노예가 대서양을 건너는 동안 화물칸에 비참하게 갇힌 채 죽어갔다. 살아남은 사람들은 곧바로 크리스천스테드의 화물계량소로 끌려갔다. 사람을 포함한 모든 수입품을 검사하고 처리하는 곳이었다. 세인트크로이섬은 당시 덴마크의 식민지였으므로, 식민지 정부가 노예 1명당 자기들 몫의 세금을 걷어갔다.

배에 몇 주 동안 갇혀 있었으니(서아프리카에서도 이리저리 옮겨 다니며 그보다 훨씬 더 오래 갇혀 있었던 사람이 많았다) 노예 중 누구도 건강한 상태가 아니었다. 구토와 질병, 고통과 상실, 폭력과 죽음이 스며든 퀴퀴한 공기 속에서 그들은 몇 달 동안 숨을 쉬었다. 그러나 그들을 세인트크로이섬으로 데려온 유럽 회사는 노동력을 바탕으로 그들의 가치를 결정했다. 적어도 겉으로나마 노동력이 있는 것처럼 보여야 했다. 노예 상인은 "건강하다는 환상"[47]을 꾸며내기 위해 그들의 살갗에 기름을 바른 뒤, 값을 올려 불렀다. 남녀를 막론하고 모두의 손에 긴 담뱃대가 들렸다. 섬에 도착한 뒤 그들이 처음 갖게 된 물건이자, 식민지 전통에 그들을 처음으로 소개시켜주는 물건이었다.

가장 건강하고 가장 재주 있어 보이는 사람은 곧바로 세인트크로이 식민 정부가 사들였다. 이제 덴마크 왕의 재산이 된 이 "왕의 노예들"[48]은 크리스천스테드에 남아 덴마크 군인들과 나란히 살면서 짐꾼, 대장장이, 목수 등 재주가 필요한 직업을 갖게 될 터였다. 이 왕의 노예들이 수십 년, 수백 년 동안 크리스천스테드의 거리, 부두, 요새, 주택을 지었다. 자신들을 가둔 도시를 건설하고 유지하는 일이 그들의 몫이었다.

새로 도착한 노예들은 대부분 세인트크로이의 사탕수수 농장에 팔렸다. 다른 섬의 비슷한 곳으로 팔려간 사람도 있었다. 설탕은 수천 년 전부터 사치품이었다. 사탕수수를 길러서 추수하고, 사람들이 그토록 사랑하는 달콤한 설탕으로 정제하는 데에는 엄청난 양의 물, 땅, 노동력이 필요했다. 그러나 온 세상이 새로이 세계화하던 시점이었으므로, 한때 특정한 곳에서만 특별히 접할 수 있었던 맛, 향기, 색깔, 사치품을 이제는 다른 곳으로 가져가 그대로 재현해서 판매할 수 있었다. 사람들의 갈망, 특히 설탕에 대한 갈망을 새로 만들어내고 충족시키는 일이 모두 가능한 기업과 나라는 거의 확실하게 엄청난 부를 축적할 수 있었다. 대량의 설탕을 적은 비용으로 생산해서, 한때 사치품이던 이 물건을 일상용품으로 만들 수만 있다면.

크리스천스테드에서 이스테이트 리틀 프린세스Estate Little Princess 농장으로 팔려 나가는 노예도 있었다. 세인트크로이섬의 북쪽 해안에 있는 이 농장에서는 약 140명의 아프리카인 노예들이 허리가 부러져라 강제노동을 하며 땅을 개간해서 사탕수수를 심고, 추수하고, 사탕수수를 부수고 끓여서 설탕과 럼주를 제조했다. 피로, 질병, 부상의 위험이 항상 존재했다. 특히 사탕수수를 부수는 거대한 기계와 사탕수수를 죽처럼 끓이는 뜨거운 보일러가 위험했다. 그들을 감독하며 착취하는 노예 주인들의 폭력과 그로 인한 죽음의 위험도 있었다. 노예 주인들은 노예의 생산성과 생산량을 꼼꼼히 기록해서, 자신의 가족, 회사, 나라를 위해 노예 각자가 생산한 가치를 계산했다. 이제 노예의 인생에서 가장 중요한 것이 바로 그 가치였다.

처벌처럼 느껴지는 가혹한 노동이 끝나면, 노예들은 농장주의 저택이 보이는 곳에 옹기종기 지어진 작은 집으로 물러갔다. 비좁은 집에 각각 두 가족이 살았다. 노예들이 직접 돌, 산호, 사탕수수 찌꺼기, 사탕수수 가공이 끝난 뒤 남는 단단한 재 등을 구해 와서 지은 집이었다. 밤에 부모와 자녀들이 누울 공간도 빠듯한 집이라서 노예들은 열대의 더위 속에 야외에서 요리를 하고 물건을 만들었다. 언제나 노예 주인들이 훤히 볼 수 있는 위치였다.

그러나 이런 농장에 오로지 고통, 고문, 결핍만 있었던 것은 아니다. 이스테이트 리틀 프린세스에서 아프리카인 노예들은 병에 걸리거나 살해당하거나 다른 곳으로 팔려 나갈 위험에 항상 시달리면서도 결혼해서 아이를 낳고, 친구를 사귀고, 가정을 일궜다. 자신이 먹을 식량을 직접 기르고, 물을 긷고, 인근의 진흙으로 새로운 양식의 도자기를 굽고, 가축을 기르고, 물고기를 잡고, 덫을 놓아 야생동물을 잡았다. 그렇게 해서 생긴 잉여 곡식과 공예품을 자신들이 직접 마련한 시장에서 팔아 번 돈으로는 필요한 물건을 구입했다. 이스테이트 리틀 프린세스의 노예 마을에는 수백 명의 아프리카인 노예가 있었다. 이곳에 평생 사는 사람도 있고, 도중에 팔려 오거나 팔려 가는 사람도 있었다. 그래도 그들의 삶은 30미터 떨어진 저택에 편안히 앉아 있는 노예 주인 못지않게 활기차고 복잡했다.

세월이 흐르면서 유리병이 깨지기도 하고, 도자기 접시나 냄비가 부서지기도 하고, 먹고 남은 동물 뼈가 쓰레기로 버려지기도 하고, 옷에서 단추가 떨어지기도 했다. 귀한 물건이든 일상적인 물건이든 이렇게 버려지거나 사라진 것들이 주택의 단단한 땅바닥에 박혔다. 집 밖의 흙 속에 묻히기도 했다. 몇 세대에 걸쳐 사람들은 자신이 소유하고, 만들고, 구입하고, 사용하고, 선택한 물건들, 어쩌면 애정까지 품었던 물건들의 조각을 마을에 남겼다.

세인트크로이섬을 포함한 덴마크의 식민지에서 노예제가 폐지된 때는 1848년이다. 노예들의 반란이 계기가 되었다. 그러나 자유민이 되어도 노예들은 달리 갈 곳이 없어서 이스테이트 리틀 프린세스에 임금 노동자로 남았다. 그리고 이 농장은 1960년대까지 계속 설탕을 생산했다. 세인트크로이섬 자체와 마찬가지로 이 농장의 소유주도 여러 차례 바뀌었다. 1917년에는 이 섬이 미국령 버진아일랜드의 일부로서 미국 영토가 되었다. 1970년대가 시작되고도 한참 뒤에 노예마을의 마지막 주민들이 마침내 이주하면서, 200년 동안 이곳에 사람이 살았던 증거가 고스란히 남게 되었다. 주민들의 것이던 물건이 처음에는 쓰레기가 되었다가, 점차 유물로 변했다.

✝ ✝ ✝

유럽 식민주의라는 아포칼립스로 전 세계 사람들의 삶, 공동체, 정체성, 경제체제, 기대치가 바뀌었다. 식민주의는 수많은 미래를 파괴하고, 또한 새로운 꿈을 탄생시켰다. 땅, 권력, 특히 부에 대한 새로운 꿈, 적어도 예전의 제약은 모두 사라진 새로운 꿈이었다. 목테수마의 놀라운 수집품과 박물관[49]은 유럽으로 옮겨져, 르네상스의 예술적·과학적 포부에 연료가 되었다. 초콜릿은 유럽으로, 담배는 아시아로, 비단은 멕시코로, 말은 대평원으로 전해졌다. 아메리카 대륙의 기적의 작물인 옥수수는 사방으로 퍼져 나갔다. 상속재산도 작위도 기회도 없는 사람들이 배를 타고 바다를 건너가서, 영향력과 연줄과 가능성이 있는 새로운 삶을 꿈꿨다. 실제로 이 꿈을 이룬 사람도 있었다.

무한한 부를 손에 쥘 수 있는 잠재적인 가능성, 기존의 법이 거의 존재하지 않고 사회규범이 흔들리는 환경이 갑자기 눈앞에 나타나자, 유럽의 식민 강대국들은 이런 기회를 이용하기 위해 엄청난 규모의 노동력이 필요하다는 사실을 깨달았다. 그래서 인종을 중심으로 세계화된 노예무역을 확립했다. 부의 흐름이 계속 자신에게 향하게 하기 위해서였다. 노예제도는 전 세계에 오래전부터 존재했다. 보통 전쟁 및 조공과 관련된 문화적 전통의 부산물이었다. 아마존 촌락의 주민부터 로마 황제에 이르기까지, 멕시코 귀족부터 바이킹 침략자에 이르기까지 모든 사람이 노예를 포획하고, 판매하고, 구입하고, 소유했다. 전투에서 사로잡혀 노예가 되거나 자원으로 거래된 사람들은 정체성과 사회적 관계를 모두 빼앗기고 강제로 복종해야 했다. 반면 식민지의 노예제도는 경제적 착취의 산물이었다. 특히 유럽 왕국들이 해외에 새로 건설한 농장이 그 무대였다. 대서양을 오가는 노예무역이라는 아포칼립스는 1400년대 중반에 아프리카인들이 포르투갈 상인에게 팔리면서 시작되었다. 그들은 세네갈 앞바다의 새 포르투갈 식민지인 카보베르데로 옮겨졌다. 식민주의자가 나타나기 전에는 이 섬들에 사람이 살지 않았기 때문에, 포르투갈이 아프리카인 노예들의 강제 노동으로 면과 설탕만을 생산해 엄청난 이윤을 올리는 농장을 이곳에 지을 수 있었다. 다른 유럽 강대국들도 포르투갈이 노예 농장 모델로 성공한 것을 눈여겨보았다. 그들 자신도 대서양 건너편의 열대 섬들을 차츰 차지하고 있었기 때문이다.

크리스토퍼 콜럼버스는 1493년 두 번째 카리브해 항해 때 사탕수수를 카리브해로 가져왔다. 아프리카인 노예들이 곧 이곳으로 끌려와 원주민 포로들과 함께 스페인 엔코미엔다 제도encomienda system의 일부가 되었다. 엔코미엔다는 식민지 이주민에게 땅을 허락해주고, 원주민의 강제 노동을 이용할 권리를 부여한 제도다. 원주민들은 살던 곳에서 강제로 끌려와 가족들과도 헤어진 채, 농장에 살면서 강제노동을 하는 경우가 많았다. 스페인은 레콩키스타Reconquista 기간 중에 이 제도를 만들었다. 수백 년 동안 지속된 레콩키스타는 그리스도교를 믿는 귀족들이 이베리아반도에서 무슬림 통치자(나중에는 유대인도)를 몰아낸 과정을 일컫는 말이다. 이때 엔코미엔다는 무슬림 소유이던 땅과 재산을 그리스도교인들에게 분배하는 방법이었으며, 여기에는 보통 "그 지역의 농노 비슷한 노동력"[50]을 이용할 권리도 포함되어 있었다. 스페인은 엔코미엔다 모델을 식민지로 수출했고, 식민지에서 이 모델은 새로 만들어진 대농장 시스템과 결합되어 아프리카인과 원주민 노예들이 사탕수수 등 환금작물을 재배하는 형태가 되었다. 영향력 있는 스페인인 사제 바르톨로메 데 라스 카자스는 카리브해와 멕시코에서 아메리카 원주민들이 조직적으로 학대당하는 것을 목격하고 노예제도를 비난하는 격렬한 글을 썼다. 그 덕분에 스페인은 1542년에 원주민의 공식적인 노예화를 금지했다. 그러나 이 관습은 스페인 식민지에서 수백 년 동안 지속되었으며, 다른 곳에서는 합법적인 행위로 계속 인정받았다. 아프리카인을 노예로 만드는 것은 어디서나 합법이었다.

영양실조, 과로, 가족과의 이별, 폭력, 질병 등으로 원주민 인구가 점점 줄어들자, 성장 위주의 취약한 엔코미엔다 경제와 대농장 및 식민지 전체를 유지하기 위해 점점 더 많은 수의 아프리카인 노예가 수입되었다. 1500년부터 1875년 사이 약 480만 명의 아프리카인 노예[51]가 카리브해로 끌려왔다. 같은 기간에 미국으로 끌려온 아프리카인 노예는 약 38만 9000명이었다. 이 노예들 중 대다수가 세인트크로이섬의 이스테이트 리틀 프린세스처럼 카리브해에 있는 섬의 사탕수수 농장에서 일했다.

카리브해 섬이 딱히 무법지대는 아니었지만, 식민지 국가 중 어떤 나라의 소유인지가 분명치 않아서 어떤 규정에 따라야 하는지 알 수 없을 때가 많았다. 수천 킬로미터나 떨어진 나라들이 벌인 전쟁, 그들 사이의 동맹 및 조약에 따라 섬들의 주인이 수시로 바뀌었다. 이처럼 정부가 먼 곳에 있어서 제대로 감독할 수 없기 때문에, 예를 들어 바베이도스의 노예 주인들은 노예제가 공식적으로 합법화되기 전에도 아프리카에서 일꾼을 수입할 수 있었다. 일단 유럽의 투자자들에게 돈이 흘러가기 시작하면, 권력자 중 누구도 그 돈이 만들어지는 과정을 자세히 들여다보려 하지 않았다. "금전적인 수확을 위해 사회의 규칙이 보류되었다."[52] 고고학자 더글러스 암스트롱Douglas Armstrong은 이렇게 말했다.

영국인들이 바베이도스에 처음 정착한 때는 1627년이었다. 처음 10여 년 동안 그들은 주로 면화와 담배를 재배하는 소규모 농장을 경영했다. 계약을 맺고 온 유럽인과 소수의 아프리카인 노예가 노동을 담당했다. 그러나 포르투갈이 사탕수수 농장으로 거둔 성공과 스페인의 엔코미엔다에 대해 틀림없이 알고 있었을 이 식민지 정착민들은 그보다 훨씬 더 많은 부를 원했다. 브라질에서 네덜란드 농장들이 사용한 기술, 네덜란드와 영국 투자자들이 내놓은 상당한 자본을 기반으로 바베이도스 정착민들은 설탕에 운을 걸었다. 암스트롱은 유럽의 자본시장 덕분에, 바베이도스를 비롯한 카리브해 지역의 노예 주인들이 "농장의 설비를 완전히 갖추고, 노동력을 사들이고, 1년 안에 설탕을 생산하는 데 필요한 모든 자본을 구할 수 있었다"[53]고 말한다. "생산품을 설탕으로 바꾸면 모든 것이 달라진다."

그들은 노예노동으로 천문학적인 이윤을 올릴 수 있다는 가정하에 자본을 빌렸다. 아프리카인 노예에게는 임금을 지불하지 않았을 뿐만 아니라, 문자 그대로 비인간적인 환경에서 죽을 때까지 강제로 일을 시키는 것도 가능했다. 노예 주인들은 노예에게 주택, 식량, 의류 등 기본적인 필수품을 제공하는 데에도 거의 돈을 쓰지 않았다. 노예들은 주인의 이윤을 위해 노동하면서 동시에 먹을 것을 포함한 필수품을 스스로 알아서 구해야 했다.

바베이도스의 트렌츠 농장Trents Plantation에서 이루어진 암스트롱의 발굴 작업은 농장주가 사탕수수로 작물을 변경한 것이 얼마나 많은 이윤과 변화를 불러왔는지 확인해준다.[54] 암스트롱은 이 농장의 저택 근처에서 트렌츠가 사탕수수를 기르기 이전과 이후의 쓰레기 더미를 발견했다. 사탕수수를 기르기 이전인 1640년대에는 농장주도 가진 것이 별로 없었다. 이 시기에 그들이 쓰레기로 버린 물건은 대부분 그 지역에서 생산된 조잡한 도자기였다. 거기에 깨진 유리병 조각과 돌로 만든 물병 조각, 수입된 도자기 그릇이 간간이 섞여 있었다. 이 시기에 트렌츠에서 작성된 물품 목록에도 비슷한 물건들이 역시 빈약한 양으로 기록되어 있다. 유럽의 권력 중심과 멕시코시티처럼 번성하는 식민지 무역 중심지에서 한참 떨어진 자그마한 섬에서는 노예 주인도 인근에서 생산된 물건을 주로 사용하면서, 처음 이곳으로 이주할 때 가져왔거나 그 뒤에 힘들게 구한 소수의 외국 물건을 조심스레 아껴 쓰고 재활용해야 했다.

약 50년 뒤 사탕수수가 등장하면서 저택의 쓰레기 더미에는 유약을 바른 수입품 도자기가 많아졌다. 인근에서 만들어진 도자기는 이제 아프리카인 노예가 담당하는 요리에만 쓰였다. 노예 주인은 저택을 새로 수리하면서 폐자재와 창문 유리를 산더미처럼 내다버렸다. 암스트롱은 또한 그들이 다양한 모양의 크리스털 포도주잔과 텀블러, 깨지지 않은 유리 포도주병을 많이 내다버린 것도 발견했다. 사탕수수 이전에는 깨진 유리병만 쓰레기로 처리되었다. 버리기 전에도 아마 여러 번 재활용 했을 것이다. 그러나 사탕수수가 등장한 뒤에는 유리병을 마음대로 버릴 수 있게 되었다. 언제든 새 유리병이 외부에서 들어오고, 노예 주인들은 원하는 만큼 유리병을 살 수 있는 돈이 있기 때문이었다.

암스트롱은 영국에서 산업혁명이 시작되기 100년 전에 바베이도스를 비롯한 카리브해 섬에서는 "이미 본격적인 자본주의가 시행되고 있었다"[55]고 말한다. "이윤이 어마어마하고… 확실히 돈에는 중독성이 있었다." 돈이 쏟아져 들어오자 유럽 국가들(과 그들이 낳은 군대식 거대기업들)은 점점 더 많은 돈을 좇아 움직였다. 더 많은 식민지, 더 많은 생산품, 더 많은 이윤, 더 많은 노예를 원했다.

이런 욕망을 하다못해 절반이라도 충족시키기 위해, 카리브해의 농장들은 가장 먼저 산업화한 기업으로 변신했다. 사탕수수는 세계 최초의 단작 작물로, 오늘날 식량 공급의 기반을 이루는 산업형 농업으로의 이행을 맨 앞에서 이끌었다. 고고학자 윌리엄 화이트William White는 농장들이 일찌감치 실험한 규모의 경제, 노동자의 노동시간과 효율을 추적하고 "개인의 삶을 자본 생산에 사용되는 에너지로 바꿔놓는"[56] 방식이 머지않아 영국과 미국에서 경제의 원동력이 된 공장들의 모델이 되었다고 말한다. 증기 기술이 1790년대에 일찌감치 카리브해에 전파되어[57] 설탕 정제와 럼 주조에 사용되었을 가능성이 있다.

유럽인의 눈에 카리브해의 섬들은 거의 모든 작물을 기를 수 있는 비옥한 낙원처럼 보였다. 그러나 식민지 개척자들이 오로지 산업형 농업, 자원 추출, 지속적인 경제성장에만 몰두한 탓에 섬의 생태계와 여기에 의지해 살아가는 모든 사람이 항상 위험에 처해 있었다. 노예도 노예 주인도 마찬가지였다. 아프리카인 노예들은 세계화·산업화된 자본주의라는 기계의 첫 번째 톱니로서 바베이도스와 세인트크로이 등 여러 섬 전체의 숲을 벌채해야 했다. 사탕수수를 줄지어 심을 땅을 마련하기 위해서였다. 그 뒤에도 설탕을 끓이는 보일러를 밤낮으로 돌릴 장작 마련을 위해 더 많은 숲이 파괴되었다. 이처럼 사방에서 벌채가 이루어지면서 침식이 심해지자, 허리케인 때 산사태가 일어났다. 사탕수수는 물을 많이 먹기로 악명이 높은 작물이다. 노예들은 힘들게 개울과 강의 물길을 바꿔 대량의 물을 사탕수수밭으로 끌어왔다. 한편 파괴된 땅을 잘 구슬러서 작은 텃밭을 일궈 자신들이 먹을 식량도 직접 생산해야 했다.

카리브해의 많은 섬에서 발생한 생태계 변화의 규모와 속도가 엄청났기 때문에, 고고학자 저스틴 더너번트Justin Dunnavant는 '테라포밍terraforming'[58]이라는 용어를 사용한다. 테라포밍은 SF 작가들이 외계 행성을 사람이 살 수 있게 만드는 과정을 일컫는 말이다. 그러나 노예제가 불러온 종말론적인 환경 변화는 어떤 생물에게도 도움이 되지 않았다. 노예 주인들은 이윤을 기대할 수 있는 모든 천연자원을 착취하려고 했다. 이윤이 나지 않을 것 같은 자원은 파괴해버렸다. 돈, 기술, 자원 추출만으로도 자신의 사업을 영원히 유지할 수 있을 거라고 자신했기 때문이다.

숲이 벌채된 자리에 사탕수수가 심어진 뒤, 가뭄이 점점 극심해졌다. 지하수도 크게 줄어들었다. 고고학자 마크 하우저Mark Hauser는 카리브해의 또 다른 섬인 도미니카에서 1763년 이 섬의 남서부에 사탕수수가 도입된 뒤로, 초창기 식민지 이주민들이 팠던 우물이 메워지거나 수조로 변환된 것을 발견했다. 지하수면이 너무 낮아져서[59] 우물이 기능할 수 없었음을 시사한다. 노예 주인과 노예 모두 빗물을 받아서 사용하기 시작했다. 수조에 모인 빗물은 여과장치를 거쳐 노예 주인의 저택과 설탕 공장으로 보내졌다. 노예들은 밖에 그릇을 놓아두고 빗물을 받아 사용했으나, 이 물이 박테리아, 모기, 동물의 배설물로 오염될 때가 잦았다. 납, 수은, 비소[60] 등 럼주 공장에서 흘러나온 물속의 오염물질도 빗물 그릇으로 들어왔다. 이곳을 방문한 유럽인 의사들은 배앓이가 유행했다고 기록했다. 노예들과 다른 여러 사람의 증언에는 아프리카인 노예들이 병으로 죽는 것을 두려워한 사실이 기록되어 있다.[61] 섬의 생태계가 파괴되면서 더 심해진 자연재해와 영양실조도 사람들의 목숨을 일찌감치 앗아갈 수 있는 위협이었다.

이처럼 위태로운 환경 속에서 살아남는 것은 노예들 자신의 책임이었다. 심지어 노예 주인과 기타 식민지 개척자들의 목숨까지도 그들이 책임져야 했다. 그래서 아프리카인 노예들은 자신들을 붙들고 있는 노예제도와 식민주의의 기반 시설을 직접 구축하고 유지하는 역할을 할 수밖에 없었다. 고고학자 앨리샤 오드웨일Alicia Odewale은 크리스천스테드에서 덴마크 왕의 소유인 이른바 '왕의 노예들'이 덴마크 군인들과 함께 살던 대규모 도시형 단지를 발굴하는 팀의 일원으로 활동했다. 그녀는 아프리카인 노예들이 사용하던 공간에서 목수, 대장장이, 통 제작자, 석공 등 수많은 전문 직업에 직접적으로 관련된 유물과 금속 도구를 많이 찾아냈다.[62] 반면 덴마크 군인들의 공간에서는 도자기와 담배 파이프 등 "부와 지위, 여가의 상징"이 나왔다. "땅이 없는 군인들은 노예들이 가져다주는 것 외에는 생존의 수단이 없었다." 오드웨일은 이렇게 썼다. 식민지 개척자들은 노예노동에 "기생충처럼" 얹혀살고 있었다.

식민지가 된 카리브해 전역에서 노예 주인과 식민지 개척자는 자신들이 직접 인간 이하의 존재로 만들어 학대하며 착취하던 노예의 손에 자신의 목숨과 재산은 물론 사회의 존재까지 맡긴 채 살아갔다. 그들은 아포칼립스를 통해 신세계를 건설했으나, 아포칼립스 이후의 다른 사회들과 달리 더 이상 사람들에게 유용하지 않은 정치체제를 거부하거나 새로운 기후에 적응하려 하지 않았다. 그들이 만든 사회는 이전의 사회보다 더 안정적이지도, 더 평등하지도, 더 협조적이지도, 더 지속가능하지도 않았다. 노예제가 만들어낸 세상은 아포칼립스를 부추긴 사람들이 계속 이윤을 거두는 한 아포칼립스가 영영 끝날 필요가 없는 사회, 아포칼립스가 끝나면 안 되는 사회였다.

† † †

　세인트크로이의 이스테이트 리틀 프린세스는 현재 비영리 환경보존 구역의 본부로 사용된다. 한때 벌채되었던 땅에 지금은 식물이 무성하다. 노예 주인이 살던 저택 2채가 아직 그대로 보존되어 주로 사무실로 사용될 수 있는 상태를 유지하고 있지만, 그보다 훨씬 작은 감독관 주택의 벽은 곧 무너질 듯하다. 몇 개 되지 않는 계단은 과거 문간이 있던 커다란 구멍으로 이어진다. 내부에는 무너진 지붕의 잔해가 가득하다. 공터 맞은편에서는 숲에서 뻗어 나온 덩굴이 아직도 위풍당당한 설탕 공장의 높은 돌담을 휘감고 있다. 그러나 공장 내부에는 물이 가득하다. 20세기 중 어느 시점에 이곳이 실내 수영장으로 바뀌었기 때문이다. 높은 풍차는 과거 사탕수수를 분쇄할 때 사용하는 동력을 제공해주었으나, 지금은 아랫부분만 남아 있다.

　더너번트, 화이트, 오드웨일 등 내가 2019년에 카리브해에서 만난 고고학자들[63]은 웅장한 식민지 시대 건물에 손을 대지 않았다. 대신 환경 보존 관계자들과 힘을 합쳐, 이제 막 살아나는 열대의 숲 사이로 길을 냈다. 아프리카인 노예가 살던 마을의 잔해로 이어지는 길이었다. 이곳에서 일어난 일은 역사에 거의 남아 있지 않다. 이스테이트 리틀 프린세스 같은 곳의 기록에는 이곳에 살던 노예의 숫자, 그들의 성별과 연령, 출신지 등이 적혀 있다. 심지어 그들의 이름이 적혀 있는 경우도 가끔 있다. 그러나 이런 노예 기록이 아무리 방대해도, 노예의 일상에 대해서는 거의 아무것도 알려주지 않는다. 하물며 노예의 성격, 취향, 감정, 의견, 희망, 두려움에 대해서는 말할 필요도 없다.

19세기에 덴마크 식민정부가 실시한 인구조사에 따르면 이곳 마을에 38채의 주택이 있었으나 많은 주택이 부서져서 고고학자들이 찾아낸 것은 5채의 폐허뿐이었다. 고고학자들은 그중에서 보존 상태가 가장 좋은 1채를 집중적으로 발굴했다. 지붕은 사라진 지 오래였지만, 벽은 아직 높이 남아 있어서 문과 창문의 윤곽을 알아볼 수 있었다. 다른 4채의 마을 주택과 마찬가지로 이 집의 벽도 인근의 많은 암초에서 가져온 산호 덩어리와 돌로 지어져 있었다. 산호는 이 섬에서 최고의 건축자재로 여겨졌으므로, 주인들은 아프리카인 노예를 보내 산호를 가져오게 했다. 노예들은 카누를 타고 암초로 가서, 무거운 나무막대로 아래쪽의 산호 조각을 떼어냈다. "그것을 가지러 물속으로 들어가는 일이 가장 힘들었다."[64] 스쿠버다이버이기도 한 더너번트의 말이다. "바다 밑바닥에서 이런 산호 조각을 가져오려면 때로 9미터 이상 다이빙해야 한다." 잠수를 할 줄 아는 노예들은 난파선(어쩌면 새로운 아프리카인 노예들을 싣고 오던 배일 수도 있었다)에서 물건을 가져오는 일에도 동원되었다. 물속에서 배를 수리하는 일도 노예들의 몫이었다. "그들은 아주 숙련된 기술자가 되었다." 더너번트는 이렇게 말했다.

그는 주택 발굴 현장에서 돌과 산호로 지은 벽의 잔해 옆에 쪼그리고 앉아, 길이가 약 2미터인 얕은 직사각형 구덩이를 흙손으로 살살 긁었다. 집의 바로 바깥에 있는 이 구덩이는 사람들이 비좁은 실내에서 도망쳐 요리를 한 곳인 듯했다. 그러니 깨진 냄비부터 불에 탄 식물과 동물 뼈에 이르기까지 많은 것이 남아 있을 가능성이 있었다. 더너번트는 발굴팀을 위해 구덩이의 윤곽을 세심하게 그렸다. 세인트크로이 출신의 중고등학생 19명이 그날의 발굴팀이었다. 그가 쪼그리고 앉은 벽의 뒤편에서는 역사적으로 흑인들이 다니던 단과대학과 종합대학의 학부생들이 좀 더 작은 구덩이를 발굴하고 있었다. 학생 2명이 얄팍하게 덮인 흙을 긁어내서 양동이에 담으면, 다른 학생들이 그것을 체로 치면서 유물이 걸러지는지 날카로운 눈으로 살펴보았다. 이곳의 대농장은 방사성탄소로 정확한 연대를 측정하기에는 너무 최근의 것이라서, 고고학자들은 도자기와 단추 등 발굴되는 유물의 양식 변화를 기준으로 연대를 파악했다. 아주 작은 유물 하나만 놓쳐도 값을 따질 수 없는 정보가 통째로 사라질 수 있었다.

학생들은 하루는 발굴하고, 또 하루는 유물을 정리하는 식으로 번갈아 작업했다. 유물을 정리할 때에는 오드웨일의 지도에 따랐다. 나는 고고학에 대한 글을 오랫동안 썼지만, 땅에서 유물이 하나씩 발굴될 때마다 그렇게 신이 나서 기뻐하는 사람을 처음 보았다. 많은 고고학자는 내심 자신들이 하는 일 중에서 발굴이 가장 지루하다고 생각한다. 이스테이트 리틀 프린세스처럼 비교적 규모가 작은 발굴 현장에서도 발굴 시즌마다 수천 점의 유물이 나올 수 있다. 현장 작업이 끝나기 전에 그 유물을 일일이 분류하고 세척해서 봉투에 담아야 한다. 매일 땅을 파고 유물을 분류하는 일에는 창의력이 별로 필요하지 않다. 상상력이 필요한 때는 그 이전이다. 고고학자들이 어디를 발굴해야 할지 알아내려고 과거의 풍경을 조사할 때. 발굴한 유물을 연구실로 가져가서 연구할 때에도 상상력이 필요하다. 발굴은 물리적인 물건을 찾아내는 작업이고, 그 물건들의 의미를 찾아내는 일은 훨씬 뒤에야 이루어질 때가 많다.

반면 오드웨일은 유물이 분류용 탁자에 놓이자마자 그 안에 숨어 있을 이야기를 짐작하는 재능을 지니고 있었다. 당시 탁자는 노예 주인의 저택 앞에 설치되어 있었다. 이스테이트 리틀 프린세스의 마을에서 나온 유물은 대부분 수백 년 전 사람들이 먹고 버린 생선 뼈와 돼지 뼈, 옷에서 떨어진 단추, 조잡한 도자기 조각, 매끈한 채색 도자기 조각 등 지극히 하찮은 것이기 때문에 오드웨일처럼 이야기를 짐작하는 재능에는 적잖은 창의력이 필요하다. 학생들이 봉투에 든 유물을 플라스틱 쟁반에 비울 때, 오드웨일은 주의를 주었다. "200년 동안 아무도 손대지 않은 유

물들이야. 그러니까 이제부터 일어나는 일이 아주 중요해."[65] 그
녀는 학생들을 도와 유물을 종류별로 분류했다. 유리, 뼈, 금속,
도자기, 그리고 인근의 조잡한 진흙으로 만들어 잔가지로 덮은
구덩이에서 구운 아프로-크루션 도자기Afro-Crucian ware.

오드웨일은 아프로-크루션 도자기 조각은 세척하지 말라고
학생들에게 지시했다. 사람들이 그 그릇을 사용해 요리하거나
저장해두었던 음식 찌꺼기가 남아 있을지도 모르기 때문이었
다. 그런 찌꺼기를 화학적으로 분석하면 이스테이트 리틀 프린
세스의 아프리카인 노예들이 무엇을 요리해 먹었는지, 세월이
흐르면서 그들의 식단이 어떻게 달라졌는지 알아낼 수 있다. 또
한 그냥 그 지역 도자기와 수입품 도자기의 수를 헤아리는 것만
으로도 농장과 섬 전체의 경제상황을 짐작할 수 있다. 그러나 이
곳에서 발견된 두 종류 유물의 수가 너무 많아서 헤아리기가 힘
들었다. 결국 북아메리카와 카리브해에서 노예제가 시행되었던
모든 곳에서 발굴된 유물의 데이터베이스[66]에 이곳의 유물도 포
함될 것이다. 여러 장소와 시간대별로 아프리카인 노예들의 삶
을 비교해보기 위해서다.

그때 학생은 나중의 분석 작업을 위해 유물의 분류, 세척, 정
리에 집중하고 있었다. 가끔 학생들이 이례적인 유물을 발견하
고 질문을 던지기도 하고, 오드웨일이 세인트크로이에서 한 번
도 본 적이 없는 물건을 먼저 찾아내기도 했다. 내가 현장을 찾
았던 해에는 백랍 숟가락이 그런 물건이었다. "여기 카리브해에

서는 [백랍을] 구하기가 어려워요." 오드웨일이 말했다. 아마 노
예 주인들에게도 아주 값나가는 수입품이었을 것이다. 오드웨
일은 크리스천스테드의 도시 지역에서도 백랍을 발견한 적이
없었다. 그런데 이 숟가락은 시골의 사탕수수 농장에서 살던 노
예의 물건 사이에 섞여 있었다.

　옛날 같으면, 노예 주인이 농장의 마을에서 그 숟가락 등 여러
물건을 구입했을 것이라는 의견을 고고학자와 역사학자가 내놓
았을 것이다. 아프리카인 노예들은 임금을 받지 못했는데, 자기
들의 노동을 기반으로 구축된 자본주의 경제에 어떻게 참여했
을까? 문서고와 현장에서 연구를 지속한 결과, 카리브해와 미국
남동부의 아프리카인 노예들이 정말로 물건을 구입해서 사용했
음이 드러났다. 세인트크로이 등 카리브해의 여러 섬에서 아프
리카인 노예, 유색인종 자유민, 봇짐장수, 빈곤층과 중산층 백
인 등은 자유민과 노예를 막론하고 흑인 여성들이 자주 열던 일
요일 시장에서 물건을 구입했다. 노예들은 텃밭에서 기른 잉여
작물, 직접 만든 도자기 등 공예품을 그 시장에서 팔았다. 어쩌
면 텃밭이 없는 왕의 노예들이 고객이었는지노 모른다. 노에들
은 그렇게 번 돈으로 수입품 도자기나 담배 파이프 같은 물건을
구입했다. 그러다 누군가가 백랍 숟가락도 구입했을 것이다. 그
사람이 누구였는지, 왜 그 숟가락을 사기로 했는지는 영영 알 수
없을 것이다. 그러나 여기 아포칼립스의 잔해와 수많은 창작물
속에서 그 사람은 선택을 했다. 자신의 취향을 드러냈다. 자신의

욕망을 충족시켰다.

이스테이트 리틀 프린세스에서 작업하는 고고학자 중 하나인 아야나 오밀라데 플레웰런Ayana Omilade Flewellen은 아프리카인 노예들이 자신의 정체성을 어떻게 표현했는지 생생하게 보여주는 유물, 즉 의류와 장신구에 집중했다. 땅에 묻힌 천은 열대 환경에서 이미 오래전에 썩어 사라졌지만, 단추, 구슬, 옷을 잠그는 고리, 점점이 구멍을 뚫은 조개껍데기 같은 물건들은 아직도 남아 있을 가능성이 있었다. 연구팀은 이미 소뼈로 만든 단추를 여러 개 발견했다. 그러나 그 단추의 원료가 되었을 큰 뼛조각은 발견한 적이 없었다. 이건 아프리카인 노예가 이 단추를 직접 만든 것이 아니라 일요일 시장에서 구입하거나 다른 물건과 교환했다는 뜻이었다. 단추만 따로 구했을 수도 있고, 단추가 꿰매진 옷을 구입했을 수도 있다. 플레웰런은 이스테이트 리틀 프린세스의 아프리카인 노예들이 신분에 따라 몸에 걸칠 수 있는 천과 장신구, 옷의 모양 등을 정한 덴마크 법에 따라 장신구를 착용했는지 아니면 그 법에 반항했는지도 알아보고 싶었다. 18세기에 덴마크의 노예 관련법은 가장 가혹한 편이었다. "의식주와 관련해서 반드시 보장해주어야 하는 최소한의 수준조차 전혀 언급이 없었"[67]고, "신체 훼손, 낙인찍기, 채찍질, 목매달기, 거세" 등의 처벌이 허용되었다. 그래도 아프리카인 노예들이 자신의 취향을 제한하는 법에 어떤 반응을 보였는지, 어떤 때에 그 법을 따랐는지를 알아내려면 그들이 실제로 무엇을 몸에 걸쳤는지 보여주는 증거를 찾아내야 했다.

한편 오드웨일이 감독하는 유물 분류 작업 중 한 학생이 이례적인 유물 하나를 들어보이며 무엇으로 분류해야 하느냐고 물었다. 완벽한 구형의 작은 공이었는데, 크기는 병아리콩만 했다. 오드웨일은 서둘러 달려가 그것을 자세히 살펴보았다. 손바닥에 올렸을 때 느낌이 묵직했고, 한 꺼풀 덮인 먼지 속의 표면은 어두운 색인 것 같았다. 오드웨일은 놀라서 숨을 삼켰다. "이거 탄환이잖아! 구식 소총 탄환이야!" 이것은 아프리카인 노예들에게 폭력이 행사되었다는 증거일 수도 있고, 그들이 직접 야생동물을 사냥했다는 증거일 수도 있었다. 심지어 그들이 반란이나 탈출을 계획했다는 증거도 될 수 있었다.

오드웨일은 이 둥근 물체를 금속으로 분류하려다가, 먼저 칫솔로 표면을 부드럽게 문질러보았다. 그냥 확실하게 확인하기 위해서. 먼지가 떨어져나가면서 드러난 것은 납탄의 검은색 표면이 아니라, 이 지역의 진흙 색깔인 황갈색 표면이었다. 이건 탄환이 아니었다. 오래전 누군가가 손으로 굴렸을 단단한 진흙 구슬이었다. 어쩌면 아이들이 이 구슬을 가지고 놀았을 수도 있고, 어른들이 도박을 했을 수도 있다. 도박은 덴마크의 가혹한 법에 의해 금지된 행동이었다. "이건 여가가 있었다는 뜻이에요." 오드웨일이 말했다. 휴식도 오락도 공식적으로는 금지된 사람들이 잠시 이 둘을 즐겼다는 얘기였다. 오드웨일이 마을의 풍경을 보고 짐작한 것은 "이 농장에서 강제로 일만 하는 사람들이 아니었다. 그들은 여기서 가족들과 함께 살면서, 서로 관계를 맺고, 어떻게든 삶을 이어나갔다.”

그러나 이 구슬이 모종의 기능을 했을 가능성도 있다. 오드웨일은 아프리카인 노예들이 남는 진흙 구슬을 불투명한 도자기 수조에 집어넣었다는 사실을 구전 역사를 통해 알고 있었다. 구슬이 수조 측면에 부딪혀 소리를 내기 시작하면, 수위가 낮아지고 있다는 신호였다. “혁신이야!” 오드웨일은 학생들에게 이 가능성을 제시하며 이렇게 외쳤다. “분명히 말하는데, 여기에 천재들이 있었어. 우리가 열심히 귀를 기울이면 알아낼 수 있어.”

✝ ✝ ✝

이스테이트 리틀 프린세스 사람들이 놀이, 발명, 시장, 옷차림 등을 통해 보여준 것처럼 노예마을에서 자신의 정체성을 드러내고 공동체를 만드는 것은 사람을 사람이 아니게 만드는 노예제에 맞서는 일종의 반란이었다. 그들은 또한 텃밭 덕분에 자신의 식단을 스스로 정할 수 있었다. 도미니카의 모르네 파타테Morne Patate라는 농장에서 하우저는 지금도 농경지로 쓰이는 땅 아래에 묻힌 텃밭을 발견했다. 발굴팀이 확인한 결과 세상 도처에서 온 씨앗과 식물이 있었다.[68] 아메리카 대륙의 옥수수, 카리브해 지역의 구아바, 유럽의 보리, 아프리카의 특산품인 기장과 수수. 이처럼 다양한 작물을 실험한 덕분에, 아프리카인 노예들의 입맛을 중심으로 한 새로운 카리브해 요리가 만들어졌다.

노예들은 텃밭 덕분에 자신들이 어쩔 수 없이 참여하고 있는 환경파괴에도 저항할 수 있었다. 직접 땅을 갈아 작물을 재배하는 사람들인 만큼, 그들은 노예 주인의 요구가 섬의 생태계에 어떤 영향을 미치는지 아주 잘 알고 있었을 것이다. 그러나 그들이 텃밭에 패션프루트 같은 덩굴 식물을 심으면 그 식물이 흙을 붙잡아주었기 때문에, 광범위한 벌채로 인한 침식을 저지할 수 있었다. 하우저는 아프리카인 노예들이 "자신의 탓이 아닌 문제들을 해결하는 엔지니어"[69]였다고 말한다.

카리브해의 지리와 정치 또한 많은 사람이 노예제에서 벗어날 수 있는 여건을 마련해주었다. 세인트크로이의 아프리카인 노예들은 농장을 빠져나와 이 섬의 거친 지역으로 가서 비밀 공동체를 결성했다. 그러다 원래 고립되어 있던 지역까지 사탕수수 농장의 영역이 점점 넓어지자, 그들은 바다를 건너 푸에르토리코 등 인근 섬으로 이동했다. 해류를 타고 표류하듯 간 사람,[70] 엄청난 거리를 헤엄쳐서 간 사람, 가짜 신분증으로 밀항한 사람, 몰래 카누를 만들어서 자유를 찾아 노를 저은 사람 등이 있었을 것이다. 노예제는 카리브해에서 널리 시행되었고, 푸에르토리코에서는 아직 합법이었다. 그러나 그곳의 스페인 식민정부는 세인트크로이 같은 덴마크 섬에서 도망친 사람들을 환영했다. 자신의 경쟁자인 제국에 손상을 입히기 위해서였다. 어쩌면 덴마크 식민지의 상황에 대한 정보를 수집하려는 목적이 있었는지도 모른다.

　탈출할 수 없는 아프리카인 노예들은 노예 주인의 시선이 미치지 않는 곳을 찾기 위해 엄청난 위험을 무릅썼다. 그들은 그런 곳을 찾아 공동체를 만들고, 노예제라는 아포칼립스 속에서 새로운 살 길을 찾아내고자 했다. 그런 장소는 어떤 지도에도 기록되어 있지 않다. 농장 기록에도 적혀 있지 않다. 그런 장소를 철저히 비밀로 지켰던 사람들의 경험과 생각은 보통 문자로 기록된 역사에서 배제되었다. 이제는 고고학자들만이 그들의 이야기를 찾아낼 수 있을 때가 많다. 그들의 힘, 행동, 저항을 볼 수 있는 사람도 고고학자뿐이다.

　암스트롱은 바베이도스의 트렌츠 농장에서 그런 비밀 장소를 하나 발견했다. 대부분의 농장과 마찬가지로, 트렌츠에도 아프리카인 노예들이 감시의 눈길을 피할 수 있는 곳은 많지 않았다. 노예들은 사탕수수를 심고 수확하는 밭에서 감시당했다. 사탕수수를 뜨겁게 가열해서 설탕과 럼주를 생산하는 공장에서도 감시당했다. 심지어 집에서도 감시당했다. 마을의 주택이 바로 길 건너편의 공장과 노예 주인의 저택에서 훤히 보이는 곳에 있었기 때문이다. 아주 잠깐이나마 감시의 눈길을 피할 수 있는 곳은 딱 하나뿐이었다. 골짜기를 타고 24미터를 내려간 곳에 있는 동굴 속.

　암스트롱은 트렌츠에서 발굴을 시작한 지 몇 년이 흐른 뒤에야 그 동굴을 발견했다. 그의 발굴팀은 아프리카인 노예들이 살던 마을의 위치를 찾아내서 발굴하는 데 그 시즌을 쏟았다. 그러고는 골짜기를 조사해보기로 했다. 마을 근처에서 노예 주인의 눈길을 피할 수 있는 곳이 그 골짜기뿐이었기 때문이다. 고고학자들이 이 사실을 알아차릴 정도였으니, 그곳에 살던 아프리카인 노예들도 틀림없이 알아차렸을 것이다.

암스트롱은 동료 1명과 함께 나무 사이를 미끄러지듯 내려가 골짜기 바닥으로 향했다. 그곳에 천연 피난처가 있었다. 머리 위로 지붕처럼 바위가 튀어나와 있고, 늘어진 덩굴이 시야를 가렸다. 그리고 그 피난처 뒤편 벽, 바닥에서 약 1.8미터 높이에 동굴 입구가 있었다. 두 사람은 손과 발로 석회암을 올라가 동굴 안을 들여다보았다. 동굴의 깊이는 약 6미터였지만, 천장이 너무 낮아서 두 사람이 안으로 들어가려면 몸을 숙여야 했다. 암스트롱은 동굴 바닥과 그 위에 놓인 유물을 건드리지 않으려고 조심하면서, 벽을 따라 기었다. 핸드폰 불빛을 비춰보니, 동물 뼈, 아주 오래전에 불을 피운 자리의 재, 쇳조각 등이 보였다. 동굴 안쪽으로 더 깊숙이 들어갔을 때 쌓여 있는 물건은 언뜻 봐도 틀림없이 쇠로 만든 칼이었다.[71]

두 사람은 이 동굴과 유물을 우선 이대로 두고 나가서, 최대한 빨리 발굴 장비를 갖추고 돌아와야겠다는 결론을 내렸다. 그러나 너무나 뜻밖에 너무나 충격적인 발견을 한 터라, 암스트롱은 동굴에서 나온 뒤 다시 안을 들여다보며 확인해야 했다. 내가 저 안에서 그런 물건을 본 게 사실인가? 여기가 비밀 회합장소였을까? 노예 주인의 저택에서 볼 수 없는 곳에 무기가 숨겨져 있는 게 맞아? 맞았다.

발굴 결과, 칼은 적어도 200년 전의 물건이었다. 어쩌면 최대 350년이나 400년 전까지 거슬러 올라갈 수도 있었다. 누군가가 오래전에 쇠로 만든 경첩 같은 실용적인 물건들을 줄로 갈아 만든 단검이나 정글칼이 많았다. 아마도 설탕 공장에서 가져왔을 숫돌 하나도 칼로 변신한 경첩 옆에서 발견되었다. 이 동굴에 사람이 살았던 흔적은 없었다. 카리브해 사람들과 아프리카인 노예들이 귀한 물을 운반하거나, 식히거나, 저장할 때 주로 사용해서 가정 쓰레기로 자주 발견되는 유리병은 동굴 밖 바위 피난처에서만 발견되었다.

"처음에 나는 그들이 1816년 [바베이도스의] 노예반란을 준비했던 건지 궁금했다."[72] 암스트롱은 이렇게 말했다. 그러나 발굴 결과, 쇠붙이는 반란 이전과 이후에 모두 이 동굴에 남겨졌다. 이처럼 기간이 길고, 정성 들여 놓아둔 흔적이 있는 것으로 보아, 혹시 공물인가 싶기도 했다. 함께 발견된 양 뼈가 이 짐작을 뒷받침했다. 집과는 멀리 떨어진 곳에서 양고기를 요리해 먹었다는 것은, 양이 희생제물이었을 가능성이 있다는 뜻이었다. 암스트롱은 아프리카인 노예들이 자신의 기억과 상황에 맞게 만들어낸 종교를 노예 주인의 눈을 피해 대대로 섬기던 사당이라고 보는 편이 가장 나을 것 같다는 결론을 내렸다.

대서양을 건너는 노예무역이 시작되기 수백 년 전부터 서아프리카 사람들은 쇠를 다룰 줄 알았으므로, 쇠와 관련된 여러 신을 섬겼다. 금속을 무기로 바꿔놓는 대장장이들은 쇠의 신 오군Ogun과의 연결 덕분에 사회적·영적인 힘을 누렸다. 오군은 "무질서 뒤의 복원, 불안정 뒤의 재균형을 실현할 수 있었으며, 열기와 폭력에서 완전히 새로운 것을 생산할 수"[73] 있었다. 고고학자 겸 역사가인 갠디스 구처Candice Goucher는 이렇게 썼다.

트렌츠 농장의 동굴에 있던 철기 무기를 만든 사람들이 무엇을 할 작정이었는지는 아무도 모른다. 어쩌면 반란을 준비했을 수도 있지만, 결국 반란을 아예 시작하지도 못해서 기록에 남지 않았을 가능성이 있다. 아니면, 탈출하려는 사람들이나 무기를 사용하게 될 때를 대비해서 가정용품으로 위장할 수 있는 무기를 원하는 사람들을 위한 공동 보급품 창고였을 수도 있다. 아니면, 희생제물로 바쳐진 양 뼈가 있는 것으로 보아 노예들이 어쩔 수 없이 고향에 두고 온 신들이나 직접 만들어낸 새로운 신들과 유대를 맺는 일종의 예배당으로 동굴을 사용했을 수도 있다. 신세계의 중심부에 있던 이 섬에서는 오군과 그의 신성한 기술이 새로운 의미, 즉 반드시 살아남겠다고 마음을 다신 사람들이 섬기는 아포칼립스의 신이라는 의미를 얻었는지도 모른다.

 우리는 왜 아포칼립스에 갇혀 있는가

- 그 출구를 찾아서

아포칼립스의 날로부터 수십 년 뒤, 과거의 폐허 위에는 새로운 도시가 서 있었다. 새로운 제국의 중심이 된 그곳에서, 새로 지도에 수록된 전 세계 방방곡곡에서 온 사람들이 처음으로 만났다. 그리고 그들 사이를 오가는 전대미문의 재화가 더 많은 재화를 얻으려는 욕망에 불을 붙였다. 새로운 도시의 새로운 기회가 더 많은 사람들을 끌어들였다. 그들은 건축, 종교, 요리, 농업, 정부에 대해 새로운 생각을 갖고 있었다. 그들은 새로운 도시를 고향으로 만들고 싶었다. 실제로도 고향이 되었다. 궁전은 저택이 되고, 신전은 성당이 되고, 운하는 거리가 되었다.

옛 도시의 사람들 눈에는 조상들이 건설한 수도의 그림자가 아직 보였다. 도시 내 공간의 주인은 바뀌었지만 기능은 그대로였다. 과거의 시장, 광장, 학교 위에 새로운 시장, 광장, 학교가 지어졌다. 호수가 도시를 에워싸고 있는 것도 여전했다. 옛 도시 사람들은 옛날부터 살던 집에 그대로 살면서 옛날에 하던 일을 그대로 했다. 그러나 아직 전쟁의 상처가 남은 수상정원, 둑길, 운하를 새로운 짐승들이 짓밟았다. 새로운 종교는 과거의 모든 것을 최대한 지워버리려 했다. 지울 수 없는 것은 흡수해서, 처음부터 자기들 것인 척했다. 새로운 성자들은 옛날 신으로 위장하고 추종자를 모았다. 아니, 어쩌면 진짜 옛날 신들이 슬쩍 성자의 의상을 입은 것인지도 모르겠다.

그래도 우기에 폭우가 내릴 때마다 옛 도시의 유령들이 존재를 드러냈다. 처음에는 구름 한 점 없이 화창하게 여름날 하루가 시작되었다. 산에서 내려오는 깨끗한 공기가 도시를 상쾌하게 만들고, 눈 모자를 쓴 화산의 험한 바위들이 멀리서도 잘 보였다. 그러나 오후가 되면 먹구름이 몰려와 낮을 밤으로 바꿔버릴 때가 많았다. 겨우 몇 분 만에 이렇게 날씨가 변할 때도 있었다. 구름이 비와 우박을 들이붓듯이 쏟아내면, 길을 따라 물이 철벅거렸다. 때로는 집 안까지 물이 들어오기도 했다. 정원과 운하가 최대한 물을 빨아들였지만, 전쟁과 새로운 건물들 때문에 손상된 상태였다. 이 도시의 통치자로 자리 잡은 새로운 사람들은 그 문제를 해결할 방법을 몰랐다. 분노해서 날뛰는 폭풍이 거의 초자연적인 현상 같았다. 그래서 옛 도시 사람들은 옛날에 가장 커다란 신전에서 비의 신을 섬긴 이유를 다시 떠올렸다. 새로운 사람들은 옛 신전을 무너뜨렸다는 이유로 그 악마가 자신들을 벌하는 건가 하는 의문을 품었다.

폭풍은 갑자기 시작되고 갑자기 끝날 때가 많았다. 그 뒤에 남은 우박 더미들은 청명한 저녁 하늘 아래에서 발로 단단하게 다져진 눈과 비슷하게 보였다. 그러나 오후 내내, 저녁 내내, 다음 날까지 계속 비가 내릴 때도 있었다. 그러면 옛 도시 사람들조차 한 번도 완전히 길들이지 못한 호수가 흘러넘쳤다. 이제는 빗물이 갈 곳이 없어져, 범람이 시작되었다.[74] 새로운 사람들의 저택 1층에 물이 들어오고, 옛 도시 사람들이 지금도 살고 있는 흙벽돌 주택들은 거의 무너지다시피 했다. 새로 지은 성당, 궁전, 수도원 기초에도 물이 스며들어, 안에서부터 금이 갔다. 도시와 호숫가를 이어주던 둑길은 물속으로 사라지고, 도시의 시장에는 식량이 들어오지 못했다. 크게 부풀어 오른 동물의 시체가 거리를 떠다녔다. 가끔 사람 시체도 보였다. 이렇게 썩은 물이 한곳에 고여 있다 보니, 질병이 발생했다.

홍수가 유난히 심할 때면, 도시 밖에 땅을 가진 사람들은 그 땅으로 피신해서 물이 줄어들기를 기다렸다. 옛 도시 사람들은 아포칼립스가 오기 훨씬 전부터 존재하던 유대를 되살려, 시골의 가족과 친구를 찾아갔다. 나무와 흙벽돌로 지은 집은 돌로 지은 새 저택보다 더 확연한 피해를 입었지만, 더 빨리 완전하게 재건할 수 있었다. 석조 궁전과 성당이 입은 피해는 영구적이었다. 겉으로는 튼튼해 보이지만, 물이 건물 중심부까지 스며드는 경로가 보이지 않기 때문이었다.

그러나 옛 사람이든 새로운 사람이든, 결국은 모두가 도시로 돌아왔다. 옛 도시 사람들은 조상들과 마찬가지로 자신 또한 이

섬에 속한다고 확신했다. 이곳은 조상들이 신성한 부름을 받아 정착한 곳이었다. 새로운 사람들은 전 세계 방방곡곡에서 와서 이 도시를 통과해 흘러가는 재화와 상업에 끌려 돌아왔다. 그들은 이 새로운 땅이 제공하는 기회에 미래를 걸고 있었다. 이곳은 운명을 몇 번이고 다시 쓸 수 있는 소수의 장소 중 하나였다. 아니면, 모든 사람이 새로운 통치자의 강요로 돌아온 것인지도 모른다. 통치자는 이곳에 대한 장악력을 잃는 것을 무엇보다 두려워했다. 한때 달의 배꼽이라고 불리던 이곳은 이제 신세계를 지탱하는 닻이었다. 만약 이곳이 사라진다면, 새로운 제국 또한 금방 그 뒤를 따를 가능성이 있었다. 아무리 많은 사람이 물에 빠져 죽고, 굶주리고, 고난을 겪는다 해도, 이 도시는 반드시 지켜야 했다.

✝ ✝ ✝

1524년까지 테노치티틀란이 상당히 재건되어 멕시코시티로 변신한 덕분에 스페인 권력자늘이 이곳으로 돌아올 수 있었다. 새로 들어선 식민지 정부는 옛 도시를 파괴하기 위해 지은 새 도시의 기초 속에 원주민들이 과거를 보존해놓은 것을 몰랐을 가능성이 아주 높다. 그러나 멕시코 계곡을 장악한 유럽인들은 천연두 유행과 그 뒤에 벌어진 공성전에서 수많은 원주민이 목숨을 잃었는데도 여전히 자신들이 수적으로 엄청난 열세라는 사실을 분명히 알고 있었다. 메시카족이 스스로 재정비해서 반란을 일으키기 전에 테노치티틀란을 대신할 수도를 지으려면 아주 빨리 움직여야 했다.

라울 바레라 로드리게스와 나는 아포칼립스 이후의 테노치티틀란을 돌아보던 중 칼메칵 유적을 떠나 그 옆의 건물로 향했다. 그곳을 호텔로 개조하는 공사가 한창이었다. 그 아래에 훨씬 더 야심 찬 지하 박물관이 들어설 예정이었지만, 우리가 갔을 때는 아직 공사 현장일 뿐이었다. 지하로 내려가 과거 속으로 들어가자 갖가지 기계 소리가 희미해졌다. 여기서 바레라 로드리게스의 발굴팀은 의식용 건물 2채의 일부를 발견했다. 에헤카틀(바람의 신으로, 그를 섬기는 작은 사당이 지하철 역에 있다) 신전의 원형 벽과 테노치티틀란의 가장 중요한 구기 경기장의 일부였다. 메소아메리카 어디서나 사람들은 유럽인이 나타나기 수천 년 전부터 공놀이를 했다. 선수들이 엉덩이로 단단한 고무공을 쳐서, 좁은 경기장 측면 벽의 높은 석조 고리를 통과시키는 게임이었다. 경기장의 규모는 다양한데, 이곳의 경기장은 길이가 48미터가 넘는, 정말로 거대한 곳이었다. 양편에는 지붕이 있는, 상당한 규모의 관중석이 있었다. 목테수마와 메시카 귀족들이 아마 그곳에서 사람들 틈에 앉아 경기를 관람했을 것이다.

관중석 위로 유럽식 주택의 기초가 불쑥 튀어나와 있다. 예전 건물을 방해하기 위해 지어진 건물이 분명하다. 침략자들이 자신의 뜻대로 도시를 재건할 때, 예식과 대규모 관람을 위해 지어진 과거의 신성한 공공장소는 엘리트들의 사적인 공간이 되었다. 그러나 두 건물의 자재는 똑같다. 인부들이 경기장(또는 전쟁으로 파괴된 경기장의 폐허)에서 돌을 가져다가 주택의 벽을 쌓았기 때문이다. 바레라 로드리게스는 발굴 중에 "스페인이 나타나기 이전과 식민지 시대 초기를 구분하기가 때로 힘듭니다"라고 말했다. "똑같은 돌이 건축자재로 쓰였고, 노동하는 사람도 똑같고, 건물 바닥도 비슷합니다."[75] 경기장 위에 세워진 이 주택은 식민지 시대의 기록에 따르면 한때 후안 엥겔Juan Engel이라는 사람의 소유였던 듯한데, 옛 도시가 새 도시로 변한 과정을 이렇게 뚜렷이 볼 수 있는 곳은 많지 않다.

몇 블록 떨어진 곳에 그런 곳이 하나 더 있다. 조칼로 한편에 서 있는 건물 지하의 그 장소에는 현재 전당포가 있지만, 1519년에는 목테수마가 외국인 손님들을 데려다둔 궁전 단지가 있었다. 현대 건물 지하에서 발굴 작업을 하던 바레라 로드리게스는 메시카 시대 현무암 바닥의 유적을 발견했다. 코르테스와 그의 부하들이 테노치티틀란에서 8개월 동안 그 바닥을 걸어 다녔을 것이다. 바레라 로드리게스는 또한 정복자들이 도시를 점령한 뒤 그 자리에 지은 새 궁전[76]의 유적도 발견했다. 파괴된 메시카 궁전의 석재가 그 폐허 위에 유럽식 궁전을 짓는 데 사용되었다. 그리고 역시 같은 사람이 그곳에 살았다.

바레라 로드리게스는 생생한 벽화 조각들을 발견했다. 식민지 시대 건물의 바닥 아래에 산산이 부서져 쓰러져 있는 메시카 궁전의 벽을 장식한 그림이었다. 식민지 시대 건물의 벽에서는 깃털 달린 뱀 신을 새긴 부조, 화려한 머리장식 등 옛 예술작품 몇 점이 발견되었다. 목테수마와 그 이전의 왕들과 마찬가지로 코르테스도 그 물건들을 장식품으로 사용했다. 벽화가 원래 어디에 있었는지도 코르테스는 아마 기억했을 것이다. 그 그림의 깨진 조각들이 이제 자신의 방 벽을 장식한 것을 보며, 정복자로서 치솟는 승리감을 느꼈는지도 모른다. 아니면 자신이 처음 보았을 때의 그 환상적인 도시와 그곳에서 보낸 몇 달이 그리워졌을 수도 있다. 테노치티틀란을 지워버리라고 명령한 코르테스조차 과거 그 도시의 일부를 기념할 수밖에 없었을 것이다. 그 예술품들은 또한 그가 해낸 일의 기념물이었을 수도 있다.

후고전기의 아케와 마찬가지로, 식민지 시대의 멕시코시티는 아포칼립스의 폐허에 세워졌다. 그러나 고전기 마야 세계나 이집트 고왕국과 달리 테노치티틀란과 아즈텍 제국은 전통적인 방식으로 무너지지 않았다. 도시가 줄어들지도 않고, 국가가 해체되지도 않고, 제국이 조각나지도 않았다. 불평등은 여전했으며, 사회적 위계구조 역시 뒤집어지지 않았다. 스페인의 정복 이후 한 제국의 땅과 사람들이 다른 제국의 손으로 넘어갔을 뿐이다. 수도는 같은 자리에 그대로 남았다. 무역로는 오히려 더 확대되어 양쪽 바다 너머의 땅과 연결되었다. 스페인 남자들이 원주민 귀족 여성들과 결혼하면서 과거의 사회적·정치적 위계구조를 빌려온 새로운 위계구조가 만들어졌다.

400년 전 고전기 마야 세계가 무너질 때에는, 붕괴 자체가 회복의 조건을 만들어주었다. 아케 사람들은 폐허 속에서 서로를 발견했다. 재난 공동체가 변신하여 만들어진 공동체는 과거의 고향을 되살리려 하지 않고 지금 필요한 모습으로 재건하기 위해 상상력을 발휘했으며, 사람들이 공동으로 노동에 참여했다. 비록 아포칼립스 이후의 아케는 두려움, 불안감, 고난에서 탄생했을 가능성이 아주 높지만, 가능성이 많고 풍요로운 곳으로 꽃을 피웠다. 후고전기 마야의 수많은 도시와 마을도 마찬가지였다. 제1중간기의 이집트와 마찬가지로, 붕괴가 재창조 및 재생의 기회와 새로운 종류의 자유로 이어진 것이다.

그러나 멕시코시티를 만들어낸 식민주의라는 아포칼립스는 그런 종류의 회복을 미리 배제해버렸다. 정복자들과 그 뒤를 이어 등장한 식민지 개척자들은 자신이 저지른 일이 낳을 결과에 워낙 겁을 먹은 나머지, 파괴와 재건을 잠시도 멈추지 못했다. 옛 도시를 수리하는 일이 어떻게 보일지 생각해보는 건 말할 필요도 없었다. 원주민들은 자신의 도시를 지우는 작업에 강제로 참여할 수밖에 없었으며, 새 도시의 설계에노 발언권이 거의 없었다. 원주민 공동체들은 폐허 속에서 한데 모여 새로운 도시를 상상하지 못하고, 노예 생활, 겁탈, 강제이주, 질병 등으로 계속 산산이 부서졌다. 스페인이 남북아메리카 전체와 태평양 건너 필리핀까지 세력을 확장하면서, 멕시코시티는 북아메리카에서 스페인 제국의 정치·경제·행정 중심지가 되었다. 모든 것을 이어주는 중심점이 된 것이다. 도시의 상처는 포장재 아래에 묻어버리고, 그 위에 신세계를 건설했다. 상처는 영영 치유되지 못했다.

† † †

몇 년, 몇십 년이 흐르면서 스페인 제국에서 멕시코시티의 중요성이 점점 커졌다. 이 도시의 존재를 지속적으로 위협하는 요인이 바로 물이라는 사실도 분명해졌다. 물은 섬에 세워진 이 도시 어디에나 있었으나, 통제가 불가능했다. 메시카족도 물 때문에 애를 먹었다. 주위의 호수와 완전한 조화를 이뤘다고 할 수 없었다. 테노치티틀란은 메시카의 수도로 존재한 200년 가까운 기간 동안 여러 차례 파괴적인 홍수를 겪었다. 바레라 로드리게스 같은 고고학자들은 그런 홍수 중 일부가 남기고 간 진흙층을 연대 추정 기준으로 사용한다. 식민지 시대 이전 원주민 역사에 기록된 홍수 연대와 비교해볼 수 있기 때문이다. 메시카족은 재난의 위험을 줄이기 위해, 운하, 인공섬, 도수관, 제방, 둑길, 댐을 건설하는 공격적인 방법을 사용했다. 그들은 때로 강력하고 위험해지는 물살을 제어해서, 치남파 같은 곳으로 유도하려고 했다.

그러나 스페인 군대가 1521년의 공성전 중에 테노치티틀란의 수자원 기반 시설을 파괴하려고 시도한 뒤 완전한 수리가 이루어지지 못했다. 손상된 운하 여러 곳이 흙으로 메워져 거리가 되고, 길가에는 석조 저택과 수도원이 들어섰다. 식민지 시대 도시의 목재 수요가 하늘 높은 줄 모르고 치솟으면서 주위의 산들이 벌채되는 바람에, 엄청난 양의 토사가 계곡으로 흘러내려 그나마 남아 있던 메시카족의 물관리 시설이 막혀버렸다. 유럽의 쟁기가 퇴적물을 느슨하게 갈고, 소와 양이 치남파의 부드러운 흙을 짓밟았다. "이런 요인들을 모두 합하면, 콜럼버스 이전 공학기술의 한계를 시험하는 일이 벌어지기 시작한다."[77] 멕시코시티에서 메시카 시대와 식민지 시대의 물관리 전략을 연구하는 고고학 역사가 존 로페스John López의 말이다. 호수 때문에 존재했던 도시가 이제는 바로 그 호수 때문에 끊임없이 위협받는 도시가 되었다.

멕시코시티를 강타하는 대규모 홍수 횟수가 아즈텍 시절보다 2배 이상 늘었다. 이 도시의 손상된 수자원 기반 시설이 감당하기에는 우기에 내리는 비가 너무 많았다. 저택에 물이 넘치고, 식민지 이주민들은 "자기 집 위층에 발이 묶였다. 그것도 아직 집이 남아 있을 때의 얘기지만."[78] 역사학자 루이자 호버먼Louisa Hoberman은 이렇게 썼다. 흙벽돌과 나무로 지은, 원주민 하층계급의 1층짜리 주택은 물에 쓸려가 버렸다. 둑길에도 물이 넘쳐, 식량이나 생필품을 시내로 전달할 길이 없었다. 범람한 물이 며칠, 몇 주, 몇 달 동안 한곳에 고여 점점 오염되면 질병 위험이 폭발적으로 증가했다. 부유한 지주에서부터 억지로 노동하는 원주민에 이르기까지 도시의 모든 계층이 영향을 받았기 때문에, 스페인 제국 전체의 경제와 정당성에도 재앙이었다. "멕시코시티에 홍수가 나면, 식민지 프로젝트 전체가 중단되었다." 로페스는 이렇게 말한다. 한 번은 이런 홍수의 후유증으로 도시의 세수가 절반으로 곤두박질쳤다. 유럽인들이 지대가 높은 도시로 도망친 탓이었다. 전쟁 이후 식민 정부가 처음 기지로 삼았던 코요칸, 원주민 마을을 덮고 그 위에 지어진 곳이 아닌 소수의 스페인 정착지인 푸에블라 등이 그들이 도망친 곳이었다.

그러나 식민 정부는 멕시코시티(와 그 아래의 테노치티틀란)에 대한 통제력을 기필코 유지할 작정이었기 때문에, 홍수 문제를 단번에 해결할 방법을 점점 필사적으로 찾아 헤맸다. 그들은 메시카족처럼 물의 흐름을 통제하기보다는, 아예 물을 완전히 제거하기로 했다. 그래서 1600년대 초부터 유럽 최고의 기술자들을 고용해서 자연스러운 배출구가 없는 멕시코시티 분지의 물을 빼냈다. 기술자들은 12.8킬로미터 길이의 배수 운하와 터널(데사구에desagüe라고 불렸다)을 설계해서 물을 멕시코시티 주위의 산 위로 끌어올려 강으로 흘려보내려고 했다. 그러면 강물이 거의 320킬로미터나 떨어진 멕시코만까지 물을 싣고 갈 것이다. 이 프로젝트에는 메트로폴리탄 성당 건설 비용의 2배 가까운 돈이 들었다. 강제로 끌려나와 힘든 노동에 투입된 원주민 인부는 최소한 4700명[79]이었다. 계곡에 사는 원주민 성인 남성 인구의 15퍼센트에 해당하는 숫자다. (이 프로젝트 책임자 중 누구도, 이 인부들이 이곳의 환경에 적용할 수 있는 물관리 지식을 풍부하게 갖고 있을

지 모른다는 생각을 전혀 하지 않은 것 같다.) 200년 뒤 이곳을 방문한 박물학자 알렉산더 폰 훔볼트Alexander von Humboldt[80]는 데사구에를 보고 공학 기술의 경이이자 공익사업의 개가라는 찬사를 보냈다. 오늘날의 후버댐Hoover Dam과 비슷한 평가였다.

그러나 이 방법은 전혀 효과가 없었다. 멕시코시티는 식민지 시대 내내 재앙에 버금가는 홍수에 계속 시달렸다. 그 뒤로 300년 동안 데사구에를 정기적으로 수리하고, 재건하고, 확장했어도 소용없었다. 건설이 처음 시작된 뒤로 거의 300년이 흐른 1900년에야 시설이 완공되었다는 발표가 나왔다.[81] 48킬로미터 길이의 대배수 운하가 가동되기 시작한 시점이었다. 이 운하는 멕시코시티를 '현대화'(흔히 '유럽화'를 완곡하게 표현하는 말)하기 위한 독재자 포르피리오 디아스Porfirio Díaz의 노력에서 핵심을 차지하고 있었다.

멕시코시티가 필요 없는 물을 제거하려고 필사적으로 애쓰는 한편에서는, 필요한 물이 고갈되는 역설적인 상황이 벌어졌다. 호수가 줄어들면서 계곡에 마른 땅이 점점 늘어나자 수많은 사람이 그 땅을 차지하려고 수도로 이주했다. 이렇게 폭승하는 인구의 수요에 맞춰, 도시 지하의 대수층에서 퍼 올리는 물의 양도 점점 늘었다. 이와 동시에 구멍이 많아서 빗물이 대수층으로 스며들 수 있게 해주는 화산암과 흙[82]은 개발을 위해 포장재로 덮였다. 호수 바닥의 흙은 바짝 말라서 점점 무너지기 시작했다. 따라서 멕시코시티의 건물, 거리, 기반 시설도 점점 가라앉았다.

대배수 운하도 함께 가라앉았다. 원래 중력의 힘으로 물을 언덕 아래 터널로 흘려보내기 위해 건설된 이 운하가 이제는 터널의 입구보다 아래에 있었다. 펌프도 가동해 보았으나, 운하의 기능이 워낙 떨어져서 다른 거대한 배수터널을 여러 개 추가로 건설했다. 가장 최근의 터널은 데사구에 공사가 처음 시작된 지 411년 뒤인 2019년에 완공되었다.[83] 그럼에도 정기적으로 홍수가 발생하지 않는 도시를 만들겠다는 꿈에는 조금도 다가가지 못했다. 2021년에는 버려져서 사용할 수 없게 된 대배수 운하 일부가 공원으로 바뀌었다. 물은 어디에도 보이지 않았다.

오늘날 멕시코시티에는 물이 너무 많은 동시에 부족하다. 매년 여름 우기에는 재앙 같은 홍수가 도시를 덮쳐, 거리가 강으로 변하고, 주택이 파손되고, 자동차가 쓸려가고, 사람들이 목숨을 잃는다. 가장 가난한 동네가 이런 피해를 입을 때가 많다. 그러나 이와 동시에 가장 부유한 동네를 제외한 모든 곳이 물 부족과 단수로 끊임없이 고통 받고 있다. 내가 사는 아파트는 대체로 파이프를 타고 온 물을 지하 수조에 저장해서 간신히 버티고 있다. 인근에서 물이 새거나 수압이 내려가 지하 수조에 물이 차지 않을 때는 수돗물을 하루에 서너 시간만 공급하는 식으로 제한을 둔다. 한편 도시 동쪽 변두리, 즉 이 도시의 물 사용량 중 최소한 4분의 1을 공급하는 저수지에서 가장 멀리 있는 가난한 동네에서는 수도에서 물이 나올 거라고 기대하기가 어렵다. 그래서 주민들은 엄청난 비용과 시간을 들여, 트럭들이 싣고 오는 물(오염되어 있을 때가 많다)을 공급받는다. 부패와 분쟁의 조건이 잘 갖춰져 있는 셈이다.

멕시코시티의 물관리 상황은 17세기 초에 배수가 시작된 이래로 믿을 수 없을 만큼 대단한 공학적 경이[84]인 동시에 지속 불가능한 환경 재앙이었다. 현재 가까이 다가와 있는 아포칼립스는 상황의 어려움을 증폭시키기만 할 것이다. 기후변화는 이미 "더 심한 홍수를 의미하는 더 심한 폭우뿐만 아니라, 더 길고 잦은 가뭄"[85]으로 이어지고 있다. 멕시코시티의 물관리 시스템을 책임지던 라몬 아기레 디아스Ramón Aguirre Díaz가 2017년에 한 말이다. 도시가 계속 내려앉고 있기 때문에, 배수가 점점 어려워지고 효율도 떨어질 것이다.

기존의 하수도, 펌프, 터널은 거의 매년 수도권 일대 어딘가에서 제대로 기능을 발휘하지 못한다. 그럼에도 응급대응팀은 출동이 늦을 때가 많다. 자연재해가 언제 발생할지 전적으로 예측할 수 있는데도 그렇다. 2024년 여름에 노동계급이 사는 교외 마을 찰코가 한 달 넘게 물에 잠겨 있었다. 폐수로 오염된 물이 어떤 지역에서는 1.5미터 높이까지 차서 주민들은 개인 소유의 양수기를 밤낮으로 돌려야만 집에 계속 머무를 수 있었다. 물, 쓰레기, 퇴적물을 치우는 일은 "시와 주 당국의 대응팀 능력을 넘어섰다"[86]는 것이 멕시코 국립 물위원회의 말이다. 주민들이 참석한 회의에서는[87] 새로운 배수 파이프를 설치하겠다는 약속이 나왔지만, 주민들의 집은 여전히 폐수 때문에 질척거렸다.

다른 무엇보다도 배수 시설 설치를 우선한 정책은 단순히 400년 전 식민지 정부가 내린 잘못된 결정이 아니었다. 멕시코시티가 이 결정을 지금도 매일 지키고 있기 때문이다. 그로 인해 점점 더 극단적인 일들이 벌어지고 있다. 그러나 멕시코시티 시민 대다수가 배수 시설 덕분에 만들어진 마른 땅에 살고 있다. 그동안 인구도 크게 늘어서, 멕시코시티는 세계 최대의 대도시 중 하나가 되었다. 이곳은 지금도 이 나라의 정치·경제·문화의 중심지다. 수백 년 동안 환경을 파괴했어도, 아니 좀 더 정확히 말하자면 바로 그런 환경 파괴 때문에, 호수 바닥이 나를 포함한 수많은 사람에게 삶의 토대가 되었다.

위태로운 토대이기는 하다. 심지어 때로는 치명적으로 변하기도 한다.

✝ ✝ ✝

2017년 9월 19일 오후 1시 14분, 나는 멕시코시티의 내 아파트에서 일하다가 진동을 느꼈다. 그러고 나서 몇 초도 되지 않아 이것이 지진이라는 확신이 들었다. 멕시코시티에서 지진이 발생했을 때 배가 흔들리는 것 같은 진동에는 익숙했지만, 그날의 진동은 더 격렬하고 빠른 스타카토였다. 가구들이 들썩거리고, 나는 책상 아래로 몸을 던져 진동하는 책상다리 하나에 매달렸다. 이렇게 소음이 심한 지진을 겪은 적이 있는지 기억나지 않았다. 7살 때 로스앤젤레스에서 강도 6.7의 지진을 겪으며 내 방 책꽂이의 책들이 내 옆으로 떨어진 적이 있는데, 적어도 그때 이후로는 이런 지진을 겪은 적이 없었다. 이번 지진이 더 격렬한 것 같았다. 아마도 오래전부터 멕시코시티에 살고 있는 성인으로서 내가 최악의 상황을 즉시 떠올릴 수 있기 때문이었을 것이다. 이런 지진이 언젠가 일어날 줄은 항상 알고 있었다. 그래서 이런 지진이 일어나기를 기다리며 두려워했다. 건물이 무너지고 사람들이 죽을 것이다. 어쩌면 내가 죽을 수도 있었다.

한없이 길게만 느껴지는 1분이 지나고 마침내 진동이 멈췄을 때 나는 남편과 함께 밖으로 나갔다. 강도 7.1의 지진이었음을 그제야 알았다. 휴대전화 연결도 원활하지 않고, 전기와 가스도 끊겼다. 이 도시 사람들이 모두 밖으로 나와 멍한 얼굴로 방황하고 있는 것 같았다. 집 안으로 다시 들어가도 안전한지 알 수 없기 때문이었다. 그 당시 멕시코시티가 아닌 다른 곳의 친구들과 가족들이 이미 건물이 손상되고 무너진 영상을 텔레비전으로 보고 있었다는 사실은 나중에야 알았다. 우리는 몇 시간이 지난 뒤에야 제대로 작동하는 텔레비전이나 뉴스 사이트를 언뜻 볼 수 있었다. 당시 우리는 바로 우리 앞의 거리의 상황밖에 알지 못했다. 건물 붕괴나 구조 활동 등에 대한 정보는 드문드문 들려올 뿐이었다. 사람들은 라디오 방송에서 자신의 위치를 불러주며, 가족들에게 그 위치를 알려달라고 부탁했다. 거리를 돌아다니다 보니, 텅 빈 창틀 아래에 깨진 유리가 쌓여 있고, 건물 전면

이 길바닥으로 무너져 내린 모습이 눈에 띄었다. 손상된 건물 안으로 들어가 서둘러 짐을 챙겨 나오는 사람들은 용감하거나 아니면 어리석게 보였다. 나는 가장 심하게 금이 간 건물들을 기억해두려고 했다. 언젠가 그 금이 회칠로 가려졌을 때, 그 건물에 들어가는 실수를 저지르지 않기 위해서였다.

그날 멕시코시티에서 초등학교 1곳을 포함한 수십 채의 건물이 무너졌다는 사실을 우리는 나중에 알았다. 손상된 건물 역시 수십 곳이나 되었다. 시내에서 거의 300명이 사망했고, 인근 주에서도 100여 명의 사망자가 발생했다. 작은 마을 중에는 완전히 평평하게 초토화된 곳이 많았다. 우리 친구와 가족을 포함한 수천 명이 이재민이 되었다. 외상후스트레스장애에 시달리는 사람도 흔했다. 몇 달 동안 모든 사람이 잠도 제대로 자지 못하고, 숨도 잘 쉬지 못하는 것 같았다. 나 역시 조금만 진동이 느껴져도 냅다 문으로 뛰다가, 그 진동이 사실은 내 심장박동이었음을 깨닫곤 했다. 모두 오로지 지진만 생각하고, 지진만 이야기했다. 그때 각자가 어디 있었는지, 느낌이 어땠는지, 집을 잃은 사람이 누군지. 그러나 자신은 그래도 운이 좋았음을 모두가 알았다. 결국 이 지진은 멕시코시티가 겪은 사소한 아포칼립스 중 하나일 뿐이었다.

놀라운 사실은, 지진이 발생한 2017년 9월 19일이 멕시코시티에 가장 치명적인 지진이 발생한 날로부터 정확히 37년 뒤였다는 것이다. 1985년 9월 19일에 멕시코시티는 강도 8.1의 지진

을 경험했다. 진앙은 멕시코시티에서 320킬로미터 떨어진 태평
양 연안 미초아칸Michoacán주 앞바다였는데, 그때도 진동이 지속
된 1분이 어마어마하게 길게 느껴졌다. 그때 무너진 수백 채의
건물 중에는 병원과 학교, 고층 아파트, 공장, 호텔 등이 있었다.
틀라텔롤코에서는 복지주택 단지의 13층 아파트 건물이 무너졌
다. 레베카 솔닛은 "자신의 파편 속에 좌초한 배 같았다"[88]고 썼
다. 사망자 수는 지금도 정확히 밝혀지지 않았지만, 적어도 1만
명이 사망했을 것이라는 주장이 널리 받아들여지고 있다.

언뜻 보면, 멕시코시티가 지진 때문에 이런 고난을 겪는 것이
이상하게 보인다. 주요 단층이 이 도시와 가깝지 않기 때문이다.
멕시코의 지진은 1985년의 경우처럼 대부분 태평양 연안에서
발생한다. 2017년 9월 19일의 지진 진앙은 비록 해안 쪽이 아니
었지만, 그래도 120킬로미터나 떨어져 있어서 가까운 편이 아니
었다. 그런데도 시내 일부 지역에서는 마치 진앙이 바로 옆에 있
는 것처럼 강렬한 진동이 느껴졌다. 1985년에는 도시 내부의 진
동이 외부의 진동보다 5배나 강했다. 해안과 도시 사이 수백 킬
로미터에 이르는 암반 지대가 충격파를 흡수해, 6~16층 건물에
특히 위험한 진동으로 바꿔놓았다. 그러나 지진파가 도시에 도
달한 뒤 일어난 변화가 지진을 더욱 치명적으로 만들었다. 테노
치티틀란과 호수가 있던 곳, 즉 현재 멕시코시티의 중심부 지하
에는 물이 빠져나간 호수 바닥의 모래와 진흙이 갇혀 있는데, 여
기서 지진파가 물수제비처럼 분지 안을 돌아다니며[89] 계속 증폭

되었다. 지질학자들은 지진이 발생했을 때의 멕시코시티를 흔들리는 그릇 속의 젤리로 비유할 때가 많다.[90] 도시의 건물들은 젤리 위에서 휘청거린다.

아포칼립스 이후의 세계에서 자연재해의 영향이 정말로 자연스러운 경우는 전혀 없다. 만약 멕시코시티가 배수사업으로 만들어진 불안정한 땅에 세워지지 않았다면, 대부분의 지진이 여기까지 도달하기 훨씬 전에 소멸할 것이다. 아니면 적어도 힘이 훨씬 약해진 상태로 도시에 도달할 것이다. 만약 호수의 물을 퍼낸 뒤 이곳의 대수층이 위험할 정도로 고갈되지 않았다면, 우리 발밑의 땅이 흔들리며 가라앉는 일은 없었을 것이다. 만약 호수가 지금도 존재한다면, 원래 이곳에 있어야 할 물이 우기 중에 폭우가 내릴 때마다 이곳으로 돌아오려고 격렬하게 날뛸 필요가 없었을 것이다.

식민지가 된 다른 땅에도 그들 나름의 배수사업이 존재했다. 식민지 정부가 환경에 저지른 이 실수가 워낙 커서 그 그림자가 지금도 다른 가능성을 막고 있다. 앞으로 발생할 재해와 아포칼립스도 최악의 형태로 바뀔 것이다. 오스트레일리아 원주민 공동체는 먼 옛날 대범람으로 해수면이 상승하기 훨씬 전부터 정기적으로 통제된 화재를 일으켜 생태계를 관리했다.[91] 수년 동안 사람들이 지른 불은 화재를 통제하기 쉬운 땅을 만들어주었고, 사람들은 이 땅과 생태계가 화재 이후 회복하고, 적응하고, 번성하는 법을 가장 잘 알고 있다고 믿었다. 그러나 영국 식민지 정부가 오스트레일리아를 손에 넣은 뒤, 이런 화재를 금지했다. 사람들이 한곳에 머물러 살면서 농사를 짓는 삶과 유럽인들이 생각하는 사유재산권을 그 화재가 모두 위협하기 때문이었다.

물론 식민지 정부가 화재만 금지한 것은 아니다. 원주민들을 죽여 이 땅과 역사를 그들과 단절시켰다. 또한 '학교교육'을 위해 원주민 아이들을 훔쳐와 입양시키고(오스트레일리아에서 1970년대까지 지속된 정책이며, 캐나다와 미국에서도 비슷한 정책이 시행된 바 있다), 원주민을 보호구역에 가두는 등 많은 만행을 저질렀다. 응가린제리족의 장로 마크 쿨마트리Mark Koolmatrie는 원주민들의 "영혼을 파괴하는 일이었다"[92]고 말한다. 식민지 정부의 정책은 또한 환경을 파괴해서 오스트레일리아를 사람이 살기에 위험한 곳으로 만드는 역할을 하기도 했다. 통제된 화재가 금지되면서 땅이 부싯깃통처럼 변해, 작은 불꽃만 튀어도 즉시 불이 붙어 걷잡을 수 없는 화재로 번질 수 있었다. 2020년 1월, 응구룬데리가 도망치는 아내들을 벌하려고 물을 불러오는 바람에 생겨난 캥거루섬,[93] 내세와 통하는 길목인 그 섬의 절반이 엄청난 화재로 타버렸다. 오스트레일리아의 다른 지역들도 마찬가지였다. 이제는 걷잡을 수 없는 산불이 매년 발생한다. "화재 예방법에 대해 장로들과 이야기했어야 한다." 쿨마트리는 이렇게 말한다. "하지만 우리의 지식은 무시당했다."

캐나다에서 아마존에 이르기까지 아메리카 대륙 각지에서도 비슷한 일이 벌어졌다. 캘리포니아와 미국 서부에서 원주민들의 화재 통제법은 경멸의 대상이 되어,[94] 아예 모든 들불을 금지하는 법이 제정되었다. 그러다 결국 전례 없는 재난이 발생하고 말았다. 19세기 미국과 캐나다의 대평원에서는 이주민들이 수천만 마리의 들소를 총으로 쏘아 죽였다. 그들에 의존해 살아가는 원주민 부족들의 건강, 번영, 정치적 힘을 크게 억누르기 위해서였다. 들소를 키우고[95] 또한 그들의 혜택을 누리도록 진화한 생태계가 들소가 사라진 뒤 1세기 반 동안 시들어가면서, 생물 다양성이 줄어들고 가뭄에 취약해졌다. 카리브해에서는 노예제로 인해 위태로워진 환경이 '테라포밍'된 섬에 아직도 남아 있다. 카리브해의 '자연 섬'이라며 관광객들을 끌어들이는 도미니카에서는 남서부의 설탕 산업 때문에 고갈된 대수층이 "결코 되살아나지 않았다"[96]는 것이 마크 하우저의 말이다. 노예제가 폐지된 뒤, 해방된 노동자들 대부분은 땅을 살 돈이 없어서 해안의 위험한 골짜기에서 살 수밖에 없었다. 그들의 후손이 지금도 살고 있는 그곳은, 폭우 때 산사태와 빗물이 흘러가는 길목이다.[97] 2017년에 허리케인 어마Irma와 마리아Maria가 그 땅을 할퀴고 갔을 때도 마찬가지였다.

우리는 들불, 초강력 태풍, 땅의 쇠퇴를 새로이 등장하는 아포칼립스인 기후변화의 일부처럼 이야기한다. 과거가 아니라 미래의 일이라는 뜻이다. 그러나 편안함과 도전, 기적과 비극이 공존하는 현대 세계는 이미 아포칼립스 이후의 세상이다. 멕시코시티 지하 깊은 곳에 아직도 치유되지 못한 채 남아 있는 상처와 똑같은 상처들이 이 세상을 만들었다. 지금의 아포칼립스를 한 꺼풀 벗겨보면, 바로 아래에 또 다른 아포칼립스가 있을 것이다. 그렇게 계속 더듬어 가다 보면, 내 고향에서는 호수 배수사업, 배수사업이 유일한 해결책이라는 생각을 심어준 홍수, 테노치티틀란에 회복할 수 없는 상처를 입힌 전쟁, 전쟁의 방아쇠를 당긴 외국인 침략자가 나온다. 여러분의 고향에서는 다른 것이 나오겠지만, 어쨌든 그 과거의 사건들은 그 자리에 있다. 그들의 정체를 알아보는 일은 우리 몫이다.

과거의 아포칼립스 사건들이 몇 번이나 기록되었다가 지워진 양피지 같은 상태가 바로 현대라고 인식한다면, 과거의 실수와 만행이 현재까지 영향을 미치고 있음을 인정한다는 의미다. 과거의 이런 영향은 언제나 우연일 뿐 한 번도 계획된 적이 없으나, 우리는 그 영향에서 결코 도망칠 수 없다. 우리의 기대와 상상 속에 그것이 워낙 깊이 배어 있어서 이제는 불가피할 뿐만 아니라 자연스럽게까지 보일 정도다. 그러나 과거에도 지금도 그것은 불가피하지 않다. 우리가 이미 아포칼립스 이후의 세상에 살고 있음을 이해한다면, 우리 세계가 하나의 선택지였음을, 지금도 여전히 선택지로 남아 있음을 알 수 있다. 따라서 다른 선택지, 다른 세계의 가능성도 알아볼 수 있다.

† † †

최근 들어 배수사업이 멕시코시티에서 실패한 전략이라는 인식이 점점 커지고 있다. 필연적인 일이 되어버린 홍수 때 시민을 돕는 일에는 인색하게 굴면서, 배수사업을 확대하는 데에는 계속 자금을 지원하고 있는 정부에서도 그런 인식이 강해지는 중이다. 물이 빠진 텍스코코 호수 일부에는 국제공항을 건설할 계획이 최근 세워졌으나, 지금은 습지와 생태공원으로 환경을 복원하는 작업이 진행되고 있다.[98] 시 정부는 물 때문에 고생하는 지역의 녹색 기반 시설 프로젝트와 빗물 수집 시스템에 자금을 투자했다. 강이 있던 자리에 생긴 고속도로변[99]에는 자그마한 습지가 만들어져, 숨어 있던 물을 끌어와서 오염을 걸러내는 역할을 하고 있다. 그러나 이런 해결책은 비교적 제한된 지역에서 소규모로 시행되고 있어서 서로 단절된 상태다. 이미 수백 년 전부터 계속 악화되고 있는 문제다.

로페스는 과거 테노치티틀란의 호수와 그 주변 환경이 지금 고스란히 복원되는 일은 없을 거라고 말한다. 사실 복원이 불가능하다. 적어도 인간적인 수준의 시간 감각으로는 그렇다. "500년 동안 이루어진 건설과 생태계 변화를 하루아침에 뒤집을 수는 없다."[100] 로페스는 이렇게 말했다. "아마 앞으로 500년은 걸릴 것이다." 현재의 멕시코시티 주민들 시각에서 보면, 아포칼립스가 입힌 피해를 되돌릴 수 없다는 뜻이다.

그러나 아케, 아비도스, 페루 북부 해안, 붕괴 이후 인더스 계곡 마을 등에서 보았듯이, 아포칼립스 이후에 남는 것은 황무지가 아니다. 풍요롭고, 창조적이고, 새로이 태어나는 곳이 될 수 있다. 그 나름대로 선물을 내놓기도 한다. 우리가 기꺼이 받아들일 자세를 갖춘다면, 우리에게 필요한 모든 것을 내어줄 것이다. 우리는 그것을 실험하고 이용해서, 과거의 복원이 아니라 새로운 가능성을 알아볼 수 있다. 아포칼립스 이후의 세상에서 회복은 반드시 과거로 돌아가는 것을 의미하지 않는다. 과거를 지우려 하지 않고 미래를 다시 상상하는 데 이용하는 방식으로 새로운 것을 건설한다는 의미다.

아포칼립스 이후 세상이 주는 선물은 우리가 원하는 것이 아니다. 우리가 바라는 것도, 자신의 삶을 위해 상상하는 것도 아니다. 그러나 과거에는 상상할 수 없었던 변화로 이어지는 통로가 될 수는 있다. 그 변화가 앞으로 우리의 정체성, 우리의 능력에 대한 인식을 규정할 것이다. 아포칼립스 이후의 세상에서 사람은 변한다. 사회는 그 변화를 따라갈 수밖에 없다.

1985년의 멕시코시티 지진 이후 정부의 재난대응시스템은 아예 존재하지 않는 것과 마찬가지로 심각한 수준이었다. 애당초 기준에 못 미치는 건물들이 많이 지어질 수 있었던 것도 정부의 부패 때문이었다. 틀라텔롤코의 고층 건물에 사는 사람들은 예전 지진 때 손상된 부분이 제대로 수리되지 않았다고 계속 불평했지만 정부가 그 목소리를 무시하는 바람에 재앙이 벌어지고 말았다. 진동이 멈추고 몇 분 뒤 도시 전역의 사람들은 공식적인 도움을 기대할 수 없음을 깨달았다. 그래서 스스로 행동에 나서,

부서진 잔해를 치우고, 생존자를 구조하고, 피난처를 마련하고, 거리에 주방을 설치하고, 사망자와 실종자 수색을 시작했다.

멕시코의 언론인 엘레나 포니아토우스카Elena Poniatowska는 1985년의 지진을 기록한 글을 쓰면서, 틀라텔롤코 건물 붕괴 때 자매, 딸, 손주 3명을 잃은 콘수엘로 로모 캄포스Consuelo Romo Campos를 인터뷰했다. "나는 가족을, 내가 가진 모든 걸 잃었어요. 혼자 울었습니다. 그러다가 이건 아니다 싶었죠. 내가 도와야겠다, 나만 힘든 것이 아니다."[101] 로모 캄포스는 눈물을 흘리면서, 구조를 위해 자발적으로 나선 사람들과 다른 이재민들에게 물과 음식을 나눠주었다. 곧 그녀는 재난 현장에 도우려고 달려온 사람들을 조직하는 역할을 하게 되었다. "다른 사람들이 어떤 기분인지 알았습니다. 나도 뼛속 깊이 느끼고 있었으니까. 나도 같은 일을 겪었잖아요. 그 사람들도 나와 똑같이 참담한 상태였습니다. 그래서 자원봉사자로서 하는 일에 점점 더 애정을 쏟았습니다." 그녀는 길거리 주방에서 음식을 만드는 일부터 고층 건물 붕괴 현장의 잔해를 치우는 일까지 온갖 일을 했다.

훈련을 받은 적도 없고 장비도 없는 자원봉사자들이 틀라텔롤코의 붕괴된 건물과 시내 전역의 수많은 건물 잔해 속으로 기어 들어가 생존자를 수색했다. 그 뒤로 몇 달 동안 그 봉사자들이 뭉쳐서 토포스 데 틀라텔롤코Topos de Tlatelolco, 즉 '틀라텔롤코의 두더지'라는 이름의 공식적인 수색구조팀이 되었다. 토포스는 현재 재난을 겪은 다른 나라에서도 구조활동을 하고 있다.

2004년에 발생한 인도네시아 쓰나미, 2010년에 발생한 아이티 지진 때도 그들이 출동했다. 2017년 9월 19일 지진 때도 그들은 멕시코시티 거리에서 다른 봉사자들과 힘을 합쳤다. 시내 전역의 사람들이 가장 큰 피해를 입은 지역으로 달려와, 붕괴된 건물에서 생존자를 구하기 위해 이웃들과 한 줄로 늘어서서 잔해를 바구니에 담아 손에서 손으로 넘겨 제거하고 있었다.

9월 19일 지진 때 무너진 건물 중에는 의류 공장도 있었다. 이때 안에서 일하던 사람들이 죽었다. 2017년에는 불법 입국 외국인들을 고용해서 은밀하게 일을 시키던 공장의 잔해[102]가 가장 먼저 불도저로 치워졌다. 그 안에 사람이 몇 명이나 있었는지, 사망자가 몇 명인지 누가 미처 확인하기도 전이었다. 1985년에는 붕괴된 공장에서 적어도 1600명의 의류 공장 노동자가 죽었다. 어쩌면 사망자가 더 많을 수도 있다. 생존자들은 처음에 동료를 구하려고 힘을 합쳤다가, 나중에는 자신들을 그토록 위험한 곳에서 일하게 만든 공장 주인에게 밀린 임금을 지급하라고 함께 요구했다. "그때의 그 재봉공들은 공장 책임자들이 노동자들의 고함 속에서 사망자들의 시신 너머로 기계를 빼내던 그날이 바로 인생의 전환점이었다고 회상한다."[103] 노동운동가 피비 맥키니Phoebe McKinney는 이렇게 썼다. 곧 재봉공들은 처음으로 노조를 결성했다. 멕시코의 제도혁명당Partido Revolucionario Institucional, PRI과는 별도로 만들어진 소수의 노동조직 중 하나였다. PRI는 1929년부터 멕시코에서 철권통치를 했기 때문에, 멕시코 정부는 흔히 '완벽한 독재'라고 불렸다.

재봉공, 토포스, 자원봉사자, 피해자, 이들 모두가 수많은 취약 건물을 만들어낸 PRI 정부의 부패 및 무대응으로 인해 급진적으로 변했다. 그들이 함께 엄청난 힘을 발휘할 수 있다는 깨달음도 영향을 미쳤다. 이렇게 지진에서 비롯된 정치적 조직 때문에 2년 뒤 멕시코시티는 스스로 의회를 선출할 능력을 획득했다. PRI 통치하에서 최초로 허용된 지방 입법부였다.[104] 지진은 PRI 독재의 종말이 시작된 계기로 널리 인정받고 있다. 한 정당이 좌지우지하는 정부보다는 적어도 시민들 자신이 서로를 더 훌륭하게 지킬 수 있다는 사실을 사람들이 깨달았기 때문이다. 지진 이후 대통령 선거가 3번 치러지고 나서, 2000년에 PRI가 71년 만에 처음으로 대통령 선거에서 패배했다. 그 뒤로 지금까지 5번 치러진 대통령 선거에서도 PRI는 4번 패배했다.

"여기는 파괴 속에서 스스로 개혁하고, 스스로 재건하는 도시입니다. 주기적으로 거의 사라졌다가 폐허 속에서 다시 일어나죠. 그것이 우리 멕시코시티의 역사입니다."[105] 바레라 로드리게스는 이 아포칼립스의 도시 중심부에 나와 함께 서서 이렇게 말했다. 그는 이 도시가 사라지는 것을 몇 번이고 거듭 막아낸 사람들을 생각하고 있었다. 그들이 항상 더 나은 도시를 만들 수 있었던 것은 아니다. 미래의 우리가 찾을 수 있게 폐허 속에 자신들의 존재와 저항을 알리는 표시를 숨기는 것이 고작일 때도 있었다. 호수의 물을 빼버린 식민지 정부의 정책처럼 도시를 더 나쁘게 만든 경우도 있었다. 즉흥적으로 생각해낸 해결책이 뜻밖에도 역사의 방향을 바꿔놓기도 했다. 그러나 어느 때든 그들은 우리에게 아포칼립스 이후의 도시라는 선물을 주었다. 바로 위태롭고 유연하며, 위기가 닥쳐 새로운 기회가 생길 때마다 기꺼이 주민들 손에 재건되는 도시다.

† † †

현재 페루 북부 해안에는 사탕수수, 쌀 등 다양한 작물을 기르는 농경지가 강 계곡 중심부에 헤아릴 수 없이 많다. 약 2900년 전 우아카코르타다 등 신전 피라미드들이 버림받기 전, 엘니뇨가 지금처럼 10년에 한두 번씩 나타나는 리듬이 자리를 잡은 이후와 똑같이 지금도 위험한 지역이다. 물이 자꾸 범람할 위험이 있는데도, 이 저지대는 농사를 위해 가장 쉽게 물을 댈 수 있는 곳이다. 그래서 아주 오래전의 신전 피라미드 건설자들과 마찬가지로, 농업 관련 기업들이 이 점을 가장 알차게 이용하고 있다.

그러나 고대 농부들은 여기서 그치지 않았다. 강에서 훨씬 더 먼 곳까지 운하와 농경지를 확장해, 계곡 바닥보다 더 높고 건조한 땅에 씨앗을 심었다. 그들이 물을 댄 땅의 면적은 현대 농부들이 사용하는 땅에 비해 최대 40퍼센트나 넓었다. 이런 지역을 팜파스pampas라고 부르는데, 지금은 주위 사막과 똑같은 환경으로 변한 것처럼 보인다. 그러나 고고학자들은 팜파스에 남아 있는 고대인들의 흔적을 통해, 엘니뇨가 더 잦아졌을 때 북부 해안 사람들이 어떻게 적응해냈는지를 연구할 수 있다.

고고학자 아리 카라마니카Ari Caramanica는 로스모르테로스에서 북쪽으로 약 80킬로미터 떨어진 치카마Chicama 계곡의 팜파데모칸Pampa de Mocan 지표면에 남아 있는 고대 운하의 윤곽을 추적하며 5번의 발굴 시즌을 보냈다. 팜파데모칸이 워낙 외진 곳에 있고 기후가 너무 건조하기 때문에 이곳에서 누가 농사를 짓거나 과거의 흔적 위에 건물을 지은 적이 없어서, 고대 농부들이 이곳에 만들었던 운하를 지표면에서 바로 알아볼 수 있다. 이 운하로 물을 댔던 농경지 유적 역시 적어도 1000년 동안 사용된 적이 없어서 흔적을 찾기가 쉽다. 그러나 이 농경지에는 현미경으로 관찰할 수 있는 식물 잔해가 가득하다. 이곳에서 어떤 식물이 번성했는지 직접적으로 보여주는 증거다.

카라마니카가 찾아낸 운하들은 대부분 강과 직접 연결되어, 사람들이 평평하게 개간한 농경지로 물을 날랐다. 예상했던 그대로다. 그러나 다른 곳에서는 결코 볼 수 없는 운하와 농경지도 상당히 많았다. 일부 관개 운하, 특히 오래전 손상된 흔적이 있는 운하는 예상과 달리 강과 이어져 있지 않았다. 엘니뇨 때만 범람한 물과 진흙으로 메워지는 건조한 개울 바닥과 이어져 있었다. 이런 운하와 연결된 농경지는 일부러 비탈지게 만들어졌으며, 바위를 가장자리에 쌓고 그 안에 또 돌멩이를 잔뜩 쌓았다. 고대인들의 주식인 옥수수를 직선으로 줄을 맞춰 심는 데 확실히 방해가 되는 방식이었다. 카라마니카는 강 계곡에서 이루어지는 현재의 대규모 농경이 설사 단일 작물을 재배하는 경우라 하더라도 강물에 얼마나 의존하는지 직접 본 적이 있으므로, 이 이상한 운하와 돌투성이 농경지가 어디에 쓰였는지 이해할 수 없었다. 그러나 고대 농부들이 어디에든 이용했음은 분명했다. 평평한 농경지와 똑같이 고대 작물의 잔해가 가득 남아 있을 뿐만 아니라, 카라마니카가 찾아내서 기록한 모든 농경지의 3분의 1이나 되는 규모였기 때문이다. 이곳에서 발견되는 도자기 양식을 보면, 이 운하와 농경지가 2900년 전 엘니뇨 발생 빈도가 훨씬 잦아진 직후에 처음 나타났음을 알 수 있었다.

팜파데모칸 사람들, 또는 그들의 직전 조상은 엘니뇨가 변화하고 신전 피라미드가 버림받는 일을 직접 겪었을 것이다. 그러니 위험하게 변한 환경 속에 준비도 없이 내던져졌을 때의 기분을 알았을 것이다. 팜파데모칸의 농부들은 주위에서 벌어지는 아포칼립스를 둘러보며, 이것이 쉽사리 끝날 일이 아님을 곧 깨달았다. 카라마니카는 막다른 운하와 이상하게 경사진 농경지를 당시 사람들의 눈으로 바라보며, 엘니뇨의 변화에 어떻게 대처해야 할지 고민하다가 갑자기 이 운하와 농경지의 용도를 깨달았다. 필연적으로 범람할 수밖에 없는 물을 붙잡아 이용하기 위한 시설이었다.

천천히 얌전하게 흐르는 강물은 일반적인 관개 운하로 끌어들여 평평한 농경지에 쉽게 퍼뜨릴 수 있다. 그러나 엘니뇨로 인해 범람한 물은 맹렬하고 빠르게 들이닥쳤다. 홍수로 일반 운하가 범람했을 뿐만 아니라, 운하 양편의 둑도 무너졌다. 고대의 농부들은 운하를 원래대로 복원하지 않고, 오히려 그 기회를 이용해 물길을 강이 아니라 건조한 개울 바닥으로 돌렸다. 이런 운하나 개울에는 물이 없을 때가 대부분이지만, 엘니뇨 때에는 산에서 우당탕 내려오는 물을 붙잡아 원하는 곳으로 돌릴 수 있을 터였다. 물과 퇴적물이 팜파스에 닿으면, 경사진 농경지와 돌벽이 물살의 속도를 늦춰 이상하지만 유용한 이 농경지에 물과 진흙이 남아 가라앉게 했다.

카라마니카는 고대의 우물 속에 보존된 흙에서 층마다 발견된 꽃가루를 조사해보고, 이 시스템이 무척 훌륭하게 작동했음을 깨달았다.[106] 어떤 층에서는 거의 옥수수와 히카마jicama 같은 작물의 꽃가루만 발견되었다. 인근의 일반 농경지에서 집약적인 농경이 이루어졌다는 뜻이다. 다른 층에서는 쇠뜨기, 데이지 등 물이 아주 많이 필요한 식물들, 야생 토마토와 친척 관계인 식물들이 폭발적으로 많이 발견되었다. 이런 층은 엘니뇨 때 형성되었음이 분명했다. 그러나 우물 속의 엘니뇨 층에도 옥수수 꽃가루는 존재했다. 운하를 파괴하고 비옥한 밭을 쓸어버린 폭우와 홍수에도 불구하고, 사람들이 계속 농사를 지었다는 증거였다. 범람한 물을 붙잡아두는 운하와 돌벽을 쌓은 밭이 효과가 있었다. 돌멩이를 쌓아둔 밭에서는 수확량이 적었겠지만, 그래도 항상 어느 정도는 옥수수를 수확할 수 있었다.

　카라마니카의 많은 가설이 확인된 때는 2017년이었다. 치카마 계곡에서 엘니뇨의 여파를 직접 본 덕분이었다. 당시 페루에서는 엘니뇨 때문에 2개월간 100만 명의 이재민이 발생했다. 비극적인 재난이지만, 카라마니카는 놀라지 않았다. 그러나 그 뒤에 나타난 풍요로운 자연에는 놀라고 말았다. 평소 무척 건조하고 황량하던 팜파데모칸에 생명이 폭발했다. 꽃, 허브, 콩, 야생 토마토는 물론 심지어 나무까지 느닷없이 나타났다. 카라마니카는 정신없이 달려가 이 식물들의 표본을 수집해 조사한 끝에, 이들이 대부분 고대 우물의 엘니뇨 층에서 발견된 식물들과 같다는 사실을 확인했다. 이 계곡의 주요 작물인 사탕수수는 심각한 피해를 입었으나, 농부들은 홍수가 남기고 간 물을 이용해서 옥수수와 호박 등 다른 작물을 심었다. 카라마니카가 조상들의 유적에서 본 것과 같은 전략이었다. 이 일시적인 밭에서 4번 작물을 수확하고 나면, 밭은 다시 사막으로 돌아갔다. 홍수가 남기고 간 물이 모두 증발하거나 땅속으로 스며들자마자 벌어진 일이었다.

　페루뿐만 아니라 다른 곳에서도 엘니뇨는 환경과 사람들의 삶을 파괴하는 요소로 간주된다. 회복이란 엘니뇨가 없는 해의 상태로 최대한 빨리 돌아가는 것을 뜻하는 말이다. 멕시코시티의 배수 시설처럼, 사유재산을 중시하고 자본주의적인 자원 착취가 이루어지던 식민지 시절에는 논리적인 전략인 것 같았다. 그러나 이 전략은 처음부터 실패했다. 카라마니카는 이렇게 말한다. "오늘날 엘니뇨가 발생할 때마다 자라나는 것은 복구 비용뿐이다."[107]

현재 농업 관련 기업을 운영하는 사람들, 또는 엘니뇨로 범람한 물이 지나는 길에 반항하듯이 신전 피라미드를 지은 고대인들과 달리, 팜파데모칸의 운하를 지은 사람들은 엘니뇨가 자연의 일반적인 사이클을 파괴한다고 보지 않았다. 엘니뇨가 바로 자연의 일반적인 사이클이었다. 이 아포칼립스가 딱히 반갑지는 않았지만, 반드시 일어날 일이었다. 그래서 그들은 엘니뇨의 힘을 통제하려 하는 대신, 손상된 운하의 용도를 바꿔 이 필연적인 파괴의 힘을 시스템에 녹여 넣었다. 그 결과 기존의 것과는 다른 종류의 풍요를 누릴 수 있었다. 어쨌든 풍요는 풍요였다.

팜파데모칸 사람들은 아마 엘니뇨의 빈도가 줄어들기를 계속 바랐을 것이다. 조상들의 시대에 그랬다는 것을 알기 때문이었다. 그들 역시 엘니뇨 때문에 집, 가족, 공동체, 생태계를 잃고 슬퍼했다. 그래서 기도와 의식을 통해, 자연이 예전 모습으로 돌아가기를 빌었는지도 모른다. 아니, 그러지 않았을 수도 있다. 이 고대의 농부들이 우리에게 남긴 것은, 갖가지 비극 속에서도 기회를 발견하고, 불안정한 격변과 더불어 살아가는 법을 터득한 흔적이었다. 그들은 도망치지도, 죽지도, 포기하지도 않았다. 실패하거나 사라지지도 않았다. 아포칼립스를 똑바로 바라보고, 새로운 것을 만들어냈다.

시작

　이 책을 쓰기 위해 2018년에 처음 작업을 시작했을 때, 나는 이 책에서 다루는 아포칼립스 사건들이 아직 먼 미래의 일이라고 생각했다. 해가 갈수록 기후변화의 기세가 점점 강해졌지만, 아직 우리가 회복할 수 있는 시간적인 여유가 있었다. 미국과 다른 나라의 정치가 점점 극단적으로 변하고 있었어도, 국가의 붕괴는 여전히 먼 미래에나 가능한 일 같았다. 사스SARS, 에볼라, 조류독감 등 위험한 병원균이 새로 나타나도 전 세계의 공중보건 기반 시설이 언제나 훌륭하게 효과를 발휘해서 병이 전 세계로 번지는 것을 막았다. 이미 단단히 정착한 경제적 불평등은 점점 확실히 모습을 드러내면서 치명적인 영향을 미치고 있었지만, 그것이 사람들의 삶을 좌우한다기보다는 그냥 삶의 배경처럼 보였다. 당시 나는 이런 경향들이 궁극적으로 한데 섞여서 아포칼립스로 변할 수 있다는 사실을 알고 있었다. 이 책을 쓰려고 한 이유가 그것이었다. 우리 사회가 곧 마주하게 될 아포칼립스와 그것이 가져올 기회를 명확히 설명하는 것. 그러나 적어도 내가 보기에는 아직 우리가 그런 사건을 직접 겪고 있는 것 같지 않았다.

2년 뒤, 나의 추측과 모든 사람의 삶이 코로나바이러스 유행으로 뒤집어졌다. 결국 내가 아포칼립스를 직접 겪으면서 이 책의 원고를 대부분 집필하게 된 것이다. 타이밍이 완벽했다고 할 수도 있고, 최악이었다고 할 수도 있다. 내 평생 이어질 거라고 생각했던 '이전'의 삶이 갑자기 끝나고, 먼 과거의 기록에서 보았던 아포칼립스처럼 빠르게 내게도 아포칼립스가 닥쳤다. 봉쇄가 한창일 때, 나는 과거의 아포칼립스를 연구하는 데 평생을 바친 고고학자들과 이야기를 나눴다. 그들도 자신이 직접 그런 일을 겪고 있다는 사실에 동요하고 있었다. 흑사병 시대를 연구하는 생물고고학자 샤론 드위트는 21세기 미국에서도 14세기 런던과 마찬가지로 불평등이 유행병의 비극적이고 필연적인 결말을 좌우하는 현실을 지켜보며 경악했다. 마야의 도시 아케가 붕괴 이후 마을로 재정비된 과정을 연구하는 로베르토 로사도라미레스는 도시적이고, 학문적이고, 국제적이고, 생기가 넘치던 자신의 세계가 겨우 며칠 만에 고작 4명의 이웃만 만날 수 있는 세상으로 줄어드는 것을 경험했다. 라울 바레라 로드리게스가 센트로에서 진행하던 발굴은 몇 달 동안 중단되었을 뿐이지만, 그동안 그는 멕시코시티가 또다시 닥친 아포칼립스에 무릎 꿇지 않으려고 애쓰는 모습을 지켜보았다.

나의 세계, 나의 삶, 코로나 '이전'을 그리워하며 직접 슬픔을 느껴본 덕분에 나는 시대를 막론하고 사람들이 순식간에 벌어진 상실에 어떤 반응을 보였는지 더 쉽게 상상하고 이해할 수 있었다. 내가 느낀 슬픔 중에는, 어쩌면 다른 모습이 되었을 수도 있는 이 책의 또 다른 가능성에 대한 아쉬움도 포함되었다. 내가 가지 못한 취재 여행, 만나지 못한 사람, 나누지 못한 대화 때문에 마음이 아팠다. 내가 애써 세운 모든 계획이 어그러진 것, 그리고 이 현상이 생각보다 훨씬 더 오래 가는 것에 속이 끓었다. 코로나를 앓은 이후 나타나는 증상 때문에 몇 달 동안 고생하면서, 아니 백신을 맞기 전후와 코로나에 걸릴 때마다 나타나는 증상으로 몇 년을 고생하면서, 내 글과 경력 때문에 좌절했다. 시간이 흐르면서 연대와 협력이 적의와 냉담으로 변하는 것 같아 두려웠다. 우리가 이미 그때 일을 많이 잊어버린 것, 아직 기억하는 것도 모두 잊어버리기를 깊이 바라는 것이 몹시 무섭다. 그러나 지난 5년 동안 내 상상력이 크게 확장된 것은 기쁜 일이었다. 아포칼립스는 곧 변화이고, 내가 이 책을 쓴 것은 그 말이 언제나 진실이었음을 보여주기 위해서다. 변화하는 기분이 어떤지 갑자기 배울 수 있었다. 무섭지만 또한 아름다운 일이었다. 그리고 아직도 끝나지 않았다.

팬데믹 기간에 고고학자들은 언제 현장으로 돌아갈 수 있을지 알지 못했다. 그래서 전 세계의 봉쇄된 도시에 흩어진 채로 자신이 겪고 있는 아포칼립스의 유물을 찾아보았다. 사회적 거리두기를 알리는 표지판들, 처음에는 사람들이 직접 손으로 만들었으나 나중에는 정부에서 배포한 그 표지판들을 기록했다.[1] 벤치와 운동장 접근을 막은 테이프, 연대를 강조하는 메시지가 다채로운 색으로 적혀 있는 인도,[2] 정당한 분노가 스며든 정치적 그래피티, 쓰레기가 되어 삭아가는 비닐장갑, 나중에는 인도와 해변에 떨어져 있는 마스크도 기록했다. 박물관들은 보건의료 종사자들에게 찬사를 보내기 위해 냄비와 프라이팬을 두드릴 때 사용한 나무 숟가락,[3] 병원에서 개인 보호 장비를 지급받지 못한 미국 간호사들[4]이 입었던 비닐 쓰레기 봉지, 처음으로 백신을 접종하고 남은 빈 유리병을 수집했다.

이런 물건들과 공공장소의 출입 제한 조치는 원래 일시적인 것이었다. 그러나 개중에는 지금까지도 살아남은 것이 있다. 공식적인 규제가 이미 한참 전에 사라졌는데도 마스크 착용이나 사회적 거리두기를 해야 한다고 알리는 표지판이 아직도 일부 장소에 남아 있는 것이 그 예다. 어떤 물건은 이미 쓰레기 매립지라는 고고학 기록 속으로 들어가 버렸다. 비닐장갑과 마스크로 이루어진 우리 시대의 기록이 만들어진 것이다. 이들이 일회용이라는 사실은 미생물로부터 우리를 보호해준 요소 중 하나였으나, 환경에는 저주였다. 그들은 이제 어쩌면 영원히 사라지지 않을 쓰레기와 오염물질이 되어 새로운 생을 살아가고 있다. 다시 말하면, 그들이 유물로서도 끈질기게 남을 것이라는 뜻이다. 그들은 우리가 남기고 가는 유물이 될 것이다.

팬데믹 기간이 몇 달, 몇 년으로 늘어가는 동안 나는 빨아 쓸 수 있는 천 마스크에서 더 효과적인 덴털마스크로, 그다음에는 N-95 마스크로 옮겨갔다. 그러면서 미래의 고고학자들이 팬데믹과 관련해서 발견하게 될 유물들에 이런 물건이 어떤 영향을 미칠지 생각하게 되었다. 처음에 겁에 질린 우리가 직접 집에서 만든 마스크는 썩어가겠지만, 나중에 공식적으로 만들어진 튼튼한 보호 장비는 오래 남아 고고학자들의 해석 대상이 될 것이다. 미래의 고고학자들이 폐허와 매립지를 발굴하다가 정사각형 구멍이 2개 나 있는 긴 플라스틱 직사각형, 긴 면봉 등이 묻혀 있는 층에 도달하는 상상을 해보았다. 코로나 신속 검사의 잔해인 이 물건들은 2021년에 풍부하게 사용되었다. 이 물건들이 묻혀 있는 층은 과거 화산 폭발로 재가 많이 포함되어 있는 층과 같이 연대를 알려주는 역할을 할 것이다. 박물관 수집품, 도서관, 인터넷, 우리가 직접 후세에 전달한 이야기 덕분에 미래의 고고학자들이 이 유물의 의미를 알아차릴 수 있다면 좋을 텐데. 멕시코시티에서 작업하는 고고학자들이 진흙층을 이용해서 식민지 시대 이전에 물이 범람했던 시기를 파악하듯이, 미래의 고고학자들이 이 유물들과 역사를 맞춰볼 수 있다면 좋을 것이다. 그러나 앞으로 수천 년이 흐른 뒤 갑자기 전 세계에서 마스크, 비닐장갑, 신속 검사 도구 등이 무더기로 발견된다면, 존 로이드 스티븐스가 처음 마야의 폐허를 발견했을 때와 마찬가지로 정체를 금방 파악하지 못할 수도 있다. 어쩌면 우리 세대의 묘지에서 치아와 뼈를 조사해 우리를 쓰러뜨린 요인이 무엇인지 단서를 얻은 뒤에야, 우리가 사스와 코로나바이러스로부터 자신을 지키려고 애쓴 흔적임을 알게 될지도 모른다.

　세월과 지질학적 요인들이 수십 년 또는 수백 년의 세월을 한 층으로 압축해버리기 때문에, 해수면 상승, 들불, 초강력 폭풍, 너무 뜨거운 날씨 등으로 사람들이 버리고 떠난 도시에서 발견되는 최후의 유물 중에 팬데믹 쓰레기 역시 포함될지도 모른다. 미래의 고고학자들은 우리가 팬데믹과 기후변화를 대체로 별도의 아포칼립스로 이해했음을 보여주는 역사 기록을 이용할 수 있을지 모른다. 아니면 우리가 역병 때문에 도시를 버리고 떠났고, 아주 소수만 남아 그 뒤의 기후 재난을 경험했다는 결론을 내릴 수도 있다. 팬데믹이 끝났다는 물질적 증거보다, 팬데믹의 종료를 알린 정부 발표와 신문을 그들이 훨씬 먼저 읽게 될 수도 있다. 그러나 팬데믹에 대한 문자 기록을 생생하지만 근본적으로 믿을 수 없는 선전물로 생각할지도 모른다. 이집트 고왕국의 붕괴 과정을 기록한 이푸웨르처럼 위험하고 억압적인 기존 체제를 보존하거나 되살려야 한다고 생각한 사람이 만든 선전물이라고. 지금의 우리 일상과 한참 멀리 떨어진 그 시대에는 현재 우리가 보지 못하는 진실이 보일지도 모른다. 예를 들면, 우리는 아직 알지도 못하고 통제할 수도 없는 팬데믹의 영향이 있을 수 있다. 팬데믹의 충격파는 가까운 미래에 찾아올 아포칼립스에 영향을 미칠 것이다.

아포칼립스는 항상 환경 변화와의 지속 불가능한 관계에서부터 지나치게 경직되고 억압적인 위계구조에 이르기까지 사회의 약점을 폭로하고 이용했다. 그래서 아포칼립스는 사회가 변할 수 있는 최고의 기회이기도 하다. 기후가 불안정한 시기에 네안데르탈인과 호모사피엔스가 살아남기 위해 협력한 사례, 반복적인 엘니뇨가 남기고 간 환경과 사회의 파편에서 태어난 복잡한 문명, 인더스 계곡과 나일강 유역에서 위계적인 국가가 해체되어 적응력이 좋은 지역들로 갈라진 것, 흑사병 이후 노동자들이 착취당하던 과거 체제로 돌아가지 않으려 한 것 등은 아포칼립스로 구체제의 결점이 드러나고 새로운 체제가 만들어진 사례다.

따라서 미래의 고고학자들 역시 팬데믹 유물을 사회 전체적인 변화의 전환점으로 해석할지도 모른다. 고전기 마야에서 사람들이 도시를 버리고 떠나기 전에 석조 기념물에 새겨 넣은 마지막 날짜와 마찬가지로, 마스크를 쓰라고 사람들에게 일깨우는 표지판에 그런 의미가 부여될 수 있다. 21세기의 폐허가 비극적인 대량 죽음을 의미하는지 아니면 세상을 바꿔놓은 재생을 의미하는지를 놓고 고고학자들이 논쟁을 벌일지도 모른다. 새롭게 만들어진 세상이 지금보다 더 공정하고 평등할 수도 있다. 과거의 마야판처럼 포용적인 정부를 실험하는 웅대한 계기가 될 수도 있다. 하라파 이후의 인더스 계곡처럼 취약한 도시에 사는 것이 생각조차 할 수 없는 일이 되어 사람들이 여기저기 흩어진 마을에 살면서 인근의 재생 에너지를 사용하며 살아가게 될지도 모른다. 아니면 식민지 시대 초기의 멕시코시티처럼 더 파괴적이고 권위주의적인 체제가 들어설 수도 있다. 그러면 아포칼립스가 진행 중인 이 시대의 위험과 불확실성 대신, 호수 배수 사업처럼 언뜻 보기에는 세상의 문제에서 그들을 지켜줄 것처럼 보이는 일들이 자리를 차지할 것이다.

그래도 미래의 고고학자들이 올바로 해석할 수 있는 것이 하나 있다. 우리가 지금까지 고통을 겪었고, 앞으로도 계속 겪으리라는 것이다. 그러나 아포칼립스를 겪으면서 아포칼립스를 다룬 이 책을 쓰다 보니, 나는 우리가 극단적인 변화에 적응하는 데 필요한 것을 모두 갖고 있음을 알게 되었다. 우리가 변화의 필요성을 알아보기만 하면 된다. 과거의 격변을 새롭고 흥미롭게 해석하는 고고학자들의 연구 속으로 들어가 본 결과, 나는 우리 조상들이 이미 많은 것을 이기고 살아남았으며, 과거에 대한 우리의 지식과 인식이 오히려 조상들의 창의력을 오해하고 억압했음을 알게 되었다. 조상들이 아포칼립스에 적응했음을 보여주는 물질적·문화적·유전적 증거는 인류가 처음 생겨났을 때부터 분명히 드러나 있었다. 이를 통해 우리는 인류가 온갖 종류의 도전을 이미 겪었음을 확실히 알 수 있다. 조상들이 후세에 물려준 것과 포기해버린 것, 그리고 이런 선택이 낳은 결과에서 우리는 교훈을 얻을 수 있다. 아포칼립스라는 렌즈를 통해 인류 역사를 바라보면, 우리 과거가 비극, 상실, 개인적 고통과 집단적 고통 앞에서 생존, 변화, 재창조를 이룩한 이야기임을 알게 된다. 우리 시대의 이야기도 마찬가지고, 미래에도 역시 같은 이야기가 펼쳐질 것이다.

아포칼립스 속에서 아포칼립스와 함께 살아가는 데 익숙해져야 하는 시대다. 앞으로 닥쳐올 아포칼립스, 아니 어쩌면 이미 와 있는 아포칼립스가 우리 자신의 삶은 물론 대대로 헤아릴 수 없이 많은 후손의 삶에도 항상 존재할 것이다. 이 책에서 다룬 아포칼립스 사건들과는 달리, 우리의 아포칼립스는 지금도 앞으로도 진정한 의미에서 전 지구적인 현상일 것이다. 기후변화의 경우, 궁극적으로 우리 행성을 인류가 한 번도 본 적이 없는 상태로 바꿔놓을지 모른다. 그러나 역사 속에 존재했던 모든 사람과 마찬가지로, 우리도 우리의 아포칼립스를 우리가 이미 애정을 품고 살고 있는 곳에서, 고작 수십 년에 불과한 생애 동안 천천히 국지적으로 경험할 것이다. 우리는 적응과 생존이라는 오랜 전통의 상속자다. 그리고 이 전통은 현대인들의 상상력을 크게 좌지우지한, 사회적 진보와 기술적 진보라는 전통만큼이나 영향력이 크고 강력하다. 아포칼립스의 에너지와 잠재력을 이용해서 새로운 세계를 창조하는 것은 가능하다. 그러나 그 전에 먼저 아포칼립스와 거기에 수반되는 온갖 끔찍한 일들이 이미 우리 곁에 와 있음을 인정해야 한다. 그래야만 아포칼립스가 가져다주는 기회를 볼 수 있다. 과거 팜파데모칸에서 운하를 건설한 사람들이 그랬던 것처럼.

아포칼립스를 받아들인다는 말이 곧 최악의 시나리오를 예상하며 체념한다거나 발전을 포기한다는 뜻은 아니다. 파괴가 발전으로 이어진 통로가 될 수 있고, 사회의 변화는 가능할 뿐만 아니라 필연적인 것이며, 끝이 곧 시작이기도 하다고 믿는다는 뜻이다. 우리가 익숙한 것이 반드시 옳은 것은 아니라는 점을 깨닫는다는 뜻이다. 아주 약한 압력에도 부서져버리는 취약한 사회구조를 강화하기보다는 적응과 변화에 도움이 되는 가치관과 생활 방식을 우선해야 한다는 뜻이다. 이미 사라져버린, 아니 어쩌면 처음부터 존재하지 않았던 안전이라는 환상을 향해 뒷걸음을 치기보다는 선명한 눈으로 앞을 바라보아야 한다는 뜻이다. 잃어버린 것을 슬퍼하면서도, 앞으로 우리가 무엇을 창조할 수 있는지 상상해본다는 뜻이다. 두려움 대신 희망을 선택하는 것이 아니라, 두려움과 나란히 희망을 선택한다는 뜻이다.

✝ ✝ ✝

사람들은 세상이 끝나간다는 사실을 알면서도 차마 믿지 못했다. 해가 갈수록 날씨와 계절이 낯설게 변해갔다. 먼 곳에서 일어난 전쟁도 언제 그들이 사는 곳까지 번질지 몰랐다. 재난을 피해 도망친 사람들은 폭력에 노출되었고, 아직 물자가 남아 있는 곳 외곽에서 근근이 살아갈 수밖에 없었다. 사람들은 변해야 한다는 사실을 알면서도 변화를 원하지 않았다. 변화의 방법을 놓고 불화를 빚기도 했다. 점점 위험하고 불안해지는 세상에서 자녀들의 미래를 걱정하면서도, 자신이 그토록 두려워하는 아포칼립스가 이미 곁에 와 있음을 깨닫지 못했다. 아니, 인정하지 않으려고 했다.

그러다 역병이 세상을 휩쓸었다. 집과 거리에서 사람들은 숨이 막혀 죽어가며 도움을 기다렸다. 가진 것을 남들에게 나눠주며 돕는 사람도 있고, 가진 것이 가장 많은데도 남들과 섭촉을 피하며 틀어박힌 사람도 있었다. 그들은 자신의 처지에 감사하면서도, 세상에 필요 없는 존재가 된 것 같아 불안해했다. 세상이 필요로 한 사람들은 자신을 보호할 수단이 전혀 없이 앞으로 나아갈 수밖에 없었다. 여행은 멈추고, 시장은 텅 비고, 죽음의 소리가 황량한 거리를 채웠다. 사람들은 먹을 것과 필요한 물자를 찾아 헤맸다. 지도자들을 믿었는데, 어쩌다 이런 끔찍한 상황이 벌어졌을까. 어떤 사람들은 그 지도자에 맞서 일어섰다. 역병으로 인해 드러난 불평등과 억압에 맞서, 다른 미래를 꿈꾸며 결의를 다졌다. 과거로 돌아가는 것만 바라는 사람도 있었다. 세상의 진실을 모르는 척하고 살 수 있었던 그 시절로.

노인과 어린이, 일자리와 집, 사람 사이의 관계와 공동체가 사라졌다. 내일도 오늘과 같을 것이라는 믿음 또한 사라졌다. 자아를 잃어버린 사람도 있었다. 결코 끝나지 않을 것 같은 역병으로 인해 그들의 몸과 마음이 모두 무서울 정도로 낯설게 변했기 때문에. 건강한 사람들도 자신의 변한 모습이 낯설었다. 자신의 삶에 의미를 부여한다고 믿었던 모든 것이 너무나 순식간에 완전히 증발하듯 사라졌기 때문에. 역병으로 인해 더 똘똘 뭉친 공동체도 있고 산산이 조각난 공동체도 있었다. 어떤 사람들은 새로운 가치관, 새로운 공동체, 새로운 삶을 발견한 반면, 어떤 사람들은 두 번 다시 남을 믿지 못하게 되었다.

사람들은 이제 최악의 상황이 지나갔을 것이라는 희망 속에서 휘청휘청 역병을 이겨냈으나, 사실은 최악의 상황이 끝나지 않았음을 알았다. 세상 모든 곳에서 폭염, 화재, 홍수, 폭풍이 또 다른 종류의 역병이 되어 가장 취약한 사람들의 목숨을 빼앗고, 수많은 사람을 도망치게 만들었다. 방랑하던 사람들은 그 어느 때보다 많은 담장과 울타리, 군인과 총, 감옥과 처벌과 맞닥뜨렸다. 그래도 해가 갈수록 방랑하는 사람은 늘어나기만 했다. 살던 곳에 머무르는 일이 방랑보다 더 위험해졌기 때문에.

폭풍, 화재, 가뭄, 기근은 사람들이 상상하거나 대비한 수준을 뛰어넘었다. 위기가 끝나자마자 또 다른 위기가 시작되어, 이미 생겨난 균열이 더 깊어졌다. 국가에 금이 가고, 제국이 해체되었다. 사람들은 익숙한 사회구조와 정체성 없이 새로운 정체성을 찾아내고 서로 협력하는 방법을 궁리해야 했다. 이웃을 피해서 물러나는 사람도 있고, 이웃을 공격하는 사람도 있었다. 그러나 대부분의 사람들은 이웃을 향해 손을 뻗었다. 그리고 마주 손을 뻗어온 사람의 정체에 깜짝 놀랄 때가 많았다.

다른 역병, 다른 폭풍, 다른 가뭄이 계속 닥칠 것이다. 바다가 도시를 삼켜, 사람들이 그 무자비한 바다를 피하려고 사용했던 기술도 모조리 사라질 것이다. 땅, 생태계, 생물이 사라져, 노인들의 이야기 속에만 남을 수도 있다. 사람들은 과거의 생활 방식으로 되돌아가 사냥하는 법, 채집하는 법, 물고기 잡는 법을 다시 알아내야 할 것이다. 그러다 새로운 생활 방식으로 혁명을 일으킬 것이다. 이를테면, 세상의 반대편에서 배로 실어 와야 하는 연료 대신 주변 환경에서 얻을 수 있는 에너지를 사용하는 식으로.

사람들은 조상이 남긴 폐허에서 물에 잠긴 탑 주위를 배로 돌아보며 과거 이곳의 이름이 무엇이었는지 서로에게 알려줄 것이다. 때로는 너무 절박해서, 때로는 공경하는 마음으로 폐허에서 필요한 물건을 가져갈 것이다. 어쩌면 이 두 감정이 항상 공존할 수도 있다. 사람들은 농사를 짓기에 너무 뜨거워지거나 너무 건조해진 탓에 버림받은 땅으로 대담하게 들어갈 것이다. 농사가 아닌 다른 삶, 즉 날씨와 자원의 변화를 따라 필요할 때 이동할 수 있는 삶은 가능하기 때문이다. 사람들은 과거에 대해서 필요한 것만 기억하고 나머지는 잊을 것이다. 조상들이 대가가 있음을 알면서도 대가를 치르려 하지 않은 이야기, 세계를 하나로 통합했으나 탐욕 때문에 통합이 허물어진 이야기를 들려줄 것이다. 놀랍고 신비로운 유적을 건설하고, 지금은 물에 잠긴 도시의 거리를 걸어 다니고, 생존이 불가능해 보일 때에도 살아남는 방법을 찾아낸 조상들의 이야기 또한 들려줄 것이다. 세상이 시작될 때 존재했던 그 조상들을 기억하며 사람들은 분노와 감사, 슬픔과 경탄을 느낄 것이다.

감사의 말

내 에이전트 사라 레빗Sarah Levitt의 안내와 격려가 없었다면 이 책은 존재하지 못했을 것이다. 편집자로서 그녀의 기민한 안목, 나보다 먼저 이 책의 가능성을 기꺼이 믿어준 태도에 매일 감사하고 있다.

게일 윈스턴Gail Winston은 이 책을 하퍼Harper에 소개해주었다. 그녀가 초반에 보여준 현명한 편집 솜씨에 감사한다. 사라 호젠Sarah Haugen은 이 책의 첫 번째 초고부터 출판 때까지 원고를 보면서 내 주장에 헤아릴 수 없을 만큼 힘이 실리고, 내 문장이 훨씬 우아해지게 다듬었다. 날 포기하지 않아줘서 고마워요, 사라.

하퍼의 에즈라 쿠퍼Ezra Kupor, 마야 배런Maya Baran, 베카 풋먼Becca Putman, 프리다 더건Frieda Duggan, 로빈 빌라델로Robin Bilardello, 뮈리엘 조젠슨Muriel Jorgensen, 대런 해가Darren Haggar에게도 감사한다. 애비타스 크리에이티브 매니지먼트의 에린 파일스Erin Files와 매그스 치미엘라치크Mags Chmielarczyk에게도 감사한다.

이 책에 실린 훌륭한 지도를 만들어준 존 와이엇 그린리John Wyatt Greenlee에게도 감사한다. 그와 함께 일하는 것은 정말로 즐거운 경험이었다.

<사이언스>의 동료들과 편집자들에게도 신세를 졌다. 그들은 지난 12년 동안 정확하고, 명확하고, 연민이 깃든 기사를 쓰는 법을 내게 가르쳐주었다. 특히 엘리자베스 컬로타Elizabeth Culotta, 팀 아펜젤러Tim Appenzeller, 리처드 스톤Richard Stone, 마틴 엔서링크Martin Enserink, 데이비드 그림David Grimm에게 감사한다. 이들 모두에게서 많은 것을 배웠다.

어떤 학자든 내 인터뷰 요청을 받아주는 것이 믿을 수 없을 만큼 놀라울 때가 많다. 그 학자들 모두에게 항상 감사하고 있다. 이 책을 위해서 대화를 나눈 모든 사람, 지난 세월 동안 내게 자신의 전문 지식을 나눠준 모든 사람에게 깊이 감사한다. 아구스틴 푸엔테스Agustín Fuentes, 가이 미들턴Guy Middleton, 프루던스 라이스Prudence Rice, 존 롭John Robb, 레베카 멘델손Rebecca Mendelsohn, 데이비드 S. 앤더슨David S. Anderson, 로지 에버렛Rosie Everett, 티피니 텅Tiffiny Tung, 톰 히검, 크리스 스트링어, 요하네스 크라우제, 페이지 매디슨Paige Madison, 세레나 투치Serena Tucci, 에후드 갈릴리, 짐 리어리, 패트릭 넌Patrick Nunn, 빈스 개프니, 제임스 워커James Walker, 마크 쿨매트리, 댄 샌드와이스, 앤드루 서머빌Andrew Somerville, 아나 세실리아 마우리시오 욘토, 로버트 로즌스위그Robert Rosenswig, 아리 카라마니카, 제이슨 네스빗, 펠릭스 리드Felix Riede, 저스

틴 제닝스Justin Jennings, 니콜라 섀럿Nicola Sharratt, 사라 곤살레스Sara Gonzalez, 그웬 로빈스 슈그, 캐머런 페트리, 샤론 드위트, 아나 콜레트, 리처드 레딩Richard Redding, 미로슬라브 바르타Miroslav Bárta, 매슈 더글러스 애덤스, 노먼 요피Norman Yoffee, 로베르토 로사도 라미레스, 빈센테 코콘 로페스, 스콧 헛슨Scott Hutson, 매튜 레스톨, 데이비드 카발로, 캐슬린 헐, 엔리케 로드리게스알레그리아Enrique Rodríguez-Alegría, 라울 바레라 로드리게스, 살바도르 길리엠 아로요Salvador Guilliem Arroyo, 존 로페스, 마크 하우저, 알렉산드라 존스Alexandra Jones, 알리샤 오드웨일, 저스틴 더너번트, 더글러스 암스트롱, 아야나 오밀레이드 플레웰런, 윌리엄 화이트.

나와 비슷한 생각을 가진 과학 저술가 중에 다음보다 더 좋은 사람들은 찾을 수 없을 것이다. 줄리아 로즌Julia Rosen, 알렉산드라 위체Alexandra Witze, 제인 C. 후Jane C. Hu, 매들린 오스트랜더Madeline Ostrander, 띠엔 응우옌Tiên Nguyễn, 케이트 호로위츠Kate Horowitz, 나타샤 길버트Natasha Gilbert, 헬렌 셴Helen Shen, 레이첼 에렌버그Rachel Ehrenberg, 안토니아 유하스Antonia Juhasz, 캐서린 샌더슨Katharine Sanderson, 로라 샌더스Laura Sanders. 우리가 선택한 이 거친 직업에 대해 응원과 조언을 해준 이들 모두에게 감사한다. 가상의 공동 작업 그룹을 운영하며, 아주 힘든 시기에 내가 이 책을 계속 준비하고 집필할 수 있게 해준 애슐리 보빈Ashley Bovin에게도 감사한다.

우리 부모님 잰 와일드맨Jan Wildman과 마이클 웨이드Michael Wade

에게도 감사한다. 두 분은 항상 내 호기심과 모험심을 지지해주신다. 전화로 나와 긴 대화를 나눠준 내 형제 캐리 웨이드Carrie Wade에게도 감사한다.

마지막으로 내 남편 루케스 올모스 가르시아Luckez Olmos García에게 감사한다. 당신의 응원이 없었다면 나는 단 한 단어도 원고를 쓸 수 없었을 거야. 아포칼립스가 닥쳤을 때 함께 있고 싶은 사람은 당신뿐이야.

주

1부

1 Hermann Schaaffhausen, "On the Crania of the Most Ancient Races of Man," translated by George Busk, *Natural History Review* series 2, vol. 1, no. 2 (1861).

2 William King, "The Reputed Fossil Man of the Neanderthal," *Quarterly Journal of Science* 1 (1864): 88–97.

3 Paige Madison, "Characterized by Darkness: Reconsidering the Origins of the Brutish Neanderthal," *Journal of the History of Biology* 53, no. 4 (2020): 493–519에서 재인용.

4 Arthur Keith, *The Antiquity of Man* (Williams and Norgate, 1915), 136.

5 Richard E. Green et al., "A Draft Sequence of the Neandertal Genome," *Science* 328, no. 5979 (2010): 710–722.

6 Aleš Hrdlička, "The Neanderthal Phase of Man," *Journal of the Royal Anthropological Institute of Great Britain and Ireland* 57 (1927): 249–274.

7 Rebecca Wragg Sykes, *Kindred: Neanderthal Life, Love, Death and Art* (Bloomsbury Sigma, 2020), 374–375.

8 J. Zilhão et al., "Last Interglacial Iberian Neandertals as Fisher-Hunter-Gatherers," *Science* 367, no. 6485 (2020).

9 Wragg Sykes, *Kindred*, 139.

10 Tim Appenzeller, "Europe's First Cave Artists Were Neandertals, Newly Dated Paintings Show," *Science*, February 22, 2018.

11 Neanderthal-specific proteins: Lizzie Wade, "Neandertals Made Their Own Jewelry, New Method Confirms," *Science*, September 16, 2016.

12 Michael Price, "Neanderthals and Modern Humans Made Babies 47,000 Years Ago," *Science*, May 21, 2024.

13 Josie Glausiusz, "Were Neanderthals More Than Cousins to Homo

Sapiens?," *Sapiens*, January 20, 2020.

14   톰 히검과의 인터뷰, 2020년 9월 24일.

15   히검 인터뷰.

16   Tom Higham et al., "The Timing and Spatiotemporal Patterning of Neanderthal Disappearance," *Nature* 512, no. 7514 (2014): 306–309.

17   Michael Price, "Did Neanderthals and Modern Humans Take Turns Living in a French Cave?," *Science*, February 9, 2022.

18   히검 인터뷰.

19   히검 인터뷰.

20   Wragg Sykes, *Kindred*, 221.

21   Wragg Sykes, *Kindred*, 374–375.

22   크리스 스트링어와의 인터뷰, 2020년 10월 14일.

23   Wragg Sykes, *Kindred*, 403.

24   요하네스 크라우제와의 인터뷰, 2020년 10월 16일.

25   Svante Pääbo, *Neanderthal Man: In Search of Lost Genomes* (Basic Books, 2014), 313.

26   David Reich et al., "Genetic History of an Archaic Hominin Group from Denisova Cave in Siberia," *Nature* 468, no. 7327 (2010): 1053–1060.

27   Sharon R. Browning et al., "Analysis of Human Sequence Data Reveals Two Pulses of Archaic Denisovan Admixture," *Cell* 173, no. 1 (2018): 53–61.e9.

28   Viviane Slon et al., "The Genome of the Offspring of a Neanderthal Mother and a Denisovan Father," *Nature* 561, no. 7721 (2018): 113–116.

29   Emilia Huerta-Sánchez et al., "Altitude Adaptation in Tibetans Caused by Introgression of Denisovan-like DNA," *Nature* 512, no. 7513 (2014): 194–197.

30   스트링어 인터뷰.

31   James Walker et al., "The Archaeological Context of Doggerland During the Final Palaeolithic and Mesolithic," in *Europe's Lost Frontiers: Volume 1*, edited by Vince Gaffney and Simon Fitch (Archeopress, 2022), 76.

32   Clement Reid, *Submerged Forests* (Cambridge University Press, 1913), 1–2.

33   Reid, *Submerged Forests*, 41–42.

34   Vincent Gaffney, Simon Fitch, and David Smith, *Europe's Lost World: The Rediscovery of Doggerland* (Council for British Archaeology, 2008), 14.

35   Geoff Baily et al., "Great Britain: The Intertidal and Underwater Archaeology of Britain's Submerged Landscapes," in *The Archaeology of Europe's Drowned Landscapes*, edited by Geoff Baily et al. (Springer Cham, 2020), 207.

36   빈스 개프니와의 인터뷰, 2018년 11월 30일.

37   Gaffney et al., *Europe's Lost World*, 42.

38   Ole Grøn and Jørgen Skaarup, "Møllegabet II: A Submerged Mesolithic Site and a 'Boat Burial' from Ærø," *Journal of Danish Archaeology* 10, no. 1 (1991): 38–50.

39   Torben Malm, "Excavating Submerged Stone Age Sites in Denmark— the Tybrind Vig Example," https://www.abc.se/~m10354/publ/tybrind.htm.

40   Bryony Coles, "Doggerland: A Speculative Survey," *Proceedings of the Prehistoric Society* 64 (1998): 45–81.

41   Gaffney et al., *Europe's Lost World*, 74.

42   Gaffney et al., *Europe's Lost World*, 92.

43   Gaffney et al., *Europe's Lost World*, 96.

44   J. van der Plicht et al., "Surf'n Turf in Doggerland: Dating, Stable Isotopes and Diet of Mesolithic Human Remains from the Southern North Sea," *Journal of Archaeological Science: Reports* 10 (2016): 110–118.

45   Tine Missiaen et al., "Targeting the Mesolithic: Interdisciplinary Approaches to Archaeological Prospection in the Brown Bank Area, Southern North Sea," *Quaternary International* 584 (2021): 141–151.

46   James Walker et al., "Winds of Change: Urgent Challenges and Emerging Opportunities in Submerged Prehistory, a Perspective from the

North Sea," *Heritage* 7, no. 4 (2024): 1947–1968.

47   "The First Archaeological Artefacts Found During the Search for Lost Prehistoric Settlements in the North Sea," press release from the University of Bradford, June 11, 2019, https://www.bradford.ac.uk/news/archive/2019/the-first-archaeological-artefacts-found-during-the-search-for-lost-prehistoric-settlements-in-the-north-sea.php.

48   Andrew Curry, "Europe's Lost Frontier," *Science*, January 31, 2020.

49   에후드 갈릴리와의 인터뷰, 2019년 12월 13일.

50   Ehud Galili et al., "A Submerged 7000-year-old Village and Seawall Demonstrate Earliest Known Coastal Defence Against Sea-level Rise," *PLoS ONE* 14, no. 12 (2019).

51   Ehud Galili et al., "Israel: Submerged Prehistoric Sites and Settlements on the Mediterranean Coastline—the Current State of the Art," in *The Archaeology of Europe's Drowned Landscapes*.

52   Patrick Nunn, *The Edge of Memory: Ancient Stories, Oral Tradition and the Post-Glacial World* (Bloomsbury Sigma, 2019), 77.

53   마크 쿨마트리, 개인 서신, 2020년 8월 10일자.

54   Neale Draper, "Islands of the Dead? Prehistoric Occupation of Kangaroo Island and Other Southern Offshore Islands and Watercraft Use by Aboriginal Australians," *Quaternary International* 385(2015): 229–242.

55   Nunn, *The Edge of Memory*, 77.

56   패트릭 넌과의 인터뷰, 2020년 2월 7일.

57   Amy L. Roberts et al., "Marine Transgression, Aboriginal Narratives and the Creation of Yorke Peninsula/Guuranda, South Australia," *Journal of Island and Coastal Archaeology* 15, no. 3 (2019): 13.

58   Nunn, The Edge of Memory, 91.

59   Patrick Nunn, "Responses to Ocean Rise: The Ancestors' Tales," *Cosmos*, June 4, 2019.

60   Nunn, *The Edge of Memory*, 115.

61   Jo McDonald, "I Must Go Down to the Seas Again: Or, What Happens

When the Sea Comes to You? Murujuga Rock Art as an Environmental Indicator for Australia's North-west," *Quaternary International* 385 (2015): 124–135.

62 Nunn, *The Edge of Memory*, 92.

63 Jim Leary, *The Remembered Land: Surviving Sea-level Rise After the Last Ice Age* (Bloomsbury, 2015), 72.

64 Grøn and Skaarup, "Møllegabet II."

65 Galili et al., "Israel: Submerged Prehistoric Sites and Settlements on the Mediterranean Coastline—the Current State of the Art," in *The Archaeology of Europe's Drowned Landscapes*, 469.

66 Leary, *The Remembered Land*, 72.

67 Leary, *The Remembered Land*, 101.

68 Ari Caramanica, "Resilience and Resistance in the Peruvian Deserts," *ReVista: Harvard Review of Latin America* 17, no. 3 (2018)

69 Dan Sandweiss, "Oscillations: What Effect Does the Weather Have on the Development of Human Culture?" *Phi Kappa Phi Forum*, Winter issue (2015).

70 댄 샌드와이스와의 인터뷰, 2020년 12월 1일.

71 샌드와이스 인터뷰에서 재구성한 대화, 2020년.

72 샌드와이스 인터뷰, 2020.

73 샌드와이스 인터뷰, 2020.

74 Sandweiss, "Oscillations," 11.

75 Dan Sandweiss and Kirk A. Maasch, "El Nino as Catastrophe on the Peruvian Coast," in *Going Forward by Looking Back: Archaeological Perspectives on Socio-ecological Crisis, Response, and Collapse*, edited by Felix Riede and Payson Sheets (Berghahn Books, 2020), 983.

76 Rebecca Solnit, *A Paradise Built in Hell: The Extraordinary Communities That Arise in Disaster* (Penguin Books, 2009), 22.

77 Solnit, *A Paradise Built in Hell*, 56.

78 Solnit, *A Paradise Built in Hell*, 9.

79 Solnit, *A Paradise Built in Hell*, 97.

80 Jago Cooper, "Fail to Prepare, Then Prepare to Fail: Rethinking Threat, Vulnerability, and Mitigation in the Precolumbian Caribbean," in *Surviving Sudden Environmental Change: Answers from Archaeology*, edited by Jago Cooper and Payson Sheets (University Press of Colorado, 2012).

81 Ben Fitzhugh et al., "Resilience and the Population History of the Kuril Islands, Northwest Pacific: A Study in Complex Human Ecodynamics," *Quaternary International* 419 (2016): 165–193.

82 Solnit, *A Paradise Built in Hell*, 32.

83 Solnit, *A Paradise Built in Hell*, 92.

84 아나 세실리아 마우리시오 욘토와의 인터뷰, 2020년 12월 9일, 스페인어에서 필자가 직접 번역.

85 Dan Sandweiss et al., "GPR Identification of an Early Monument at Los Morteros in the Peruvian Coastal Desert," *Quaternary Research* 73, no. 3 (2010): 439–448.

86 Ana Cecilia Mauricio et al., "The Earliest Adobe Monumental Architecture in the Americas," *Proceedings of the National Academy of Sciences* 118, no. 48 (2021).

87 Ann Gibbons, "The Evolution of Diet," *National Geographic*, August 18, 2014.

88 James C. Scott, *Against the Grain: A Deep History of the Earliest States* (Yale University Press, 2017), 93.

89 마우리시오 욘토 인터뷰.

90 Ruth Shady Solis et al., "Dating Caral, a Preceramic Site in the Supe Valley on the Central Coast of Peru," *Science* 292, no. 5517 (2001): 723–726.

91 Richard L. Burger and Lucy Salazar, "Monumental Public Complexes and Agricultural Expansion on Peru's Central Coast During the Second Millennium BC," in *Early New World Monumentality*, edited by Richard L. Burger and Robert M. Rosenswig (University Press of Florida, 2012).

92 Richard L. Burger, "The Construction of Values During the Peruvian

Formative," in *The Construction of Value in the Ancient World*, edited by John K. Papadopoulos and Gary Urton (Cotsen Institute of Archaeology Press, 2012).

93 Thomas Pozorski and Shelia Pozorski, "Early Complex Society on the North and Central Peruvian Coast: New Archaeological Discoveries and New Insights," *Journal of Archaeological Research* 26, no. 4 (2018): 353–386.

94 제이슨 네스빗과의 인터뷰, 2020년 12월 14일.

95 샌드와이스와의 인터뷰, 2018년 12월 20일.

96 Sandweiss and Maasch, "El Nino as Catastrophe on the Peruvian Coast," 990.

97 Jason Nesbitt, "El Niño and Second-Millennium BC Monument Building at Huaca Cortada (Moche Valley, Peru)," *Antiquity* 90, no. 351 (2016): 638–653.

98 Nesbitt, "El Niño and Second-Millennium BC Monument Building."

99 Pozorski and Pozorski, "Early Complex Society on the North and Central Peruvian Coast."

2부

1 Adam S. Green, "Killing the Priest-King: Addressing Egalitarianism in the Indus Civilization," *Journal of Archaeological Research* 29, no. 2 (2021): 153–202.

2 Green, "Killing the Priest-King," 154에서 재인용.

3 Andrew Robinson, "Ancient Civilization: Cracking the Indus Script," *Nature* 526, no. 7574 (2015): 499–501.

4 Cameron A. Petrie, "Diversity, Variability, Adaptation and 'Fragility' in the Indus Civilization," in *The Evolution of Fragility: Setting the Terms*, edited by Norman Yoffee (McDonald Institute for Archaeological Research, 2019).

5 Green, "Killing the Priest-King."

6 Michael Marshall, "Did a Mega Drought Topple Empires 4,200 Years

Ago?," *Nature*, January 26, 2022.

7   Petrie et al., "Adaptation to Variable Environments, Resilience to Climate Change: Investigating Land, Water and Settlement in Indus Northwest India," *Current Anthropology* 58, no. 1(2017): 1 – 30.

8   Petrie, "Crisis, What Crisis? Adaptation, Resilience and Transformation in the Indus Civilisation," in *Crisis to Collapse: The Archaeology of Social Breakdown*, edited by Tim Cunningham and Jan Driessen(Presses universitaires de Louvain, 2017).

9   Petrie, "Diversity, Variability, Adaptation and 'Fragility.'"

10   Gwen Robbins Schug et al., "A Peaceful Realm? Trauma and Social Differentiation at Harappa," *International Journal of Paleopathology* 2, nos. 2 – 3 (2012): 136 – 147.

11   Robbins Schug et al., "A Peaceful Realm?"

12   Robbins Schug et al., "Infection, Disease, and Biosocial Processes at the End of the Indus Civilization," *PLoS ONE* 8, no. 12 (2013).

13   그웬 로빈스 슈그와의 인터뷰, 2021년 8월 30일.

14   Robbins Schug et al., "A Peaceful Realm?"

15   Robbins Schug et al., "Infection, Disease, and Biosocial Processes."

16   Gwen Robbins Schug and Kelly Elaine Blevins, "The Center Cannot Hold: A Bioarchaeological Perspective on Environmental Crisis in the Second Millennium BCE, South Asia," in *A Companion to South Asia in the Past*, edited by Gwen Robbins Schug and Subhash R. Walimbe (John Wiley & Sons, 2016).

17   Jonathan Mark Kenoyer, "Changing Perspectives of the Indus Civilization: New Discoveries and Challenges," *Journal of the Indian Archaeological Society* 41 (2011).

18   Petrie, "Diversity, Variability, Adaptation and 'Fragility.' "

19   Robbins Schug et al., "A Peaceful Realm?"

20   Robbins Schug et al., "Infection, Disease, and Biosocial Processes."

21   Robbins Schug and Blevins, "The Center Cannot Hold."

22   Petrie, "Crisis, What Crisis?"

23   Gabriele de' Mussis in *The Black Death*, translated and edited by Rosemary Horrox (Manchester University Press, 1994): "The Arrival of the Plague."

24   Lizzie Wade, "The Black Death May Have Transformed Medieval Societies in Sub-Saharan Africa," *Science*, March 6, 2019.

25   Horrox, *The Black Death*: "The Plague in Forence"에 인용된 Giovanni Boccaccio.

26   Horrox, *The Black Death*: "The Plague in Padua."

27   Horrox, *The Black Death*: "Ordinances Against the Spread of Plague, Pistoia, 1348."

28   Horrox, *The Black Death*: "The Plague in Padua."

29   Horrox, *The Black Death*: "The Flagellants."

30   Horrox, *The Balck Death*: "The Arrival of the Plague"에 인용된 Gabriele de' Mussi.

31   Horrox, The Black Death: "The Plague in Central Europe."

32   Anna Colet et al., "The Black Death and Its Consequences for the Jewish Community in Tàrrega: Lessons from History and Archaeology," in *Pandemic Disease in the Medieval World: Rethinking the Black Death*, edited by Monica H. Green (Arc Medieval Press, 2015).

33   아나 콜레트와의 인터뷰, 2022년 3월 21일, 스페인어에서 필자가 번역.

34   Colet et al., "The Black Death and Its Consequences."

35   Horrox, *The Black Death*: "Well-Poisoning."

36   Horrox, *The Black Death*: "Mandate of Clement VI Concerning the Jews."

37   Colet et al., "The Black Death and Its Consequences."

38   콜레트 인터뷰.

39   Colet et al., "The Black Death and Its Consequences."

40   Bruce M. S. Campbell, *The Great Transition: Climate, Disease and Society in the Late-Medieval World* (Cambridge University Press, 2016).

41   Sharon N. DeWitte, "Setting the Stage for Medieval Plague: Pre-Black

Death Trends in Survival and Mortality," *American Journal of Physical Anthropology* 158, no. 3 (2015): 441-451.

42   샤론 드위트와의 인터뷰, 2022년 3월 7일.

43   DeWitte and James W. Wood, "Selectivity of Black Death Mortality with Respect to Preexisting Health," *Proceedings of the National Academy of Sciences* 105, no. 5 (2008): 1436-1441.

44   DeWitte and Maryanne Kowaleski, "Black Death Bodies," *Fragments* 6 (2017).

45   Horrox, *The Black Death*: "Petrarch on the Death of Friends."

46   Horrox, *The Black Death*: "The Plague According to Henry Knighton."

47   Horrox, *The Black Death*: "The Plague Seen from Rochester."

48   Sharon DeWitte, "Stress, Sex, and Plague: Patterns of Developmental Stress and Survival in Pre-and Post-Black Death London," *American Journal of Human Biology* 30, no. 1 (2018).

49   DeWitte, "Stress, Sex, and Plague."

50   Horrox, *The Black Death*: "The Ordinance of Labourers, 18 June 1349."

51   Horrox, *The Black Death*: "The Statue of Labourers, 1351."

52   Horrox, *The Black Death*: "Additions to the Statue of Labourers, 1388."

53   Guido Alfani, "Economic Inequality in Preindustrial Times: Europe and Beyond," *Journal of Economic Literature* 59, no. 1 (2021): 3-44.

54   Horrox, *The Black Death*: "The Statue of Labourers, 1351."

55   Mark Lehner, "The Pyramid Age Settlement of the Southern Mount at Giza," *Journal of the American Research Center in Egypt* 39 (2002): 27-74.

56   Mark Lehner, "Labor and the Pyramids: The Heit el-Ghurab 'Workers Town' at Giza," in *Labor in the Ancient World*, edited by Piotr Steinkeller and Michael Hudson (ISLET-Verlag, 2015).

57   Richard W. Redding, "A Tale of Two Sites: Old Kingdom Subsistence Economy and the Infrastructure of Pyramid Construction," in *Archaeozoology of the Near East X*, edited by Bea De Cupere, Veerle Linseele, and Sheila Hamilton-Dyer (Peeters, 2013).

58   Miroslav Bárta, *Analyzing Collapse: The Rise and Fall of the Old Kingdom* (American University in Cairo Press, 2019).

59   Toby Wilkinson, *The Rise and Fall of Ancient Egypt* (Random House, 2010).

60   Ellen Morris, "Ancient Egyptian Exceptionalism: Fragility, Flexibility and the Art of Not Collapsing," in *The Evolution of Fragility* (University of Cambridge Press, 2019).

61   Zahi Hawass, "The Discovery of the Tombs of the Pyramid Builders at Giza," 1997, http://www.guardians.net/hawass/buildtomb.htm.

62   Barbara Bell, "The Dark Ages in Ancient History," *American Journal of Archaeology* 75, no. 1 (1971): 1-26에 인용된 Ipuwer.

63   Joseph Tainter, *The Collapse of Complex Societies* (Cambridge University Press, 1988), 4

64   Christopher E. Bernhardt et al., "Nile Delta Vegetation Response to Holocene Climate Variability," *Geology* 40, no. 7 (2012): 615-618.

65   Mohamed A. Hamdan, "Climate and Collapse of Egyptian Old Kingdom: A Geoarchaeological Approach," *Proceedings of the Workshop "Italian Days in Aswan*," edited by Giuseppina Capriotti (2013).

66   Michael D. Krom et al., "Nile River Sediment Fluctuations over the Past 7000 Yr and Their Key Role in Sapropel Development," *Geology* 30, no. 1 (2002): 71-74.

67   Bárta, *Analyzing Collapse*, 55.

68   Bárta, *Analyzing Collapse*, 58.

69   Bárta, "Long Term or Short Term? Climate Change and the Demise of the Old Kingdom," in *Climate and Ancient Societies*, edited by Susan Kerner et al. (Museum Tusculanum Press, 2015).

70 Bell, "The Dark Ages."

71 Bell, "The Dark Ages."

72 Bell, "The Dark Ages."

73 Bell, "The Dark Ages."

74 Bárta, *Analyzing Collapse.*

75 Bárta, *Analyzing Collapse.*

76 Bárta, *Analyzing Collapse.*

77 Ellen Morris, " 'Lo, Nobles Lament, the Poor Rejoice': State Formation in the Wake of Social Flux," in *After Collapse: The Regeneration of Complex Societies*, edited by Glenn M. Schwartz and John J. Nichols (University of Arizona Press, 2006).

78 Morris, "Nobles Lament."

79 Stephan Seidlmayer, "The First Intermediate Period (c.2160–2055 BC)," in *The Oxford History of Ancient Egypt*, edited by Ian Shaw (Oxford University Press, 2000), 118에 인용된 안크티피의 무덤 글귀.

80 Quoted in Seidlmayer, "The First Intermediate Period," 118.

81 Morris, "Nobles Lament."

82 Seidlmayer, "The First Intermediate Period."

83 Seidlmayer, "The First Intermediate Period," 122.

84 Seidlmayer, "The First Intermediate Period," 114.

85 Mariam Ayad, "Women's Self-Presentation in Pharaonic Egypt," in *Living Forever: Self-Presentation in Ancient Egypt*, edited by Hussein Bassir (American University in Cairo Press, 2019).

86 매슈 더글러스 애덤스와의 인터뷰, 2021년 7월 28일.

87 Adams, "Community and Society in Egypt in the First Intermediate Period: An Archaeological Investigation of the Abydos Settlement Site" (PhD diss., University of Pennsylvania, 2005).

88 애덤스 인터뷰.

89 Morris, "Writing Trauma: Ipuwer and the Curation of Cultural Memory," in *"An Excellent Fortress for His Armies, a Refuge for the*

People": Egyptological, Archaeological, and Biblical Studies in Honor of James K. Hoffmeier (Penn State University Press/Eisenbrauns, 2020).

90   Bell, "The Dark Ages."에 인용된 Ipuwer.

91   Morris, "Nobles Lament."

92   Morris, "Nobles Lament," 67.

93   Morris, "Nobles Lament," 71.

94   John L. Stephens, *Incidents of Travel in Yucatan*, Volume 1 (Harper and Brothers, 1848), Chapter 1.

95   Stephens, *Incidents of Travel in Yucatan*, Volume 1, Preface.

96   Stephens, *Incidents of Travel in Yucatan*, Volume 2, Chapter 24.

97   Stephens, *Incidents of Travel in Yucatan*, Volume 1, Preface.

98   Stephens, *Incidents of Travel in Yucatan*, Volume 2, Chapter 24.

99   Augustus Le Plongeon, in Roberto Rosado-Ramirez, "Living with Ruins: Community Regeneration After Political Collapse at the Ancient Maya City of Ake, Yucatan, Mexico" (PhD diss., Northwestern University, 2021), 212.

100   Stephens, *Incidents of Travel in Yucatan*, Volume 1, Preface.

101   Stephens, *Incidents of Travel in Yucatan*, Volume 2, Chapter 1.

102   Stephens, *Incidents of Travel in Yucatan*, Volume 2, Chapter 24.

103   Scott R. Hutson and Bruce H. Dahlin, "The Long Road to Maya Markets," in *Ancient Maya Commerce: Multidisciplinary Research at Chunchucmil* (University Press of Colorado, 2017).

104   Arthur A. Demarest et al., "Classic Maya Defensive Systems and Warfare in the Petexbatun Region: Archaeological Evidence and Interpretations," *Ancient Mesoamerica* 8, no. 2 (1997): 229–253.

105   Peter M. J. Douglas et al., "Drought, Agricultural Adaptation, and Sociopolitical Collapse in the Maya Lowlands," *Proceedings of the National Academy of Sciences* 112, no. 18 (2015): 5607–5612.

106   Patricia A. McAnany and Tomás Gallareta Negrón, "Bellicose Rulers and Climatological Peril? Retrofitting Twenty-First-Century Woes on Eighth-Century Maya Society," in *Questioning Collapse: Human Resilience,*

Ecological Vulnerability, and the Aftermath of Empire, edited by McAnany and Norman Yoffee (Cambridge University Press, 2010).

107　Rosado-Ramirez, "Living with Ruins."

108　David A. Hodell et al., "Terminal Classic Drought in the Northern Maya Lowlands Inferred from Multiple Sediment Cores in Lake Chichancanab (Mexico)," *Quaternary Science Reviews* 24, nos. 12–13 (2005): 1413–1427.

109　로사도라미레스와 함께 아케 방문, 2022년 7월 12~13일.

110　Rosado-Ramirez, "Living with Ruins."

111　Scott L. Fedick and Louis S. Santiago, "Large Variation in Availability of Maya Food Plant Sources During Ancient Droughts," *Proceedings of the National Academy of Sciences* 119, no. 1 (2021).

112　Jason Yaeger and David A. Hodell, "The Collapse of Maya Civilization: Assessing the Interaction of Culture, Climate, and Environment," in *El Niño, Catastrophism, and Culture Change in Ancient America*, edited by Sandweiss and Jeffrey Quilter (Dumbarton Oaks, 2008).

113　스콧 헛슨과의 인터뷰, 2023년 1월 31일.

114　Lizzie Wade, "Ancient People Lived Among Ruins Too. What Did They Make of Them?," *Science*, March 30, 2023.

115　Rosado-Ramirez와 함께 마야판 방문, 2022년 7월 14일.

116　Douglas J. Kennett et al., "Drought-Induced Civil Conflict Among the Ancient Maya," *Nature Communications* 13, no. 1 (2022): 3911.

3부

1　Bernal Díaz del Castillo, *The Conquest of New Spain*, translated by J. M. Cohen (Penguin Books, 1963), 91.

2　Matthew Restall, *When Montezuma Met Cortés: The True Story of the Meeting That Changed History* (Ecco, 2018), 130.

3　Camilla Townsend, *Fifth Sun: A New History of the Aztecs* (Oxford University Press, 2019), Chapters 1 and 2.

4   Díaz del Castillo, *The Conquest of New Spain*, 214.

5   Lizzie Wade, "It Wasn't Just Greece: Archaeologists Find Early Democratic Societies in the Americas," *Science*, March 15, 2017.

6   David Graeber and David Wengrow, *The Dawn of Everything: A New History of Humanity* (Farrar, Straus and Giroux, 2021), Chapter 11.

7   Graeber and Wengrow, *The Dawn of Everything*, Chapter 5.

8   Pekka Hämäläinen, *Indigenous Continent: The Epic Contest for North America* (Liveright, 2022), Chapter 2.

9   Graeber and Wengrow, *The Dawn of Everything*, Chapter 5.

10   Keitlyn Alcantara-Russell, "The Diet of Sovereignty: Bioarchaeology in Tlaxcallan" (PhD diss., Vanderbilt University, 2020).

11   Federico Navarrete Linares, *¿Quién Conquistó México?* (Penguin Random House Mexico, 2019), Chapter 4.

12   Restall, *When Montezuma Met Cortés*, Chapter 6.

13   Restall, *Seven Myths of the Spanish Conquest*, Updated Edition (Oxford University Press, 2021), Chapter 1.

14   Restall, *Seven Myths*, 24.

15   Restall, *When Montezuma Met Cortés*, 78.

16   Restall, *When Montezuma Met Cortés*, 78에서 재인용.

17   *Five Letters of Relation from Fernando Cortes to the Emperor Charles V*, translated and edited by Francis Augustus MacNutt (G. P. Putnam's Sons, 1908), 78.

18   Restall, *When Montezuma Met Cortés*, Chapter 3.

19   Wade, "Feeding the Gods: Hundreds of Skulls Reveal Massive Scale of Human Sacrifice in Aztec Capital," *Science*, June 21, 2018.

20   Hämäläinen, *Indigenous Continent*, 66에서 재인용.

21   Joseph Stromberg, "Starving Settlers in Jamestown Colony Resorted to Cannibalism," *Smithsonian*, April 30, 2013.

22   Townsend, *Malintzin's Choices: An Indian Woman in the Conquest of Mexico* (University of New Mexico Press, 2006), 95.

23   Townsend, *Fifth Sun*.

24   Townsend, *Fifth Sun*, 125.

25   David M. Carballo, *Collision of Worlds: A Deep History of the Fall of Aztec Mexico and the Forging of New Spain* (Oxford University Press, 2020), 121.

26   Navarrete Linares, *¿Quién Conquistó México?*, Chapter 4, 스페인어에서 필자가 번역

27   Restall, *When Montezuma Met Cortés*, Chapter 4.

28   Restall, *When Montezuma Met Cortés*, Chapter 6.

29   Townsend, *Fifth Sun*, 117.

30   Townsend, *Fifth Sun*, 118.

31   Carballo, *Collison of Worlds*, 218.

32   *Florentine Codex, Book 12: The Conquest of Mexico*, translated by Arthur J. O. Anderson and Charles E. Dibble (The University of Utah Press, 1975), 82.

33   Clark Spencer Larsen, "Colonialism and Decline in the American Southeast: The Remarkable Record of La Florida," in *Beyond Germs: Native Depopulation in North America*, edited by Catherine M. Cameron, Paul Kelton, and Alan C. Swedlund (University of Arizona Press, 2015).

34   Matthew Liebmann, "Colonialism and Indigenous Population Decline in the Americas," in *The Routledge Handbook of the Archaeology of Indigenous-Colonial Interaction in the Americas*, edited by Lee M. Panich and Sara L. Gonzalez (Routledge, 2021).

35   Wade, "From Black Death to Fatal Flu, Past Pandemics Show Why People on the Margins Suffer Most," *Science*, May 14, 2020.

36   Kathleen L. Hull, "Quality of Life: Native Communities Within and Beyond the Bounds of Colonial Institutions in California," in *Beyond Germs*.

37   Hämäläinen, *Indigenous Continent*, 101.

38   Townsend, *Fifth Sun*, 121.

39   Díaz del Castillo, *The Conquest of New Spain*, 389–390.

40 라울 바레라 로드리게스와의 인터뷰, 2022년 6월 1일.

41 INAH, "Pirámide de Ehécatl," April 23, 2009, my translation from Spanish, website now archived: https://web.archive.org/web/20210625030747/https://inah.gob.mx/boletines/2051-piramide-de-ehecatl.

42 Wade, "Feeding the Gods."

43 레스톨과의 인터뷰, 2022년 6월 6일.

44 Townsend, *Fifth Sun*, 224.

45 Townsend, *Fifth Sun*, 98.

46 Díaz del Castillo, *The Conquest of New Spain*, 369.

47 앨리샤 오드웨일과의 인터뷰, 2019년 7월 11일.

48 Alicia Odewale et al., "In Service to a Danish King: Comparing the Material Culture of Royal Enslaved Afro-Caribbeans and Danish Soldiers at the Christiansted National Historic Site," *Journal of African Diaspora Archaeology and Heritage* 6, no. 1 (2017): 19–54.

49 Lawrence Weschler, *Mr. Wilson's Cabinet of Wonder: Pronged Ants, Horned Humans, Mice on Toast, and Other Marvels of Jurassic Technology* (Pantheon, 1995).

50 Carballo, *Collision of Worlds*, 90.

51 Wade, "Caribbean Excavation Offers Intimate Look at the Lives of Enslaved Africans," *Science*, November 7, 2019.

52 더글러스 암스트롱과의 인터뷰, 2019년 9월 11일.

53 암스트롱 인터뷰, 2018년 12월 4일.

54 Armstrong, "Early Seventeenth Century Settlement in Barbados and the Shift to Sugar, Slavery, and Capitalism," in *Power, Political Economy, and Historical Landscapes of the Modern World*, edited by Christopher R. DeCorse (State University of New York Press, 2019).

55 암스트롱 인터뷰, 2018.

56 윌리엄 화이트와의 인터뷰, 2019년 7월 11일.

57 Charlotte Goudge, "Man vs. Machine: Betty's Hope and the Industrialisation of 19th-Century Caribbean Factories," *Industrial*

Archaeology Review 41, no. 1 (2019): 45 – 51.

58   저스틴 더버넌트와의 인터뷰, 2019년 7월 10일.

59   마크 하우저와의 인터뷰, 2024년 9월 5일.

60   E. Christian Wells et al., "Social and Environmental Impacts of British Colonial Rum Production at Betty's Hope Plantation, Antigua," in *Archaeologies of the British in Latin America*, edited by C. E. Orser, Jr. (Springer, 2019).

61   Odewale, "An Archaeology of Struggle: Material Remnants of a Double Consciousness in the American South and Danish Caribbean Communities," in *Transforming Anthropology* 27, no. 2 (2019): 114 – 132.

62   Odewale et al., "In Service to a Danish King."

63   세인트크로이섬 취재 여행, 2019년 7월 9~11일.

64   더너번트 인터뷰, 2019년 7월 10일.

65   현장 취재, 2019년 7월 10일.

66   Digital Archaeological Archive of Comparative Slavery, https://www.daacs.org.

67   Odewale et al., "In Service to a Danish King."

68   Sarah E. Oas and Mark W. Hauser, "The Political Ecology of Plantations from the Ground Up," *Environmental Archaeology* 23, no. 1 (2017): 4 – 12.

69   하우저 인터뷰, 2024.

70   Dunnavant, "Have Confidence in the Sea: Maritime Maroons and Fugitive Geographies," *Antipode* 53, no. 3 (2021): 884 – 905.

71   Armstrong, "Cave of Iron and Resistance: A Preliminary Examination," *Journal of the Barbados Museum & Historical Society* 61 (2015): 178 – 99.

72   암스트롱 인터뷰, 2018.

73   Armstrong, "Cave of Iron," 184에서 재인용.

74   Louisa Hoberman, "Bureaucracy and Disaster: Mexico City and the Flood of 1629," *Journal of Latin American Studies* 6, no. 2 (1974): 211 – 230.

75   바레라 로드리게스 인터뷰, 2022.

76   "Descubren en Monte de Piedad restos del Palacio de Axayácatl y de una casa construida por orden de Cortés," Secretaría de Cultura, July 13, 2020, https://www.gob.mx/cultura/prensa/descubren-en-monte-de-piedad-restos-del-palacio-de-axayacatl-y-de-una-casa-construida-por-orden-de-cortes.

77   존 로페스와의 인터뷰, 2018년 1월 27일.

78   Hoberman, "Bureaucracy and Disaster."

79   Hoberman, "Technological Change in a Traditional Society: The Case of the Desagüe in Colonial Mexico," *Technology and Culture* 21, no. 3 (1980): 386–407.

80   Hoberman, "Bureaucracy and Disaster."

81   "El Desagüe del Valle de México," Mirador, Mexico's Secretary of Infrastructure, Communications and Transportation, https://elmirador.sct.gob.mx/manos-a-la-obra/el-desague-del-valle-de-mexico

82   Zoë Schlanger, "Solving Mexico City's Cataclysmic Cycle of Drowning, Drying, and Sinking," *Quartz*, May 18, 2018.

83   "Inauguran Túnel Emisor Oriente que permitirá evitar inundaciones en la Ciudad de México y Edomex," Gobierno de la Ciudad de México, December 23, 2019, https://jefaturadegobierno.cdmx.gob.mx/comunicacion/nota/inauguran-tunel-emisor-oriente-que-permitira-evitar-inundaciones-en-la-ciudad-de-mexico-y-edomex.

84   Jonathan Watts, "Mexico City's Water Crisis—from Source to Sewer," *The Guardian*, November 12, 2015.

85   Michael Kimmelman, "Mexico City, Parched and Sinking, Faces a Water Crisis," *New York Times*, February 17, 2017에서 재인용.

86   "Mantiene Conagua las labores de desazolve y desalojo de agua anegada en el municipio de Chalco," Comisión Nacional de Agua, August 22, 2024, https://www.gob.mx/conagua/prensa/mantiene-conagua-las-labores-de-desazolve-y-desalojo-de-agua-anegada-en-el-municipio-de-chalco.

87 Mariana Martínez Barba, "Residents of Mexico City Suburb Are Anxious After Living over a Month in Black Sewage Water," Associated Press, September 14, 2024.

88 Solnit, *A Paradise Built in Hell*, 136.

89 Maya Wei-Haas, "How Mexico City's Unique Geology Makes Deadly Earthquakes Even Worse," *Smithsonian*, September 20, 2017.

90 Robert A. Jones, "Pattern of Destruction: New Lessons from Quake in Mexico," *Los Angeles Times*, September 26, 1986.

91 Cassandra Rowe et al., "Indigenous Fire Management Began More Than 11,000 Years Ago: New Research," *The Conversation*, March 11, 2024.

92 마크 쿨마트리와의 인터뷰, 2020년 8월 4일.

93 Jamie Tarabay, "There's No Place Like Kangaroo Island. Can It Survive Australia's Fires?," *New York Times*, February 4, 2020.

94 Livia Gershon, "The Global Suppression of Indigenous Fire Management," *JSTOR Daily*, October 12, 2020.

95 Christopher J. Preston, "Why Grazing Bison Could Be Good for the Planet," BBC, November 2, 2023.

96 하우저 인터뷰, 2024.

97 하우저 인터뷰, 2019년 9월 13일.

98 Matthew Ponsford, "Restoring an Ancient Lake from the Rubble of an Unfinished Airport in Mexico City," *MIT Technology Review*, February 13, 2023.

99 Claire Potter, "The Search for Mexico City's Lost Water," *Nextblue*, November 28, 2023.

100 로페스 인터뷰.

101 Elena Poniatowska, *Nada, nadie: Las voces del temblor* (Ediciones Era, 1988), 66에서 재인용, 스페인어에서 필자가 번역.

102 Patrick J. McDonnell, "Mexico Didn't Wait Long After the Earthquake to Raze a Building That Housed Low-Wage Textile Workers. Neighbors Want to Know Why," *Los Angeles Times*, September 26, 2017.

103　Phoebe McKinney, "Fighting to Survive: Mexico's 19th of September Union," *Women and Labor* 10, no. 9 (1989). Also quoted in Solnit, *A Paradise Built in Hell*, 138.

104　Alejandra Reyes, "The Evolution of Local Governance in Mexico City: Pursuing Autonomy in a Growing Region," *IMFG Perspectives* 25 (2019).

105　바레라 로드리게스 인터뷰.

106　Ari Caramanica et al., "El Niño Resilience Farming on the North Coast of Peru," *Proceedings of the National Academy of Sciences* 117, no. 39 (2020): 24127–24137.

107　아리 카라마니카와의 인터뷰, 2020년 12월 8일.

에필로그

1　Matthew Magnani et al., "A Contemporary Archaeology of Pandemic," *Journal of Social Archaeology* 22, no. 1(2022): 48–81.

2　Dante Angelo et al., "Private Struggles in Public Spaces: Documenting the COVID-19 Material Culture and Landscapes," *Journal of Contemporary Archaeology* 8, no. 1 (2021): 154–184.

3　Science Museum Group, "COVID-19 Collecting Project Final Report," https://www.sciencemuseumgroup.org.uk/projects/collecting-covid-19.

4　Roger Catlin, "First Vial Used in U.S. Covid-19 Vaccinations Joins the Smithsonian Collections," *Smithsonian*, March 9, 2021.

참고문헌과 더 읽어볼 책

1장

최초의 네안데르탈인 발견과 관련된 1차 자료는 대부분 온라인에서 무료로 볼 수 있다. 헤르만 샤프하우젠, "On the Crania of the Most Ancient Races of Man," George Busk 번역, *Natural History Review* (1861)과 윌리엄 킹, "The Reputed Fossil Man of the Neanderthal," *Quarterly Journal of Science* (1864)도 여기에 포함된다. 나는 이 자료들뿐만 아니라, 찰스 라이얼Charles Lyell, *Geological Evidences of the Antiquity of Man* (John Murray, 1863), 5장도 참고해서 발견 장면을 재구성했다. 네안데르탈 유형의 유적에 관한 최근의 재조사 결과를 보려면, 슈미츠Schmitz 외, "The Neandertal Type Site Revisited: Interdisciplinary Investigations of Skeletal Remains from the Neander Valley, Germany," *Proceedings of the National Academy of Sciences* (2002) 참조.

스반테 파보의 *Neanderthal Man: In Search of Lost Genomes* (Basic Books, 2014)는 네안데르탈인의 게놈을 처음으로 해독하려는 시도의 막후 사정을 들여다본 책이다. 요하네스 크라우제와의 인터뷰도 옛날 DNA 연구실에서 네안데르탈인과 데니소바인의 게놈이 발견된 상황을 재구성하는 데 도움이 되었다.

레베카 레그 사이크스의 책 *Kindres: Neanderthal Life, Love, Death and Art* (Bloomsbury Sigma, 2020)는 네안데르탈인이 살던 곳, 사냥 방법, 망자를 다룬 방식 등 그들의 역사와 문화를 생생하게 조사한 최신 자료다. 페이지 매디슨과의 대화 및 그녀의 글 "Characterized by Darkness: Reconsidering the Origins of the Brutish Neanderthal," *Journal of the History of Biology* (2020)는 식민주의와 과학계의 인종차별주의가 20세기에 들어서도 한참 동안 네안데르탈인에 대한 인식에 어떤 영향을 미쳤는지 이해하는 데 도움이 되었다. 매디슨은 또한 화석화한 뼈를 핥아서 연대를 알아내는 방식에 대한 글, "Anthropology Is Far from Licking the Problem of Fossil Ages," *Aeon*, 2016년 7월 12일 자도 즐겁게 집필했다.

네안데르탈인과 호모사피엔스 사이의 관계에 관한 과학적 가설이 20세기 후반에 어떻게 변했는지를 더 상세히 설명한 글을 보려면, 크리스 스트링어, "The Development of Ideas About a Recent African Origin for Homo sapiens," *Journal of Anthropological Sciences* (2022) 참조.

중국 북부에서 데니소바인의 두개골이 이미 발견되었을 가능성이 있다. Ann Gibbons, "Stunning 'Dragon Man' Skull May Be an Elusive Denisovan—or a New Species of Human," *Science*, June 25, 2021 참조.

2장

도거랜드의 첫 번째 지도와 대범람 때 도거랜드의 생태계가 겪은 변화를 재구성할 때 가장 많이 참조한 것은 Vincent Gaffney, Simon Fitch, David Smith의 *Europe's Lost World: The Rediscovery of Doggerland* (Council for British Archaeology, 2008)다. 개프니의 연구팀을 포함해서, 북해 주변 나라들의 많은 고고학자는 최초의 지도제작 프로젝트 이후로 도거랜드의 증거를 계속 찾고 있다. 개프니의 연구팀이 가장 최근에 내놓은 보고서를 보려면, Vincent Gaffney와 Simon Fitch가 편집한 *Europe's Lost Frontiers: Volume 1* (Archeopress, 2022) 참조. 네덜란드에서 나온 최근의 도거랜드 고고학 연구에 대한 견해를 보려면, Andrew Curry, "Europe's Lost Frontier," *Science*, January 31, 2020 참조.

텔레이즈의 방파제에 관해 내가 최초로 쓴 글은 〈사이언스〉에 실렸다. Lizzie Wade, "This 7000-Year-Old Wall Was the Earliest Known Defense Against Rising Seas. It Failed," 2019년 12월 18일 자. 에후드 갈릴리는 이 글을 위해 나와 만난 자리에서 수중 유적을 발견하는 자신의 기법을 설명했다. 텔레이즈와 그곳의 방파제에 관한 1차 자료는 Ehud Galili 외, "A Submerged 7000-Year-Old Village and Seawall Demonstrate Earliest Known Coastal Defence Against Sea-Level Rise," *PLoS ONE* (2019)이다. 아틀리트얌과 네베얌에 관한 정보는 Ehud Galili 외, "Israel: Submerged Prehistoric Sites and

Settlements on the Mediterranean Coastline—the Current State of the Art" in *The Archaeology of Europe's Drowned Landscapes* (Springer Cham, 2020)에 수집되어 있다. Jim Leary의 *The Remembered Land: Surviving Sea-Level Rise After the Last Ice Age* (Bloomsbury, 2015)는 도거랜드가 물에 잠긴 사건과 그로 인해 고향을 잃은 사람들의 감정적·정신적 반응을 상상력을 동원해 연구한 자료다.

응구룬데리와 그의 아내들에 관한 응가린제리족 이야기의 여러 버전이 19세기와 20세기에 백인 선교사와 인류학자에 의해 기록되었다. 응가린제리족 출신인 데이비드 우나이폰David Unaipon의 기록도 있다. 나는 이 이야기의 여러 버전을 모아서 요약한 패트릭 넌의 책, The Edge of Memory: Ancient Stories, Oral Tradition and the Post-Glacial World (Bloomsbury Sigma, 2019)를 참고하고, 응가린제리족의 장로인 마크 쿨마트리가 내게 제공한 정보로 부족한 부분을 보완했다. 쿨마트리는 자신의 회사 쿨 투어스Kool Tours를 통해 원주민의 지식을 기반으로 한 투어 프로그램을 운영하고 있다. 다른 신화들의 정확한 원전은 주에 명시했지만, 개괄적인 자료를 원한다면 *The Edge of Memory*가 고대 해수면 상승과 관련된 이야기를 오스트레일리아 전역에서 수집해 포괄적으로 모아놓은 책이다.

고고학자들은 오스트레일리아의 먼 과거에 대한 원주민들의 지식을 계속 따라잡으면서, 차츰 유적들을 찾아내고 있다. 최근의 개괄적인 글을 보려면, Clare Watson, "Stepping Off Shore and into Sea Country," *Hakai Magazine*, February 2, 2021 참조.

3장

댄 샌드와이스가 대학원 시절 산타 계곡에서 뜻하지 않게 굴 껍데기를 발견한 경험은 그와의 인터뷰 및 그의 글 "Oscillations: What Effect Does the Weather Have on the Development of Human Culture?," *Phi Kappa Phi Forum* (2015)을 바탕으로 재구성했다. 수십 년에 걸쳐 샌드와이스가 엘니뇨의 패턴 변화, 문화적 영향 가능성 등을 연구한 결과를 요약한 최근 자료를 보려면, Sandweiss와 Kirk A. Maasch, "El Nino as Catastrophe on the

Peruvian Coast," *in Going Forward by Looking Back: Archaeological Perspectives on Socio-Ecological Crisis, Response, and Collapse* (Berghahn Books, 2020) 참조.

레베카 솔닛의 *A Paradise Built in Hell: The Extraordinary Communities That Arise in Disaster* (Penguin Books, 2009)는 20세기 "재난 유토피아"를 취재한 결정적인 역사 기록이자, 위기 때 사람들이 필연적으로 서로를 등질 것이라는 뿌리 깊은 문화적 인식을 강력히 반박하는 자료다. 솔 닛의 깊이 있는 연구와 생생한 글은 아포칼립스의 한복판과 그 이후에 옛 사람들이 보였을 반응을 상상하는 데 헤아릴 수 없을 만큼 귀중한 도움이 되었다.

David Graeber와 David Wengrow의 *The Dawn of Everything: A New History of Humanity* (Farrar, Straus and Giroux, 2021)는 복잡한 구조를 지닌 사회들이 전 세계에서 어떻게, 왜 생겨났는지를 새로운 시각에서 바라본다. 저자들은 또한 사회가 복잡해진 근원이 그동안 잘못 알려진 이유에 대한 자 신의 견해도 밝힌다.

로스모르테로스 기념물의 발견에 대해서는, Sandweiss 외, "GPR Identification of an Early Monument at Los Morteros in the Peruvian Coastal Desert," *Quaternary Research* (2010) 참조. 흙벽돌(어도비) 건축의 이용 에 대해서는, Ana Cecilia Mauricio 외, "The Earliest Adobe Monumental Architecture in the Americas," *Proceedings of the National Academy of Sciences* (2021) 참조.

우아카코르타다의 건설, 재건, 유기에 대해 상세히 알고 싶다면, Jason Nesbitt, "El Niño and Second-Millennium BC Monument Building at Huaca Cortada (Moche Valley, Peru)," *Antiquity* (2016) 참조.

4장

하라파의 붕괴과정을 재구성하면서 가장 많이 참조한 것은 그웬 로빈스 슈그와 캐머런 페트리의 연구 및 이 두 사람과의 인터뷰다. *The Evolution of Fragility: Setting the Terms* (McDonald Institute for Archaeological Research,

2019)에 수록된 페트리의 "Diversity, Variability, Adaptation and 'Fragility' in the Indus Civilization"은 인더스문명을 포괄적으로 살펴본 글이다. 이 문명의 붕괴과정도 여기에 포함되어 있다. Adam S. Green, "Killing the Priest-King: Addressing Egalitarianism in the Indus Civilization," *Journal of Archaeological Research* (2021)는 하라파를 포함한 인더스의 여러 도시에 협동적인 정부와 사회적 평등이 존재했음을 보여주는 고고학적 증거들을 아주 오래전의 것부터 모두 살펴본다. 하라파의 성장과 발전에 대한 설명, 그리고 이 도시의 위계구조에 대한 조금 다른 견해를 보려면, Jonathan Mark Kenoyer, "Changing Perspectives of the Indus Civilization: New Discoveries and Challenges," *Journal of the Indian Archaeological Society* (2011) 참조.

전 세계에서 발생한 4200년 전의 가뭄의 범위와 의미는 물론 심지어 이 현상의 실재 여부까지도 여전히 논란의 대상이다. 특히 지질학과 고기후학 분야에서 그렇다. Paul Voosen, "Massive Drought or Myth? Scientists Spar over an Ancient Climate Event Behind Our New Geological Age," *Science*, August 8, 2018 참조. 고고학자들은 고대의 가뭄이 사회에 영향을 미쳤는지 확실히 확인하기 위해 해당 지역의 고기후 데이터를 분석할 때 반드시 주의해야 한다. 약 4200년 전부터 인더스 계곡에서 발생한 가뭄을 포함해서, 해당 지역의 국지적인 기후변화 증거를 보려면, Petrie 외, "Adaptation to Variable Environments, Resilience to Climate Change: Investigating Land, Water and Settlement in Indus Northwest India," *Current Anthropology* (2017) 참조.

로빈스 슈그는 "A Peaceful Realm? Trauma and Social Differentiation at Harappa," *International Journal of Paleopathology* (2012)에서 여러 시대에 하라파에서 발생한 폭력의 증거를 보고한다. *PLoS ONE* (2013)에 수록된 슈그의 글 "Infection, Disease, and Biosocial Processes at the End of the Indus Civilization"은 붕괴 이전, 도중, 이후에 이 도시의 여러 공동묘지에 나타난 질병의 증거를 다룬다.

내가 흑사병과 관련해서 인용한 1차 자료는 모두 Rosemary Horrox가 번역하고 편집한 *The Black Death* (Manchester University Press, 1994)에 있다. 유럽 전역의 수많은 사람들의 목소리가 영어로 번역되어 책 한 권으로 출간

된 것은 선물 같은 일이다. 호록스의 편집과 각 절에 붙인 소개글도 훌륭하다. 몽골 군대가 역병에 감염된 전우들의 시체를 무기로 사용했다는 이야기는 이 책에 수록된 가브리엘레 데 무시의 글에 나온다. 역병이 유럽에 들어온 경위와 이유에 대한 다른 관점을 보려면, Hannah Barker, "Laying the Corpses to Rest: Grain, Embargoes, and Yersinia pestis in the Black Sea, 1346–48," *Speculum* (2021) 참조.

타레가에서 발굴된 유대인의 집단 무덤에 관한 정보는 *Pandemic Disease in the Medieval World: Rethinking the Black Death* (Arc Medieval Press, 2015)에 수록된 Anna Colet 외, "The Black Death and Its Consequences for the Jewish Community in Tàrrega: Lessons from History and Archaeology"에서 찾을 수 있다. 이 글에는 또한 학살사건에 관한 1차 자료의 인용문도 포함되어 있다.

나는 〈사이언스〉 2020년 5월 14일 자에 실린 글 "From Black Death to Fatal Flu, Past Pandemics Show Why People on the Margins Suffer Most"에서 불평등과 흑사병에 관한 샤론 드위트의 연구를 처음 다뤘다. 오랜 세월에 걸친 그녀의 연구 결과와 유용한 역사적 맥락을 함께 다룬 최근의 개괄적인 글로는 DeWitte와 Maryanne Kowaleski, "Black Death Bodies," *Fragments* (2017)이 있다. 흑사병 이후에 나아진 건강 상태에 대해서는 특히 DeWitte, "Stress, Sex, and Plague: Patterns of Developmental Stress and Survival in Pre-and Post-Black Death London," *American Journal of Human Biology* (2018) 참조. 대기근을 포함해서, 흑사병으로 이어진 영국의 경제적 맥락을 보려면, Bruce M. S. Campbell의 *The Great Transition: Climate Disease and Society in the Late-Medieval World* (Cambridge University Press, 2016) 참조. 캠벨은 14세기 중반에 환경 요인이 역병의 빠른 확산으로 이어진 경위도 분석한다.

5장

기자 피라미드 도시에서 일하던 인부의 삶에 대한 묘사는 Mark Lehner의 글 두 편, 즉 *Journal of the American Research Center in Egypt* (2002)

에 수록된 "The Pyramid Age Settlement of the Southern Mount at Giza"
와 *Labor in the Ancient World* (ISLET-Verlag, 2015)에 수록된 "Labor and
the Pyramids: The Heit el-Ghurab 'Workers Town' at Giza"을 바탕으로 한
것이다. 리처드 레딩은 하이집트 목축 마을 사람들의 노동과 식단을 포함
해서, 이집트 고왕국의 자원 배분에 관해 환상적인 연구를 했다. 그 결과
가 *Archaezoology of the Near East X* (Peeters, 2013)에 수록된 글 "A Tale
of Two Sites: Old Kingdom Subsistence Economy and the Infrastructure of
Pyramid Construction"이다. 고왕국 정부와 피라미드 건설에 동원된 노동력
에 관한 더 권위 있는 해석을 보려면, Toby Wilkinson의 *The Rise and Fall
of Ancient Egypt* (Random House, 2010) 참조.

천문학자 바바라 벨Barbara Bell은 나일강의 범람 수위가 낮아지면서 고왕국
이 무너지게 되었다고 본 최초의 학자 중 하나이다. *American Journal of
Archaeology* (1971)에 실린 그녀의 글 "The Dark Ages in Ancient History"는
지금도 이집트학에서 영향력을 발휘하고 있으며, 4200년 사건 연구를 이끌
어낸 선구적이고 중요한 글이다. 이 글에는 이푸웨르의《이집트 현자의 충
고》를 포함해서, 고대 이집트의 많은 중요 문헌 번역본이 포함되어 있다.

붕괴가 무엇인지와 관련해서, 1988년에 발표되어 지금도 이 중요한 유
형의 아포칼립스에 관한 고고학자들의 사고방식을 이해하는 데 필수적인
역할을 하는 글이 두 편 있다. Joseph Tainter의 *The Collapse of Complex
Societies* (Cambridge University Press), Norman Yoffee와 George L. Cowgill
이 편집한 *The Collapse of Anciet States and Civilizations* (University of
Arizona Press)다. 붕괴 연구 분야에서 최근에 나온 중요한 책으로는 Guy D.
Middleton의 *Understanding Collapse: Ancient History and Modern
Myths* (Cambridge University Press, 2017)가 있다. 이집트 고왕국, 인더스문명, 고
전기 마야의 이야기가 여기에 나온다.

환경과 정치적 요인이 한데 얽혀서 고왕국을 붕괴로 밀어붙인 과정을 포
괄적으로 연구한 책을 보려면, Miroslav Bárta의 *Analyzing Collapse: The
Rise and Fall of the Old Kingdom* (The American University in Cairo Press, 2019)
참조. *The Oxford History of Ancient Egypt* (Oxford University Press, 2000)에
수록된 Stephan Seidlmayer의 글 "The First Intermideate Priod (c. 2160-2055

BC)"는 붕괴 덕분에 생겨난 창의성과 자유를 직관에 반하는 신선한 시각으로 바라본 글이다. 여기에는 안크티피의 무덤에 새겨진 글이 길게 인용되어 있다.

요즘은 고왕국과 제1중간기에 대한 고고학 발굴이 드물다. 대부분의 유적이 접근할 수 없는 곳에 있기 때문이다. 아비도스를 주제로 한 매슈 더글러스 애덤스의 논문, "Community and Society in Egypt in the First Intermediate Period: An Archaeological Investigation of the Abydos Settlement Site" (University of Pennsylvania, 2005)는 예외적인 사례로, 새로운 지식을 보여주는 반가운 글이다.

엘렌 모리스는 *After Collapse: The Regeneration of Complex Societies* (University of Arizona Press, 2006)에 수록된 글 "Lo, Nobles Lament, the Poor Rejoice': State Formation in the Wake of Social Flux"에서 붕괴 덕분에 고대 이집트의 계급 체계가 더 유연해지고 왕에 대한 생각이 변했음을 훌륭하게 분석했다. 고왕국의 붕괴보다는 놀라운 안정성에 초점을 맞춘 연구를 보려면, Morris, "Ancient Egyptian Exceptionalism: Fragility, Flexibility and the Art of Not Collapsing" in *The Evolution of Fragility* 참조.

이푸웨르가 정말로 고왕국의 붕괴와 그 여파를 목격했는지를 놓고 논란이 벌어지고 있다. 현존하는《이집트 현자의 충고》판본들 중 가장 오래된 것의 연대가 제1중간기로부터 수백 년 뒤이기 때문이다. 모리스는 "*An Excellent Fortress for His Armies, a Refuge for the People": Egyptological, Archaeological, and Biblical Studies in Honor of James K. Hoffmeier* (Penn State University Press/Eisenbrauns, 2020)에 수록된 글 "Writing Trauma: Ipuwer and the Curation of Cultural Memory"에서 그가 아포칼립스를 직접 경험했을 것이라고 강력히 주장한다.

6장

존 로이드 스티븐스의 마야 유적 방문기 *Incidents of Travel in Yucatan*, 1권과 2권 (Harper and Brothers, 1848)은 당시 베스트셀러였고, 지금은 온라인에서 무료로 볼 수 있다. 마야의 건물과 예술을 묘사한 프레더릭 캐서우드의 판화는 후대에 마야를 연구하게 될 고고학자들의 의욕을 북돋는 데 스티븐스의 책 못지않게, 아니 더 많이 기여한 놀라운 작품이다.

고전기와 후고전기 아케에 관한 정보를 가장 포괄적으로 담고 있는 자료는 로베르토 로사도라미레스의 박사학위 논문 "Living with Ruins: Community Regeneration After Political Collapse at the Ancient Maya Cith of Ake, Yucatan, Mexico"(Northwestern University, 2021)이다. 나는 2022년 7월에 로사도라미레스와 함께 아케와 마야판을 방문했다. 빈센테 코콘 로페스와 Ruinas de Aké 모임도 몹시 흔쾌히 시간과 지식을 나눠주었다.

붕괴의 연표와 고전기 문화에 대한 묘사는 로사도라미레스의 "Living with Ruins" 및 내가 오랫동안 마야 고고학의 현황을 취재하면서 실시한 수십 건의 인터뷰를 참조했다. 붕괴 이전 수백 년 동안 이어진 고전기의 삶과 정치에 관해 알기 쉽게 설명한 자료를 보려면, Wade, "The Arrival of Strangers" *Science*, February 27, 2020와 Erik Vance, "In Search of the Lost Empire of the Maya," *National Geographic*, September 2016 참조. 마야의 시장과 상인들에 관한 정보를 보려면, Scott R. Hutson과 Bruce H. Dahlin, "The Long Road to Maya Markets," in *Ancient Maya Commerce: Multidisciplinary Research at Chunchucmil* (University Press of Colorado, 2017) 참조.

고전기 붕괴와 그 현상이 마야 세계 전역으로 번진 과정에 관한 연구를 포괄적으로 모은 자료로는 Arthur A. Demarest, Prudence M. Rice, Don S. Rice가 편집한 *The Terminal Classic in the Maya Lowlands: Collapse, Transition, and Transformation* (University Press of Colorado, 2004)가 있다. 마야의 붕괴와 정치경제적 변화를 살펴본 최근의 글로는 *The Maya World* (Routledge, 2020)에 수록된 Jason Yaeger의 "Collapse, Transformation, Reorganization"이 있다.

치첸이트사는 아주 의미 있고 유명한 곳인데도 이곳의 연대기, 정치조직, 붕괴과정이 놀라울 정도로 불분명하다. 이곳이 붕괴한 시기와 가뭄이 미친 영향에 관한 서로 다른 두 견해를 보려면, Julie A. Hoggarth 외, "The Political Collapse of Chichén Itzá in Climatic and Cultural Context," *Global and Planetary Change* (2016)와 Yaeger and David A. Hodell, "The Collapse of Maya Civilization: Assessing the Interaction of Culture, Climate, and Environment," in *El Niño, Catastrophism, and Culture Change in Ancient America* (Dumbarton Oaks, 2008) 참조. Yaeger와 Hodell의 글에는 마야 저지대의 가뭄과 관련된 고기후 데이터 요약본도 포함되어 있다.

메릴린 매슨과 카를로스 페라자 로페는 마야판에 대해 광범위한 연구를 했다. 두 사람의 책 *Kukulcan's Realm: Urban Life at Ancient Mayapán* (University Press of Colorado, 2014) 참조. 이 도시의 붕괴과정을 연구한 새로운 글을 보려면, Douglas J. Kennett 외, "Drought-Induced Civil Conflict Among the Ancient Maya," *Nature Communications* (2022) 참조.

메소아메리카, 특히 마야 지역의 공동체들이 폐허를 어떻게 생각하고, 어떤 관계를 맺고 있는지를 광범위하게 살펴본 자료를 보려면, Wade, "Ancient People Lived Among Ruins Too. What Did They Make of Them?," *Science*, 2023년 3월 30일 자 참조.

7장

스페인-아즈텍 전쟁에 관해 정복자가 쓴 글 중에서 가장 널리 읽힌 것은 베르날 디아스 델 카스티요의 *The Conquest of New Spain*이다. 나는 J. M. Cohen이 간추려서 생생하게 옮긴 영어 번역본(Penguin Books, 1963)을 인용했다.

목테수마가 탐욕스러운 수집가였다는 주장은 Matthew Restall의 *When Montezuma Met Cortés: The True Story of the Meeting That Changed History* (Ecco, 2018)에서 나왔다. 나는 원주민의 관점에서 멕시코의 정복 과정을 재구성할 때 이 책을 중요한 참고자료로 활용했다. 이 밖에 내가 참고한 자료로는 Camilla Townsend의 *Fifth Sun: A New History of the Aztecs* (Oxford University Press, 2019)와 David Carballo의 *Collision of Worlds: A Deep History of the Fall of Aztec Mexico and the Forging of New Spain* (Oxford University Press, 2020)이 있다. 레스톨은 스페인 정복자들의 선전을 빈틈없이 분석한다. 그의 저서 *Seven Myths of the Spanish Conquest* (Oxford University Press, 최신판, 2021)는 지금도 필수적으로 읽어야 하는 책이다. 카발로는 멕시코 중부와 이베리아반도의 역사 및 고고학 연구 결과를 깊이 파고든다. 타운센드는 스페인 정복 이후 원주민 학자들이 나와틀어로 쓴 역사 기

록을 바탕으로 아즈텍의 역사를 재구성한다. 이 문헌들은 최근까지 제대로 평가받지 못했지만, 풍부한 지식의 원천이다.

스페인 정복자들이 저지른 폭력뿐만 아니라, 스페인 정복이 진행되는 동안 원주민 동맹들이 수행한 전략적이고 결정적인 역할에 대한 정보를 보려면, Federico Navarrete Linares의 *¿Quién Conquistó México?* (Penguin Random House Crupo Editorial, 2019) 참조. 라 말린체라고도 불리는 통역 마리나에 대해 더 자세히 알고 싶다면, Fifth Sun과 Townsend의 초기 저서인 *Malintzin's Choices: An Indian Woman in the Conquest of Mexico* (University of New Mexico Press, 2006) 참조.

틀락스칼란의 고고학적 연구 결과와 테노치티틀란과의 차이점에 대해 내가 쓴 글은 〈사이언스〉 2017년 3월 15일 자에 "It Wasn't Just Greece: Archaeologists Find Early Democratic Societies in the Americas"라는 제목으로 실렸다. 촘판틀리에 관한 나의 글은 〈사이언스〉 2018년 6월 21일 자에 "Feeding the Gods: Hundres of Skulls Reveal Massive Scale of Human Sacrifice in Aztec Capital"이라는 제목으로 실렸다.

Paul Guinan이 쓰고 David Hahn이 그림을 맡은 온라인 그래픽노블 시리즈 *Aztec Empire*는 스페인-아즈텍 전쟁을 새롭게 다룬 짜릿한 작품이다. 특히 테노치티틀란을 묘사한 그림이 숨이 막힐 정도로 근사하고, 깊이 있는 주에는 역사와 고고학에 대해 Guinan이 최고의 조사를 했음이 드러나 있다. 내가 이 글을 쓰고 있는 현재, 이 시리즈는 계속 연재 중이며, 완결된 에피소드는 모두 다음의 사이트에서 무료로 볼 수 있다. https://www.bigredhair.com/books/aztec-empire/about/.

나는 2020년에 〈사이언스〉에 실린 글 "From Black Death to Fatal Flu, Past Pandemics Show Why People on the Margins Suffer Most"에서 식민지 유행병이 돈 이후 아와니치족이 살아남은 과정에 대한 캐슬린 헐의 연구를 처음으로 다뤘다. 유행병이 아메리카 원주민들을 무차별적으로 쓸어버리지는 않았다는 증거를 더 찾아보려면, *Beyond Germs: Native Depopulation in North America*, edited by Catherine M. Cameron, Paul Kelton, and Alan C. Swedlund (University of Arizona Press, 2015) 참조. Pekka Hämäläinen도 *Indigenous Continent: The Epic Contest for North America* (Liveright,

2022)에서 질병이 아메리카 원주민 사회에 미친 영향에 대한 여러 가정을 다룬다.

8장

나는 〈사이언스〉 2019년 11월 7일 자에 실린 글 "Caribbean Excavation Offers Intimate Look at the Lives of Enslaved Africans"에서 카리브해의 노예제에 대한 고고학적 연구와 이스테이트 리틀 프린세스를 처음으로 다뤘다. 이스테이트 리틀 프린세스 현장 학교를 이끈 사람들은 '흑인 고고학자 모임' 회원들이며, 세인트크로이 학생들을 감독하는 역할을 맡은 알렉산드라 존스는 '공동체 안의 고고학' 창립자이다. 나는 2019년 7월 9~11일에 그곳에서 현장 취재를 했으며, 2018년과 2019년에는 다른 섬에서 작업하는 고고학자들을 광범위하게 인터뷰했다.

크리스천스테드에서 '왕의 노예들'이 어떤 생활을 했는지 보려면, Alicia Odewale 외, "In Service to a Danish King: Comparing the Material Culture of Royal Enslaved Afro-Caribbeans and Danish Soldiers at the Christiansted National Historic Site," *Journal of African Diaspora Archaeology and Heritage* (2017) 참조. 자본주의를 창조하는 데 노예제와 사탕수수 농장이 수행한 역할에 대한 바베이도스 쪽의 정보를 보려면, Douglas Armstrong, "Early Seventeenth Century Settlement in Barbados and the Shift to Sugar, Slavery, and Capitalism," in *Power, Political Economy, and Historical Landscapes of the Modern World* (State University of New York Press, 2019) 참조. 바베이도스에서 발견된 비밀 동굴 속의 쇠붙이 공물에 대한 상세한 정보는 Armstong, "Cave of Iron and Resistance: A Preliminary Examination," *Journal of the Barbados Museum & Historical Society* (2015)에서 찾아볼 수 있다.

9장

식민지 시대 멕시코시티의 홍수와 데사구에에 대해 내게 처음으로 알려준 사람은 존 로페스였다. 우리가 2009년에 풀브라이트 장학금을 받아 멕시코시티에 있을 때였다. 테노치티틀란과 멕시코시티의 물관리 역사에 관한 그의 연구는 환상적이며, 내가 마음의 빗장을 풀고 현대 세계를 아포칼립스 이후의 풍경으로 보게 되는 데 도움이 되었다. 재앙을 불러온 데사구에가 없었다면 식민지 시대의 홍수 관리가 어떻게 진행되었을지에 관한 정보를 보려면, López, " 'In the Art of My Profession': Adrian Boot and Dutch Water Management in Colonial Mexico City," *Journal of Latin American Geography* (2012) 참조.

나는 Louisa Hoberman, "Bureaucracy and Disaster: Mexico City and the Flood of 1629," *Journal of Latin American Studies* (1974)의 정보를 바탕으로 홍수 장면을 재구성했다. 멕시코시티에서 10년이 넘게 우기의 폭우를 직접 겪은 경험도 도움이 되었다. Hoberman의 "Technological Change in a Traditional Society: The Case of the Desagüe in Colonial Mexico," *Technology and Culture* (1980)는 데사구에에 관한 역사적인 정보를 제공한다. 대배수 운하의 규모를 보여주는 사진들은 https://elmirador.sct.gob.mx/manos-a-la-obra/el-desague-del-valle-de-mexico에서 찾아볼 수 있다.

Jonathan Watts, "Mexico City's Water Crisis—from Source to Sewer," *The Guardian*, 2015년 11월 12일 자는 현재 멕시코시티의 물관리 시스템이 매일 어떻게 돌아가고 있는지를 조사한 매혹적인 글이다. Michael Kimmelman, "Mexico City, Parched and Sinking, Faces a Water Crisis," *New York Times*, 2017년 2월 17일 자는 기후변화가 심해지면서 앞으로 이 도시에 닥쳐올지도 모르는 일들을 무시무시하게 보여준다.

Elena Poniatowska의 *Nada, nadie: Las voces del temblor* (Ediciones Era, 1988)는 1985년에 발생한 멕시코시티 지진의 결정적인 연대기다. 솔닛도 *A Paradise Built in Hell*에서 이 지진을 다루며, 이것이 멕시코 시민사회에 미친 긍정적인 영향에 대해 썼다.

엘니뇨로 범람한 물을 가져오기 위해 팜파데모칸에 만들어진 고대 운하에 관한 상세한 정보를 보려면, Ari Caramanica 외, "El Niño Resilience Farming on the North Coast of Peru," *Proceedings of the National Academy of Sciences* (2020) 참조.

에필로그

코로나19 팬데믹의 물질문화에 대한 고고학적 연구를 보려면, Matthew Magnani 외, "A Contemporary Archaeology of Pandemic," *Journal of Social Archaeology* (2022)와 Dante Angelo 외, "Private Struggles in Public Spaces: Documenting the COVID-19 Material Culture and Landscapes," *Journal of Contemporary Archaeology* (2021) 참조. 박물관들이 수집한 코로나19 유물에 대해 보려면, Roger Catlin, "First Vial Used in U.S. Covid-19 Vaccinations Joins the Smithsonian Collections," *Smithsonian*, 2021년 3월 9일 자와 Science Museum Group, "COVID-19 Collecting Project Final Report," https://www.sciencemuseumgroup.org.uk/projects/collecting-covid-19 참조.

박물관 큐레이터들이 현재의 위기를 기록하기 위해 물건을 수집하는 과정에 관한 추가 정보를 보려면, Ryan P. Smith, "How Smithsonian Curators Are Rising to the Challenge of COVID-19," *Smithsonian*, 2020년 4월 15일 자 참조.